RAINER NICKEL
EINFÜHRUNG IN DIE DIDAKTIK
DES ALTSPRACHLICHEN UNTERRICHTS

DIE ALTERTUMSWISSENSCHAFT

Einführungen in Gegenstand, Methoden und Ergebnisse
ihrer Teildisziplinen und Hilfswissenschaften

1982
WISSENSCHAFTLICHE BUCHGESELLSCHAFT
DARMSTADT

RAINER NICKEL

EINFÜHRUNG IN DIE DIDAKTIK DES ALTSPRACHLICHEN UNTERRICHTS

1982
WISSENSCHAFTLICHE BUCHGESELLSCHAFT
DARMSTADT

CIP-Kurztitelaufnahme der Deutschen Bibliothek

Nickel, Rainer:
Einführung in die Didaktik des altsprachlichen Unterrichts / Rainer Nickel. — Darmstadt: Wissenschaftliche Buchgesellschaft, 1982.
(Die Altertumswissenschaft)
ISBN 3-534-08583-3

2 3 4 5

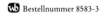 Bestellnummer 8583-3

© 1982 by Wissenschaftliche Buchgesellschaft, Darmstadt
Satz: Maschinensetzerei Janß, Pfungstadt
Druck und Einband: Wissenschaftliche Buchgesellschaft, Darmstadt
Printed in Germany
Schrift: Linotype Garamond, 9/11

ISBN 3-534-08583-3

INHALT

Einleitung 1

1. Der Gegenstand einer Didaktik des altsprachlichen Unterrichts 7
1.1. Inhalte und Ziele didaktischer Forschung 7
1.2. Methoden didaktischer Forschung 16
1.3. Die Ermittlung und Auswahl von Unterrichtszielen und Unterrichtsinhalten 22
1.3.1. Historische Bezüge 25
1.3.2. Die Klassifikation von Unterrichtszielen 44
1.3.3. Die Sachanalyse von Unterrichtsinhalten 54
1.3.4. Das Klassische als spezifisch didaktisches Kriterium . . 63
1.4. Didaktik und Unterrichtspraxis 77
1.4.1. Das Unterrichtsmaterial als Produkt didaktischer Forschung 79
1.4.2. Didaktik und Methodik 80

2. Die Bezugsdisziplinen des altsprachlichen Unterrichts und seiner Didaktik 86
2.1. Die fachwissenschaftlichen Bezugsdisziplinen 87
2.1.1. Fachwissenschaftliche Bezugsdisziplinen und Unterrichtsfach 87
2.1.1.1. Die Philologie der Alten Sprachen: Historische und Klassische Philologie 89
2.1.1.2. Gräzistik und Latinistik im Rahmen einer allgemeinen Literaturwissenschaft 92
2.1.1.3. Altertumswissenschaft 102
2.1.2. Die Didaktik in ihrem Verhältnis zu den fachwissenschaftlichen Bezugsdisziplinen 109
2.1.3. Fachwissenschaftliche und unterrichtliche Interpretation 120
2.2. Pädagogische Bezugsdisziplinen 144
2.2.1. Lerntheoretische Gesichtspunkte 144
2.2.2. Unterrichtsforschung 151
2.3. Allgemeine Didaktik und Curriculumtheorie 158

VI Inhalt

2.3.1. Allgemeine Didaktik 158
2.3.2. Curriculumtheorie 162

3. Das Problem der didaktischen Binnendifferenzierung:
   Griechisch und Latein 168
3.1. Die geschichtliche Stellung des Griechischunterrichts . . 170
3.2. Ansätze zu einer fachspezifischen Profilierung des Griechischunterrichts 176
3.3. Griechischunterricht ohne griechischen Sprachunterricht 182
3.4. Didaktische Perspektiven des griechischen Literaturunterrichts 190
3.4.1. Modelle des Seienden 190
3.4.2. Texte als Denkmodelle 192
3.4.3. Das Ursprungskriterium 195
3.4.4. Die didaktische Valenz des Mythos 199

4. Die besondere Verantwortung einer Didaktik des altsprachlichen Unterrichts 207
4.1. Didaktik und Gesellschaft 207
4.2. Die fachspezifischen Aufgaben des altsprachlichen Unterrichts und seiner Didaktik 225
4.2.1. Vermittlung 225
4.2.2. Bewahrung und Erinnerung 232
4.2.3. Aufklärung 237
4.2.4. Bildung und Erziehung 240
4.2.4.1. Der traditionalistische Ansatz 241
4.2.4.2. Der zeitgenössisch-selektive Ansatz 251

Literaturverzeichnis 259

Personen- und Sachregister 271

EINLEITUNG

Diese Einführung hat das Ziel, eine Forschungsdisziplin zu beschreiben, die die Voraussetzungen, Bedingungen und Grundlagen des altsprachlichen Unterrichts zu erfassen und seine praktische Gestalt zu prägen versucht. Eine besonders wichtige Aufgabe der vorliegenden Einführung ist die Darstellung der Rolle, der Bedeutung und des Anspruchs einer didaktischen Forschung. Zu diesem Zweck werden ihre Inhalte, Ziele und Methoden und ihr Verhältnis zur Unterrichtspraxis, zur Unterrichtsmethodik und vor allem zu ihren fachwissenschaftlichen und pädagogischen Bezugsdisziplinen beschrieben.

Der Versuch, das Verhältnis zwischen Latein- und Griechischunterricht zu klären und vor allem dem Griechischunterricht ein eigenständiges und auch außerhalb der Fachgrenzen akzeptables Aufgabenfeld zuzuweisen, ist ein Beitrag zu der erst vor kurzem begonnenen Diskussion über die didaktische Binnendifferenzierung.

Eine Einführung in die Didaktik darf auch nicht an den Problemen vorbeigehen, die sich aus der Einbindung der didaktischen Forschung und des von ihr vertretenen Unterrichts in die politisch-gesellschaftliche Wirklichkeit ergeben. Denn die meisten Schwierigkeiten, aber auch die größten Chancen erwachsen dem altsprachlichen Unterricht aus dem Gefüge von öffentlicher Meinung, Gesellschafts- und Bildungspolitik. Es hat sich gezeigt, daß die in den letzten Jahren stärker entwickelte Sensibilität der Didaktik gegenüber den Wandlungen, Veränderungen und Erschütterungen dieses Gefüges zu einer besseren Ausnutzung ihrer Möglichkeiten geführt hat.

Altsprachlicher Unterricht ist nicht schon dadurch hinreichend legitimiert, daß es ihn gibt und daß er gewünscht und gewählt wird. Die Didaktik muß seine Legitimation unter sorgfältiger Beachtung der Interessen des Heranwachsenden, der ihn wählt, und der Gesellschaft, die ihn trägt, dauernd in Frage stellen. Denn nur so bleibt sie sich ihrer besonderen Verantwortung bewußt, der sie erst dann gerecht werden kann, wenn sie im Rahmen des altsprachlichen Unterrichts zur Vermittlung der Antike an die Gegenwart und zur Bewahrung der geschichtlichen Perspektive beiträgt, die Erinnerung an offene Fragen und unerledigte Lösungen wachhält, die

Titel, die im Literaturverzeichnis aufgeführt sind, werden mit laufender Nummer zitiert.

Aufklärung über historische Bedingungen und Verflechtungen gegenwärtiger Denk- und Verhaltensstile unterstützt und die Bildung und Erziehung der jeweils heranwachsenden Generation für ein Leben leistet, das nicht nur durch Anpassung und soziale Disziplin zu ertragen, sondern auch in Selbstbestimmung zu gestalten ist.

Dem Leser der vorliegenden Einführung wird keine Theorie mit einem schul- und unterrichtsfernen Eigenleben zugemutet; ihm wird vielmehr ein System von Gesichtspunkten dargestellt, unter denen ein altsprachlicher Unterricht auf seine Möglichkeiten und Ziele hin befragt, begründet vertreten und vielleicht auch verbessert werden kann. Die hier skizzierte Didaktik will Anstöße zum weiteren Nachdenken über den altsprachlichen Unterricht geben und seine Legitimation vertiefen. Sie beruht also auf einem Verständnis von Theorie, wie es bereits Erich Weniger[1] formuliert hat:

Bewußter und systematischer will die Theorie die Praxis machen, Rationalität und klare Einsicht vermitteln, die Zufälligkeit des Handelns ausschalten. Es ist also lediglich ein Vorgang von Arbeitsteilung, wenn es eine gesonderte Theorie gibt. Sie erweist sich als notwendig durch die zunehmende Kompliziertheit und Unübersichtlichkeit der erzieherischen Probleme, aus dem Mangel an Zeit, Ruhe und Übersicht, woran der Praktiker, der seinem Beruf treu ist, heute leiden muß, schließlich aus der Hintergründigkeit der Probleme.

Diese „Hintergründigkeit der Probleme" aber droht die didaktische Forschung immer wieder von ihrem eigentlichen Auftrag abzubringen. Je ernsthafter und verantwortungsbewußter sie betrieben wird, desto eher neigt sie dazu, in der Vielfalt und Unüberschaubarkeit der Hintergründe und Bezüge ihres Gegenstandes aufzugehen und die unmittelbaren Bedürfnisse des Unterrichtsalltages aus den Augen zu verlieren. Gleichwohl steht auch eine forschende Didaktik, die sich nicht als Meisterlehre und nicht nur als Legitimations- oder Lehrplandidaktik begreift, im Dienst des Unterrichts, indem sie zu seiner Reflexion anregt, seine Isolation verhindert und seiner Provinzialisierung vorbeugt.

Die Einführung befaßt sich mit der „Hintergründigkeit" einiger besonders bedeutsamer Probleme, ohne den Anspruch erheben zu können, diese erschöpfend zu lösen. Dazu gehören die keinesfalls praxisferne Frage nach den Kriterien für die Ermittlung und Auswahl von Unterrichtsinhalten und -zielen, die Klärung der beziehungsreichen Unterscheidung zwischen fachwissenschaftlicher und unterrichtlicher Interpretation und die fachspezifische Profilierung des altsprachlichen Unterrichts. Da diese und ähnliche Probleme historisch vermittelt sind, ist es unerläßlich, ihre geschichtliche

---

[1] E. Weniger: Die Eigenständigkeit der Erziehung in Theorie und Praxis, Weinheim o. J. (1952), 20 f.

Bedingtheit wenigstens ansatzweise nachzuzeichnen. Daraus ist zu ersehen, daß die Probleme nicht nur in systematischer, sondern auch in historischer Hinsicht „hintergründig" sind. Die Einführung dient daher auch dem Zweck, zu einer stärkeren Berücksichtigung der geschichtlichen Dimension des altsprachlichen Unterrichts anzuregen.

Wenn die Didaktik ihre Probleme sowohl durch systematische als auch durch historische Forschung durchdringt, dann darf sie sich nicht einseitig entweder auf empirische oder auf historisch-hermeneutische Methoden beschränken. Als *empirische* Forschungsdisziplin nutzt sie die Möglichkeiten des didaktischen Experiments, indem sie z. B. die Motivation des Lernenden durch die Entwicklung neuer Lerninhalte, Medien oder Vermittlungsformen zu erhöhen oder die Intensivierung des einführenden Sprachunterrichts durch die Erprobung neuer Sprachbeschreibungsmodelle zu steigern versucht. Sie stellt Hypothesen auf, indem sie z. B. bisher unberücksichtigte Lernzielvorstellungen artikuliert. Sie überprüft ihre Hypothesen in der Praxis, indem sie entsprechende Kontrollverfahren entwickelt, Befragungen durchführt oder Erfahrungsberichte auswertet. Als *historisch-hermeneutische* Forschungsdisziplin setzt sie sich verstehend und interpretierend mit schriftlich und mündlich vermittelten Texten auseinander, analysiert situative Zusammenhänge, wertet unterrichtsrelevante Daten und prognostisches Material aus oder versucht, Trends und Entwicklungen zu erkunden. Der Zweck dieser historisch-hermeneutischen Forschung ist die Gewinnung neuer Hypothesen über die Gestalt eines gegenwartsgerechten und zugleich zukunftsorientierten Unterrichts. Eine historisch-hermeneutische Didaktik liefert also die für die Unterrichtsplanung und Unterrichtsökonomie erforderlichen Anhaltspunkte.

Zu den Texten, mit denen sich die Didaktik auseinandersetzt, um sie zu verstehen, zu interpretieren und für ihre Hypothesenbildung auszuwerten, gehören prinzipiell alle für das Lehren und Lernen im altsprachlichen Unterricht bedeutsamen Äußerungen aus der Vergangenheit und der Gegenwart. Die Ermittlung und Auswahl von Unterrichtsinhalten erwächst also aus der umfasenden Rezeption dieser Äußerungen und der gründlichen Durchdringung der Verhältnisse, die die unterrichtsbezogenen didaktischen Entscheidungen bedingen.

Das in Form von Texten vorliegende Material begreift die Didaktik als Quellen der geschichtlichen Erfahrung und Orientierung, die in Verbindung mit dem in der Unterrichtspraxis auf empirischem Wege gewonnenen Erfahrungswissen ein geschichtliches oder besser noch für Überlieferung und Erfahrung zugleich offenes *wirkungsgeschichtliches Bewußtsein* [2] be-

---

[2] Für die Herkunft des Begriffes „geschichtliches Bewußtsein" sei auf Wilhelm

gründen, das die Voraussetzung weiterer didaktischer Reflexion bildet.

Dieses wirkungsgeschichtliche Bewußtsein ist also das stets offene und revisionsbedürftige Resultat einer Vermittlung historisch überlieferter mit empirisch gewonnenen Einsichten der didaktischen Forschung in die Bedingungen und Möglichkeiten des unterrichtlichen Geschehens.

Demnach hat auch das Eindringen in die „Hintergründigkeit der Probleme" eine nur scheinbar desorientierende Wirkung auf die didaktische Forschung. Die Didaktik bleibt aufgrund ihres wirkungsgeschichtlichen Bewußtseins stets der Unterrichtspraxis verhaftet und verpflichtet.

Mit ihrer besonderen Berücksichtigung *historisch-hermeneutischer* Methoden befindet sich die Didaktik des altsprachlichen Unterrichts in Übereinstimmung mit der traditionellen geisteswissenschaftlichen Pädagogik; durch ihre Offenheit für *erfahrungswissenschaftliche* (empirische) Methoden, die zu einer exakten Erschließung der Unterrichtswirklichkeit führen sollen, gewinnt sie Anhaltspunkte für die Überprüfung ihrer Hypothesen. Indem sie eine Verknüpfung hermeneutischer mit empirischen Einsichten auf der Ebene des wirkungsgeschichtlichen Bewußtseins herstellt, öffnet sie sich nicht nur für den „zunehmenden Einbau erfahrungswissenschaftlicher Methoden"[3] in ihren geschichtlich orientierten Forschungsprozeß, sondern unterwirft auch ihre Erkenntnisse empirischer Kontrolle.

Dadurch daß die hermeneutisch und empirisch gewonnenen Einsichten in einem wirkungsgeschichtlichen Bewußtsein aufgehoben werden, das der ständigen Revision unterworfen bleibt, haben alle didaktischen Aussagen den Charakter von Entwürfen oder Programmen, die die Fülle der Bedingungen und Faktoren des Unterrichts in eine vorläufige und durchaus offene Ordnung bringen. Eine erschöpfende, lückenlose Systematisierung und Strukturierung der Unterrichtswirklichkeit und ihrer Voraussetzungen kann einer Didaktik allenfalls als Ziel vorschweben. Denn die Praxis der didaktischen Forschung ist in aller Regel dazu gezwungen, komplizierte Zusammenhänge zu vereinfachen, einzelne Phänomene zu isolieren und eine aus methodischen Gründen erforderliche Reduktion unterrichtlicher Variablen und Faktoren in Kauf zu nehmen. Auf diese Weise kann sie

---

Diltheys ›Einleitung in die Geisteswissenschaften‹ (1883) und ›Der Aufbau der geschichtlichen Welt in den Geisteswissenschaften‹ (1910) verwiesen. Vgl. auch die Kritik Gadamers an Dilthey (Nr. 51, bes. 218–228). Der Begriff des „wirkungsgeschichtlichen Bewußtseins" stammt von Gadamer (Nr. 51, bes. 284–290 u. 324–360).

[3] Schon H. Roth: Die realistische Wendung in der pädagogischen Forschung, in: Neue Sammlung 1962, 481–490, hatte mit dieser Kompromißformel für eine Verknüpfung empirischer und hermeneutischer Methoden in der Pädagogik plädiert.

ein grobes Netzwerk erstellen, mit dem sich die konkrete Unterrichtswirklichkeit immer nur lückenhaft und unvollständig einfangen läßt.

Das Risiko der Vereinfachung und Vergröberung wird vielleicht dadurch erträglich, daß das unterrichtliche Handeln selbst nur aufgrund „gewissenloser" Reduktion von Faktoren, durch bewußte Beschränkung auf das „Wesentliche" und „Entscheidende" möglich ist.

Die vorliegende Einführung beschränkt sich auf die Darstellung einer Fachdidaktik, die sich auf die Bedingungen und Möglichkeiten des altsprachlichen Unterrichts im Bildungswesen der Bundesrepublik Deutschland bezieht. Der Verzicht auf die internationale Perspektive erweist sich nicht zuletzt deshalb als sinnvoll, weil die inhaltlichen und strukturellen Unterschiede im Schulwesen der Länder, in denen die Alten Sprachen als Unterrichtsfächer angeboten werden, so groß sind, daß es wohl aussichtslos ist, eine praxisgerechte Fachdidaktik mit internationalem Anspruch zu konstituieren. Selbstverständlich gibt es aber auch fachdidaktische Probleme, die den altsprachlichen Unterricht in allen Ländern gleichermaßen betreffen. Dazu gehören z. B. die Klassifikation von Unterrichtszielen (→ 1.3.2.), die Sachanalyse von Unterrichtsinhalten (→ 1.3.3.) oder das Verhältnis von fachwissenschaftlicher und unterrichtlicher Interpretation (→ 2.1.3.). Auch bestimmte Unterrichtsmaterialien (→ 1.4.1.), wie z. B. visuelle und – bedingt – auditive Medien (Dias, Schallplatten, Filme)[4] sind international verwendbar und austauschbar. Das Problem des sinnvollen Medieneinsatzes stellt sich dem englischen Lehrer nicht anders als dem deutschen. In begrenztem Umfang ist sogar die gegenseitige Übernahme von Lehrbüchern möglich.[5]

Der *allgemeine* didaktische Fragehorizont, wie er in dieser Einführung abgesteckt ist, dürfte nicht nur für deutsche Verhältnisse gelten. Aber viele Antworten und Lösungen können in der Regel nicht überall gleich sein, weil sie oft situationsbedingt und auf spezifische Weise historisch vorgeprägt sind. In grundsätzlichen Fragen der altsprachlichen Fachdidaktik besteht jedoch eine große internationale Übereinstimmung. So kann z. B. der belgische Philologe und Fachdidaktiker J. Veremans[6] darauf hinweisen, daß Didaktik und Philologie in ganz Europa durch eine „luzide Autokritik" bescheidener geworden seien. Kein ernstzunehmender Vertreter seines

---

[4] Vgl. J. Steinhilber: Medienverzeichnis Antike. Visuelle, auditive und audiovisuelle Medien zur römischen und griechischen Antike, in: Anregung 26, 1980, 394–407.
[5] Beispiele: Redde rationem (Klett) und Historeo (Hirschgraben).
[6] Die Lage des altsprachlichen Unterrichts in Westeuropa, in: Beiträge zur Lehrerfortbildung, Bd. 8, Wien 1973, 83–108.

Faches bestehe heute noch darauf, daß die Alten Sprachen die einzige Möglichkeit seien, die Menschen humaner zu machen. Veremans kann sogar auf die erfreuliche Tatsache hinweisen, daß über die Notwendigkeit einer neuen, selbstkritischen Analyse der Möglichkeiten und Ziele des altsprachlichen Unterrichts ein consensus europaeus besteht. Aus den anfänglich vereinzelten und meist schüchternen Versuchen zur Erneuerung der Methodik und Didaktik habe sich allmählich eine europäische Bewegung entwickelt. Überall sei die Bereitschaft erkennbar, neue Wege zu gehen. Das beweise nicht zuletzt auch das seit 1963 regelmäßig stattfindende internationale Colloquium Didacticum Classicum. Darüber hinaus gibt es seit 1964 in Gent (Belgien) das „Internationale Büro für das Studium der Probleme des Griechisch- und Lateinunterrichts". Diese Institution sammelt u. a. alle Publikationen und Materialien zum altsprachlichen Unterricht in allen Ländern und fördert die internationale Zusammenarbeit.[7] Für die Tatsache, daß die Didaktik der Alten Sprachen ihre internationale Dimension zu erweitern beginnt, spricht schließlich auch die Rezeption didaktischer Publikationen durch Übersetzung.[8]

[7] Über die Situation in den USA berichtet H. Vester: Die alten Sprachen auf neuen Wegen. Ein Bericht über gegenwärtige Versuche in den Vereinigten Staaten, in: Gymnasium 83, 1976, 333–351; für England vgl. J. E. Sharwood Smith: On Teaching Classics, London 1977; s. auch H.-J. Fischer: Der altsprachliche Unterricht in der DDR. Entwicklung, Funktion und Probleme des Latein- und Griechischunterrichts von 1945 bis 1973, Paderborn 1974.
[8] Beispiele: Rogier Eikeboom: Het Beginonderwijs in het Latijn. Een empirischdidactisch onderzoek, Drukkerij Uitgeverij H. Gianotten N. V. Tilburg 1967, ist unter dem Titel: ›Rationales Lateinlernen‹ bei Vandenhoeck & Ruprecht, Göttingen 1970, erschienen. Rainer Nickel: Altsprachlicher Unterricht. Neue Möglichkeiten seiner didaktischen Begründung, Darmstadt: Wissenschaftliche Buchgesellschaft 1973, ist 1976 unter dem Titel ›L'insegnamento delle lingue classiche. Nuove possibilità per una sua motivatione didattica‹ bei Cadmo Editore in Rom erschienen.

1. DER GEGENSTAND EINER DIDAKTIK DES ALTSPRACHLICHEN UNTERRICHTS

Die folgende Darstellung des Gegenstandes einer Didaktik der Alten Sprachen wird den Rahmen des Themas abstecken, in das die vorliegende Schrift einführen soll. Der Begriff „Didaktik" wird zunächst hypothetisch eingegrenzt. Damit wird eine erste Antwort auf die Frage „Was ist Didaktik des altsprachlichen Unterrichts?" gegeben. In den sich anschließenden Kapiteln wird diese Antwort präzisiert und vertieft, indem bestimmte Problemschwerpunkte gebildet werden. So kann eine allmähliche Entfaltung des Zusammenhanges erfolgen, in den die Didaktik des altsprachlichen Unterrichts eingebettet und von dem ihr spezifischer Gegenstand geprägt ist.

1.1. Inhalte und Ziele didaktischer Forschung

Die Didaktik des altsprachlichen Unterrichts gewinnt ihre Hypothesen einerseits aus unmittelbarer praktischer Erfahrung und andererseits aus Texten, d. h. aus Reflexionen und Theorien pädagogischer Denker, aus Berichten über pädagogische Praxis, aus literarischen und zeitkritischen Texten, aus historisch-gesellschaftswissenschaftlicher Literatur, aus anthropologisch-philosophischen Entwürfen – kurz: aus Texten, die den altsprachlichen Unterricht mittelbar oder unmittelbar betreffen. Diese beiden Quellen didaktischer Hypothesenbildung stehen in enger Verbindung zueinander. Das aus der Unterrichtspraxis und der allgemeinen Lebenspraxis gewonnene Erfahrungswissen wird als ein Vorverständnis[9] in die Auseinandersetzung mit den Texten eingebracht, und die Einsichten, die durch die Erschließung der Texte gewonnen werden, wirken verändernd auf das Erfahrungswissen zurück.

Die Verknüpfung des Erfahrungswissens mit den über Texte vermittelten Einsichten zum Zweck fachdidaktischer Hypothesenbildung läßt sich folgendermaßen begründen: Didaktische Forschung ist auf ständige Berührung mit der Erziehungswirklichkeit angewiesen. Das „Aufgeladensein mit praktischen Grundvorstellungen" ist die elementare Voraussetzung für das

[9] Vgl. Kümmel (Nr. 118).

Gelingen jeder erziehungswissenschaftlichen Reflexion,[10] die den Fragen und Nöten der Praxis gerecht werden will und die Praxis zu gestalten und zu verbessern beabsichtigt. Gestaltung und Verbesserung der Praxis sind die eigentlichen Zwecke didaktischer Forschung. Daraus bezieht sie ihre Legitimation. Sie begnügt sich niemals mit einer mehr oder weniger verbindlichen Analyse oder Theorie. Sie will auf die Unterrichtspraxis einwirken. Didaktische Forschung beteiligt sich also an der Bildungs- und Erziehungsaufgabe des Unterrichts. Dazu ist aber der dauernde Umgang mit Schülern wie Lehrern im unterrichtlichen Alltag erforderlich, aus dem entscheidende Anregungen und Impulse bezogen werden. Der Didaktiker gewinnt sein Erfahrungswissen durch gründliche, einfühlende Beobachtung der praktischen Arbeit, durch gewissenhafte Kontrolle seines unterrichtlichen Handelns, durch überlegte Experimente und gezielte Befragungen. Eine Trennung der didaktischen Forschung von der unterrichtlichen Lehre ist demnach unvertretbar.

Wenn die Didaktik auch von *literarisch-fiktionalen* Texten ausgeht, um sich einen Orientierungsrahmen für ihre Hypothesenbildung zu schaffen, dann beruht dieses Vorgehen auf der Überzeugung, daß derartige Texte Möglichkeiten menschlicher Existenz dokumentieren und anthropologische Kategorien sichtbar machen, mit deren Hilfe Norm- und Wertvorstellungen als Leitideen pädagogischen Handelns zu identifizieren sind. Indem die Didaktik aus den Werken der Literatur Anregungen für die Präzisierung, Konkretisierung und Veranschaulichung eines allgemeinen Zielbildes zu gewinnen sucht, nutzt sie die Literatur als Reservoir der Aufklärung des Menschen über sich selbst und als Erfahrungspotential für die Ermittlung allgemeiner Bildungs- und Erziehungsziele.

Mit der Funktion literarischer Texte als Material der didaktischen Forschung ist noch keine Entscheidung über ihre Verwendung als *Unterrichtsgegenstände* getroffen. Das ist eine ganz andere Frage, die erst auf der Ebene der Auswahl konkreter Unterrichtsinhalte (→ 1.3.) zu stellen ist. Man kann dennoch davon ausgehen, daß literarische Texte, die als didaktisches Quellenmaterial besonders ergiebig sind, grundsätzlich auch als Unterrichtsinhalte in Frage kommen. Denn die „welterschließende, wertstiftende, bewußtseinsgründende Funktion all der Texte, die wir Meistern der Sprache verdanken"[11], ist nicht nur für die didaktische Forschung von großem Wert. Sie hilft auch dem Lehrer in der Unterrichtspraxis dabei, „neue Maßstäbe zu geben, neue Ziele zu setzen, neue Methoden zu vermitteln, neue Horizonte des Denkens, Empfindens, Wertens entdecken zu lassen".

---

[10] Röhrs (Nr. 168) S. 52.
[11] Priesemann (Nr. 161) S. 5.

Indem sich die Didaktik um die Erschließung von Texten bemüht, um einen Orientierungsrahmen für ein zeitgemäßes pädagogisches Handeln zu gewinnen, betreibt sie „die planmäßige Einholung des Vergangenen in die jeweilige Gegenwart"[12]. Sie nutzt die historische Erfahrung als Erfahrungsquelle, wobei sie auch ihre eigene Forschungsgeschichte berücksichtigt. Diese Hinwendung zur *geschichtlichen* Dimension des didaktischen Fragens ist von der Überzeugung motiviert, daß Fragestellungen und Lösungen der Vergangenheit grundsätzlich als potentielle Träger unausgeschöpfter Erklärungsmöglichkeiten anzusehen sind. So ist immer wieder auch mit einem „come-back älterer Theorien" zu rechnen, und die Erfahrung zeigt, daß dieses come-back im pädagogischen Bereich nicht gerade selten ist. Die Möglichkeit eines derartigen von der Didaktik gesteuerten come-back beruht vor allem darauf, daß die Situationen, in denen sich pädagogische Vorgänge abspielen und von denen die daran Beteiligten geprägt werden, trotz historischer Distanz im Verhältnis weitgehender Isomorphie zueinander stehen. Zwischen vergangenen und gegenwärtigen Situationen lassen sich Analogien feststellen, die sich mit der Konstanz des Bildungs- und Erziehungsvorganges erklären lassen. Man spricht in diesem Zusammenhang mit Recht von pädagogischen Grundverhältnissen oder Grundsituationen, die selbst von erheblichen gesellschaftlichen Veränderungen nicht wesentlich beeinflußt werden. Auf derartige Analogien kann sich die heutige didaktische Forschung beziehen, wenn sie sich mit historischem Material auseinandersetzt. Indem die Didaktik historische Erfahrung aufgreift, geht es ihr aber nicht nur um das Verstehen dieser Erfahrung. Sie versucht darüber hinaus, diese in die Gegenwart zu transferieren und – wenigstens selektiv – auf die Gegenwart *anzuwenden.* Sie bringt diese in einen neuen Zusammenhang und verwertet sie dort. Darin unterscheidet sie sich von einer Geschichtsschreibung, die das Vergangene als Vergangenes zu rekonstruieren sucht. Die Didaktik benutzt historiographische Rekonstruktionen, um mit ihnen tragfähige didaktische Konstruktionen zu errichten.

Zweifellos wird die Brauchbarkeit des historischen Materials auch von den jeweils dominierenden Interessen der didaktischen Forschung bestimmt. So führt z. B. die Absicht, einen zeitgemäßen Bildungsbegriff zu formulieren, zu einer Aufarbeitung nur des historischen Materials, aus dem einschlägige Anregungen zu erwarten sind (→ 4.2.4.). Entsprechendes gilt für den Versuch, das Klassische als spezifisch didaktisches Kriterium darzustellen (→ 1.3.4.). Lange Zeit war die didaktische Auseinandersetzung mit dem Phänomen des Klassischen unterblieben. Folglich bestand auch

[12] Vgl. Krämer (Nr. 114).

kein Interesse an einer Aufarbeitung der historischen Diskussion über den Begriff des Klassischen. Einem vergleichbaren Wandel ist auch die Verwertung von Forschungsergebnissen der Bezugsdisziplinen ausgesetzt (→ 2.), wenn die Didaktik neue Lerninhalte in Gestalt bisher nicht beachteter Autoren und Texte für den Unterricht erschließen will.

Dadurch daß das unterrichtliche Erfahrungswissen mit der geschichtlichen Erfahrung in Beziehung gesetzt wird, entfaltet sich ein Bewußtsein von der wirkungsgeschichtlichen Bedingtheit der didaktischen Situation. Dieses Bewußtsein wird in loser Anlehnung an H.-G. Gadamers hermeneutische Konzeption[13] als ein *wirkungsgeschichtliches Bewußtsein* bezeichnet. Als eine Synthese aus der Einsicht in überlieferte Fragen, Antworten, Lösungen, Erkenntnisse oder auch Aporien und dem Praxiswissen ist das wirkungsgeschichtliche Bewußtsein die Voraussetzung für die Entwicklung von Perspektiven und Strategien zur Gestaltung der jeweils aktuellen pädagogischen Situation. Denn ausgehend von dem in der gegenwartsbezogenen Praxis des unterrichtlichen Handelns gewonnenen Erfahrungswissen oder Vorverständnis verfolgt die didaktische Forschung das Ziel, überlieferte Texte in ihrer Bedeutung für die Gegenwart des Unterrichts zu verstehen. Sie setzt sich damit der Wirkung dieser Texte bewußt aus, um ihren Horizont zu erweitern. Sie stellt durch die Vermittlung zwischen Gegenwartsbezug und historischer Erfahrung Gegenwart und Vergangenheit in ein neues Licht und verschafft sich auf diese Weise bisher unbekannte Möglichkeiten der Problemlösung.

Die planmäßige Entwicklung und Vertiefung des wirkungsgeschichtlichen Bewußtseins ist das übergreifende Ziel der didaktischen Forschung und zugleich die unerläßliche Voraussetzung didaktischer Entscheidungen, „weil erst die Vergegenwärtigung früherer Motiv- und Lösungsansätze frei macht für die eigene Deutung, die dann um ihre Verpflichtung gegenüber dem Vergangenen weiß". Nur auf dieser Grundlage ist „die souveräne Verfügung über das Wißbare bzw. schon Einsichtige"[14] möglich. –

Die didaktische Rezeption historischen Materials sei an einigen Beispielen veranschaulicht.[15]

1. Rhetorisches Können in Gestalt einer persuasiven Kommunikationsfähigkeit gehört zu den ›Allgemeinen Arbeitstechniken der Kollegstufe‹[16]. Diese werden in der Lernzielrubrik ›Vortrag, Referat, Rede, Interview‹ mit folgenden Lernzielen näher bestimmt:

[13] Gadamer (Nr. 51).
[14] Röhrs (Nr. 168) S. 46.
[15] Vgl. Dörrie (Nr. 31).
[16] Westphalen (Nr. 217) S. 59–68.

Inhalte und Ziele didaktischer Forschung 11

a) Fähigkeit, einem Vortrag zu folgen und Notizen zu machen.
b) Fähigkeit, einen freien Vortrag zu halten.
c) Fähigkeit, eine kleine Rede zu halten.
d) Fähigkeit, ein Interview zu planen und durchzuführen.

Anhaltspunkte für eine Kritik derartiger Unterrichtsziele liefert die Bildungsdiskussion des fünften vorchristlichen Jahrhunderts. Denn es ist nicht zu bestreiten, daß uns die Antike gerade im Hinblick auf die gesellschaftlich-politische Rolle der Rede und die Kunst des Redens wertvolle Erfahrungen voraushat. Die „gefährliche Entdeckung" (H. Dörrie) des Gorgias, daß man durch die Anwendung bestimmter rednerischer Mittel den Erfolg nahezu herbeizwingen konnte, ist von großer curricularer Bedeutung. Denn die *Ambivalenz* vieler Fähigkeiten, die in den neueren Lernzielkatalogen aufgezählt werden, ist bisher noch nicht bedacht, geschweige denn hinreichend erörtert. Die auf großer Erfahrung beruhende Erkenntnis der Griechen gerade des fünften Jahrhunderts, daß bestimmte Fähigkeiten auch mißbraucht werden können, sollten die heutigen Lernzielsucher nicht ignorieren (→ 1.3.2.). Erfolg um jeden Preis steht heute wie damals hoch im Kurs. Die Rhetorik, das Redenkönnen, war das geeignete Mittel, politische Machtpositionen zu erringen. Unter diesem Gesichtspunkt ist z. B. das harmlos anmutende Lernziel „Fähigkeit, eine kleine Rede zu halten" zu betrachten. Die in der Antike klar gesehene Möglichkeit, daß ein Lernziel auch Schaden anrichten kann, bleibt bestehen. Hier Vorsorge zu treffen, ist Aufgabe der weiteren Curriculumentwicklung (→ 2.3.2.).

2. Die Möglichkeit des Mißbrauchs kognitiver Fähigkeiten veranlaßte Sokrates, an die hohe Verantwortung der Bildungsinstanzen gegenüber dem einzelnen und der Gesellschaft zu appellieren, und Platon zieht aus der Bildungspraxis seiner Zeit die Konsequenz, daß Bildung nur auf ein als absolut richtig erkanntes Ziel hinführen dürfe, auf die Idee des Guten. Folgerichtig schließt der platonische Bildungsbegriff die Vermittlung von Fähigkeiten ebenso aus wie die Weitergabe eines Bildungserbes oder Erfahrungsschatzes.

Zum ersten Mal ist, um eines als objektiv richtig erkannten Zieles willen, die Voraussetzung vernachlässigt, daß παιδεία zu dem Erfahrungs- und Wissensniveau führen soll, das die alte Generation erreicht hat. Platons Bildungsziel ist darum in so hohem Maße idealistisch, weil er der Jugend ein Ziel setzt, das die Alten nicht erreicht haben. (H. Dörrie, S. 8)

Mit dieser Auffassung befindet sich Platon (überraschend?) in großer Nähe zu einer heute dominierenden Richtung der Curriculumdiskussion, die von der Überzeugung getragen wird, daß Lernen als Verhaltensänderung im Blick auf ein bestimmtes Ziel lückenlos zu planen und zu kontrollieren sei.

Das Curriculum ist für Lehrer und Schüler zugleich das Programm der angestrebten Verhaltensänderung. Traditionelle Gegenstände, wie z. B. literarische Texte, sind Faktoren, die aufgrund ihrer Eigengesetzlichkeit den Prozeß einer zielgerichteten Verhaltensänderung stören. Denn die Wirkung z. B. eines ganzen literarischen Werkes entzieht sich jeder curricularen Kontrolle und ist demnach ein höchst unzuverlässiges Unterrichtsmittel. Nicht von ungefähr sind neuere Unterrichtswerke oft nichts anderes als Literatur-Kollagen. Platons Distanzierung von traditionellen Lerninhalten ist also nur konsequent. Denn erst die „deutliche Absage an das stoffliche Denken"[17] läßt das Prinzip der Orientierung an einem operationalisierbaren Lernziel von Erfolg gekrönt sein.

3. Platons Versuch, die traditionellen Stoffe aus dem Curriculum zu verdrängen, um die Erreichung des höchsten Lernzieles nicht zu gefährden, hat noch aus einem anderen Grunde zur Zeit besondere Aktualität. Die Hierarchisierung von Lernzielklassen (→ 1.3.2.) in Leitziele (oberste Bildungsziele, Globalziele), Richtziele, Grobziele und Feinziele ist durchaus vergleichbar mit dem Weg, den auch der platonische Zögling in Richtung auf die πρώτη φιλοσοφία zurückzulegen hat. In Hinblick darauf könnte man durch Platons Modell veranlaßt fragen, ob eine strenge Hierarchisierung von Lernzielklassen am Ende nicht auch zu einer entsprechenden Klassifizierung derer führt, die auf ihrem Weg zu den „obersten" Lernzielen bereits bei den „Unterzielen" (K. Westphalen) hängenbleiben, und den Auserlesenen, die die Spitze erreichen. Erfahrungsgemäß gelingt es vielen Schülern, z. B. die Formen des Genitivs zu bestimmen (= Unter- oder Feinziel); aber ob es eine große Zahl ist, die z. B. das Leitziel der „allseitig entwickelten Persönlichkeit" erreicht, sei dahingestellt. Auf die Gefahren, die dem einzelnen im technokratischen Gefüge einer Lernzielhierarchie drohen, braucht hier nicht ausdrücklich hingewiesen zu werden: Die absolute Kontrollierbarkeit jeder Verhaltensänderung, d. h. jedes Lernvorganges, muß zur Bildung intellektueller Klassen führen, die sich nach Maßgabe ihrer Entfernung vom obersten Leitziel unterscheiden. Das Ergebnis einer diskriminierenden Leistungsmessung entscheidet über die Zuweisung zur entsprechenden Klasse. Aber der allseitig gemessene Mensch wird ein nützliches Glied der Gesellschaft in dem Bewußtsein, die „gleichen Bildungschancen" wie jeder andere gehabt zu haben, die jedoch in Wirklichkeit nur in der Gleichheit der Meßlatte bestanden haben.

4. Die Kritik, die Isokrates gegen Platons Konzeption richtete, zielte – darauf weist H. Dörrie ausdrücklich hin – im Grunde auf die Frage, ob die platonische Pädagogik, die in Wahrheit philosophische Unterweisung ist

---

[17] Westphalen (Nr. 217) S. 17.

Inhalte und Ziele didaktischer Forschung 13

und „nicht auf die bestehende, sondern auf die ideale Staats- und Gesellschaftsform hin erzieht", neben anderen Ansätzen überhaupt bestehen könne. Die von Platon postulierte Konvergenz allen Wissens auf einen Punkt hin hält Isokrates für nicht vertretbar. Denn sie wird der Realität des Lebens nicht gerecht. Es ist nicht zu übersehen, daß auch die moderne Lernzieldiskussion mit ihren Hierarchisierungstendenzen der Gefahr der Lernzielkonvergenz ausgesetzt ist. Man denke nur an „oberste" Lernziele wie „Emanzipation" oder „Mündigkeit". Fragwürdig ist eine derartige Lernzielkonvergenz vor allem deshalb, weil sich das „oberste" Lernziel letztlich jeder Konkretisierung, Operationalisierung und Kontrolle entzieht. Denn es ist wie Platons Idee nicht von dieser Welt. Isokrates scheint der erste Bildungstheoretiker gewesen zu sein, der auf die für die meisten Bildungsvorstellungen charakteristische transzendente Verankerung hinwies. Diese bestimmt aber auch die Lernzieldebatte der jüngsten Vergangenheit, obwohl sie von der Überzeugung geprägt ist, nur Lernziele in Erwägung zu ziehen, die „das Bildungswesen für eine neue Entwicklungsphase der Gesellschaft, für einen veränderten humanen, intellektuellen und zivilisatorischen Anspruch auszurüsten geeignet sind" [18]. Lernziele sollen zudem den Bedürfnissen des Lebens (→ 4.1.) gerecht werden. Dem hätte ein Pragmatiker wie Isokrates sicher nicht widersprochen. Aber ist „Leben" denn wirklich ein so klar zu definierendes Phänomen, daß es einen Orientierungsrahmen für eine rationalistische Lernzielbeschreibung abgeben kann? Und wie steht es mit den sogenannten „Leitzielen"? „Die Leitziele umfassen den obersten Bereich der pädagogischen Aufgaben und Absichten. Leitziele sind keine Leerformeln, sie zeigen eine allgemeine Tendenz des Bildungssystems an." [19] Trotz der Beteuerung, daß es sich nicht um Leerformeln handele, ist aber doch die Tendenz zur Transzendenz auch hier nicht zu übersehen. Das wird an der dualistischen Konzeption der Lernzielhierarchisierung besonders deutlich. Der große Graben, jenseits dessen Operationalisierungsversuche utopisch werden, beginnt bereits hinter den Fein- und Grobzielen. Die Messung von Richt- und Leitzielen entzieht sich jeder Kontrolle − eine Tatsache, die besonders gefährlich wird, wenn man die allgemeine Meßbarkeit für möglich und notwendig hält.

5. Auf dem Weg durch die Geschichte des antiken Bildungsdenkens gelangt man nach Isokrates in die hellenistische Bildungswelt der ἐγκύκλιος παιδεία. H. Dörrie deutet diese als einen Rückgriff auf die ursprüngliche Bedeutung von παιδεία: „Der junge Mensch sollte Zugang gewinnen zu al-

[18] Strukturplan (Nr. 30) S. 27.
[19] Westphalen (Nr. 217) S. 49.

lem, was Dichter und Gelehrte vor ihm geschaffen hatten; das hieß: Erwerb und Nachvollzug des gesamten vorliegenden Erbes" (S. 10). Die Devise hieß: Allgemeinbildung vor Spezialisierung. Der Heranwachsende sollte sich unter der reichen Fülle dessen umsehen können, was das Bildungserbe bot, ehe er sich einer lebensbestimmenden Entscheidung unterzog. Dieser Grundsatz, der in der Antike wahrscheinlich keine Überforderung des Heranwachsenden bedeutete, wird heute als unrealistisch abgewiesen. Man weicht auf die Zielbestimmungen aus, weil man dem Druck der Stoffe nicht mehr gewachsen ist. Doch ist man noch nicht so weit, daß man die (als korrigierbar deklarierte) Entscheidung für einen bestimmten Bildungsgang des Kindes als eine Entscheidung für bestimmte Lernzielklassen oder -stufen (Wissen, Können, Erkennen, Werten) definiert. Inhalte und Stoffe werden weiterhin vorgeschoben. Man wählt zwischen Latein und Französisch, nicht zwischen Erkennen und Können oder zwischen Grobziel und Feinziel.

6. Ciceros bildungstheoretische Reflexion hat die Inhalte philosophia und eloquentia zum Gegenstand. Philosophia bezeichnet die „Summe von theoretischer Einsicht und philosophisch begründeter Entscheidung" (Dörrie, S. 11). Dabei entspricht es Ciceros eigenen Erfahrungen, daß philosophia als Inhalt und Ziel vor allem die sinnvolle Nutzung des otium, eines otium cum dignitate, einschließt, d. h. eine anspruchsvolle Freizeitgestaltung bedeutet. Politische Aktion hingegen bedarf der eloquentia, der Macht der Rede. Der Unterschied zur sophistischen Rhetorik ist jedoch nicht zu übersehen: „Das Mittel der eloquentia wurde nur auf solche Ziele hin aufgeboten, die von der philosophia her geboten waren" (Dörrie, S. 12). Die philosophia war das Regulativ, das den Mißbrauch der eloquentia verhindern sollte. Philosophia bedeutete aber nicht ethische Reflexion, sondern Sachanalyse und war insofern „Enzyklopädie des Bildungserbes". Leitziel für die Ausbildung des orators war der persönliche Erfolg, der sich zum Nutzen der Gesellschaft auswirken mußte. Ciceros Erfolgspädagogik benötigt keine transzendenten obersten Lernziele zur Selbstrechtfertigung. Da sie einen Erfolg intendiert, der auf Bildung und Moral basiert und zugleich in die Gesellschaft positiv hineinwirkt, ist sie über den Verdacht erhaben, den absoluten Erfolg zu verherrlichen. Im Blick darauf ist nicht einzusehen, warum man heute einerseits in der unterrichtlichen Praxis so viel Wert auf die Häufigkeit von Erfolgserlebnissen legt und andererseits den Erfolg als Leitziel nicht anzuerkennen bereit ist, da doch Erfolg ein allgemein verbreitetes Bedürfnis ist und sich zudem ohne weiteres operationalisieren läßt. Eine intensive Auseinandersetzung mit Ciceros Erfolgspädagogik könnte vielleicht befruchtend auf die sich in dieser Frage als so lebensfremd erweisende Lernzieldiskussion wirken. Oder versteckt sich hinter

der so ehrenwerten Formel des „mündigen oder emanzipierten" Menschen etwa schon das Bild vom „erfolgreichen" Menschen?

7. Nun setzt der Erfolg durch eloquentia auf der Grundlage von philosophia im Sinne Ciceros Möglichkeiten politischer Aktion voraus, die selbst im republikanischen Rom anscheinend nicht gerade häufig waren. Politischer Erfolg, der gängigen ethischen Kriterien und Rechtsbegriffen entspricht, erfordert einen maximalen Freiraum. Obwohl dieser spätestens seit dem Beginn der Kaiserzeit nicht mehr gegeben war, hielt man an der wirklichkeitsfremden rhetorischen Bildung weiterhin fest, und an eine durchgreifende Bildungsreform war nicht zu denken. Doch neben dem rhetorischen Bildungsideal, das z. B. von Tacitus und Quintilian vertreten worden war, hat es offensichtlich ein „Gegenkonzept" gegeben, dessen Spuren sich in Gestalt der alten ἐγκύκλιος παιδεία bei Seneca und Philon finden. Ein wesentlicher Bestandteil dieser Bildungstheorie, die wahrscheinlich auf Poseidonios zurückgeht, ist die These von der Rangordnung der artes: zweckgebundene, kommerziell nutzbare artes – artes liberales – Philosophie. Da die jeweils höhere Stufe die jeweils tiefere in sich enthält, geht der Weg zur höchsten von der tiefsten aus. Das entspricht dem alten methodischen Grundsatz, vom Einfacheren zum Schwierigeren hinzuführen und vom Praktischen zum Theoretischen aufzusteigen. Dieser von der Erfahrung her legitimierte Grundsatz steht auch hinter den Lernzielreihen, die in der heutigen Curriculumtheorie eine so große Rolle spielen (vgl. den „Aufstieg" vom Feinziel zum Leitziel). Das Bild des Aufstiegs vom Niederen zum Höheren schließt selbstverständlich eine entsprechende Wertung ein. Denn erst von der höheren ars her erhält die tiefere ihren Sinn, so wie das Feinziel erst vom Grobziel, das Grobziel erst vom Richtziel und das Richtziel erst vom Leitziel her sinnvoll wird (→ 1.2.3.). Die Wertsteigerung vom Feinziel zum Leitziel ist darüber hinaus am pyramidischen Aufbau der Ziele ablesbar. Eine Vielzahl von Feinzielen muß erreicht werden, damit eine begrenzte Menge von Grobzielen, eine wiederum geringere Menge von Richtzielen und schließlich nur *ein* Leitziel verwirklicht werden können. Doch – und auch darin stimmt die derzeitige Curriculumtheorie (→ 2.3.2.) im Kern mit Poseidonios und Späteren überein – der *Logos* ist einerseits bereits im untersten Lernzielbereich methodisches Prinzip des Lernprozesses und andererseits sein höchstes Ziel. Insofern ist Lernen ein qualitativ einheitlicher „logischer" Prozeß – vom Erkennen lateinischer Genitivformen bis zum „mündigen" Menschen. –

Das leitende Erkenntnisinteresse, das die Didaktik mit der ständigen Erweiterung und Vertiefung ihres wirkungsgeschichtlichen Bewußtseins verfolgt, ist die Ermittlung und Begründung jeweils aktueller Inhalte und Ziele des unterrichtlichen Geschehens, die kurz als *Unterrichtsinhalte* und *Un-*

terrichtsziele bezeichnet werden und sowohl Lern- und Lehrziele als auch Bildungs- und Erziehungsziele bzw. -inhalte umfassen. Indem die Didaktik Unterrichtsinhalte und -ziele ermittelt und auswählt, gibt sie der unterrichtlichen Praxis maßgebende Orientierungshilfen. Die Erfüllung dieser Aufgabe ist der Kernbereich der didaktischen Forschung. Aber sie kann diese nur unter Berücksichtigung weiterer unterrichtsrelevanter Faktoren und Variablen leisten. Dabei handelt es sich ebenso um Gegebenheiten, die in den Bereich der lerntheoretischen, erziehungspsychologischen oder motivationstheoretischen Beschreibung gehören, wie um gesellschafts- oder bildungspolitische und administrative Vorgaben. Hinzu kommen geschichtlich bedingte Formen der Vermittlung von Unterrichtsgegenständen, wie sie z. B. in Lehrbüchern, Lesebüchern oder Textausgaben vorliegen.

Die Didaktik ist nicht nur bei der Erfassung der Vorgänge und Gegebenheiten, die die Unterrichtspraxis bestimmen, auf einschlägige wissenschaftliche Disziplinen angewiesen. Sie benötigt auch bei der Interpretation des historisch vermittelten Quellenmaterials die Unterstützung z. B. der historischen Pädagogik, der philosophischen Anthropologie, der Gesellschaftswissenschaft und der Hermeneutik. Wenn man berücksichtigt, daß die unmittelbaren fachwissenschaftlichen Bezugsdisziplinen des altsprachlichen Unterrichts und seiner Didaktik (→ 2.1.), die Allgemeine Didaktik und die Curriculumtheorie (→ 2.3.) ebenfalls zu berücksichtigen sind, dann ist die enge Verflechtung der didaktischen Forschung in eine Fülle von Bezügen nicht mehr zu übersehen. Die „Hintergründigkeit" der didaktischen Probleme, von der in der Einleitung die Rede war, wird durch diese Verflechtung erneut veranschaulicht.

1.2. Methoden didaktischer Forschung

Die Informationen, die die engeren und weiteren Bezugsdisziplinen der didaktischen Forschung zur Verfügung stellen, bedürfen, um in das wirkungsgeschichtliche Bewußtsein eingehen zu können, der *Interpretation*. Diese erfolgt unter bestimmten methodologischen Gesichtspunkten,[20] die ein reflektiertes Verstehen der Texte ermöglichen.

Das Verstehen, das die didaktische Forschung methodisch zu intensivieren sucht, ist angesichts seiner historischen Bedingtheit nicht als endgülti-

---

[20] Vgl. W. Klafki: Hermeneutische Verfahren in der Erziehungswissenschaft, in: Funk-Kolleg Erziehungswissenschaft, Bd. 3, Frankfurt 1971, 126–153; ferner Röhrs (Nr. 168) bes. S. 46–59.

ges Produkt, sondern als unabgeschlossener Prozeß zu denken. Der Gegenstandsbereich der Didaktik ist nicht nur aufgrund seiner Einbettung in eine dem Wandel unterworfene Unterrichtswirklichkeit, sondern auch aufgrund des Fortschritts ihrer Bezugsdisziplinen ständiger Veränderung ausgesetzt. Sogar das Verstehen selbst wirkt verändernd nicht nur auf den Verstehenden, sondern auch auf den Gegenstand des Verstehens zurück.

Daraus ergibt sich, daß das Fragen und Infragestellen für die didaktische Forschung (wie für jede forschende Tätigkeit) der entscheidende Antrieb eines Verstehensprozesses bleibt, der stets auch seine distanzierte Reflexion einschließt. Die Didaktik ist demnach immer auch eine kritisch-reflektierende Forschung. Sie setzt sich der kritischen Prüfung ihrer Voraussetzungen, Grenzen, Ziele, Inhalte und Methoden aus, um Widersprüche innerhalb ihrer eigenen Argumentation und vor allem auch zwischen ihrer Theorie und den Erfahrungstatsachen der unterrichtlichen Praxis aufzuspüren und aufzudecken. Um eine in diesem Sinne kritische Didaktik zu sein, darf sich die Didaktik des altsprachlichen Unterrichts trotz ihrer besonderen Berücksichtigung historisch-hermeneutischer Methoden gegenüber *empirisch-erfahrungswissenschaftlichen* Verfahrensweisen nicht verschließen. Dabei darf sie jedoch deren Schwächen nicht übersehen. Denn empirische Methoden können nur unter starker Reduktion von Problemfeldern zu verifizierbaren Ergebnissen gelangen und demnach in der Regel nur stark begrenzte Details eines Ganzen zu erschließen versuchen. Daraus folgt, daß sich die Didaktik nur in engen Grenzen auf empirisch wirklich gesicherte Befunde stützen kann. Ihr wichtigster empirischer Nährboden bleibt also vorerst das „vorwissenschaftliche" Erfahrungswissen aus der Praxis. Dennoch müssen prinzipiell alle didaktischen Aussagen der empirischen Verifikation oder Falsifikation ausgesetzt bleiben.[21]

Alle Ergebnisse didaktischer Forschung stehen also zur Disposition; sie bleiben aber solange gültig, bis sie mit erfahrungswissenschaftlichen Methoden widerlegt oder im hermeneutischen Reflexionsprozeß aufgehoben werden.

Eine ausschließlich der Empirie verpflichtete Didaktik würde zweifellos über die exakte Klärung von Einzelheiten der unterrichtlichen Wirklichkeit nicht hinauskommen und sich den Blick auf umfassende – erfahrungswissenschaftlich nicht auszuleuchtende – Zusammenhänge verstellen.[22] Wenn sich eine so verengte Wissenschaftlichkeit in das Getto des ihr methodisch

---

[21] Thiersch (Nr. 204).
[22] Einen ähnlichen Einwand erhebt auch W. Flitner: Das Selbstverständnis der Erziehungswissenschaft in der Gegenwart, Heidelberg ²1958, gegen eine empirische Pädagogik.

Zugänglichen abkapsele – so H. Thiersch –, dann sei das von ihr entworfene Bild der Wirklichkeit nicht nur unkritisch und zu einfach, sondern darüber hinaus auch gefährlich; jene Probleme nämlich, die sie ins Dunkel des nicht mehr Durchdachten abdränge, blieben unaufgeklärt und damit irrationalen Interessen und Strömungen überlassen; so könnten sie auswuchern oder sich fetischisieren. Die Forschung aber, die sie verleugne, könne von ihnen gleichsam unterlaufen und als ahnungsloses Werkzeug ihrer Interessen eingespannt werden. Indem so der Wille, zu methodisch abgeklärten objektiven Ergebnissen zu kommen, seine eigenen Grenzen und Bedingungen vergesse, könne sich die ihn treibende Anstrengung um die Wahrheit pervertieren.[23]

Die Gefahr der Überbewertung der Empirie wird auch daran erkennbar, daß isolierte empirische Erkenntnisse oft unversehens zu normativen Sätzen werden.[24] Die Beobachtung von Einzeltatsachen verführt zur Formulierung angeblich allgemeingültiger Regeln. Dieser Möglichkeit ist im übrigen nicht nur eine empirische Wissenschaft, sondern auch der praktizierende Lehrer ausgeliefert: Nur zu leicht verallgemeinert er subjektive Beobachtungen und leitet aus ihnen Regeln und Normen seines Handelns ab.

Die Didaktik des altsprachlichen Unterrichts würde sich ihrer theoretischen Basis berauben, wenn sie die Kontroverse zwischen geisteswissenschaftlich-auslegender und erfahrungswissenschaftlicher pädagogischer Forschung durch einseitige Parteinahme aufhöbe. Die Didaktik bleibt nur unter der Bedingung funktionsfähig, daß sie dem Prinzip der wechselseitigen Abhängigkeit zwischen dem auslegenden (hermeneutischen) und dem empirischen Zugang zu ihrem Arbeitsfeld gerecht wird. Indem die durch Empirie gewonnenen Erfahrungen mit den Ergebnissen der Auslegung verglichen werden, z. B. in Form einer vergleichenden Konfrontation von Tatsache und Erwartung, Praxis und Theorie, individueller Einzelerfahrung und Verallgemeinerung, isolierter Erscheinung und Gesamtbild, gewinnt der jeweils befragte Gegenstand überzeugende Konturen. Das methodische Vergleichen erweist sich dabei als ein Verfahren, das das didaktische Verständnis des Gegenstandes fördert, indem es die hermeneutisch kontrollierte Auslegung mit der Empirie verknüpft. Der Vergleich wird z. B. dadurch erforderlich und in Gang gebracht, daß eine nach Maßgabe des wirkungsgeschichtlichen Bewußtseins getroffene Auswahl eines Gegenstandes hypothetisch zum Unterrichtsinhalt erklärt wird. Damit wird ein Erwartungshorizont abgesteckt, der u. a. das gewünschte Ergebnis der

---

[23] Thiersch (Nr. 204) S. 16f.; zum Grundsätzlichen: Riedel (Nr. 166).
[24] Ballauff (Nr. 4).

Auseinandersetzung mit dem Unterrichtsinhalt, voraussehbare Schwierigkeiten und als notwendig erachtete Hilfen, Angaben über die Zeitplanung und Hinweise auf die Möglichkeiten der Überprüfung des Unterrichtszieles umfaßt. Dieser Erwartungshorizont ist das Resultat einer vergleichenden und abwägenden Synthese von Verstehensakten und Erfahrungsinhalten. Durch den Vergleich wird das Denkbare, Wünschenswerte oder Erforderliche in Einklang mit den Bedingungen und Möglichkeiten der unterrichtlichen Praxis gebracht. Aber auch diese vergleichende Synthese des Unterrichtsgegenstandes läßt noch keine endgültige Aussage über seine tatsächliche Funktion zu. Der Gegenstand muß sich in der Praxis einer erneuten Überprüfung unterziehen, in der zu klären ist, ob und gegebenenfalls inwieweit er die ihm zugeschriebene Funktion erfüllt. Die Didaktik stellt sich damit bewußt dem Risiko der Konfrontation von Wollen und Können, Absicht und Ergebnis, Vorhaben und Leistung, da sie ein elementares Interesse an der Entwicklung wirklichkeitsgerechter und praxisadäquater Analysen hat. Diese Überprüfung ist wiederum ein vergleichendes Verfahren. Jetzt wird die aus dem Vergleich von Verstehensakten und praktischer Erfahrung hervorgegangene didaktische Synthese des Unterrichtsgegenstandes mit seiner Wirkung im Unterrichtsgeschehen verglichen. Dazu sind angemessene empirische Überprüfungsverfahren – z. B. in Form der Lernerfolgsüberprüfung – erforderlich. Erfahrungsgemäß ist dieser Vergleich, der den hypothetischen Charakter der didaktischen Synthese aufheben und Hinweise auf Korrekturen geben soll, nur partiell durchzuführen. Denn es sind bisher keine empirischen Methoden bekannt, mit denen die didaktische Synthese eines Unterrichtsinhaltes in ihrem Funktionswert umfassend überprüft werden kann. Die didaktische Synthese ist also im wesentlichen nur als *wahrscheinlich* angemessen zu erweisen. Das gilt z. B. für jedes Lehrbuch, das sich als noch so gut begründete didaktische Synthese und trotz intensiver Erprobung bereits in der Phase seiner Entstehung einem *umfassenden* objektiven Urteil über seinen Funktionswert entzieht (→ 1.4.1.). Die Unwägbarkeit und Unberechenbarkeit individuell bedingter Faktoren des Unterrichtsgeschehens lassen keine objektiven Erkenntnisse zu. Daß ein Lehrbuch seine Bewährungs- oder Realitätsprobe gleichwohl besteht, ist allenfalls in Einzelfällen wirklich *nachweisbar*. Die Verallgemeinerung eines derartigen Urteils ist jedoch unzulässig. Wenn es allerdings durch weitere Einzelerfahrungen bestätigt wird, erhöht sich die Wahrscheinlichkeit, daß mit der didaktischen Synthese eine wenigstens vorläufige Übereinstimmung zwischen Anspruch und Wirklichkeit erreicht ist. Da aber gerade mit der Produktion eines Lehrbuches der Prozeß didaktischer Forschung zum Stillstand gekommen ist, müssen Lehrbücher mit ihrer Fertigstellung bereits „veralten". Denn sie können der permanenten Veränderung der Unterrichtssituation nicht gerecht werden, falls sie nicht entsprechend mitverändert werden. Das wirkungsgeschichtliche Bewußtsein der Didaktik verlangt daher die permanente Lehrbuchrevision.

Die Schwierigkeit, gültige und intersubjektiv verbindliche Aussagen zu treffen, darf jedoch nicht zu einem Skeptizismus führen, mit dem der Anspruch auf die Möglichkeit, gültige Aussagen zu treffen, grundsätzlich aufgegeben würde. Die Didaktik ist aufgrund ihres wirkungsgeschichtlichen Bewußtseins durchaus in der Lage, Wertentscheidungen zu fällen und normative Setzungen vorzunehmen, die sich der Legitimation durch empirische Verfahren entziehen. Sie ist sogar zu derartigen Setzungen verpflichtet, da es keine andere Instanz gibt, die dazu berechtigt wäre, und eine praktische Bildungs- und Erziehungsarbeit ohne normative Vorgaben ausgeschlossen ist. Weil diese der Kritik und Revision nicht entzogen werden, ist die Möglichkeit ideologischer Verengung unterbunden.

Man darf auch nicht übersehen, daß die Überprüfung des in einem Unterrichtsgegenstand konkretisierten didaktischen Erwartungshorizonts hinsichtlich seines Funktionswertes für die Praxis nicht nur zu Korrekturen an dem Unterrichtsgegenstand führt. Sie liefert auch Anhaltspunkte für Korrekturen an der Unterrichtswirklichkeit. Denn diese ist für die Didaktik keine unantastbare Größe. Die Didaktik beschränkt sich nicht in ständiger Anpassung an die ihrem Einfluß entzogenen Veränderungen der Unterrichtswirklichkeit auf die bloße Zulieferung möglichst adäquater Unterrichtsgegenstände. Sie trägt mit deren Hilfe auch zu einer ihrem wirkungsgeschichtlichen Bewußtsein entsprechenden Gestaltung des Unterrichts bei.

Didaktische Forschung durchläuft also – in modellhafter Vereinfachung – mehrere Etappen:
1. Die Resultate von Verstehensakten werden mit den Befunden praktischer Unterrichtserfahrung verglichen.
2. Der Vergleich führt zu einer Synthese von Verstandenem und Erfahrenem, die sich in Gestalt eines Unterrichtsgegenstandes konkretisiert.
3. Der Unterrichtsgegenstand wird der Erprobung in der Praxis ausgesetzt und mit Hilfe empirischer Methoden auf seine Stimmigkeit und Angemessenheit hin überprüft.
4. Der Vergleich des Erprobungsbefundes und des mit dem Unterrichtsgegenstand gegebenen didaktischen Erwartungshorizonts liefert Anhaltspunkte für Korrekturen sowohl an dem Unterrichtsgegenstand als auch an der Unterrichtswirklichkeit.
5. Auf der Grundlage ihres wirkungsgeschichtlichen Bewußtseins trifft die Didaktik mit der Darstellung von Unterrichtsgegenständen auch nor-

mative Entscheidungen, die zwar der empirischen Überprüfung entzogen sind, aber in einem durchschaubaren Begründungszusammenhang stehen. Didaktische Forschung spielt sich also im Spannungsfeld von konstruktiver Utopie und Empirie ab. Ihr Dilemma besteht darin, daß sie ihren Zweck nicht etwa schon in der Darstellung dessen erfüllt sieht, was Unterricht ist, sondern erst in dem Entwurf dessen, was Unterricht sein soll. Es kommt ihr also immer auf eine Beschreibung eines optimalen Unterrichts und auf die Schaffung entsprechender Unterrichtsbedingungen an. Da die Kriterien, denen ein optimaler Unterricht entsprechen muß, dem z. B. historisch-politischen und gesellschaftlichen Wandel unterworfen sind, ist die Didaktik zur Revisionsbereitschaft gegenüber ihrem Zielbild von Unterricht verpflichtet. Die permanente Veränderung ihres Gegenstandes und ihres Zielbildes gestattet folglich nur vorübergehend gültige Aussagen. Das ist zu bedenken, wenn man die Frage aufwirft, ob sich die Didaktik als Wissenschaft begreifen darf. In ihrer Abhängigkeit von einer ständig sich wandelnden Wirklichkeit und mit ihrer Verpflichtung zur Optimierung eben dieser Wirklichkeit läßt sie sich wohl kaum als eine Wissenschaft im herkömmlichen Sinne definieren. Man dürfte den Möglichkeiten und Aufgaben der didaktischen Forschung am ehesten gerecht werden, wenn man den Anspruch auf Wissenschaftlichkeit nur mit großer Zurückhaltung erhebt. Denn es ist anscheinend schon ausgeschlossen, den Gegenstand der didaktischen Forschung so weit aus seiner Komplexität zu lösen, daß eindeutige, überprüfbare und übertragbare Aussagen über ihn getroffen werden können. Gewißheit oder Zuverlässigkeit ist didaktischen Aussagen nur dann zuzusprechen, wenn sie aufgrund erheblicher und damit praxisferner Reduktion von Faktoren des Unterrichtsgeschehens zustande kommen.[25] Didaktik ist demnach wohl besser charakterisiert als „Dramaturgie des Unterrichts"[26], als „kritische Diagnostik"[27] oder als „Bildungslehre"[28]. Erst in dem Augenblick, wo die Didaktik selbst zum Gegenstand der Forschung wird und sich selbst reflektiert, erreicht sie eine Ebene, auf der sie den herkömmlichen Kriterien der Wissenschaftlichkeit standhalten könnte. Demnach haben nicht die Aussagen der Didaktik über ihren Forschungsgegen-

[25] Vgl. H. Helmers: Der moderne Deutschunterricht und seine Theorie. Von der Rezeptologie zur kritischen Diagnostik, in: Sprachpädagogik, Literaturpädagogik. Festschrift für Hans Schorer, Frankfurt 1969, 6–15.
[26] Vgl. G. Hausmann: Didaktik als Dramaturgie des Unterrichts, Heidelberg 1959.
[27] Helmers, a. a. O., s. Anm. 25.
[28] Weniger (Nr. 210).

stand, sondern ihre Aussagen *über sich selbst* Aussicht darauf, als wissenschaftliche Aussagen akzeptiert und diskutiert zu werden. Erste Ansätze zu einer derartigen Metadidaktik dürften auch in der vorliegenden Einführung erkennbar sein. Denn ihr Ziel ist es, möglichst zuverlässige und intersubjektiv überprüfbare Aussagen über den relativ begrenzten Gegenstand „Didaktik des altsprachlichen Unterrichts" zu treffen, nicht aber eine didaktische Technik im Sinne einer Handlungsanweisung für die Praxis zu entwickeln.

1.3. Die Ermittlung und Auswahl von Unterrichtszielen und Unterrichtsinhalten

Eine im Verantwortungsbewußtsein für den altsprachlichen Unterricht und seine Schüler arbeitende und forschende Didaktik orientiert sich zwar prinzipiell an der ganzen Unterrichtswirklichkeit. Sie wäre jedoch überfordert, wenn man von ihr eine umfassende Theorie des Unterrichts erwartete. Der Versuch, einen derartigen – in der Pädagogik nicht selten erhobenen – holistischen Anspruch zu erfüllen, ist erfahrungsgemäß zum Scheitern verurteilt. Eine leistungsfähige didaktische Forschung muß selektiv sein.[29] Denn trotz seiner Abhängigkeit von einem Gesamtzusammenhang bleibt ein kontrollierbares Verstehen mit seinen methodischen Möglichkeiten auf begrenzte Teilbereiche eines Ganzen beschränkt. Weil eine Überschreitung dieser Grenzen das Verstehen überfordert, führt sie in jedem Falle zu einem für die Praxis nur schädlichen Dilettantismus.

Der Teilbereich, auf den sich die Didaktik konzentriert, ist die theoretische Begründung und Gestaltung des Unterrichts hinsichtlich seiner *Inhalte* und *Ziele*. Der Anspruch der Didaktik auf diesen Forschungsbereich gründet sich auf die schlichte Tatsache, daß es außer der Didaktik keine Disziplin gibt, die für die Ermittlung und Auswahl von Unterrichtsinhalten und -zielen für ein Unterrichtsfach verantwortlich gemacht werden kann. Dabei darf allerdings nicht übersehen werden, daß der Begriff „Didaktik" im Laufe seiner Geschichte auch einen weitergreifenden Bedeutungsinhalt[30] hatte (→ 2.3.1.): So wurde „Didaktik" u. a. verstanden als fächerübergreifende Wissenschaft vom Lehren und Lernen[31] oder als allgemeine

---

[29] Vgl. K. Popper: Das Elend des Historismus, Tübingen 1965. P. wendet sich gegen einen holistischen Ansatz zur Theoriebildung.
[30] Vgl. W. Klafki: Didaktik und Methodik, in: H. Röhrs (Hrsg.): Didaktik, Frankfurt 1971, 1–16; Klafki (Nr. 108).
[31] J. Dolch: Grundbegriffe der pädagogischen Fachsprache, München ³1960.

Theorie des Unterrichts[32]. Diesen Definitionen ist gemeinsam, daß sie die *Methodik*, die Lehre von den Verfahrensweisen des Unterrichtens, und alle anderen Disziplinen, die der Erhellung und Gestaltung der Unterrichtswirklichkeit dienen, als Teilgebiete einer umfassenden, ganzheitlichen Didaktik betrachten. Aber nicht nur die wissenschaftstheoretische Unhaltbarkeit des holistischen Ansatzes, sondern auch die Entfaltung dieser Teilgebiete zu selbständigen Forschungsdisziplinen legen die Begrenzung des didaktischen Arbeitsgebietes auf einen Kernbereich nahe, den man als „Theorie der Inhalte und Ziele eines Unterrichtsfaches" bezeichnen kann. Mit dieser Begrenzung werden zunächst methodische und damit zugleich alle anderen das Lehren und Lernen betreffenden Fragen und Probleme ausgeklammert (→ 1.4.2. → 2.2. → 2.3.).

Indem sich die didaktische Forschung mit den Inhalten und Zielen eines oder mehrerer Unterrichtsfächer befaßt, erweist sie sich als *fach* didaktische Forschung. Als Fachdidaktik beschränkt sie sich auf das „Was" (Inhalt) und das „Wozu" (Ziele) eines speziellen, traditionell gegebenen Unterrichtsfaches und überläßt das „Wie" und das „Womit" der Methodik und anderen mit dem Unterricht befaßten Disziplinen. Selbstverständlich ist diese fachdidaktische Beschränkung und Abgrenzung nur theoretisch möglich und sinnvoll. Im Blick auf die Unterrichtspraxis lassen sich z. B. spezifisch fachdidaktische und fachmethodische Probleme ebenso wenig voneinander isolieren wie z. B. fachdidaktische und fachwissenschaftliche Fragen. Unter dem Gesichtspunkt der unterrichtspraktischen Anwendung didaktischer Reflexion erweist es sich geradezu als die zentrale Aufgabe der Didaktik als einer Fachdidaktik, ihre Ziel- und Inhaltsentscheidungen in eine sinnvolle Beziehung zu den übrigen Bedingungen, Faktoren und Variablen der Unterrichtswirklichkeit zu bringen, um Unterricht überhaupt zu ermöglichen. So ist es u. a. unerläßlich, bei allen didaktischen Entscheidungen die sogenannte „methodische Leitfrage" zu stellen, d. h. „die individuell-subjektiven (anthropogenen) Voraussetzungen der Schüler mit dem objektiven Sachanspruch (der seinerseits sozio-kulturelle Bedingungen hat) zu vereinigen".[33] Ferner ist die Frage nach fachspezifischen Inhalten und Zielen nur unter Berücksichtigung der wissenschaftlichen Bezugsdisziplinen des Unterrichtsfaches zu beantworten. Denn bei der Bestimmung und Auswahl fachspezifischer Inhalte und Ziele ist die Didaktik auf ein fachliches Substrat angewiesen, das die einschlägigen Fachwissenschaften zur Verfügung stellen (→ 2.1.). Trotz ihrer Konzentration auf Inhalte und

---

[32] Heimann-Otto-Schulz (Nr. 74); Schulz (Nr. 189). Zum Ganzen Reich (Nr. 163).
[33] Blankertz (Nr. 18) S. 99.

Ziele ihres Unterrichtsfaches ist die Fachdidaktik also auch eine „Schaltstelle zwischen Gesellschaft, Schule und Wissenschaft" und zugleich „die Verbindung zwischen der jeweiligen Fachwissenschaft und den Basiswissenschaften".[34] Die Fachdidaktik bleibt auch bei der Begrenzung ihrer Forschungsschwerpunkte auf Unterrichtsziele und -inhalte eine auf Erziehungs- und Lebenspraxis „angewandte" Disziplin.[35]

Wenn es die wichtigste Aufgabe der Fachdidaktik ist, den altsprachlichen Unterricht hinsichtlich seiner Inhalte und Ziele theoretisch zu begründen und zu gestalten, dann muß der Ermittlung und Auswahl von Unterrichtsinhalten und -zielen eine grundsätzliche Auseinandersetzung mit der Frage nach der didaktischen Qualität der Alten Sprachen und ihrer Texte vorausgehen. Worin besteht die Besonderheit der lateinischen oder griechischen Sprache und ihrer Texte? Weisen die Alten Sprachen und ihre Texte ganz spezifische, singuläre Eigenschaften auf, mit denen ihre didaktische Eignung in besonderem Maße zu begründen ist? Auf diese Fragen sind in der Vergangenheit viele Antworten[36] gegeben worden: So hat z. B. H. von Hentig die lateinische Sprache als „die didaktisch rationellere Sprache unter denen, die uns zur Auswahl stehen", bezeichnet,[37] weil sie als ein besonders wirksames Werkzeug zur Erkenntnis der Wirklichkeit benutzt werden könne. Die lateinische Sprache sei ein instruktives Erfahrungsmodell: Indem wir dieses allmählich aufbauten, bauten wir zugleich die Erfahrungswelt auf. Das Lateinische erweise sich als die Sprache, „bei deren Erlernen der Mensch einer bestimmten Entwicklungsstufe eine möglichst große Vielfalt von (relevanter) Erfahrung mit einer maximalen Kontrolle über die sprachlich bedingten Erkenntnisse und Urteilsvorgänge erlangt" (H. von Hentig, S. 259).

Otto Seel hob hervor,[38] daß die lateinische Sprache nicht deshalb pädagogisch hervorragend geeignet sei, weil sie etwa „logischer" als andere Sprachen sei, sondern weil sie gleichwohl zu „logischem Denken" erziehe, indem sie logischer verfahre als andere Sprachen. Diese „Logik" des Lateinischen bestehe in seiner gedanklichen Klarheit und strengen Diszipliniertheit „im Durchhalten der Relationen zwischen den inhaltlichen und formalen Baugliedern eines Aussagekomplexes" (S. 14). Das Latein sei sparsam,

---

[34] Jungblut (Nr. 99) S. 611.
[35] Vgl. Jungblut (Nr. 99) S. 613.
[36] Vgl. z. B. E. Norden: Die Bildungswerte der lateinischen Literatur und Sprache auf dem humanistischen Gymnasium, Berlin 1920; W. Luther: Vom Wert des lateinischen Grammatikunterrichts für die wissenschaftliche Denkschulung, aufgezeigt an Beispielen aus der Syntax, in: AU 5, 2, 1961, 53–89.
[37] Hentig (Nr. 76) S. 254.
[38] Seel (Nr. 192).

Auswahl von Unterrichtszielen und Unterrichtsinhalten 25

exakt und genau, manchmal bis zur Pedanterie und Wunderlichkeit genau in der Erfassung der wechselseitigen Relationen, der Bei-, Über- und Unterordnungen, der Zeitverhältnisse, der inneren Abhängigkeiten, der Kongruenzen; und das zu begreifen, setze ein hohes Maß an Bewußtheit, Überschau, gedanklicher Bewältigung voraus, „wo man's in anderen Sprachen getrost so dahintreiben lassen mag". Indem das Lateinische nicht auf den Leser zukomme, fix und fertig übernehmbar, sondern etwas fordere, um Aussage zu werden, sei es ein echter Modellfall allen geistigen Verstehens, das nämlich überall nur im Akt eigenen Tätigwerdens gelinge.

Die „Besonderheit lateinischer Texte" hat K. Büchner[39] skizziert und diese Skizze mit der überzeugenden Bemerkung eingeleitet, daß es sich dabei um die Kernfrage handele, mit der die Möglichkeit und Fruchtbarkeit des Lateinunterrichts auf der höheren Schule stehe und falle. Die lateinische Lektüre auf der Schule müsse sich „durch eine durch nichts zu ersetzende Eigenart rechtfertigen" (S. 28). Büchner nennt als charakteristische Eigenschaften lateinischer Texte, mit denen ihre Unersetzlichkeit für das schulische Lernen zu begründen sei: ihre Kürze, ihre Architektonik, ihre Lebensganzheit und ihre Gründerleistung für die europäische Kultur. Das sind didaktische Kriterien, mit denen die Werke als Unterrichtsgegenstände zu legitimieren sind.

Es ist in diesem Zusammenhang nicht erforderlich, die Darstellung dieser Kriterien im einzelnen zu referieren, da mit ihnen ebenso wie mit den knappen Hinweisen auf spezifische Merkmale der lateinischen Sprache nur angedeutet werden sollte, in welche Richtung eine allen Auswahlfragen vorausgehende grundsätzliche didaktische Analyse und Legitimation des altsprachlichen Unterrichts zu gehen hat. Die Fachdidaktik muß sich wieder verstärkt mit der didaktischen Gesamtanalyse ihres fachlichen Substrats befassen – und zwar auf der Ebene der Sprache und der Texte. Die Frage nach dem spezifischen pädagogischen Wert lateinischer und griechischer Texte darf nicht weiter vernachlässigt oder überdeckt werden mit der Behauptung, daß altsprachlicher Unterricht „multivalent" sei (→ 1.3.4.).

1.3.1. Historische Bezüge

Die Ermittlung und Auswahl von Unterrichtsinhalten steht in engem Zusammenhang mit der Frage nach den Zielen sowohl des Unterrichtsfaches als auch des schulischen Lernens insgesamt. So könnte man z. B. da-

---

[39] Büchner (Nr. 20) S. 22-35.

von ausgehen, daß der Unterricht in der Schule eine „Ausstattung zur Bewältigung von Lebenssituationen"[40] leisten soll. Diese „Ausstattung" müßte in entsprechenden „Qualifikationen" bestehen, die mit Hilfe bestimmter Unterrichtsinhalte erworben werden könnten. Dieses Beispiel zeigt freilich schon, daß sich aus der darin enthaltenen Funktionsbeschreibung keine Zielvorstellungen für das einzelne Unterrichtsfach ableiten lassen. Eine derartige Funktionsbeschreibung muß so lange ohne Folgen für die Praxis bleiben, bis geklärt ist, um welche konkreten Lebenssituationen es sich handelt, für deren Bewältigung entsprechende Qualifikationen zu erwerben sind. Es scheint ausgeschlossen zu sein, auf diese Frage eine Antwort zu geben, die mit einem Konsens rechnen kann, und selbst wenn eine Übereinstimmung über „Lebenssituationen" erzielt würde, bliebe damit noch ungeklärt, welche Qualifikationen es im einzelnen sein müßten, die die „Bewältigung" der Lebenssituationen ermöglichten. Alle denkbaren Antworten sind hypothetisch, parteiisch oder ideologisch verengt und erreichen höchstens die Verbindlichkeit eines Angebots, d. h. sie haben den Charakter von Sätzen, deren Begründung unzureichend ist, so daß sie der Revision oder Korrektur bedürftig bleiben.

Allerdings bemüht sich die Fachdidaktik immer wieder um Anpassung an herrschende Meinungen über jeweils gültige und für allgemeinverbindlich erklärte Qualifikationsbeschreibungen. Dazu gehören ebenso die Ableitung von Lernzielen aus der Emanzipationsideologie der siebziger Jahre wie die Orientierung an der nationalsozialistischen Ideologie oder die Besinnung auf „patriotische" Bildungselemente als Reaktion auf den Vorwurf „geminderter vaterlandstreuer Gesinnung" in der Zeit des Ersten Weltkrieges.[41] Man kann also davon ausgehen, daß sich der altsprachliche Unterricht trotz weitgehender Identität seiner zentralen fachlichen Inhalte in seinen Zielen als flexibel und anpassungsfähig erwiesen hat. Die Fähigkeit der Fachdidaktik zur Anpassung an die öffentliche Meinung (→ 4.1.) ist zwar eine entscheidende, wenn nicht gar eine notwendige Voraussetzung für die Erhaltung des altsprachlichen Unterrichts im Bildungsangebot der Schule. Sie bedarf jedoch der gewissenhaften Selbstüberprüfung und -kontrolle, damit die Anpassung nicht zur Auslieferung wird. Denn Anpassung ist nur dann didaktisch zu verantworten, wenn sie nicht nur der Selbsterhaltung dient, sondern vor allem die Möglichkeit gibt, das fachspezifische Bildungsangebot zum Wohle der jeweils heranwachsenden Generation fruchtbar werden zu lassen. Wird diese Zielsetzung wirklich ernst genommen, so ist es ausgeschlossen, daß die Anpassung an herrschende Meinun-

---

[40] Robinsohn (Nr. 167) S. 45.
[41] Vgl. Norden, s. Anm. 36.

gen und Ideologien in Widerspruch zur Verantwortung für die Heranwachsenden gerät.

Da die Fachdidaktik offensichtlich nicht von gegebenen und allgemein verbindlichen Zielvorstellungen ausgehen kann, die sich als Leitideen für die Feststellung fachspezifischer Unterrichtsziele eignen, hat sie die Aufgabe, mögliche Zielbeschreibungen zu sammeln und nach Maßgabe ihres wirkungsgeschichtlich vermittelten didaktischen Bewußtseins auf ihre Tragfähigkeit hin zu untersuchen. Die Unmöglichkeit einer allgemein akzeptierbaren Interpretation der Lebenswirklichkeit, für die der Heranwachsende gebildet und erzogen werden könnte, verpflichtet die Fachdidaktik dazu, *eigene* Antworten zu geben und zur Disposition zu stellen. Sie muß sich also an der bildungstheoretischen Meinungsbildung aktiv beteiligen. Die Fachdidaktik ist dazu legitimiert, weil sie über ein historisch gewachsenes und bewährtes Erfahrungspotential verfügt, aus dem allgemeine Zielvorstellungen zu gewinnen und in die Bildungsdiskussion einzubringen sind. Im besonderen Falle der Didaktik des Latein- und Griechischunterrichts liegt dieses Erfahrungspotential u. a. in der Geschichte der humanistischen Bildungsidee (→ 4.2.4.). Diese könnte durchaus als Bezugspunkt für die Ermittlung von Zielen für einen zeitgerechten altsprachlichen Unterricht geeignet sein, wenn es der Didaktik gelänge, eine Unterrichtskonzeption zu entwickeln, in der die Idee Wegweiser einer entsprechenden Praxis ist und keine uneinlösbare Hypothek bleibt. Damit wird keineswegs für eine unkritische Wiederbelebung der humanistischen Bildungsidee plädiert. Aber da die Fachdidaktik darauf angewiesen ist, den Bezugsrahmen für die Darstellung ihrer fachspezifischen Unterrichtsziele mitzugestalten, muß sie sich zu einer gründlichen Aufarbeitung des verfügbaren historischen Materials bereit finden. Die Geschichte des altsprachlichen Unterrichts[42] muß in das wirkungsgeschichtliche Bewußtsein, aus dem die didaktische Forschung ihre Orientierung bezieht, eingebracht werden. So gehört die Kenntnis der Geschichte des Lateinunterrichts[43] von seinen Anfängen in römischer Zeit, über die christliche Antike und das Mittelalter ebenso in das wirkungsgeschichtliche Bewußtsein der Didaktik wie das Wissen um die Wandlung und Neuorientierung des altsprachlichen Unterrichts in der Zeit der Renaissance[44] und in den folgenden Jahrhunderten. Das didaktische Grundproblem der Ermittlung und Auswahl von Unter-

---

[42] Vgl. z. B. Eckstein (Nr. 34); Paulsen (Nr. 156); Dolch (Nr. 33); Zednik (Nr. 232).
[43] Vgl. Frings-Keulen-Nickel (Nr. 41);, s. v. Lateinunterricht; zur Geschichte des Griechischunterrichts → 3.1.
[44] Dazu Voigt (Nr. 207).

richtszielen und -inhalten mußte in allen geschichtlichen Epochen von den für die Bildung und Erziehung Verantwortlichen reflektiert, erörtert und für die Praxis des Unterrichts auf unterschiedliche Weise gelöst werden. Besondere Beachtung verdienen die historisch-gesellschaftlichen Bedingungen, Zwecke und Umstände, mit denen der lateinische und später der griechische Unterricht legitimiert werden konnte. Das sei im folgenden angedeutet.[45]

So hatte z. B. der Unterricht im sermo patrius für die Römer selbst den Zweck, die Fähigkeit im gezielten Umgang mit der Sprache in der Öffentlichkeit zu schulen, d. h. die eloquentia zu vervollkommnen (Beispiel: Quintilian). Die lateinische Sprache mußte zudem als allgemeines Verständigungsmittel im Bereich des Imperium Romanum gelernt werden. Darauf konnte die junge christliche Kirche aufbauen. Sie bediente sich des Lateinischen, förderte seine Verbreitung und ließ es zur christlichen Weltsprache werden. Karl der Große war wohl der erste, der den Versuch unternahm, die antike Kultur – auf christlicher Grundlage – systematisch wiederzubeleben. Lateinische Autoren wurden eifrig gelesen und vor allem in den Klöstern abgeschrieben. Seit Karl dem Großen hatte jedes Kloster ein Scriptorium. Die aktive Beherrschung und die literarische Handhabung des Lateinischen waren ein wesentliches Ziel des damaligen Lateinunterrichts, und es entstand in Orientierung an den antiken Autoren eine umfangreiche mittellateinische Literatur. Selbstverständlich wurde Latein auch als Mittel der wissenschaftlichen Kommunikation benötigt.

Eine erneute Renaissance der Antike wurde im 14. Jahrhundert vor allem von den italienischen Humanisten Petrarca und Boccaccio eingeleitet. Verschollene antike Texte wurden wiederentdeckt, fleißig kopiert und kommentiert. Die Erfindung der Buchdruckerkunst trug seit dem 15. Jahrhundert zu weiterer Verbreitung antiker Texte bei.

Vierzig Jahre nach Erfindung der Buchdruckerkunst sind die meisten lateinischen Schriftsteller gedruckt ... In allen Kreisen erwachte das Interesse an diesen neuen Schätzen römischer Literatur, nicht bloß bei den Gelehrten, sondern auch bei den Staatsmännern und Machthabern, selbst bei den Frauen der besseren Stände. Es waren ja die Werke des eigenen [sc. italienischen, Verf.] Volkes; sie vermittelten die Kenntnis der eigenen Vorzeit. Bei den ersten Humanisten steht es fest, Romanum imperium nunc etiam Romae et penes populum Romanum esse. Jene Tyrannen und kriegserfahrenen Condottiere, wegen ihrer Illegitimität vereinsamt, suchten den Glanz ihres Hofes in den Humanisten, welche sie um sich sammelten ... Man wollte denken, sprechen und schreiben, wie die alten Römer, deren Herrlichkeit wieder ins

---

[45] Die Ausführungen folgen im wesentlichen der vorzüglich informierenden Darstellung von Eckstein, s. Anm. 42.

Leben zu rufen der Traum und das Trachten der edelsten Geister war. Es war wirklich eine Renaissance. Da galt es explodere barbariem und mit der Scholastik brechen und vor allem restituere linguae latinae puritatem.[46]

In Deutschland entwickeln sich die humanistischen Studien erst seit der zweiten Hälfte des 15. Jahrhunderts. Durch die Beschäftigung mit der klassischen Literatur soll die allgemeine geistige Bildung und Kultur gefördert werden. Seit 1497 lehrt z. B. Heinrich Bebel an der Universität Tübingen als Professor der Poetik und Beredsamkeit. 1503 hält er eine Rede de utilitate latinitatis et quae res faciat pueros eloquentes und 1508 de necessitate linguae latinae. Neue Grammatiken und Lehrbücher entstehen zu Anfang des 16. Jahrhunderts, um das Lernen eines sauberen und – gemessen an den Klassikern – korrekten Lateins zu fördern. Erasmus verfaßt seine beiden Schriften de ratione studii ac legendi interpretandique auctores (1512) und de pueris statim ac liberaliter instituendis (1529): Grammatik solle der erste Lerngegenstand sein, man müsse sich jedoch auf wenige und nur die wichtigsten Regeln beschränken; denn die wahre Sprachfertigkeit erwerbe man durch lateinische Gespräche und fleißiges Lesen. Terenz, Vergil, Horaz, Cicero und Sallust werden zur Lektüre empfohlen.

Zur systematischen Einrichtung von Schulen kam es in Deutschland erst im Zuge der Reformation. Martin Luther hebt den Nutzen des Lateinlernens für jedermann hervor:

Und wenn schon ein solcher Knabe, so Latein gelernet hat, darnach ein Handwerk lernet und Bürger wird, so hat man denselbigen in Vorrath, ob man sein etwa zum Pfarrherrn oder sonst zum Wort brauchen müßte: schadet ihm auch solche Lehre nichts zur Nahrung, kann sein Haus desto baß regieren und ist über das zugerichtet und bereit zum Predigtamt, wo man sein bedarf.[47]

In einem anderen Zusammenhang stellt Luther fest: „Die Sprachen, sonderlich die lateinische, wissen, ist allen nütze, auch den Krieges- und Kaufleuten, auf daß sie mit fremden Nationen sich bereden und mit ihnen umgehen können." Melanchthon betont demgegenüber stärker den formalen Bildungswert des Lateinischen. Außerdem ist es für ihn das Mittel, den Zugang zu den Wissenschaften zu erschließen. Zu diesem Zweck sollen die Schüler die Sprache mündlich und schriftlich beherrschen.

Während die norddeutschen Verfechter des altsprachlichen Unterrichts vor allem seine Funktion für das Theologiestudium hervorheben, stellt Johannes Sturm, der seit 1537 das Straßburger Schulwesen organisiert, die pietas litterata, die sapiens atque eloquens pietas, doctrina et pietas, rerum cognitio et oratoris elegantia als Ziele des Unterrichts hin. Es geht ihm also

[46] Eckstein (Nr. 34) S. 68.
[47] Zit. nach Eckstein (Nr. 34) S. 88.

vornehmlich um die Wiederherstellung der lateinischen Beredsamkeit aus dem Geist der christlichen Religion.

Auch die Jesuiten, die in der Verbesserung des Schulwesens das sicherste Mittel zur Bekämpfung des Protestantismus sehen, begründen ihre schola latina, in der es um legere, scribere, loqui geht, mit der Feststellung, daß das Lateinische der Schlüssel zur gründlichen Gelehrsamkeit und das Organ wissenschaftlicher Forschung und Kommunikation sei. Mit der Verstärkung der Richtungskämpfe innerhalb des Protestantismus geht der Verfall der Latinität einher. Die Sorge um Rechtgläubigkeit ist gegen Ende des 16. Jahrhunderts stärker als das Bemühen um gutes Latein, das zeitweilig sogar als glaubensfeindlich bekämpft wird. Eine ähnliche Entwicklung ist aber auch in den katholischen Gebieten zu beobachten; zumindest versucht man, die heidnischen Autoren durch christliche zu verdrängen. Selbstverständlich fehlt es nicht an Gegenstimmen. Joh. Caselius schreibt 1605 eine cohortatio ad latinum sermonem accuratius discendum. Hier heißt es u. a.: fastidire et negligere latinum sermonem non solum extremae negligentiae est sed etiam dementiae: quo videlicet in universo Christiano orbe nihil sit utilius, nihil magis necessarium. Das Lateinische sei außerdem ein vinculum Christianarum gentium, et multiplicium consiliorum multarumque partium doctrinae gazophylacium. Das Ziel der lateinischen Lektüre besteht für Joh. Caselius vor allem darin, den Inhalt der Texte für die Gestaltung des praktischen Lebens nutzbar zu machen. Er ist davon überzeugt, daß die lateinischen Schriftsteller eine veredelnde, bildende Wirkung auf den Leser haben – im Sinne der Erzeugung von boni mores, cultus virtutis, praeclara facta, merita erga patriam.

Von besonderer aktueller Bedeutung ist der Versuch vieler Fachleute zu Beginn des 17. Jahrhunderts, einen möglichst kurzen einführenden Sprachunterricht zu konzipieren und auch zweisprachige Ausgaben der Schulschriftsteller herauszugeben. Ebenso wird bereits in dieser Zeit die Sprachenfolge diskutiert. So fordert z. B. W. Ratke, daß der Unterricht von der Muttersprache ausgehe; darauf sollen Hebräisch, Griechisch und Lateinisch folgen. Johann Amos Comenius, der das Lernen des Lateinischen für die Grundlage jeder Bildung hält, veröffentlicht 1638 eine didactica dissertatio de sermonis latini studio, um das Lernen der Sprache expeditius, facilius, celerius, fructuosius quam hactenus zu machen; das ist die bis heute bestehende Aufgabe der Fachdidaktik.

Die Forderung, einen möglichst kurzen Sprachlehrgang zu entwerfen, der ohne Umwege zur Textlektüre führen soll, wird von den meisten Didaktikern des 17. Jahrhunderts mit Entschiedenheit erhoben. Die Lektüre befaßt sich aber nicht nur mit den Klassikern, sondern auch mit neulateinischen Autoren.

Gegen Ende des 17. Jahrhunderts beginnt die allmähliche Verdrängung des Lateinischen als Sprache der Diplomatie, des Rechtswesens und der wissenschaftlichen Vorlesungen und Disputationen. Gleichzeitig aber vollziehen sich die allmähliche Emanzipation der Philologie von der Theologie und die Begründung eines von dieser unabhängigen Lehrerstandes. Man darf die Tatsache nicht übersehen, daß in einer Zeit, in der die praktisch-kommunikative Bedeutung der lateinischen Sprache rapide zurückgeht, für Philologie, Altertumswissenschaft und Didaktik eine beeindruckende Entwicklung beginnt. Zugleich erwachsen dem Lateinischen als Schulsprache vor allem unter Pädagogen entschiedene Gegner. In Preußen bleibt dem Lateinunterricht jedoch z. B. in Friedrich dem Großen ein bedeutender Verteidiger. In einer Cabinet-Ordre vom 5. September 1779 schreibt der König:

Lateinisch müssen die jungen Leute auch absolut lernen, davon gehe ich nicht ab; es muß nur darauf raffiniret werden, auf die leichteste und beste Methode, wie es den jungen Leuten am leichtesten beizubringen; wenn sie auch Kaufleute werden oder sich zu was anderem widmen, wie es auf das Genie immer ankommt, so ist ihnen das doch allezeit nützlich und kommt schon eine Zeit, wo sie es anwenden können.

An anderer Stelle begründet der König seine Forderung:

Lernt Lateinisch, damit ihr auch lernt, euch in eurer eignen Sprache anmutig auszudrücken. Bildet euch im Deutschen nach den großen Mustern des Alterthums. Takt, guter Geschmack, scharfes Urtheil und Verständnis des Schönen werden dann die Resultate eurer Studien sein.[48]

Ein bedeutender Schritt zu einer weiteren Verbesserung des altsprachlichen Unterrichts ist die Eröffnung des Philologischen Seminars an der Universität Halle, an dem Friedrich August Wolf für die Lehrerausbildung wirkt.[49] Er ist es auch, der das neuhumanistische Bildungsideal zum Bezugspunkt der Altertumswissenschaft werden läßt (→ 2.1.1.3. → 3.1. → 4.2.4.).

Im Laufe des 19. Jahrhunderts werden Stimmen laut, die die starke Betonung der formalen Bildung im Lateinunterricht kritisieren. Anlaß dieser Kritik ist offensichtlich die Tendenz zu einer übersteigerten grammatischen Schulung. Von J. F. Herbart werden die Möglichkeiten der formalen Bildung grundsätzlich in Frage gestellt (→ 2.2.1.). Die übertriebene grammatische Schulung sei zugunsten eines vertieften Eindringens in die antike

[48] Zitate nach Eckstein (Nr. 34) S. 114 f.
[49] Wolf (Nr. 228); zu Fr. A. Wolf: Fuhrmann, M.: Fr. A. Wolf, in: Dt. Vierteljahresschrift für Literaturwiss. und Geistesgesch. 33, 1959, 187–236; über die Bedeutung W. von Humboldts wird an späterer Stelle zu handeln sein (→ 3.1. → 4.2.4.).

Literatur und Geschichte als den eigentlich wertvollen und pädagogisch nutzbaren Unterrichtsgegenständen zu reduzieren. Denn diese seien allein geeignet, jegliche Art wissenschaftlichen Interesses zu wecken und zu fördern. In seinen ›Gymnasialreden‹, die er während seiner Nürnberger Tätigkeit (1809–1815) als Gymnasialdirektor hielt, hat auch G. W. F. Hegel die grammatische Schulung lediglich zu einer wichtigen Vorstufe für die Auseinandersetzung mit den Inhalten erklärt.[50] Hermann Köchly stellt dem grammatischen Formalismus das historische Prinzip gegenüber; durch umfangreiche kursorische Lektüre soll der Schüler die Schriftsteller und ihre Zeit möglichst umfassend kennenlernen. Die aktive Sprachbeherrschung (Lateinsprechen, lateinischer Aufsatz) soll dafür aufgegeben werden. Paul Marquard (1871/72) greift diese damals vielerörterten Vorstellungen auf und will an die Stelle der grammatischen Studien eine weitgreifende Lektüre setzen, bei der es weniger auf die Form als auf den Inhalt ankomme. Nur so könne der Schüler zum eigenen Beobachten und wirklichen Denken angeleitet werden. Die Absicht, die alle diese Versuche, die einseitige formalistische Schulung zurückzudrängen, verbindet, läßt sich offenbar auf ein wiedererwachendes *pädagogisches* Interesse an der Persönlichkeitsbildung des Schülers zurückführen, die ja schon im Mittelpunkt der neuhumanistischen Bildungskonzeption gestanden hatte.

Friedrich August Eckstein gibt in seiner zuerst 1879 erschienenen Didaktik und Methodik des Lateinunterrichts eine Zielbeschreibung, die bemerkenswert aktuell ist:

Wir haben jetzt eine doppelte Aufgabe, einmal wollen wir durch die Erlernung dieser Sprache die Grundlage der allgemeinen grammatischen Bildung schaffen und die Einsicht in die Sprachdenkgesetze gewähren, sodann die Bekanntschaft mit der römischen Literatur vermitteln. Nur die Vereinigung dieser beiden Prinzipien, des formalen und materialen, welches bei den modernen Reformern das historische heißt, ist berechtigt; die einseitige Hervorhebung des einen oder des anderen unterliegt gerechten Bedenken.[51]

Eckstein veranschaulicht das formale Prinzip u. a. mit dem Hinweis auf die Möglichkeiten des Lateinunterrichts, eine „Gymnastik des Geistes"[52] zu bieten. Unter Berufung auf Madwig (Kl. Schr., S. 286) hebt er vor allem auch die im Lateinunterricht gebotenen Möglichkeiten zur „Selbstreflexion" hervor:

---

[50] G. W. F. Hegel: Gymnasialreden, in: G. W. F. Hegel: Sämtliche Werke, hrsg. von H. Glockner, Stuttgart 1949 ff., Bd. 3, 231–297.
[51] Eckstein (Nr. 34) S. 133; vgl. auch Nickel (Nr. 149) S. 29–48.
[52] Vgl. Grisart (Nr. 58).

Nur weil die alten Sprachen uns grammatikalisch und lexikalisch entfernter liegen und weil sie nicht im lebendigen, sicheren Gebrauche ergriffen werden können, fordern sie, damit man einigermaßen denselben Grad von Sicherheit der Aneignung erreiche, eine größere Anwendung, eine stärkere und länger fortgesetzte Energie der Reflexion als die neueren.

Noch wichtiger – im Sinne des materialen Prinzips – sei jedoch, daß die Erlernung der Sprache zur Bekanntschaft mit der Literatur der Römer und damit zu einer Kenntnis desjenigen Kulturvolkes führe, das für die Entwicklung der späteren europäischen Bildung maßgebend geworden sei. Um dieses Zieles willen dürfe man sich aber nicht auf die Klassiker beschränken. Das ganze wissenschaftliche Schrifttum bis in unsere Zeit sei ein potentielles Unterrichtsmaterial. Es gehe im Unterricht weniger um die sittliche Größe und Tüchtigkeit des echten Römertums. Statt dessen gelte es, „den geschichtlichen Zusammenhang unseres ganzen Bildungslebens in Religion, Kunst und Wissenschaft zu begreifen, das zunächst auf dem Boden des römischen Altertums erwachsen ist" (Eckstein, S. 135).

In eine Auseinandersetzung mit den Gegnern des altsprachlichen Unterrichts und den pädagogischen Reformern des Gymnasialwesens der letzten Jahrzehnte vor der Jahrhundertwende ist F. A. Eckstein leider nicht eingetreten, obwohl er sich auf eine Fülle einschlägiger Publikationen hätte beziehen können. Über die verschiedenen Gruppen und Parteien im Kampf um und gegen den Latein- und Griechischunterricht in dieser Zeit berichtet aber Gerhard Zednik ausführlich und materialreich.[53] Es ist bemerkenswert – um nur einen kurzen Blick auf diese in der Geschichte des altsprachlichen Unterrichts wohl aufregendste Epoche zu werfen –, wie geschickt die Verfechter des altsprachlichen Unterrichts die heftige Polemik gegen die Alten Sprachen für ihre eigene Argumentation zu nutzen verstehen. So hat z. B. Oskar Jäger[54], der Mitbegründer des 1890 ins Leben gerufenen „Gymnasialvereins", der seine Aufgabe darin sah, „die Sache des Gymnasiums gegen seine Widersacher zu vertreten und das vielfach stark verwirrte Urteil über Ziel und Wert der humanistischen Bildung zu klären"[55], den Vorwurf des fehlenden Bezugs zum Alltagsleben folgendermaßen aufgegriffen: Die Eigentümlichkeit des Gymnasiums bestehe darin, daß es gerade diejenigen Fächer, welche von dem unmittelbar Nützlichen, von dem Tagesleben der Gegenwart und dessen Bedürfnissen am weitesten entfernt

---

[53] Zednik (Nr. 232).
[54] Gymnasium und Realschule, Mainz 1871, 14.
[55] Aus dem Bericht über die konstituierende Versammlung des „Gymnasialvereins" am 15. 12. 1890, verfaßt von G. Uhlig, in: Das Humanist. Gymn. 2, 1891, 1–8, zit. 1.

seien, das Lateinische und Griechische, in den Mittelpunkt stelle und ihnen die meisten Stunden einräume. Es sei recht eigentlich das Hauptmoment im Prinzip des Gymnasialunterrichts, daß man mit Latein und Griechisch keinen Kuchen backen, keine Dampfmaschine heizen und keinen Hund vom Ofen locken könne; es sei grundwesentlich, daß seine Schüler Respekt bekämen vor dem Wissen als solchem, vor dem Wissen um des Wissens willen.

Darüber hinaus will man in den Kreisen des „Gymnasialvereins" dem pädagogischen Radikalismus und der Reformbewegung insgesamt den Wind aus den Segeln nehmen, indem man den Zusammenhang zwischen dem klassischen und dem nationalen Element der humanistischen Bildung stärker herauszustellen versucht. Denn die Gegner werfen dem humanistischen Gymnasium ja nicht nur Gegenwartsferne, sondern auch die Erschwerung einer Erziehung zum Nationalbewußtsein vor.

Eine zusammenhängende Geschichte des altsprachlichen Unterrichts von der Jahrhundertwende bis zur Gegenwart ist bisher nicht geschrieben worden. Eine Sichtung und Bearbeitung des Materials ist allenfalls für begrenzte Zeiträume[56] und Einzelaspekte[57] oder in weitmaschigen Überblicken[58] in Angriff genommen worden. Die didaktische Forschung hat hier ein weites Feld vor sich, dessen Bearbeitung zu einer erheblichen Erweiterung und Vertiefung ihres wirkungsgeschichtlichen Bewußtseins führen dürfte. Dazu ist jedoch nicht nur ein Studium der Unterrichtsgeschichte im Sinne einer Sammlung und Betrachtung von Bildungszielen, schulischen Organisationsformen, staatlichen Lehrplänen und Richtlinien, methodischen Regeln usw. erforderlich. Eine Darstellung der Geschichte des altsprachlichen Unterrichts kann nur dann zur Erweiterung des didaktischen Bewußtseins genutzt werden, wenn sie den bildungssoziologischen und sozialgeschichtlichen Zusammenhang, in dem um die Bestimmung einer zeitgemäßen und situationsgerechten Bildung gerungen wird, nicht unberücksichtigt läßt (→ 3.1. → 4.1.). Denn Bildung und Erziehung – das zeigt der Streit um die Existenzberechtigung des altsprachlichen Unterrichts in besonders anschaulicher Weise – sind keine gesellschaftlich autonomen Phänomene; pädagogisches Geschehen ist von politisch-gesellschaftlichen

[56] Vgl. R. Nickel: Altsprachlicher Unterricht. Neue Möglichkeiten seiner didaktischen Begründung, Darmstadt 1973; Nickel (Nr. 145); Nickel (Nr. 149).
[57] Vgl. z. B. A. Fritsch: Sprache und Inhalt lateinischer Lehrbuchtexte. Ein unterrichtsgeschichtlicher Rückblick, in: Abh. aus d. pädag. Hochschule Berlin, Bd. 3, Berlin 1977, 116–169; K. Westphalen: Curriculumentwicklung in den Alten Sprachen – Versuch einer Dokumentation, in: AU 16, 4, 1973, 74–114; Gruber (Nr. 61).
[58] Vgl. Heusinger (Nr. 79); Gruber (Nr. 60); Matthiessen (Nr. 136).

Vorgängen nicht zu isolieren.⁵⁹ Das wird an der mitunter unerhört heftig geführten und von scharfen Interessengegensätzen geprägten Reformdiskussion in den Jahrzehnten um die Jahrhundertwende besonders anschaulich. Demnach dürfte eine Durchleuchtung dieser Diskussion nicht nur das historische Interesse befriedigen, sondern auch das Bewußtsein von den geschichtlich-gesellschaftlichen Bedingungen der gegenwärtigen Lage vertiefen.

Man kann zudem nicht bestreiten, daß die heutige Lernzieldebatte ohne Berücksichtigung ihrer geschichtlichen Dimension und ihrer gesellschaftlichen Bezüge einen erheblichen Substanzverlust hinnehmen müßte. Es wäre reine Willkür, wenn die Ermittlung und Auswahl von Unterrichtszielen und -inhalten heute ex nihilo, d. h. ohne Berücksichtigung der geschichtlich-gesellschaftlichen Dimension, erfolgten, zumal zentrale Unterrichtsziele der gegenwärtigen Didaktik ihre Herkunft aus der bildungspolitischen Auseinandersetzung um 1900 deutlich erkennen lassen. Das gilt z. B. für die damals wie heute vertretene Grundüberzeugung,
- daß das Lernen der Alten Sprachen der beste Weg zu einer historisch fundierten Bildung sei,⁶⁰
- daß die Kenntnis vor allem der lateinischen Sprache nicht nur eine unentbehrliche Voraussetzung für das Verständnis der wissenschaftlichen Terminologie, sondern auch die Grundlage jeglichen wissenschaftlichen Studiums sei,⁶¹
- daß die Auseinandersetzung mit der Antike zum Verständnis der Gegenwart beitrage,⁶²
- daß das Studium der Alten Sprachen der beste Weg zur Vermittlung einer formal-logischen Bildung sei,⁶³
- daß der altsprachliche Unterricht nicht nur ein Geschichts-, sondern auch ein „Lebens- und Sachunterricht" sei, der der Jugend verständlich und kongenial sei, weil die Alten ja in Wahrheit die Jungen seien und ihr

---

⁵⁹ Werder (Nr. 211).
⁶⁰ O. Weißenfels: Kernfragen des höheren Unterrichts, Berlin 1901.
⁶¹ O. Willmann: Didaktik als Bildungslehre nach ihren Beziehungen zur Sozialforschung und zur Geschichte der Bildung, 2 Bde., Braunschweig 1882/88, Bd. 2, 118: „Das klassische Altertum ... das ABC der gelehrten Studien."
⁶² P. Cauer: Wie dient das Gymnasium dem Leben. Progr. d. Gymn. zu Düsseldorf 1900; P. Dettweiler: Erschließung der Gegenwart aus dem Altertum, Bielefeld 1889.
⁶³ E. Ackermann: Die formale Bildung, Langensalza 1889; A. Lichtenheld: Das Studium der Sprachen, besonders der klassischen, und die intellektuelle Bildung. Auf sprachphilosophischer Grundlage dargestellt, Wien 1882; H. Planck: Das Lateinische in seinem Recht als wissenschaftliches Bildungsmittel, Wiesbaden 1890.

36   Gegenstand einer Didaktik

Schauen und Dichten noch so viel von der Frische und Ursprünglichkeit
bewahrt habe, welche die Gaben der Schöpfer und Erfinder auszeich-
neten und der unbefangenen Auffassung zugänglich machten,[64]
- daß der altsprachliche zugleich ein intensiver muttersprachlicher Unterricht sei (Weißenfels, S. 108),
- daß der Schüler im altsprachlichen Unterricht richtig lesen und interpretieren lerne und von der Oberflächlichkeit eines halben Verstehens und
Hinnehmens befreit werde (Weißenfels, S. 60f.),
- daß die Originallektüre die pädagogisch wertvolle Nötigung zu einer
mühevollen, aber erzieherisch höchst sinnvollen Arbeit darstelle (Weißenfels, S. 51 ff.) und
- daß das Übersetzen eine elementare wissenschaftliche Arbeitsform sei.
Derartige Zielvorstellungen werden auch in den staatlichen Lehrplänen
formuliert.[65] So stellt z. B. der preußische Gymnasiallehrplan vom 6. Januar 1892 lapidar fest, daß die Unterrichtsziele des Faches Latein (a) das
Verständnis der bedeutenderen klassischen Schriftsteller und (b) die
sprachlich-logische Schulung seien. Im preußischen Lehrplan vom 29. Mai
1901 heißt es in leichter Veränderung gegenüber 1892, daß das allgemeine
Unterrichtsziel in dem auf der sicheren Grundlage der grammatischen
Schulung gewonnenen Verständnis der bedeutenderen klassischen Schriftsteller und in der dadurch möglichen Einführung in das Geistes- und Kulturleben des Altertums bestehe.

Abgesehen von diesen bis heute erörterten Zielvorstellungen der achtzi-
ger und neunziger Jahre des vorigen Jahrhunderts haben sich auch die zentralen fachpolitischen Grundsätze und Forderungen im Prinzip nicht verändert, wie z. B. das Festhalten an Latein als der ersten Fremdsprache und
der Kampf gegen die Verringerung der Wochenstundenzahlen. Die Erfüllung dieses fachpolitischen Grundprogramms wird damals wie heute mit
Recht als die Existenzfrage des altsprachlichen Unterrichts angesehen. Ein
„kleiner" Unterschied besteht jedoch darin, daß vor 100 Jahren das Existenzminimum mit den z. B. 86 Gesamtwochenstunden für den neunjähri-
gen Lateinunterricht im preußischen Lehrplan von 1882 noch nicht erreicht
oder gar unterschritten worden ist, wie es heute der Fall zu sein scheint.

Eine für die Erweiterung des wirkungsgeschichtlichen Bewußtseins der
Fachdidaktik äußerst wichtige bildungsgeschichtliche Epoche ist das erste
Drittel des 20. Jahrhunderts. In dieser Zeit erreicht die reformpädagogische
Bewegung ihren Höhepunkt. Sie wird u. a. von der sogenannten „Jugend-
bewegung" gegen die alte Stoff-, Buch- und Lernschule und damit gegen

[64] Willmann, s. Anm. 61, S. 116f.
[65] Belegmaterial bei Zednik (Nr. 232).

das humanistische Gymnasium und den altsprachlichen Unterricht in seiner traditionellen Gestalt getragen. Zu den Zielen der Reformpädagogik gehört der Abbau des Intellektualismus und der einseitigen Verstandesbildung im herkömmlichen Unterrichtsbetrieb. Die Pädagogik soll „vom Kinde aus" wirken; alle Erziehungs- und Bildungsvorgänge sollen von den Neigungen und von der Individualität des Kindes ausgehen.

Die Kritik maßgebender Reformpädagogen richtet sich vor allem gegen die Überzeugung von der Vorbildlichkeit der Antike und gegen den Anspruch, durch die Beschäftigung mit einem längst abgelebten Altertum die wahre Humanität zu erreichen.[66] Ferner wird der erzieherische Wert der antiken Texte aufgrund ihrer angeblich das Wahre und Echte verstellenden rhetorischen Prägung in Frage gestellt. Außerdem nimmt man an dem „undeutschen" Charakter des altsprachlichen Unterrichts Anstoß. Schließlich wird auf den psychischen Schaden hingewiesen, den übertriebene Leistungsanforderungen in den Alten Sprachen anrichteten. Die später oft wiederholte Behauptung, daß der Lern- und Arbeitsaufwand im Vergleich mit dem sichtbaren Resultat viel zu groß sei (→ 4.1.), wird ebenfalls schon von den Reformpädagogen aufgestellt.[67] Als großer pädagogischer Nachteil wird die „Büchermethode", d. h. der Verzicht auf den praktischen Gebrauch der Sprache, angesehen. Der Lernvorgang sei zu stark von einem geistlosen Auswendiglernen bestimmt; die Sprache werde nicht als organisches Gebilde gelehrt; viele Lerninhalte würden als überflüssiger Ballast mitgeschleppt. Der Mangel an Anschaulichkeit und Lebensnähe im Elementarunterricht richte große psychische Schäden an.

Scharfe Angriffe werden z. B. von Hugo Gaudig, dem erklärten Verfechter der „freien geistigen Schularbeit"[68], gegen den altsprachlichen Unterricht geführt. Die Schule habe auf die Anforderungen des Lebens vorzubereiten. Die für diesen Zweck geeigneten Bildungsgüter seien vor allem im Bereich der deutschen Kultur zu suchen. Es solle deutsches Leben in der deutschen Sprache fühlbar werden. Daher müsse Spracherziehung im muttersprachlichen Unterricht betrieben werden. Die Interpretationsfähigkeit sei an deutschen Schriftwerken, nicht an „fremdtümlichen Stoffen" zu üben. Die Beschäftigung mit der Antike habe in der Schule allenfalls „Hilfsdienste" zu leisten.[69]

[66] Z. B. L. Gurlitt: Die Schule, Frankfurt 1907.
[67] Z. B. B. Otto: Der Lehrgang der Zukunftsschule. Formale Bildung ohne Fremdsprache, Berlin-Lichterfelde ²1912, bes. 167.
[68] Freie geistige Schularbeit in Theorie und Praxis, Breslau ²1922; Die Idee der Persönlichkeit und ihre Bedeutung für die Pädagogik, Leipzig 1923.
[69] Deutsches Volk – Deutsche Schule! Wege zur nationalen Einheit, Leipzig 1917, bes. 32.

Eine ausgesprochen fremdsprachenfeindliche Position vertritt Hermann Lietz, der Begründer der „Landerziehungsheim-Bewegung". Er bestreitet dem fremdsprachlichen Unterricht einen besonderen Bildungswert, weil dieser in erster Linie zum Auswendiglernen, d. h. zur bloßen Übung des Gedächtnisses, anhalte und keine Zeit für körperliche und künstlerische Betätigung und für eine freie Geistesentwicklung lasse.[70]
Diese insgesamt negative Beurteilung wird selbstverständlich nicht von allen Reformpädagogen geteilt. So hält z. B. Georg Kerschensteiner[71] den altsprachlichen Unterricht für eine wertvolle Bildungseinrichtung; allerdings seien die Alten Sprachen ein nicht für jedermann geeignetes Bildungsmittel. Kerschensteiner tritt daher für ein pluralistisches Bildungsangebot ein, das die Möglichkeit biete, nur dem wirklich entsprechend Begabten einen altsprachlichen Unterricht zu erteilen. Unter dieser Voraussetzung verlören auch die stärksten Einwände gegen Latein und Griechisch ihre Grundlage. Kerschensteiner hält sogar das Übersetzen aus den Alten Sprachen für ein „ausgezeichnetes Arbeitsfeld" im Sinne seiner Konzeption der Arbeitsschule[72]: In der intensiven Beschäftigung besonders mit den Alten Sprachen stecke „ein ganz hervorragendes Stück Arbeitsschule für alle, deren angeborene oder anerzogene Interessen vom gegenständlichen Sachverhalt der alten Schriftsteller erfaßt werden"[73].

Es konnte nicht ausbleiben, daß die Verfechter des altsprachlichen Unterrichts im Rahmen des humanistischen Gymnasiums den Forderungen und Vorwürfen der Reformpädagogik entgegentraten, ohne sich jedoch den reformpädagogischen Grundgedanken zu verschließen. So lassen z. B. die 1920 veröffentlichten Leitsätze des Gymnasialvereins[74] einige wesentliche reformpädagogische Gesichtspunkte erkennen: Die Schulung des Geistes mittels der Alten Sprachen sei zwar nach wie vor das Hauptziel des Unterrichts; doch sei auch das Anschauungsvermögen des Schülers zu entfalten; auf die individuelle Eigenart des Lernenden sei Rücksicht zu nehmen, ohne jedoch seine gesellschaftliche Verpflichtung aus den Augen zu verlieren. Das Gymnasium solle eine geistige „Arbeitsschule" werden, die die Selbsttätigkeit des Schülers wecke und den Wert gemeinschaftlicher Arbeit bewußt mache. Das theoretische Ziel der höheren Schule sei die Ver-

---

[70] Die Deutsche Nationalschule. Beiträge zur Schulreform aus den Deutschen Landerziehungsheimen, Leipzig 1911.
[71] Deutsche Schulerziehung in Krieg und Frieden, Berlin/Leipzig 1916; Grundfragen der Schulorganisation, Leipzig/Berlin [4]1921; Begriff der Arbeitsschule, Leipzig/Berlin [6]1925, [16]1965; Theorie der Bildungsorganisation, Leipzig/Berlin 1933.
[72] Begriff der Arbeitsschule, Stuttgart [16]1965, 100.
[73] Begriff der Arbeitsschule, S. 102.
[74] In: Hum. Gymn. 31, 1920, 1–4.

Auswahl von Unterrichtszielen und Unterrichtsinhalten 39

mittlung eines Weltbildes, in dessen Mitte der deutsche Mensch stehe und in dem die deutsche Kultur in ihrer geschichtlichen Abhängigkeit, aber auch in ihrer Selbständigkeit gegenüber der Antike erlebt werde. Das praktische Ziel sei die Grundlegung der Persönlichkeit des Schülers nach seiner Eigenart, aber auf dem Boden der deutschen Kultur und im Zusammenhang mit der antiken Geisteswelt.

Auf der gesamtdeutschen Reichsschulkonferenz vom 11.–19. Juni 1920 in Berlin hatten die Grundgedanken und Forderungen der Reformpädagogik bereits einen beherrschenden Einfluß. „Die meisten Konferenzteilnehmer stimmten darin überein, daß der altsprachliche und vornehmlich der lateinische Unterricht zugunsten der deutschkundlichen Fächer noch weiter eingeschränkt werden müsse." [75] Das sollte organisatorisch mit der weiteren Reduzierung humanistischer Gymnasien und der Beschränkung der Stundenzahlen durchgesetzt werden.

Die am 18. März 1924 veröffentlichte Denkschrift des Preußischen Ministeriums für Wissenschaft, Kunst und Volksbildung ›Die Neuordnung des preußischen Schulwesens‹[76] und die auf dieser basierenden ›Richtlinien für die Lehrpläne der höheren Schulen Preußens‹ vom 6. April 1925 („Richertsche Reform") markieren den Abschluß der älteren Geschichte des altsprachlichen Unterrichts. Dem humanistischen Gymnasium wird von diesen Richtlinien die Aufgabe zugewiesen,

durch die besondere Verwendung der in der Antike ruhenden Bildungswerte und ihre innere Verbindung mit denjenigen unserer eigenen Kultur eine humanistische Bildung besonderer Prägung zu vermitteln und den jungen Menschen zu einem Leben kraftvoller Eigenart in der Gegenwart vorzubereiten.

Das Lernen der Alten Sprachen selbst trage dazu bei, den Geist zu klären und zu festigen und dem Horizont eine ungeahnte Erweiterung zu geben. Es vertiefe zugleich das Verständnis der Geschichte und der Muttersprache. Die ständig gestellte Aufgabe, in einer anderen, der Muttersprache fernstehenden Sprache ausgedrückte Gedanken zu erfassen und in eigener Form wiederzugeben, nehme den Geist in strenge Zucht. Zugleich werde er so an eine Arbeitsmethode gewöhnt, die er auf andere Stoffe in gleicher Weise anwenden könne. Außerdem könne der Versuch, die geprägte Form der großen antiken Sprachschöpfungen verstehend und fühlend nachzuerleben, die Seele in besonderer Weise bilden und bereichern.[77]

Die Richtlinien enthalten über diese Beschreibung des allgemeinen Bildungszieles hinaus noch heute oder heute wieder gültige didaktisch-

---

[75] Zednik (Nr. 232) S. 352.
[76] Richert (Nr. 165) S. 15–77.
[77] Richert (Nr. 165) S. 416 f.

methodische Grundsätze für die praktische Unterrichtsarbeit: Im Grammatikunterricht soll der Sprachvergleich mit der Muttersprache und gegebenenfalls mit den modernen Fremdsprachen den Lernvorgang intensivieren. Der einführende Sprachunterricht erfolgt von Anfang an auch unter Verwendung von originalsprachlichen Materialien. Im Lektüreunterricht sind die altsprachlichen Texte, die der Lehrer unter Berücksichtigung der Interessen des Schülers auswählt, mit deutschen Literaturwerken zu vergleichen. Der Vergleich mit deutschen Übersetzungen verschafft Einblick in den Eigenwert des Originals. Zur Veranschaulichung sind Medien heranzuziehen, Studienfahrten oder Museumsbesuche durchzuführen. Die nachantike Literatur gehört ebenfalls zum Lektüreprogramm. Ein besonderes Gewicht erhält die wirkungsgeschichtliche Komponente (z. B. Ciceros Bedeutung für die europäische Geistesgeschichte oder Horaz' Wirkung auf Lessing). Zu diesem Zweck soll mit anderen Fächern zusammengearbeitet werden. Die Lektüre konzentriert sich stets auf bestimmte Schwerpunkte (Themen). Die Auswahl des grammatischen Lernstoffes soll vom Frequenzprinzip bestimmt werden. Angesichts stark reduzierter Stundenzahlen muß sich der Sprachunterricht auf die Vermittlung der wirklich lektürewichtigen Phänomene beschränken. Alle sprachlichen Übungen haben an sinnvollen gedanklichen Inhalten stattzufinden. Dem Schüler darf nicht gleichgültig sein, was er übersetzt.

Der Gymnasialverein reagiert auf die Richertschen Richtlinien mit einem zwar ausführlich begründeten, aber erfolglosen Protest[78]: Die Richtlinien könnten nicht mehr die Gewähr dafür bieten, daß das höhere Schulwesen eine angemessene Vorbereitung auf das Hochschulstudium leiste. Die mit den Richtlinien gegebene große Freiheit der einzelnen Lehrerkollegien bei der Lektüreauswahl gefährde die Einheit des deutschen Schulwesens. Die Unterordnung des altsprachlichen Unterrichts unter die „kulturkundlichen" Fächer führe zu einem Verlust an fachlicher Substanz. Schließlich sei die weitere Verringerung der Wochenstundenzahlen nicht mehr zu verantworten. – In der Tat werden dem Lateinunterricht ab Klasse 5 gegenüber dem preußischen Lehrplan von 1901 fünfzehn Jahreswochenstunden entzogen. Die Stundentafel zum preußischen Gymnasiallehrplan vom 31.10.1924 sieht für Latein ab Sexta 53, für Griechisch ab Untertertia 36 Jahreswochenstunden vor. In anderen deutschen Ländern ist demgegenüber eine höhere Stundenzahl für Latein vorgesehen, z. B. in Hessen (1925) 61 und in Bayern (1928) 62 Stunden. Dem Griechischen bleiben in allen Ländern nach wie vor 36 Stunden.[79]

---

[78] In: Hum. Gymn. 36, 1925, 158–181.
[79] Material bei Zednik (Nr. 232).

Daß sich dieser allmähliche Schrumpfungsprozeß in der NS-Zeit weiter verstärken und beschleunigen mußte, ist angesichts der völkisch-nationalsozialistischen und betont antiintellektualistischen Orientierung des Bildungs- und Erziehungswesens nicht verwunderlich, was zahlreiche Verfechter des altsprachlichen Unterrichts allerdings nicht daran hinderte, Staat und Partei ihre guten Dienste anzupreisen.[80]

Dieser knappe Überblick über einige Etappen der Geschichte des altsprachlichen Unterrichts läßt trotz seiner aus naheliegenden Gründen unvermeidlichen Oberflächlichkeit und Lückenhaftigkeit folgende Feststellungen und Hypothesen zu:

1. Die Wertschätzung des altsprachlichen Unterrichts hat von der Antike bis in unsere Zeit keinesfalls kontinuierlich abgenommen. Phasen des Rückganges und des Tiefstandes werden immer wieder von Zeiten hoher Anerkennung und Qualität abgelöst. Die Geschichte des altsprachlichen Unterrichts ist keine Geschichte seines allmählichen Verfalls, sondern eine Abfolge von Verdrängungen und Renaissancen. Die politisch-soziologischen, wirtschaftlichen und geistesgeschichtlichen Bedingungen, unter denen diese Verdrängungen und Renaissancen stattgefunden haben, sind allerdings noch nicht hinreichend erforscht oder auch nur zur Kenntnis genommen worden.[81] Die Fachdidaktik könnte durch die weitere Erschließung der geschichtlichen Dimension zu tieferen Einsichten in die Legitimationsfrage gelangen. Möglicherweise käme sie zu einer begründeten Unterscheidung von zeit- bzw. situationsbedingten und gleichsam überzeitlichen Legitimationsansätzen. Auf diesem Wege wäre vielleicht ein verhältnismäßig konstantes Legitimationspotential zu beschreiben, für das selbst einschneidende Epochengrenzen bedeutungslos sind.

2. Das Problem der Unterrichtsziele wird in enger Verknüpfung mit dem Problem der Auswahl entsprechender Unterrichtsinhalte kontinuierlich erörtert und immer wieder neu gelöst.

3. Die Legitimation des Unterrichts erwächst aus den Bedürfnissen größerer Bevölkerungskreise und aus den individuellen Interessen einzelner, die oft einen maßgeblichen Einfluß auf das Bildungswesen und die öffentliche Meinung ihrer Zeit ausüben.

4. Ein Legitimationsbedürfnis sowohl gegenüber Ignoranten als auch gegenüber entschiedenen Gegnern beherrscht offensichtlich die gesamte Ge-

---

[80] Vgl. R. Nickel: Der Mythos vom Dritten Reich und seinem Führer in der Ideologie des Humanistischen Gymnasiums vor 1945, in: Paedagogica Historica 10, 1, 1970, 111–128; ders.: Humanistisches Gymnasium und Nationalsozialismus. Erziehung zum Rassenbewußtsein im Altsprachlichen Unterricht vor 1945, in: Paedag. Hist. 12, 2, 1972, 485–503.
[81] Eine seltene Ausnahme: Zednik (Nr. 232).

schichte des altsprachlichen Unterrichts. Eine ernsthafte Auseinandersetzung mit diesen Gegnern auf der Grundlage einer erschöpfenden Kenntnis ihrer Argumente ist unerläßlich. Die Fachdidaktik muß vor allem den im letzten Drittel des 19. Jahrhunderts geführten Kampf um die Stellung des humanistischen Gymnasiums zur Kenntnis nehmen; denn die in diesem Zusammenhang von den Reformern vorgebrachten Einwände, Bedenken und Forderungen bemächtigen sich immer wieder des öffentlichen Bewußtseins (→ 4.1.), auch wenn sie eigentlich gegenstandslos geworden sind. Vor diesem Hintergrund läßt sich aber z. B. der ständig wiederholte Versuch der Stundenkürzung erklären, dem der altsprachliche Unterricht seit anderthalb Jahrhunderten ausgesetzt ist. Mit stets gleichen Argumenten wird die Reduzierung oder Verdrängung des Latein- und Griechischunterrichts mehr oder weniger erfolgreich gefordert.

5. Dem Legitimierungszwang sind sowohl einzelne Ziele, Inhalte und Methoden als auch der Unterricht als ganzer ausgesetzt. Dieser Zwang wird jedoch nicht nur von außen ausgeübt. Er wird von der Fachdidaktik als innere Notwendigkeit anerkannt und als Aufforderung zu ständiger Selbstüberprüfung und Rechenschaft begriffen. Könnte der altsprachliche Unterricht ein unbefragtes Daseinsrecht beanspruchen, so käme es unweigerlich zu einem erheblichen Rückgang der fachdidaktischen Reflexion und damit zu einem nicht zu verantwortenden Verlust an Reflexionsfähigkeit. Die Unterrichtsarbeit würde sich in eine plan- und ziellose Beschäftigung auflösen.

6. Es gibt keine Anhaltspunkte dafür, daß sich der altsprachliche Unterricht im Laufe seiner Geschichte grundsätzlich gewandelt habe. Überzeugende Belege für eine grundlegende Veränderung oder Verbesserung im Sinne eines Fortschritts sind nicht vorhanden. Es wäre verfehlt zu behaupten, der Unterricht der Gegenwart habe die bisher höchste Stufe einer langen Entwicklung erreicht. Die fachdidaktische Reflexion hat demgegenüber ihren Horizont erheblich erweitern können.

7. Daß die Vertiefung oder Verfeinerung der didaktischen Forschung der Gegenwart zu einer höheren Unterrichtsqualität oder gar zu einer breiteren gesellschaftlichen Anerkennung der Unterrichtsfächer geführt hat, ist nicht festzustellen. Es spricht vielmehr manches dafür, daß der durch äußere Gegebenheiten (z. B. durch Stundenkürzung) bedingte Qualitätsschwund und die bildungspolitisch insgesamt schwache Position des altsprachlichen Unterrichts allenfalls zu einer Intensivierung und Differenzierung seiner didaktischen Begründung geführt haben. Diese hätte demnach eine ausgesprochen kompensierende Funktion.

8. Im Vergleich zu den scharfen Auseinandersetzungen zwischen den Gegnern und Verfechtern in den Jahrzehnten um die Jahrhundertwende

und in der Zeit der Reformpädagogik ist es heute in der pädagogischen Öffentlichkeit um die Alten Sprachen relativ ruhig geworden. Das humanistische Gymnasium ist auch kein Thema der Bildungspolitik mehr. Seine Vertreter haben sich weitestgehend entmachtet aus dem Kampf zurückgezogen. Sie werden zu entscheidenden bildungs- und schulpolitischen Fragen nicht mehr angehört. Der fachdidaktischen Diskussion gelingt es nicht mehr, sich jenseits der Fachgrenzen wirklich Gehör zu verschaffen. Man ist zwar aus dem Elfenbeinturm hinabgestiegen, hat sich aber ein im Innern zweifellos wohl funktionierendes pädagogisches Inselreich geschaffen, das ob seiner Winzigkeit vom Festland aus kaum mehr als Bedrohung angesehen wird.

9. Dennoch gibt die Stellung des altsprachlichen Unterrichts – und zwar vor allem des Lateinunterrichts – in der Gegenwart Anlaß zu optimistischeren Prognosen für die Zukunft. Das gilt aber nur für die bildungspolitische Konsolidierung aufgrund einer auf einen schmalen Bildungsbereich beschränkten öffentlichen Billigung und für das derzeit beachtlich hohe fachdidaktische Reflexionsniveau. Wenn die Fachdidaktik jedoch die Erfüllung von Unterrichtszielen verspricht, die vor 100 Jahren mit einer mehrfachen Wochenstundenzahl angestrebt worden sind, dann kann sie sich auf die Dauer gegen den Vorwurf einer unverantwortlichen Schönfärberei oder gar Hochstapelei nicht zur Wehr setzen. Selbst wenn man behauptete, daß die Effektivität der einzelnen Unterrichtsstunde – z. B. aufgrund einer besseren methodologischen Ausbildung des Lehrers und brauchbarerer Unterrichtsmittel – in den vergangenen 100 Jahren gesteigert worden sei, läßt sich der Stundenverlust durch nichts kompensieren. Auch wenn der Blick auf die Geschichte des altsprachlichen Unterrichts nichts weiter einbrächte als diese bescheidene Erkenntnis, so hätte er sich doch gelohnt. Denn der Erfolg aller Überlegungen, aller Mühe und Arbeit hängt letztlich an dem schwachen Faden der verfügbaren Wochenstunden. Alle anderen Probleme sind gegenüber diesem zweitrangig. –

Obwohl die didaktische Forschung aus der Geschichte des altsprachlichen Unterrichts eine erhebliche Erweiterung ihres Selbstverständnisses erfährt und wertvolle Orientierungshilfen auf ihrer Suche nach Leitideen oder Leitlinien für die Formulierung von Unterrichtszielen gewinnt, bleibt sie doch aufgrund ihres wirkungsgeschichtlichen Bewußtseins, das aus der ständig zu revidierenden Synthese von vergangenheits- und gegenwartsbezogenen Verstehensakten und dem Erfahrungswissen aus der Praxis erwächst, davor bewahrt, daß sich die historische Perspektive verabsolutiert und zu einem „Modernitätsdefizit" führt.

1.3.2. Die Klassifikation von Unterrichtszielen

Auf der Erhellung der historischen Perspektive ist nicht zuletzt auch deshalb zu bestehen, weil sie in der jüngeren didaktischen Diskussion über die Möglichkeiten der Lernziel- und Lerninhaltsfindung weitgehend unberücksichtigt geblieben ist. Trotzdem ist der Wert dieser unter dem starken Einfluß der modernen Curriculumtheorie (→ 2.3.2.) geführten Diskussion nicht hoch genug einzuschätzen. Denn jetzt konnte es zum ersten Mal in der Geschichte des altsprachlichen Unterrichts gelingen, die Komplexität der kontinuierlich erörterten Lernzielfrage durchschaubarer werden zu lassen und die Angriffsflächen des historisch gewachsenen und geformten Legitimationspotentials erheblich zu verringern. Der Gewinn, den die bessere Durchschaubarkeit erbracht hat, wird auch dadurch nicht geschmälert, daß er bisweilen mit einer willkürlich erscheinenden Schematisierung erkauft werden mußte.

Der curriculumtheoretische Ansatz der Lernzielbeschreibung ermöglicht zunächst einmal eine Unterscheidung mehrerer *Abstraktionsebenen*, auf denen sich Lernziele[82] ihrer Konkretheit, Eindeutigkeit oder Genauigkeit entsprechend formulieren lassen. Auf diese Weise können unterschiedliche Klassen von Lernzielen gebildet werden: Leitziele, Richtziele, Grobziele und Feinziele.[83] Auf dem höchsten Niveau wird eine lebensnotwendige Qualifikation formuliert, deren Vermittlung alle Unterrichtsfächer für sich beanspruchen. Auf der zweiten und dritten Ebene werden Subqualifikationen genannt, die den Erwerb der auf der höchsten Ebene genannten Qualifikation ermöglichen. Auf der vierten Abstraktionsebene sind fachspezifische Qualifikationen angesiedelt, die so speziell und eindeutig sind, daß sie ein nachweisbares Endverhalten und eine genau zu erfassende Handlung bezeichnen.

Mit dem relativ einfachen Schema der vier Abstraktionsebenen lassen sich auch durchschaubare Lernzielbegründungen geben, indem jedes einzelne Feinziel des Unterrichts auf höherstufige Lernzielformulierungen bezogen wird. Dadurch wird ein überprüfbarer Begründungszusammenhang hergestellt, mit dem die Vielzahl fachspezifischer Feinziele in einen Ordnungsrahmen zu stellen ist.

Eine andere Möglichkeit, Lernziele zu klassifizieren, ist die *Taxono-*

---

[82] Der Begriff „Lernziele" wird im folgenden synonym mit „Unterrichtsziele" gebraucht. Unter „Lernzielen" werden also nicht nur Ziele eines ausschließlich verhaltenspsychologisch beschreibbaren Lernvorgangs, sondern auch Erziehungs- und Bildungsziele verstanden.
[83] Vgl. Westphalen (Nr. 217).

Auswahl von Unterrichtszielen und Unterrichtsinhalten 45

mie [84]. Dieser aus der Biologie stammende Begriff bezeichnet eigentlich ein systematisch gegliedertes Verzeichnis; mit dessen Hilfe werden zunächst einmal bestimmte psychische Verhaltensbereiche unterschieden, denen Lernziele zugeordnet werden können:
1. kognitiver Bereich (Lernziele, die es mit Denken, Wissen und Problemlösen zu tun haben);
2. affektiver Bereich (Lernziele, die es mit Haltungen, Interessen und Wertschätzungen zu tun haben);
3. psychomotorischer Bereich (Lernziele, die es mit manuellen und motorischen Fertigkeiten zu tun haben).

Innerhalb dieser drei psychischen Verhaltensbereiche lassen sich graduelle Unterschiede, Lernzielstufen, unterscheiden, die die Lernziele ihrem Komplexitäts-, bzw. Schwierigkeitsgrad entsprechend ordnen helfen.

Zu 1. In der Didaktik des altsprachlichen Unterrichts hat sich für den kognitiven Bereich das Klassifikationsschema der Lernzielstufen von Heinrich Roth durchgesetzt[85]: Reproduktion, Reorganisation, Transfer und problemlösendes Denken. Mit „Reproduktion" ist die Fähigkeit gemeint, das Gelernte auf Abruf aus dem Gedächtnis wiederzugeben. „Reorganisation" ist die Fähigkeit zu eigener Verarbeitung und Anordnung von Wissen. Unter „Transfer" versteht man die Fähigkeit, Grundprinzipien des Gelernten auf neue, ähnliche Aufgaben zu übertragen. „Problemlösendes Denken" beinhaltet die Fähigkeit, neue Fragen aufzuwerfen, neue Aspekte bei der Beurteilung von Gelerntem zu erschließen und konstruktive Kritik zu üben.

Da es sich herausgestellt hat, daß im altsprachlichen Unterricht nicht immer eine eindeutige Zuordnung von Lernzielen zu den Rothschen Lernzielstufen möglich ist, unterscheiden die „Einheitlichen Prüfungsanforderungen in der Abiturprüfung" (EPA) nur noch *drei* Anforderungsbereiche.[86] Der dritte Anforderungsbereich entspricht der bisherigen Lernzielstufe „problemlösendes Denken". Der erste und der zweite Anforderungsbereich entsprechen den Lernzielstufen „Reproduktion" und „Reorganisation" und „Transfer". Dem Anforderungsbereich I können Tätigkeiten wie z. B. nennen, erkennen, auswählen, zusammenstellen, zuweisen, beschreiben, dem Anforderungsbereich II z. B. analysieren, paraphrasieren, erklären und dem Anforderungsbereich III z. B. definieren,

---

[84] Vgl. u. a. D. R. Krathwohl: Der Gebrauch der Taxonomie von Lernzielen in der Curriculumkonstruktion, in: F. Achtenhagen – H. L. Meyer (Hrsg.): Curriculumrevision – Möglichkeiten und Grenzen, München ²1971, 75–89.
[85] Vgl. Strukturplan (Nr. 30) S. 78 ff.
[86] Vgl. Maier (Nr. 130) S. 238–242.

interpretieren, begründen, vergleichen, Stellung nehmen zugeordnet werden.

Zu 2. Für die Ordnung des affektiven Bereiches hat Heinrich Krefeld die Taxonomie von Krathwohl-Bloom-Masia an die Gegebenheiten des altsprachlichen Unterrichts angepaßt[87] und folgende Stufen unterschieden: Beachten von Stimuli (Kenntnisnahme, Aufmerksamkeit, Aufgeschlossenheit), Reagieren (beginnende Neugier, Bereitschaft zu bewußter Reaktion, aktive Beteiligung), Interesse (Prüfen, Zuordnen, Vergleichen) und Entscheiden (Wertung, Eintreten für eine Entscheidung, Bereitschaft zum Überprüfen von Entscheidungen).

Zu 3. Im psychomotorischen Bereich können die folgenden Lernzielstufen unterschieden werden[88]: Imitation (Nachahmung), Manipulation (Durchführung nach Instruktion), Präzision (Genauigkeit), Handlungsgliederung (Harmonie im Handlungsablauf) und Naturalisierung (Routine, völlige Beherrschung).

Eine Taxonomie gliedert also Lernziele nach dem Grad der Einfachheit oder Komplexität des geforderten intellektuellen Verhaltens[89] (im kognitiven Bereich), nach der Stärke des Angetanseins und der inneren Beteiligung vom bloßen Aufmerksamsein bis zum Hingezogensein (im affektiven Bereich) und nach dem Grad der Beherrschung von Fertigkeiten (im psychomotorischen Bereich).

Hier erhebt sich allerdings die Frage, ob die analytisch mögliche Trennung z. B. von kognitiven und affektiven Verhaltensaspekten den komplexen Bedingungen und Intentionen der Unterrichtspraxis überhaupt dienlich ist. Denn gerade diese beiden Verhaltensbereiche sind praktisch nicht zu trennen. Wer z. B. fordert, daß etwas „beurteilt", „erklärt", „begründet" oder „verglichen" (kognitives Verhalten) wird, erwartet zugleich, daß es „akzeptiert" oder „mit Interesse" (affektives Verhalten) betrachtet wird. Andererseits werden dadurch, daß man etwas für „interessant" hält oder „mit Engagement" erarbeitet, kognitive Leistungen freigesetzt. Kognitive und affektive Verhaltensweisen sind also in der Praxis nur verschiedene Aspekte ein und desselben Leistungsverhaltens. Entsprechendes gilt selbstverständlich auch für das Verhältnis von psychomotorischen zu affektiven

[87] D. R. Krathwohl – B. S. Bloom – B. B. Masia: Taxonomie von Lernzielen im affektiven Bereich, Weinheim 1975; Krefeld (Nr. 115).
[88] Vgl. R. H. Dave: Eine Taxonomie pädagogischer Ziele und ihre Beziehung zur Leistungsmessung, in: K. Ingenkamp – Th. Marsolek (Hrsg.): Möglichkeiten und Grenzen der Testanwendung in der Schule, Weinheim 1968, 225–239; s. auch L. Häring: Curriculum und curriculare Lehrpläne, in: Happ-Maier (Nr. 69) S. 5–24.
[89] Die Verwendung des Begriffs „Verhalten" impliziert hier kein Bekenntnis zu einem einseitig verhaltenspsychologischen Verständnis des Lernvorgangs.

und kognitiven Verhaltensweisen. Wer z. B. ein Musikinstrument beherrscht, beweist damit in der Regel nicht nur psychomotorische Fertigkeiten; das Spielen macht ihm auch Spaß und verlangt bei der Interpretation eines Tonwerkes auch kognitive Leistungen. – Welchen praktischen Nutzen haben Lernzielklassifikationen unter Berücksichtigung von Abstraktionsebenen, Lernzielstufen und Lernzielbereichen?

1. Mit der Formulierung eines Lernzieles wird die Erwartung einer durch Unterricht anzustrebenden Verhaltensänderung ausgedrückt, die auf ein wünschenswertes Verhalten oder Handeln hinausläuft. Ein Lernziel ist also ein *Wegweiser* des Lernens. Je genauer es formuliert ist, desto besser ist zu erkennen, ob und inwieweit das Lernen in Richtung auf sein Ziel voranschreitet. Eine Lernzielformulierung ist also die Voraussetzung für eine Kontrolle des Lernprozesses hinsichtlich seiner Effektivität.

2. Darüber hinaus geben Lernzielformulierungen auch Auskunft über die didaktische Konzeption und Funktion eines Unterrichtsfaches im Rahmen der Schule und der Gesellschaft. „Wenn Unterricht etwas Bestimmtes erreichen will, muß dieses Bestimmte auch zu benennen sein – und zwar so genau und unmißverständlich wie möglich. Dieses Bestimmte heißt . . . ‚Lernziel‘." [90]

3. Im Blick auf die Gegenstände und Inhalte des Unterrichts dienen Lernzielformulierungen der Begründung und Rechtfertigung der Auswahl. Sie schaffen die Voraussetzung dafür, daß die Inhalte lernwirksam zur Geltung gebracht werden. Denn sie bestehen stets aus zwei Elementen: aus einer *Verhaltenskomponente* und aus einer *Inhaltskomponente*. Auf diese Weise wird deutlich, an welchem Inhalt oder Gegenstand das gewünschte Verhalten sichtbar gemacht werden soll. Bereits in der Lernzielformulierung wird die Verknüpfung von Verhalten und Inhalt zum Ausdruck gebracht (s. u. darüber mehr). Beispiel: Der Schüler kennt einen bestimmten Text. In diesem Falle ist „kennt" das angestrebte Verhalten und der „Text" der Inhalt, für den dieses Verhalten gilt.

4. Eine Lernzielklassifikation ist das Modell einer umfassenden und zugleich differenzierten Analyse des gesamten Lernzielkomplexes, der für den Unterricht bestimmend ist. Diese Analyse klärt – wenigstens theoretisch – die Beziehungen einzelner Lernziele des gesamten Zielkomplexes und schafft so die Voraussetzung für den Einsatz lernzielgerechter Unterrichtsmittel, -strategien und -methoden.

5. Außerdem dient die Klassifikation der Erschließung eines bisher nicht

---

[90] H. Rumpf: Einführende Verdeutlichungen zur curricularen Fachsprache, in: K. Frey (Hrsg.): Curriculum-Handbuch, Bd. 1, München/Zürich 1975, 60–69, zit. 66.

beachteten oder berücksichtigen Lernzielpotentials. Sie macht Lernziele nicht nur bewußt, die im Unterricht immer schon erreicht worden sind, sondern macht auch auf solche Lernziele aufmerksam, die noch erreicht werden können. –
Ein Verfahren zur Veranschaulichung der unterrichtlichen Relevanz von Lernzielklassifikationen ist die Erstellung einer *Lernzielmatrix* [91], mit der die Verhaltens- und die Inhaltskomponente der Lernzielformulierung in ein Ordnungsschema gebracht werden. Für den altsprachlichen Unterricht hat sich eine Lernzielmatrix als brauchbar erwiesen, die von Otto Schönberger und Klaus Westphalen 1971 vorgelegt und mehrfach erweitert und modifiziert worden ist.[92] Es hat sich gezeigt, daß diese Matrix, die zunächst für den kognitiven, später für den affektiven Verhaltensbereich eine Verbindung der Lernstufen des Strukturplanes mit vier weitgreifenden fachbezogenen Inhaltsklassen (Sprache, Literatur, Gesellschaft/Staat/Geschichte, Grundfragen menschlicher Existenz/Humanismus) herstellt, den Gegebenheiten des altsprachlichen Unterrichts angemessen ist. Denn sie erfüllt (nach O. Schönberger) etwa folgende Funktionen: Sammlung von allgemeinen Bildungszielen, Ausrichtung fachspezifischer Lernziele (Fachleistungen) auf diese allgemeinen Ziele, Herstellung eines Bezugssystems für Fachleistungen, Darstellung der didaktischen Konzeption des altsprachlichen Unterrichts, Vorbereitung einer empirischen Überprüfung der Fachleistungen in der Unterrichtspraxis.

Die für die spezifische Aufgabe der Fachdidaktik entscheidende Leistung der Lernzielmatrix besteht aber darin, daß sie ein zweidimensionales Strukturgitter bildet, mit dem die Bezüge zwischen einem kognitiven, affektiven oder psychomotorischen *Verhalten* auf den verschiedenen Lernzielstufen und den konkreten *Inhalten* des altsprachlichen Unterrichts anschaulich gemacht werden. Die Lernzielmatrix illustriert zudem den Tatbestand, daß fachspezifische Lernzielformulierungen nur durch eine Inbezugsetzung von Verhaltensweisen und Inhalten zustande kommen und daß eine Lernzielklassifikation auf eine Inhaltsanalyse angewiesen ist, wenn sie ihre Funktion für die Praxis erfüllen soll. Denn nur mit Hilfe einer derartigen Inhaltsanalyse ist zu ermitteln, was der Schüler z. B. wissen, kennen, prüfen, vergleichen oder bewerten soll. Die Sachstruktur eines Inhalts ist das Lernzielpotential, das durch Lernzielformulierungen bewußt gemacht wird.

[91] Dazu Frings – Keulen – Nickel (Nr. 41) s. v. Lernzielmatrix.
[92] K. Bayer (Hrsg.): Materialien zur Curriculum-Entwicklung im Fach Latein, Augsburg 1971; Schönberger (Nr. 187); O. Schönberger: Entstehung und Funktion der Lernzielmatrix für den Lateinunterricht, in: Bayer (Nr. 13) S. 25–29; Heilmann (Nr. 72); Krefeld (Nr. 115).

Auswahl von Unterrichtszielen und Unterrichtsinhalten 49

Offensichtlich besteht also ein Verhältnis der *wechselseitigen Abhängigkeit* zwischen dem Lernziel und der Sachstruktur eines potentiellen Lerninhalts: die Lernzielformulierung schafft die Voraussetzung dafür, daß das Lernpotential des Lerninhalts in einem zielorientierten Lernprozeß aktualisiert wird, und die Ermittlung der Sachstruktur des Lerninhalts ermöglicht und bestimmt die inhaltsgerechte Lernzielformulierung.

Wie das konkret aussehen kann, zeigt z. B. die Sammlung von „Unterrichtsprojekten im Fach Latein", die Egon Römisch als Beiheft zur AU-Reihe 17, 1974, herausgegeben hat.[93] Für Römisch ist die Interpretation „Ansatz der Lernzielbestimmung". In diesem Sinne legt er eine Analyse von Livius II 12 (Mucius Scaevola) in zwei Phasen vor. In der ersten wird der Gegenstand, der Text, ausführlich beschrieben und interpretiert; in der zweiten werden aus dieser Interpretation text-, bzw. gegenstandsbezogene Lernziele abgeleitet. Ebenso gewinnt Horst Meusel (ebd.) seine Lernziele „zunächst aus der didaktischen Analyse der ausgewählten Texte". Er bezeichnet dieses Verfahren als ein „mehr induktives Verfahren der Lernzielgewinnung", das den Vorteil biete, „der vielschichtigen didaktischen Substanz unserer Gegenstände gerecht werden zu können". So sei es die Aufgabe der didaktischen Analyse, „aus dem jeweiligen Text Lernziele zu entfalten, die sowohl den Sachverhalt erschließen als auch Qualifikationen im kognitiven und affektiven Lernbereich entwickeln können" (S. 76).

Um den Verdacht abzuwehren, daß ein derartiger Ansatz nur dem Zweck dienen solle, die herkömmlichen Gegenstände des altsprachlichen Unterrichts zu retten, kann auch auf Stimmen aus anderen Fachbereichen verwiesen werden. So wird von P. Messner und P. Posch in der Arbeit ›Perspektiven für einen neuen Lehrplan‹[94] erklärt, es sei kaum zu bestreiten, daß die Gegenstände „die wichtigste Quelle für die Entwicklung von Zielen" seien. K. Daniels erklärt, der Unterrichtsgegenstand selbst sei eine wesentlich mitbestimmende Komponente, ihm könne ein ganzes Bündel von Lernzielen zugeordnet werden, und zwar in ganz anderen Kombinationen als in allgemeinen Lernzielkatalogen.[95] Da wir unsere Lernziele nicht „mit nichts" – so A. Witte[96] – verfolgen könnten, brauchten wir als kommunikative Brücke zum Lernenden Inhalte, die sowohl geeignet sein müßten, unseren Intentionen zu dienen, als auch dem Lernenden Stoff bieten müßten, an und mit dem er lernen könne. Es sei daher erforderlich, die Struktur

[93] Römisch (Nr. 170).
[94] In: Didaktische Impulse, Wien 1971, 12.
[95] Daniels (Nr. 29).
[96] In: W. Schöler (Hrsg.): Buchprogramme im Aspekt der Integration, Paderborn 1973.

der Inhalte zu analysieren; denn „erst von da aus sind wir in der Lage, die erreichbaren konkreten Lernziele zu formulieren und die auf sie hin nötigen Lernprozesse zu bestimmen und ihre Steuerung zu organisieren".

Aus der Feststellung einer wechselseitigen Abhängigkeit und Bezogenheit von Unterrichtszielen und -inhalten ergibt sich die Notwendigkeit, die Auffassung aufzugeben, daß zwischen Zielen und Inhalten ein Zweck-Mittel-Verhältnis bestehe. Die Inhalte sind keine gleichsam neutralen Mittel, die sich beliebig in den Dienst didaktischer Zielsetzungen stellen ließen.[97] Sie verweisen aufgrund ihrer spezifischen Besonderheit, ihrer Aktualität, ihrer Bedeutsamkeit, ihrer politisch-gesellschaftlichen Brisanz usw. immer schon auf die Ziele, die man mit ihnen erreichen kann. Sie sind sozusagen prinzipiell lernzielträchtig; sie stellen jeweils besondere Lernzielpotentiale dar. Aufgrund dieser Tatsache bleibt es ausgeschlossen, ganze Unterrichtsfächer mit ihren spezifischen Lernzielpotentialen gegen andere austauschen und dennoch dieselben Lernziele erreichen zu wollen. Mit verschiedenen Unterrichtsfächern können niemals identische Lernziele erreicht werden.

Das korrelative Verhältnis[98] zwischen Unterrichtsinhalten und -zielen wird demnach auf folgende Weise sichtbar gemacht: Mit Hilfe einer gegebenen Lernzielklassifikation wird auf der Grundlage der Sachanalyse des potentiellen Unterrichtsinhaltes das Verhalten bestimmt, das mit diesem praktiziert werden soll (Beispiel: Der Schüler soll einen lateinischen Hexameter lesen können). Die Verhaltensbestimmung enthält eine Aussage über die Verhaltens- und die Inhaltskomponente und bildet damit eine erschöpfende Lernzielformulierung. Demnach ist eine Lernzielklassifikation in Verbindung mit einer Sachanalyse potentieller Unterrichtsinhalte auch ein Mittel zur Veranschaulichung der Wechselbeziehung zwischen Unterrichtsinhalten und -zielen. In der Lernzielformulierung wird diese Wechselbeziehung verbalisiert.

Im allgemeinen wird behauptet, daß die Reichweite einer Lernzielmatrix auf die Abstraktionsebenen der Fein- und Grobziele (Fachleistungen) des Unterrichts beschränkt sei. Die Bezüge zwischen einem angestrebten Verhalten und bestimmten Inhalten auf den Abstraktionsebenen der Leit- und Richtziele ließen sich von einer herkömmlichen Matrix nicht erfassen; das wird gewöhnlich damit erklärt, daß Leit- und Richtziele aufgrund ihrer Allgemeinheit nicht operationabel und nicht auf ein bestimmtes Unterrichtsfach zu beziehen seien.[99] Diese weitverbreitete Auffassung ist jedoch durch folgende Überlegung einzuschränken. Obwohl Richt- und Leitziel-

---

[97] Vgl. Klafki (Nr. 108) bes. 84 ff.
[98] Nickel (Nr. 149).
[99] Häring, s. Anm. 88; Westphalen (Nr. 216).

formulierungen prinzipiell von allen Unterrichtsfächern als Bezugspunkte in Anspruch genommen werden können, verfügen sie doch ebenso wie Fein- und Grobziele über eine Verhaltens- und Inhaltskomponente. Wenn z. B. die „Fähigkeit zur Verständigung mit Andersdenkenden (Toleranz)" zu einem für alle Unterrichtsfächer verbindlichen Richtziel erklärt wird, dann könnte ein Verhalten, das diesem Richtziel entspräche, etwa so bestimmt werden: „In Konfliktfällen die Argumente eines Andersdenkenden gegen die eigenen möglichst vorbehaltlos abwägen können." Als Inhalt, an dem dieses Verhalten realisiert werden könnte, sei eine für den Betroffenen wichtige Sachentscheidung angenommen. Ein Verhalten kann sich jedoch nur mit Hilfe eines Mediums an einem Inhalt bewähren. Das Medium, das die Realisierung des im vorliegenden Beispiel angestrebten Verhaltens ermöglicht, ist das Verständigungsmittel der Sprache. Eine unerläßliche Voraussetzung für eine kompetente Argumentation ist jedoch auch eine gründliche Kenntnis aller Faktoren, die die Entscheidungssituation beeinflussen können.

Die Verwirklichung des Richtzieles setzt also im konkreten Falle eine Vielzahl situationsbedingter Qualifikationen voraus, so daß es zweifelhaft ist, ob die Annahme einer allgemeinen und nicht situationsspezifischen „Fähigkeit zur Verständigung mit Andersdenkenden (Toleranz)" überhaupt realistisch ist. Offensichtlich ist die Verwirklichung dieser Fähigkeit in der konkreten Situation nur zu einem ganz geringen Teil von einer allgemeinen und unspezifischen toleranten Grundhaltung abhängig. Von entscheidendem Gewicht ist vielmehr die Erfüllung der sachlich-inhaltlichen Voraussetzungen und die Beherrschung des sprachlichen Mediums. Was ergibt sich daraus für die Definition von Leit- und Richtzielen? Sollen diese Ziele nicht in Abstraktion verdampfen, so müssen auch sie zu fachbezogenen Qualifikationen in Bezug gesetzt werden. Das bedeutet nicht, daß etwa nur ein bestimmtes Fach derartige Qualifikationen vermittelte. Aber wenn sich mehrere Fächer für die gleichen Leit- und Richtziele verantwortlich fühlen, dann kann das mit diesen Zielen gemeinte Verhalten nicht identisch sein. Die verschiedenen Fächer qualifizieren aufgrund ihrer spezifischen Inhalte auf unterschiedliche Weise zu einer jeweils spezifischen Realisierung dieses Verhaltens.

Eine inhaltsunabhängige, fächerübergreifende Leit- und Richtzielformulierung kann also nur eine heuristisch-orientierende Funktion haben. Sie kann nicht den Anspruch erheben, ein wirklichkeitsgerechtes oder gar nachweisbares Verhalten zu beschreiben.

Wenn nun – um auf das Beispiel zurückzukommen – die Bereitschaft zur Verständigung nur an spezifischen Inhalten gelernt und nur in Situationen praktiziert werden kann, für die diese Inhalte relevant sind, dann kann es keine allgemeine, situationsunabhängige Toleranz als lernbares Verhalten geben. Das schließt freilich nicht aus, daß derjenige, der eine *inhaltsspezifische* Fähigkeit zur Verständigung erworben hat, auch die Bereitschaft entwickelt, in *anderen* Situationen tolerantes Verhalten zu praktizieren. Dieser Transfer liegt aber nicht mehr in der Reichweite eines einzelnen Unterrichtsfaches. Da es der Zweck von Leit- und Richtzielformulierungen ist, möglichst allen Unterrichtsfächern Orientierung zu bieten, ist die Möglichkeit gegeben, daß das schulische Lernen insgesamt die Fähigkeit zur Verständigung in mehreren verschiedenen Sachbereichen vermittelt.

Selbstverständlich sind die Voraussetzungen für eine Anwendung der Fähigkeit zur Verständigung mit Andersdenkenden dann besonders günstig, wenn die an dem Verständigungsprozeß Beteiligten an *denselben Inhalten* gelernt haben, sich zu verständigen. Mit Hilfe einer Bildung, die sich zwar an gemeinsamen Leit- und Richtzielen orientiert, aber auf heterogenen Inhalten beruht, ist die Verwirklichung des angestrebten Zielverhaltens erheblich schwieriger. Das bedeutet wiederum, daß auch Leit- und Richtziele, wenn sie in konkreten Situationen verwirklicht werden sollen, ebenso wie Grob- und Feinziele in der Art ihrer Verwirklichung *inhaltsbezogen* bleiben. Das mit Leit- und Richtzielen zu erfassende Verhalten hat also stets eine fachspezifische Ausrichtung und Ausprägung.

Diese inhaltliche Gebundenheit gilt im übrigen auch für die Summe von scheinbar fachunabhängigen Qualifikationen, die man traditionell als „Allgemeinbildung" bezeichnet (→ 4.2.4.) und die Manfred Fuhrmann neuerdings wieder in die didaktische Diskussion eingebracht hat.[100] Fuhrmann definiert „Allgemeinbildung" als ein Gefüge von Kenntnissen, Einsichten, Fähigkeiten, die keine spezifisch beruflichen Qualifikationen verschafften und in den Bereichen gesucht werden müßten, in denen nicht Naturgesetze, Experimente oder Statistiken festlegten, was als wahr zu gelten habe, sondern in denen man sich jeweils über das Wahre und Richtige verständigen müsse. Zu diesen Bereichen zählt Fuhrmann das Ästhetische, das Individualethische und Kategorial-Menschliche und das Sozialethische und Politische. Die Allgemeinbildung würde also auf das Gemeinsame, auf den Konsens in diesen Bereichen zielen. Im Bereich z. B. des Politischen wäre Allgemeinbildung ein allen Staatsbürgern gemeinsamer Bestand an politischen Grundüberzeugungen, ein gemeinsames Staatsethos. Der altsprachliche Unterricht – so argumentiert Fuhrmann – könne an dieser Allgemeinbildung mitwirken, weil er die drei genannten Bereiche zum Gegenstand habe. Fuhrmann veranschaulicht diese These am Beispiel des sozialethisch-politischen Bereiches der Allgemeinbildung. Er ordnet also dem

[100] Fuhrmann (Nr. 50).

Richtziel „Fähigkeit zur Kommunikation und zum Konsens in sozialethisch-politischen Grundfragen" fachspezifische Grob- und Feinziele zu, um zu veranschaulichen, wie altsprachlicher Unterricht in den Dienst dieses Richtzieles treten kann.

Fuhrmanns Plädoyer für eine Allgemeinbildung durch altsprachlichen Unterricht bestätigt die Tatsache, daß die Trennung zwischen Leit- und Richtzielen auf der einen und Grob- und Feinzielen auf der anderen Seite keinesfalls so deutlich ist, wie gemeinhin behauptet wird. Die Bezüge zwischen fachübergreifenden und fachspezifischen Lernzielen sind offensichtlich nicht unerheblich. Fuhrmann spricht von der „kommunikativen Funktion der einstigen humanistischen Bildung", d. h. einer Bildung, die sich in Auseinandersetzung mit einem ganz spezifischen Gegenstand, mit antiken Texten, vollzog. Diese Bildung habe in hohem Maße Allgemeinbildung vermittelt: „Jenes der Antike entstammende Repertoire von Begriffen und Formeln, von exemplarischen Figuren und Situationen scheint alle, die mit ihr vertraut waren, befähigt zu haben, die ästhetischen, individualethischen und politischen Probleme der eigenen Gegenwart zu erfassen und sich über sie mitzuteilen" (S. 4). Der „Prägestock des altsprachlichen Unterrichts" sei allen gemeinsam gewesen – zumindest bis zum Jahre 1900. Auch Walter Jens hat nachdrücklich auf diese Erscheinung hingewiesen[101]:

Ein scheinbar befremdlicher, in Wahrheit plausibler Gedanke: das Pantheon des neunzehnten Jahrhunderts, bevölkert von Männern, zwischen denen es im Raum der Politik keine Gemeinsamkeiten gab, ... deren Leben sich diametral unterschieden, und alle hatten genau die gleiche Bildung genossen, alle die gleichen Texte gelesen: das gab ihnen die Möglichkeit, sich einander noch in schroffster Gegnerschaft auf gemeinsamer Basis verständlich zu machen.

Die hier gemeinte Kommunikationsfähigkeit ist also keine inhaltsleere Technik, kein abstraktes Vermögen oder Verhalten, das in beliebigen Situationen und Zusammenhängen zu praktizieren ist: Sie ist nicht allein aus der Lektüre der „gleichen Texte" erwachsen; sie beruht darüber hinaus auf dem gleichen „Repertoire von Begriffen und Formeln". Der altsprachliche Unterricht hat also denen, die ihn durchlaufen haben, eine Welt von Bildern und Symbolen, einen gemeinsamen Code der Verständigung, vermittelt.

Die hier skizzierte Kommunikationsfähigkeit ist also ebenso wie die Allgemeinbildung, auf der sie beruht, ein Lernziel, das mit bestimmten Lerninhalten korreliert. Sie ist an die Verfügbarkeit eines ganz bestimmten Codes gebunden, der sich nur mit Hilfe entsprechender Lerninhalte vermitteln läßt. Um es ganz deutlich werden zu lassen: Ein Richtziel wie „Fähigkeit

[101] Jens (Nr. 98).

zur Verständigung mit Andersdenkenden (Toleranz)" setzt eine Verständigungsbasis voraus, die in der Beherrschung eines gemeinsamen Codes oder Repertoires von Bildern und Begriffen besteht. Diese sind nur anhand spezifischer Lerninhalte zu vermitteln. Sobald ein fachspezifischer Code nicht mehr Inhalt des Lern- und Bildungsprozesses ist, kann die mit ihm mögliche Weise der Verständigung nicht mehr stattfinden. Die „Fähigkeit zur Verständigung..." ist dann – falls sie als Richtziel weiterhin akzeptiert wird – auf einen anderen Code angewiesen, der andere Formen der Verständigung ermöglicht. Solange sich aber mehrere Fächer an dem genannten Richtziel orientieren, behält der Lernende die Chance, über mehrere Codes zu verfügen und dementsprechend seine Fähigkeit zur Verständigung zu erweitern. Allgemeinbildung, verstanden als Fähigkeit zur Verständigung in wesentlichen Humanbereichen, wäre dann als die Beherrschung möglichst vieler Codes zu definieren, die von den einzelnen Unterrichtsfächern in jeweils fachspezifischer Ausprägung vermittelt werden. Wenn es den Bildungsinstitutionen gelänge, möglichst vielen Menschen die Beherrschung möglichst vieler Codes, d. h. also Allgemeinbildung, zu vermitteln, dann würden sie das ihnen verfügbare Bildungspotential zu einem Integrationspotential werden lassen, ohne das keine Gesellschaft existieren kann.

1.3.3. Die Sachanalyse von Unterrichtsinhalten

Aus der Tatsache, daß eine Lernzielformulierung aus einer Verhaltens- und einer Inhaltskomponente besteht, ergibt sich für die Fachdidaktik die Aufgabe, solche Inhalte zu ermitteln, zu analysieren und auszuwählen, mit denen sich das jeweils erwünschte Verhalten möglichst effektiv erwerben läßt. Was sind überhaupt Unterrichtsinhalte? Unterrichtsinhalte sind begrenzte Ausschnitte aus der den Menschen umgebenden oder von ihm geschaffenen geistig-materiellen Welt, mit deren Hilfe ein zielorientiertes Lernen ausgelöst werden kann. Die Inhalte eines bestimmten Unterrichtsfaches bilden einen Sinnzusammenhang, der von einer fachwissenschaftlichen Bezugsdisziplin zu einem Gegenstand der Forschung objektiviert wird (→ 2.1.). Welche Ausschnitte der Welt in der Organisationsform eines Unterrichtsfaches zu Unterrichtsinhalten erhoben werden sollen, ist die Grundfrage des Bildungswesens, die von der Curriculumforschung erneut mit aller Radikalität gestellt worden ist (→ 2.3.2.). Die bloße Existenz eines Unterrichtsfaches ist bereits eine Antwort auf diese Grundfrage. Es hat sich gezeigt, daß diese Antwort für die Kernfächer der Schule über ein erhebliches Beharrungsvermögen verfügt. Denn diese Fächer können sich heute mit einer oft langen Tradition legitimieren, in der sie ihren Wert und ihre Brauchbarkeit für die Bildung und Erziehung der jeweils heranwachsenden Generation bewiesen haben, so daß sie auch durch eine noch so eingehende Revision des Curriculums nicht zu verdrängen sind.

Weltausschnitte sind aber nicht an sich schon Unterrichtsinhalte; sie werden dadurch zu Unterrichtsinhalten, daß sie zu Gegenständen eines zielorientierten Lernens erklärt werden. Grundsätzlich sind die in Frage kommenden Weltausschnitte auf unterschiedliche Unterrichtsziele zu beziehen. Man kann daher auch von „multiperspektivischen Lerninhalten" sprechen.[102] „Stoffe sind grundsätzlich Mehrzweckinstrumente."[103] Dieser Tatbestand wird mit der oben erwähnten Matrix (→ 1.3.2.) veranschaulicht, die es ermöglicht, einen Unterrichtsgegenstand den vier fachbezogenen Inhaltsklassen zuzuordnen, und somit vier verschiedene Gesichtspunkte seiner unterrichtlichen Erarbeitung bewußt macht. Eine stärkere Differenzierung der Inhaltsklassen ließe die Multiperspektivität eines Unterrichtsinhaltes noch deutlicher hervortreten. Aufgrund der Inhalt-Ziel-Korrelation bedeutet ein Perspektivenwechsel eine Veränderung des Unterrichtszieles und umgekehrt.

Ein Unterrichtsinhalt – und damit ist die schwierige Frage nach den Kriterien für eine unterrichtsgerechte Auswahl von Weltausschnitten aufgeworfen – erweist sich erfahrungsgemäß dann als besonders brauchbar, wenn er unter möglichst vielen Gesichtspunkten zum Gegenstand eines zielorientierten Lernens werden kann. Die Erschließung dieser Gesichtspunkte ist eine spezifische Aufgabe der Didaktik, die diese in Orientierung an ihren Bezugsdisziplinen (→ 2.) zu erfüllen hat.

Die Unterrichtsinhalte müssen aber nicht nur perspektivenreich, sondern auch für eine gründliche und im Sinne des Unterrichtszieles rationelle Erarbeitung geeignet sein. Diese Bedingung ist nach allgemeiner Auffassung erfüllt, wenn sie (a) einen exemplarischen Charakter haben, für einen größeren Zusammenhang repräsentativ sind und eine elementare, fundamentale Bedeutung für die Gegenwart und Zukunft des Lernenden haben (→ 1.3.4. → 3.4.2.). Außerdem müssen die Inhalte (b) überschaubar, konkret, in sich geschlossen, ergiebig, interessant, attraktiv und reifeadäquat sein – um nur die wichtigsten Anforderungen zu nennen.[104] Diese Kriterien bieten die Gewähr dafür, daß der Unterricht über Inhalte verfügt, die (a) aufgrund ihres sachlichen Gehaltes über ein Höchstmaß an bewußtseins-

[102] Westphalen (Nr. 216).
[103] Westphalen (Nr. 216) S. 17.
[104] Mayer (Nr. 139) hat einen Kriteriensatz für die Auswahl von Inhalten aufgestellt, der für die Fachdidaktik maßgebend sein kann.

erweiternder, welterschließender Potenz verfügen und (b) den Fähigkeiten, Wünschen, Erwartungen, Vorstellungen des Lernenden angemessen sind.

Das Kriterium des *exemplarischen* Charakters, den ein Unterrichtsinhalt vorweisen muß, ist von zentraler didaktischer Bedeutung. Es wird daher seit langem von den verschiedenen Fachdidaktiken und der Allgemeinen Didaktik (→ 2.3.1.) eingehend erörtert.[105] Exemplarisches Lehren und Lernen ist die positive Antwort auf die Unmöglichkeit, ein Ganzes in unmittelbarem Zugriff vollständig zu erfassen. Daher wählt man einen Teil des Ganzen aus, der für dieses repräsentativ ist, und setzt dabei voraus, daß es in dem so herausgehobenen Teil möglichst vollständig enthalten und erkennbar ist. Das Problem des exemplarischen Lernens wird dann aktuell, wenn zu klären ist, durch welchen seiner Teile ein Ganzes im Unterricht repräsentiert werden soll. Der Auswahl des richtigen Exemplums muß stets eine genaue Beschreibung des Ganzen vorausgehen. Dieses Ganze, das im Unterricht durch ein Exemplum vertreten sein soll, ist gewöhnlich auch schon ein Exemplum für ein noch größeres Ganzes. Die Didaktik geht aber theoretisch von dem größtmöglichen Ganzen aus, das durch ein nächst kleineres repräsentiert wird, so daß eine Verschachtelung mehrerer an Umfang sich verringernder Ganzheiten entsteht, von denen die jeweils kleinere ein Exemplum der jeweils größeren ist. Das kleinste Exemplum weist dann die stärkste gedankliche und thematische Verdichtung des größten Ganzen auf. Gesetzt den Fall, das Unterrichtsziel ist „Einsicht in Grundfragen menschlicher Existenz", dann ist das größte Ganze „Grundfragen menschlicher Existenz". Die Fachdidaktik hat jetzt die Aufgabe, einen Teil dieses Ganzen zu finden, der das Ganze repräsentiert, und dann wieder einen Teil dieses Teiles zu ermitteln, der eine entsprechend repräsentative Funktion hat, usw. Wenn ein Teil des Ganzen z. B. „Grundfragen menschlicher Existenz in der römischen Antike" hieße, dann müßte ein Inhalt gefunden werden, der die menschliche Existenz in der römischen Antike beispielhaft verdeutlichte. Dieser könnte die lateinische Literatur der augusteischen Zeit sein. Darauf wäre festzustellen, ob etwa Vergils Dichtung für die augusteische Epoche repräsentativ ist. Und nun beginnt sich allmählich das für die Unterrichtspraxis geeignete Exemplum abzuzeichnen: das Werk des Dichters, mit dem der Schüler sich auseinandersetzen soll. Da das ausgewählte Werk, z. B. die Äneis, auch noch zu umfangreich ist, muß wiederum eine Auswahl getroffen werden, die nicht zuletzt auch den Fähigkeiten, Wünschen, Erwartungen, Interessen des Schülers entsprechen muß. Doch damit dieser kleinste Teil, die Auswahl der Äneis-Verse, im Sinne des

---

[105] Mayer (Nr. 137).

Unterrichtszieles „Einsicht in Grundfragen der menschlichen Existenz" fruchtbar werden kann, muß der Schüler den Weg wieder zurückgehen können, den die Didaktik zuvor für ihn gegangen ist; d. h. der Schüler muß befähigt werden, durch die Verschachtelung ständig wachsender Teile hindurch zur Einsicht in das alles umgreifende Ganze, den Ausgangspunkt des Didaktikers, zu gelangen.

Das exemplarische Prinzip – das kann man wohl im Vergleich mit dem völlig anderen Ansatz sagen, den die Curriculumforschung verfolgt, um zu Unterrichtsinhalten zu gelangen (→ 2.3.2.) – scheint ein konservatives oder der Konservierung überlieferter Unterrichtsinhalte dienendes Prinzip zu sein:

Der tradierte Bildungsbestand sollte auf ein verkraftbares Maß reduziert werden, indem man das Beispielhafte, Gültige, Formgebende, Wurzelhafte, Fundamentale aufzuheben und zu ordnen suchte. Kurz: Es galt das „Bleibende" aufzufinden und zu retten.[106]

Dennoch lassen sich mit diesem Kriterium einzelne Unterrichtsfächer auch als ganze in Frage stellen. So kann man durchaus bestreiten, daß – um bei dem oben gebrauchten Beispiel zu bleiben – „Grundfragen menschlicher Existenz" in der römischen Antike wirklich exemplarisch reflektiert und erörtert worden sind. Das exemplarische Prinzip befreit die Didaktik des altsprachlichen Unterrichts keineswegs von einer überzeugenden Begründung für die Exemplarität ihres Substrats in seiner Gesamtheit. Erst wenn es gelungen ist, diese wenigstens wahrscheinlich zu machen, läßt sich die soeben skizzierte Ableitungskette rechtfertigen. Alle Auswahlentscheidungen setzen also eine Lösung dieses didaktischen Grundproblems voraus.

Werden nun Unterrichtsinhalte dem Kriterium der Exemplarität gerecht, dann ist ihre unterrichtliche Eignung in sachlicher Hinsicht nicht mehr zu bestreiten. Ob sie jedoch auch dem schülerbezogenen Kriterienbündel entsprechen, ist damit noch nicht erwiesen. Die didaktische Legitimation eines Unterrichtsinhalts ist zwar eine notwendige, aber noch keine hinreichende Voraussetzung für einen motivierten Unterrichtsprozeß. Aber obwohl die Motivation auch von Faktoren abhängig ist, die sich der didaktischen Beeinflussung entziehen, läßt sich das Motivationsproblem (→ 2.2.1.) nicht vom Auswahlproblem abkoppeln. Denn die Auswahl muß unter Kriterien erfolgen, die alle sachlich bedingten Motivationshindernisse abbauen helfen. Dazu gehören die schon genannten Kriterien der Überschaubarkeit, Konkretheit, Attraktivität, Reifeadäquatheit usw. Der Schüler darf durch einen Unterrichtsinhalt weder überfordert noch unter-

[106] Westphalen (Nr. 218) S. 71.

fordert werden. Sein Schwierigkeitsgrad muß dem Fassungsvermögen und der Leistungsfähigkeit des Schülers entsprechen. Er darf den Schüler weder durch allzu große Fremdheit abstoßen noch durch allzu weitgehende Bekanntheit langweilen.

Diese und weitere schülerbezogene Auswahlkriterien gewinnt die Didaktik aus ihrem praxisbezogenen Erfahrungswissen, das gerade in dieser Hinsicht ständiger Kritik und Revision bedarf. Darüber hinaus ist sie zur Verfeinerung ihrer Kriterien auf die Befunde der pädagogischen Bezugsdisziplinen (→ 2.2.) angewiesen, die ihr Auskünfte über die anthropogenen Bedingungen des Unterrichtsgeschehens liefern können.

Da sich also das Auswahlproblem nur in Verbindung mit der Bewältigung des Motivationsproblems praxisgerecht lösen läßt, kann die Fachdidaktik selbst auf ihrem spezifischen Arbeitsfeld immer nur Hypothesen formulieren. Sie kann also nicht die Garantie dafür übernehmen, daß der von ihr ermittelte und ausgewählte Unterrichtsinhalt auch wirklich die erwünschten Unterrichtsziele erreichen hilft.

Auf welche Weise es in der didaktischen Praxis dennoch zu Aussagen über möglicherweise geeignete Unterrichtsinhalte kommt, sei an folgenden Beispielen veranschaulicht.[107]

I. 1. Der Fachdidaktiker[108] vergewissert sich bestimmter Richt- und Grobziele: a) Der junge Mensch soll durch Originallektüre der antiken Schriftsteller mit römischem Denken so vertraut gemacht werden, daß er, in einer Art von Rollenspiel, gelegentlich fast selbst wie ein alter Römer denkt und fühlt (Grobziel). b) Er soll dadurch befähigt werden, die Welt, in der er heute faktisch lebt, aus größerer historischer Distanz zu sehen und so vielleicht das eine oder andere der Probleme, die später auf ihn zukommen werden, besser verstehen und bewältigen können (Richtziel).

2. Der Fachdidaktiker begibt sich auf die Suche nach einem Text oder Textausschnitt, der im Blick auf diese Ziele im Unterricht erarbeitet werden soll.

3. Der als geeignet erscheinende Text wird zunächst einer gründlichen Sachanalyse unterzogen. Dabei sind die einschlägigen Erkenntnisse der fachwissenschaftlichen Bezugsdisziplinen zu berücksichtigen.

4. Eine aktualisierend-existentielle Interpretation erschließt die „Modernität" der Textaussage und hebt die Einsichten hervor, die der heutige Leser aus dem Text gewinnen kann (→ 2.1.3.).

---

[107] Vgl. auch H. Krefeld: Zur Operationalisierung von Lernzielen im Lateinunterricht. Dargestellt an Senecas 53. Brief, in: AU 16, 4, 1973, 18–44.

[108] A. Munding: Wozu Latein. Interpretationsbeispiel: Vergil, Georgica I 125–146, in: Alte Sprachen in Rheinland-Pfalz und im Saarland 25, 1, 1979, 6–11.

Auswahl von Unterrichtszielen und Unterrichtsinhalten   59

5. Wenn anzunehmen ist, daß die aus dem Text zu gewinnenden Einsichten bei der Bewältigung aktueller Lebensprobleme helfen können, dann ist seine unterrichtliche Eignung wahrscheinlich.

II. 1. Das Werk eines Autors wird zunächst mit fachwissenschaftlicher Methodik und ohne Rücksicht auf seine mögliche Bedeutung für den Unterricht interpretiert.[109]
2. Nach Abschluß der fachwissenschaftlichen Interpretation wird die Frage „Quid ad nos?" gestellt.
3. Die Antwort lautet: Die Bedeutsamkeit des Werkes besteht darin, daß eine Auseinandersetzung mit diesem im Sinne der fachwissenschaftlichen Interpretation zur Selbstfindung des jungen Menschen unserer Tage beitragen und ihm einen Halt bei der Suche nach der eigenen Identität bieten kann.

III. 1. In einer großangelegten kulturgeschichtlichen Untersuchung[110] wird der Frage nachgegangen, was im heutigen Europa noch von der römischen Welt gegenwärtig sei und welche Bedeutung die wissenschaftliche Auseinandersetzung mit der römischen Antike in unserer Zeit haben könnte. In diesem Rahmen werden u. a. folgende Aussagen getroffen: a) Die lateinische Sprache hat Europa geschaffen. b) Wenn Latein aus dem Bewußtsein verschwände, würde nicht nur das Band, das die westliche Welt einige, fortfallen; es würde auch das einzige Mittel preisgegeben, mit dem man die Sprachbarrieren in der eigenen Sprache überwinden könnte. c) Zwischen Latein und Kultur besteht ein „unauflöslicher Zusammenhang": Kultur ist im wesentlichen Tradition; für Europa hat sich das Latein in einem großen und dauernden Überlieferungsstrom und Übersetzungsvorgang als Träger dieser Tradition erwiesen. d) Übersetzen bedeutet mehr als die Nachschöpfung lateinischer Texte in der Muttersprache: Sie bedeutet die Einbeziehung und Übertragung römischen Weltverstehens in das europäische Kulturleben.
2. Die eingehende Analyse von Grundbegriffen, Grundzügen und Inhalten römischen Denkens und Handelns soll dazu dienen, die heute noch wirksamen Elemente römischer Kultur als „Bildungsstoff" verfügbar zu machen.
3. Der „Bildungswert" einer Beschäftigung mit römischer Antike besteht vor allem darin, daß ihre möglichst intime Kenntnis das „Weltbild" des jungen Menschen im Sinne eines europäischen Bewußtseins prägen hilft.

[109] J. Tschiedel: Vergil und die römische Liebeselegie, in: P. Neukam (Hrsg.): Lebendige Lektüre, München 1977, 120–155.
[110] K. Büchner (Hrsg.): Latein und Europa. Traditionen und Renaissancen, Stuttgart 1978.

Gegenstand einer Didaktik

Diese drei Beispiele für verschiedene Verfahrensweisen zur Feststellung von Lerninhalten stimmen darin überein, daß sie
- die Eignung einer Auseinandersetzung mit lateinischer Sprache und römischer Kultur für einen modernen Schulunterricht nicht in Frage stellen,
- die Bedeutung einer Auseinandersetzung mit lateinischer Sprache und römischer Kultur für den modernen Menschen darzulegen bemüht sind,
- bestimmte, nicht hinterfragte Vorstellungen über leitende Bildungsziele beinhalten,
- den Bezug zwischen den leitenden Bildungsideen und den in allen Einzelheiten analysierten Inhalten als gegeben ansehen,
- den Transfereffekt einer Beschäftigung mit der römischen Antike nicht bezweifeln (→ 2.2.1.).

Die Beispiele unterscheiden sich in der Methode des Zugriffs zu den potentiellen Lerninhalten:

Beispiel I geht von Richt- und Grobzielen für das unterrichtliche Lernen aus, liefert zunächst eine textimmanente (philologische), dann eine aktualisierend-existentielle Interpretation (→ 2.1.3.), die die Brauchbarkeit des Inhalts für einen Lernprozeß im Sinne der angenommenen Richt- und Grobziele erweisen soll.

Beispiel II liefert eine philologische Interpretation, stellt dann die Frage nach der heutigen Bedeutung und beantwortet sie positiv mit dem Hinweis auf die Brauchbarkeit des Interpretationsgegenstandes für einen an einem bestimmten Richtziel orientierten Lernprozeß.

Beispiel III stellt die allgemeine Frage nach der Relevanz des Lateinischen für das moderne Europa, versucht diese mit Hilfe eingehender Sachanalysen nachzuweisen und benutzt den Relevanznachweis als Begründung für die Aufnahme des Lateinischen in das schulische Bildungsangebot.

Diese Beispiele sind repräsentativ für eine Fülle ähnlicher Versuche, Inhalte für den altsprachlichen Unterricht zu ermitteln und zu begründen. Trotz fehlender logischer Stringenz hinsichtlich einer widerspruchsfreien Verknüpfung konkreter Inhalte mit abstrakten Zielvorstellungen sind derartige Versuche geeignet, die praktische Unterrichtsarbeit wesentlich zu beeinflussen. Dies geschieht z. B. durch unmittelbare Übernahme der ausgewählten und interpretierten Texte in den Unterricht und den Nachvollzug des geschilderten Interpretationsvorganges, was im Falle von Beispiel I und II ohne Schwierigkeiten möglich ist, oder durch die Übertragung von Interpretationsansätzen und -einsichten auf die unterrichtliche Lektürearbeit (so im Falle von Beispiel III).

Auch wenn es zu keiner unmittelbaren unterrichtlichen Verwendung derartiger Analysen käme, bestände ihr Wert vor allem darin, daß sie dem

Lehrer neue potentielle Lerninhalte wenigstens bewußt machen, seine Sachkompetenz erweitern und ihn zu einer Korrektur seiner bisherigen Arbeit motivieren können. Allerdings zeigen auch diese Beispiele keinen Ausweg aus dem beschriebenen didaktischen Dilemma. Die eingangs erwähnten Kriterien für die Auswahl von Unterrichtsinhalten werden zwar weitgehend berücksichtigt. Das gilt vor allem für das zentrale Kriterium der Exemplarität. Aber ob und gegebenenfalls inwieweit die ausgewählten Inhalte den Kriterien auch wirklich entsprechen, läßt sich nicht beweisen. Denn es ist nicht selten der Fall, daß sich z. B. ein Lektürestoff, der unter sorgfältiger Berücksichtigung der Kriterien ausgewählt worden ist, in der Praxis als wenig „attraktiv" erweist. Demgegenüber kann ein Text, dem mancher eine „elementare" oder „fundamentale" Bedeutung für den Heranwachsenden abspricht, im Unterricht plötzlich „interessant" werden.

Mit diesen und ähnlichen offenen Fragen, die im übrigen auch nicht mit der von Wolfgang Klafki entwickelten Technik der „didaktischen Analyse" [111] zu lösen sind (→ 2.3.1.), wird der Wert gut durchdachter Auswahlkriterien zwar nicht grundsätzlich aufgehoben, aber doch erheblich eingeschränkt.

Die durch die didaktisch nur begrenzt kalkulierbaren Variablen der Unterrichtspraxis bedingte Unsicherheit in der Auswahlfrage läßt sich auch durch die Übernahme eines tradierten *Kanons* von Lerninhalten und d. h. durch den Verzicht auf eine grundsätzliche Erörterung der Auswahlproblematik nicht aus der Welt schaffen. Der Kanon ist zwar eine bewährte Richtschnur mit Tradition; er befreit jedoch auch eine traditionsbewußte Didaktik nicht von einer stets neuen Begründung und Revision aller im Kanon zusammengefaßten Unterrichtsinhalte. In einem Kanon sind wohlbewährte und den oben beschriebenen Kriterien entsprechende als auch nicht mehr oder zur Zeit nicht brauchbare Unterrichtsinhalte überliefert. Er gibt daher nur Anhaltspunkte für die Auswahl. Die mit einem wirkungsgeschichtlichen Bewußtsein reflektierende Didaktik setzt sich grundsätzlich mit jedem Inhalt des Kanons auseinander. Sie kann den Kanon nicht ignorieren, muß ihn aber in aller Regel modifizieren. Der Kanon bleibt somit durchaus der Veränderung ausgesetzt. Er ist historisch gewachsen und folglich auch wandelbar. Die Frage nach dem Kanon ist daher nur bedingt „eine Schlüsselfrage des altsprachlichen Unterrichts" [112]. Sie ist es nur insofern, als der Kanon ein im ganzen gesehen bewährtes Angebot an Unterrichtsinhalten darstellt, deren Ermittlung eben zu den wichtigsten Aufgaben der Fachdidaktik gehört. Da auch kanonische Inhalte einer dauernden

---

[111] Klafki (Nr. 109).
[112] Westphalen (Nr. 215).

didaktischen Prüfung ausgesetzt bleiben, stellt der Kanon für die Fachdidaktik aber allenfalls eine – freilich ernstzunehmende – Vorauswahl dar.

Demnach sind griechische und lateinische Autoren des Kanons keine „auf dem Podest der Vorbildlichkeit stehengebliebene, versteinerte Statuen" (K. Westphalen). Bei nüchterner Sicht der Lage wird die Bedeutung eines verbindlichen Kanons von Autoren und Texten im altsprachlichen Unterricht schon dadurch erheblich eingeschränkt, daß der Umfang der tatsächlich zu bewältigenden Texte so gering ist, daß der Kanon praktisch irrelevant wird. Da er nur zu einem ganz geringen Teil berücksichtigt werden kann, wird er als Richtschnur fast bedeutungslos. Zumindest darf man davon ausgehen, daß die Polemik gegen einen klassischen Kanon ins Leere geht, weil er quantitativ sowieso nicht mehr zu bewältigen ist. Die Auseinandersetzung um ein Für oder Wider den Kanon ist ein theoretisches Problem geworden. Der Verzicht auf diesen wäre also kein Bruch mit der Tradition, sondern das Ergebnis einer nüchternen Betrachtung des in der heutigen Unterrichtspraxis Möglichen. Im Deutschunterricht dagegen liegen die Dinge völlig anders.[113] Hier ist die Frage nach dem Sinn und Zweck eines Literaturkanons ein echtes Problem, das eine Lösung verlangt, da der Schüler eine erheblich größere Menge an Texten lesen und somit einen vorgegebenen Kanon auch wirklich ausschöpfen kann.

Trotz aller praktischen Schwierigkeiten und ideologischen Einwände gegen einen kanongeleiteten altsprachlichen Unterricht müssen alle didaktischen Überlegungen, die die Unterrichtspraxis einbeziehen, am Ende zu einem gewissen Konsens führen. Denn der altsprachliche Unterricht muß wie jedes andere Schulfach eine allgemein anerkannte Grundkonzeption haben, wie sie etwa in staatlichen Richtlinien und Lehrplänen beschrieben werden kann, damit die unterrichtlichen Leistungen aller Schüler vergleichbar werden. Außerdem muß jedes Unterrichtsfach ein weitgehend einheitliches Profil haben, damit nicht zuletzt auch eine entsprechend einheitliche Lehrerausbildung möglich ist. Wenn schließlich der altsprachliche Unterricht die Aufgabe hat, europäische Kulturtradition zu vermitteln (→ 4.2.1.), dann muß sich die Didaktik auf bestimmte Inhalte dieser Tradition beziehen, die zu einem zwar verbindlichen, aber auch praxisgerechten und keineswegs endgültig fixierten Kanon des Konventionellen zusammenzufassen sind.

---

[113] Vgl. W. Raitz – E. Schütz (Hrsg.): Der alte Kanon neu. Zur Revision des literarischen Kanons in Wissenschaft und Unterricht, Opladen 1976.

1.3.4. Das Klassische als spezifisch didaktisches Kriterium

Eduard Spranger hat sich im Rahmen seiner Überlegungen zum „Eigengeist" der höheren Schule [114] auch mit dem Begriff des Klassischen auseinandergesetzt. Die Eigentümlichkeit der Bildungsgüter, die den „Eigengeist der höheren Schule" ausmachen, beruht auf ihrem klassischen Charakter.[115] Das Klassische ist das Fundament aller Erziehung: „Ohne den Glauben an ein Klassisches gibt es keine Erziehung" (S. 332). Nach Spranger wird die Idee des Klassischen zu Unrecht nur als eine Kategorie der Literaturgeschichte geführt. Sie könne dort aber eigentlich gar nicht verstanden werden, weil die Geschichte als solche nichts mit dem Normativen zu tun habe. Wenn wir dem Historischen gegenüber dennoch vom „Vorbildlichen" und „Maßgeblichen" redeten, so schwinge dabei unbewußt schon ein Bildungsinteresse mit. Demnach sei der Begriff des Klassischen „eine durchaus einheimische Kategorie der Bildungstheorie" (S. 313).

Klassisch können nach Spranger jedoch nur solche Geistesformen werden, die das *Allgemein-Menschliche* darstellen. Dieses müsse in seinen seelisch-geistigen Hauptlinien scharf und klar hervortreten, weil nur unter dieser Voraussetzung eine Strukturverwandtschaft mit späterem Denken unmittelbar auffindbar sei. Das Klassische ist demnach das Einfache; seine bildende Wirkung beruht auf seiner einfachen Klarheit. Es ist aber nicht nur *einfach* und *klar*; es verkörpert auch die *ideale* oder idealtypische Form des Allgemein-Menschlichen in einer *allseitigen*, umfassenden Ausprägung.

Damit hat Spranger drei wesentliche Kriterien des Klassischen genannt: die *Simplizität*, die *Idealität* und die *Totalität* der Darstellung des Allgemein-Menschlichen. Aber auch diese Bestimmung ist noch unzureichend. Das wahrhaft Klassische sei niemals ein bloß Ausgedachtes, sondern ein unter den individuellen Bedingungen der Wirklichkeit selbst zur Wirklichkeit Gewordenes und individuell Durchgeformtes: Zum Klassischen gehöre auch die anschaulich hingestellte Form des Menschentums. Das bedeutet, daß das Klassische bei aller Simplizität, Idealität und Totalität einmal Wirklichkeit gewesen sein und unter besonderen historischen Bedingungen Gestalt gewonnen haben muß. Es muß seine Existenzmöglichkeit und Realität erwiesen haben. Dieser Tatbeweis ist nach Spranger für die bildende Wirkung von entscheidender Bedeutung. Denn jede Lebensform, die Nachfolge fordere, müsse in einer konkreten persönlichen Darstellung ihre Lebensmöglichkeit und ihre produktive Kraft erwiesen haben. In die-

---

[114] Vgl. Englert (Nr. 36).
[115] Spranger (Nr. 195).

sem Sinne ist das Klassische also nicht einfach nur das Allgemein-Menschliche in seiner Simplizität, Idealität und Totalität, sondern „die Darstellung allgemeiner Lebensgesetze, Wertgesetze und Wertrangordnungsgesetze in einem anschaulichen, hic et nunc realisierten Lebensgebilde" (S. 318). *Anschaulichkeit, Lebensfähigkeit* und *Lebensechtheit* sind demnach weitere Kriterien des Klassischen. Denn alles Klassische sei unter individuellen Bedingungen des Lebens, aber nach allgemeinen Gesetzen des Lebens erkämpfte Formung des Menschtums: Ineinandersein von Individuellem und Generellem, von anschaulichem Sein und waltendem Gesetz. Im bildenden Sinne verbindlich und verpflichtend könnten jedoch nur solche Gestaltungen sein, in deren Ausstrahlungen der zu Bildende selbst sich finde. Er muß also in einem gewissen Umfang bereits vorgebildet sein. Andernfalls findet er keinen Zugang zur klassischen Gestaltung. Das ist das zentrale Problem jeder Bildung und Erziehung, die das Klassische zu ihrem Gegenstand erhebt. Spranger versucht das Problem dadurch zu lösen, daß er zunächst vom Erzieher die unbedingte Gewißheit, das unbedingte Wertbewußtsein verlangt. Der Erzieher muß tief genug „in das Klassische eingetaucht" sein, um überhaupt ein Ziel vor Augen zu haben. Aber das Klassische – und darin liegt die Schwierigkeit – ist nicht rational zu beweisen: „Es kündigt sich als klassisch dadurch an, daß es nicht totzukriegen ist, wie auch der Geist der Zeiten sich wandele" (S. 324).

Der jeweils moderne Geist, der in der Erziehergeneration wie in der Jugend wirksam sei, trete mit dem Klassischen in eine lebendige Wechselbeziehung. Was wir von diesem Klassischen verständen, was wir uns aneigneten, was wir geistig in uns aktualisierten, sei wesentlich durch den Anteil mitbestimmt, den wir in diesen Prozeß geistiger Befruchtung hineingäben. So werde das Klassische immer neu auf die Gegenwart bezogen; indem sie sich das Klassische zu eigen mache, empfange sie selbst einen geheimen Anteil an klassischer Formung und klassischer Höhe. Spranger hebt immer wieder die Bedeutung der aneignenden und verstehenden Kraft hervor, die das Klassische von dem Aufnehmenden und Betrachtenden fordere. Es bedarf des aktiv aufnehmenden Organs, um als solches eine Bildungswirkung haben zu können. Denn es ist lediglich ein δυνάμει ὄν, das von dem Aufnehmenden zu einem ἐνεργείᾳ ὄν zu entfalten ist.

Das Klassische kann daher auch kein ein für allemal erworbener sicherer Besitz sein, den man stumpf zu überliefern oder gar nachzuahmen hätte. Es ist für jede Generation eine neue Aufgabe.[116] Auch die Antike gewinne ihr Leben nur dadurch, daß sie immer wieder „neu gesehen, lebendig angeeig-

---

[116] Spranger (Nr. 196). Vgl. dazu auch W. Döring: Zur pädagogischen Problematik des Begriffs des Klassischen, Langensalza/Berlin/Leipzig 1934.

net und in dieser Aneignung zu einer schöpferischen Synthese, zu einer höheren Stufe des Weiterwirkens fortgebildet" [117] werde. Alles komme darauf an, „ob wir uns auf unsere Art und von unserem Zukunftswillen aus noch jene Bildung anzueignen vermögen ... Mit einem Wort: es handelt sich um die Anwendbarkeit und die Fruchtbarmachung klassischer Ideale für unsere Zeit" [118]. Erst wenn sich jede Zeit auf ihre besondere Art das Klassische zu eigen mache, empfange sie ihren geheimen Anteil an klassischer Formung und klassischer Höhe. [119]

Daraus ergibt sich für Spranger die besondere Aufgabe der höheren Schule im allgemeinen: in Vergangenheit und Gegenwart Zeitbedingtes und Überzeitliches zu scheiden und scheiden zu lehren und so die Identität zwischen vergangenem und heutigem Leben herzustellen. [120]

Das Klassische bietet seine überzeitliche Bedeutung für die Bildung und Erziehung also nicht gleichsam von selbst dar, sondern es verlangt immer wieder neu erarbeitet und erschlossen, aktualisiert und wirksam gemacht zu werden. Ohne diesen Einsatz des Betrachters bliebe es eine unentdeckte oder gar verschollene Größe, dem jede Relevanz für einen fruchtbaren Bildungs- und Erziehungsprozeß abginge.

Die didaktische Forschung, die ihre Aussagen auf der Grundlage eines wirkungsgeschichtlichen Bewußtseins zu treffen versucht und zudem im Hinblick auf die Inhalte und Ziele des altsprachlichen Unterrichts unter einem andauernden Legitimationsdruck steht, kann sich der Aufgabe nicht entziehen, das Kriterium des Klassischen auch in seiner Bedeutung für aktuelle didaktische Entscheidungen erneut zu prüfen. Der neueren Didaktik ist der Begriff des Klassischen, obwohl er lange Zeit höchste Verbindlichkeit gerade für den altsprachlichen Unterricht beanspruchen durfte, zur Zeit nicht diskussionswürdig.[121] An seine Stelle sind andere, weniger wertbezogene als formale Auswahlkriterien, wie z. B. das exemplarische Prinzip (→ 1.3.3.) getreten.[122] Josef A. Mayer hat diesen Ablösungsvorgang

[117] E. Spranger: Die Antike und der deutsche Geist. Festrede, geh. auf der 30. Hauptvers. d. bayer. Gymnasiallehrer im Reichssaal zu Regensburg am 6. April 1925; in: Bayer. Blätter für d. Gymnasial-Schulwesen 61, 1925, 193–204.
[118] E. Spranger: Der deutsche Klassizismus und das Bildungsleben der Gegenwart, Erfurt ²1928, 59.
[119] Spranger (Nr. 195) S. 326.
[120] Vgl. Englert (Nr. 36) S. 236.
[121] Bei Maier (Nr. 130) wird dem Begriff des Klassischen kein Raum mehr gegeben. Im Gesamtregister für die Reihen 1–15 des AU taucht der Begriff kein einziges Mal, für die Reihen 16–20 einmal auf. Vgl. jedoch AU 7, 3, 1964, 13 f. (nicht im AU-Register aufgeführt!).
[122] Westphalen (Nr. 213).

66 Gegenstand einer Didaktik

treffend beschrieben.[123] Der „ebenso ehrwürdige wie immer wieder aufs neue frag-würdige" Begriff des Klassischen decke sich zwar inhaltlich ganz mit dem Exemplarischen, „nur daß allemal der ganze Mensch angesprochen wird, nur daß das Klassische das Werthafte am gleichen exemplarischen Gegenstand hervorholt, während das Exemplarische jederzeit in der Sphäre des Wertneutralen verbleibt" (S. 14). Das Klassische sei „dasjenige Exemplarische, das mich anspricht, das mein Engagement provoziert". Es sei das Exemplarische in der Gestalt des Vorbildlichen. Es bedeute die Repräsentanz einer Norm.

Am Beispiel: Es ist möglich, an der Gestalt des Wagenlenkers exemplarisch das Wesen griechischer Kunst herauszuarbeiten. So recht, so gut. Stehe ich aber vor dieser Plastik in der Haltung des θαυμάζων, voll ἔκπληξις, bejahe ich dieses Werk als das Vollkommene, messe ich alle vergleichbare Kunst an ihm, und, wenn ich Künstler bin, mein eigenes künstlerisches Schaffen, gehe ich sogar so weit, zu fühlen: „Du mußt dein Leben ändern", dann ist für mich aus dem bloß exemplarischen Gegenstand ein klassisches Werk geworden. (S. 14)

J. A. Mayer relativiert allerdings diese Aussage: In der Fachdidaktik sei es um das Klassische sehr still geworden, eben weil man die Zeitbedingtheit auch der antiken Welt längst erkannt und eingesehen habe, daß die einst behauptete „Immergültigkeit" und Vorbildlichkeit der antiken Welt im ganzen fraglich geworden sei. Dann aber formuliert er ein zukunftsweisendes didaktisches Programm:

So gibt es nur einen Weg: Phänomen um Phänomen zu befragen, ob es zeitverfallen, zeitunterworfen und damit irrelevant für unsere eigene Haltung oder – ganz bzw. partiell – so zeitlos und gültig ist, daß es sich lohnt, junge Menschen darauf zu verpflichten. (S. 14)

Die Fachdidaktik sollte dieses Programm, das ja der fachdidaktischen Aufgabe der Ermittlung und Auswahl von Unterrichtsinhalten voll entspricht, ernst nehmen und anknüpfend an E. Sprangers und J. A. Mayers Gedanken eine Neubestimmung des Klassischen in Angriff nehmen. Dieser Versuch trägt – wie er auch ausgehen mag – nicht zuletzt dazu bei, auf zentrale fachdidaktische Fragen diskussionswürdige Antworten zu liefern:
– Er dient der Erweiterung des wirkungsgeschichtlichen Bewußtseins, weil er ein intensives Studium der Geschichte des altsprachlichen Unterrichts und seiner didaktischen Begründung erforderlich macht.
– Er fördert die Klärung des Verhältnisses zwischen Fachdidaktik und Fachwissenschaft, indem er die voreilige und unreflektierte Abkehr von einer sich als „klassische" verstehenden Philologie und Altertumswissen-

[123] Mayer (Nr. 137).

schaft zugunsten einer entschieden historisch-positivistisch oder literaturwissenschaftlich-literatursoziologisch orientierten lateinischen und griechischen Philologie in Frage stellt.

– Er erbringt eine Antwort auf die Frage, inwieweit und unter welchen Bedingungen das Klassische ein Kriterium für die Ermittlung und Auswahl von Unterrichtsinhalten sein kann.

– Er leistet einen entscheidenden Beitrag zur Bestimmung fachspezifischer Leistungen und damit zur Legitimation des altsprachlichen Unterrichts.

Wenn der Versuch einer didaktischen Neubesinnung auf das Klassische von Gellius ausgeht, so soll damit nicht nur das hohe Alter des Begriffes bewußt gemacht werden. Die Gellius-Stelle läßt bereits Grundzüge des Begriffes erkennen, die seine didaktische Bedeutung bis heute prägen. Gellius (19, 8, 15) benutzt als erster, wenn man davon absieht, daß schon Cicero (Acad. 2, 73) das Wort ansatzweise zur Bezeichnung hervorragender geistiger Leistungen verwendet, den Begriff scriptor classicus im Rahmen einer Erörterung über die Grammatikalität bestimmter lateinischer Formen, indem er die Entscheidung über die Sprachrichtigkeit davon abhängig macht, ob ein classicus assiduusque aliquis scriptor, non proletarius die zur Diskussion stehende grammatische Form gebraucht hat.[124] Der „klassische" Schriftsteller ist also ein Autor, dem in Fragen der Sprachrichtigkeit Autorität zukommt. Ein derartiger „Klassiker" war für Gellius z. B. Caesar, den er als vir ingenii praecellentis, sermonis praeter alios suae aetatis castissimi (19, 8, 3) bezeichnet. Im Bereich der Sprache und Literatur ist das Klassische also das Mustergültige, Vorbildliche aufgrund seiner hervorragenden Qualität und Autorität. Die Ermittlung des Vorbildlichen und Verbindlichen ist das Ergebnis einer Auswahl. Schon die alexandrinischen Philologen – und sie waren nicht die ersten – haben ihnen geeignet erscheinende Lesestoffe für die Grammatikschulen, d. h. also für pädagogische Zwecke ausgewählt.[125] Ihre Auswahlentscheidungen zugunsten bestimmter „Musterautoren" (ἐγκριθέντες) sind für die Nachwelt maßgeblich geworden.

Wäre der Begriff des classicus nicht erst viele Jahrhunderte später mehr oder weniger zufällig in die literarische Terminologie geraten,[126] so hätte er allenfalls die pädagogisch-didaktische Erörterung des Auswahlproblems weiterhin beschäftigt und sich wohl kaum in ein von einem geheimnisvollen Nimbus umhülltes Streitobjekt der Kunsttheorie verwandelt. Der ur-

---

[124] Vgl. J. Stroux: Die Anschauungen vom Klassischen im Altertum, in: Jaeger (Nr. 95) S. 1–14.
[125] Pfeiffer (Nr. 158) S. 251–257; s. auch H.-I. Marrou: Geschichte der Erziehung im klassischen Altertum, Freiburg 1957, bes. 237 f.
[126] Curtius (Nr. 28) S. 253–276. Gelzer (Nr. 53).

sprünglich sehr bescheidene Begriff des Klassischen ist „über Gebühr und über alle Maßen aufgebläht worden" (E. R. Curtius). Dazu habe – wie E. R. Curtius feststellt – vor allem auch der Umstand beigetragen, daß man um 1800 das griechisch-römische Altertum en bloc als „klassisch" bezeichnet habe. Die geschichtliche, aber auch ästhetisch unbefangene Würdigung der Antike sei damit für ein Jahrhundert verbaut worden. Gerade wer das Altertum in allen seinen Epochen und Stilen liebe, werde seine Erhebung zum „Klassischen" als öde und verfälschende Schulmeisterei empfinden. Dieser Vorwurf vermag den durch das Jahrhundert des Historismus geläuterten Schulhumanismus nicht mehr zu treffen. Durch den fast vollständigen Verzicht auf das Klassische als unreflektiertes „Bildungsklischee" hat die Fachdidaktik die Überzeugung von einer besonderen, herausragenden Bedeutung ihrer Gegenstände aufgegeben und diese zur Disposition gestellt. Im Zuge der Curriculumrevision und -reform (→ 2.3.2.) und der Verschiebung des didaktischen Interesses auf ein behavioristisches Lernzielverständnis mußte das Klassische als Auswahlkriterium sogar obsolet erscheinen. Diese extrem antiklassische Position ist auf die Dauer jedoch ebensowenig zu halten wie die Verklärung der Antike zum klassischen Ideal. Wo die Mitte zwischen diesen Extremen liegen könnte, soll nun noch untersucht werden.

J. A. Mayer – und vor ihm E. Spranger – hatte die pädagogische Bedeutung des Klassischen unter der Bedingung gelten lassen, daß der einzelne in der Lage und bereit sei, sich durch das Klassische provozieren zu lassen, um es durch eine individuelle Leistung sich *anzueignen* und gleichsam in freier Entscheidung für sich persönlich als verbindlich *anzuerkennen*. In diesem Sinne ist die Erkenntnis des Klassischen also das Ergebnis eines ganz individuellen Erschließungsvorganges, der freilich eine intensive Auseinandersetzung mit dem als klassisch erfahrenen Gegenstand voraussetzt. Der Schüler muß sich den Gegenstand erst aneignen, um seine klassische Bedeutung zu erfahren und ihn als Identifikationsmuster anzuerkennen.

Ein klassischer Text ist also didaktisch nicht von vornherein mit seinem „immergültigen" Wert zu legitimieren. Der Lernende muß statt dessen dazu befähigt und motiviert werden, den Wert des Textes für sich freizusetzen und in einem engagierten Aneignungsprozeß als klassisch zu erfahren. Die klassische Vollkommenheit eines Werkes wird also von der Didaktik nicht einfach als gegeben vorausgesetzt; sie wird allenfalls als eine latent vorhandene Qualität anerkannt, die der Enthüllung durch einen Betrachter bedarf. Erst das, was den Betrachtenden packt, sein Engagement herausfordert, seine Einstellungen und Urteile prägt, erweist sich aus der didaktischen Perspektive als klassisch. Das als solches begriffene und anerkannte Klassische ist dann ein Ordnungsprinzip nicht nur zur Erhaltung kultureller Tradition.¹²⁷ Es gibt der Vorstellungswelt des Heranwachsenden eine Orientierung, die es ihm ermöglicht, neue Informationen und Erfahrungen zu ordnen und zu bewerten. Unter diesem Gesichtspunkt ist das Klassische kein unbedingt nachahmenswertes Vorbild, sondern Maßstab und Bezugspunkt. Damit ist auch gesichert, daß die Didaktik in ihrem Verhältnis zum Klassischen sich nicht etwa einer unkritischen Subordination unter bestimmte Normen schuldig macht oder sich einem unfruchtbaren „Traditionsschematismus" unterwirft. Sie betrachtet das Klassische vielmehr als einen pädagogisch notwendigen Wertbegriff, der zwar Orientierung bietet, aber ständiger Prüfung und Bewährung ausgesetzt bleibt.

Schon Wilhelm von Humboldt hat im Rahmen seines Bildungsdenkens nicht etwa die Nachahmung eines idealisierten klassischen Altertums gefordert.

Für die Selbstbestimmung des Menschen zur Zeit Humboldts gibt es keine Muster und keine Norm, nach denen er sich ausrichten könnte. Vielmehr ist für ihn die Welt der Griechen ein „Gegenstand", der durch seine Form den Menschen der Gegenwart anregt, seine Kräfte zu ihrer harmonisch-proportionierlichen Entfaltung ins Spiel zu bringen.¹²⁸

Das zeigen Humboldts Ausführungen in seinem programmatischen Aufsatz ›Über das Studium des Alterthums, und des griechischen insbesondere‹ ganz deutlich: Das Altertum verstehen – so Menze – heiße für Humboldt, es sich aneignen, und in diesem Vorgang der Aneignung verwandele sich der Mensch. Er bilde sich. Die Welt des Altertums sei prinzipiell austauschbar, wenngleich ihrer Einzigartigkeit wegen nicht zu ersetzen. Bildung als die Weise der Selbstbestimmung des Menschen und Griechentum ständen in keinem unaufhebbaren Zusammenhang. Das Ziel, auf das hin sich der Mensch entwerfe, sei nicht vorgegeben, könne somit auch nicht nachgeahmt werden, sondern sei die Verwirklichung der seiner Individualität eigenen Idee.¹²⁹ Das hat Friedrich Schlegel auf die Formel gebracht, jeder habe noch bei den Griechen gefunden, was er gesucht habe, vornehmlich sich selbst.¹³⁰

Alle Merkmale, die dem Klassischen je zugesprochen wurden, lassen sich – wenn überhaupt – nur mit Hilfe eines intensiven individuellen Rezeptionsprozesses erschließen und nachempfinden. Wie wäre es sonst möglich, etwa „Reife des Geistes, Reife der Sitten, Reife der Sprache und Vervoll-

¹²⁷ Westphalen (Nr. 218) S. 69–71.
¹²⁸ Menze (Nr. 141) S. 16.
¹²⁹ Menze (Nr. 141) S. 17.
¹³⁰ F. Schlegel: Seine prosaischen Jugendschriften, hrsg. von J. Minor, Bd. 2, 227, Wien 1882.

kommnung des gemeinverbindlichen Stils"[131] als Eigenschaften des Klassischen zu erkennen? Diese Eigenschaften hat T. S. Eliot bei Vergil vorgefunden. Er hat den römischen Dichter als einen Klassiker begriffen, der seine „Reife des Geistes" einem ausgeprägten „Bewußtsein des Geschichtlichen" verdankt, einem Bewußtsein, das nicht nur die Geschichte des eigenen, sondern auch eines weiteren hochkultivierten Volkes umfaßt. Das Merkmal des Klassischen ist demnach für T. S. Eliot die geschichtliche Dimension, die sich Vergil als das Wissen um die engen Bindungen zur griechischen Kultur erschloß und im Prozeß der vertieften Aneignung erweiterte.

Unter diesem Gesichtspunkt erweist sich auch das *humanistische* Element[132] als ein wesentliches Merkmal des Klassischen. Vergils römischer Humanismus besteht in der Aneignung und Verwertung der griechischen Literatur, wobei er „einen ganz unvergleichlichen Sinn für Proportion bewiesen hat" (T. S. Eliot). Bei Homer habe der Kampf zwischen Griechen und Troern kaum ein größeres Ausmaß als eine Fehde zwischen einer griechischen Polis und einer Koalition anderer Stadtstaaten; hinter Aeneas' Geschichte dagegen schlummere das Bewußtsein einer viel tiefer greifenden Unterscheidung, einer Unterscheidung nämlich, die gleichzeitig auch eine Verwandtschaft zwischen zwei großen Kulturen bezeuge, und schließlich ein Gefühl der Versöhnung zwischen beiden angesichts eines allumfassenden Schicksals.[133] Doch dieses Erlebnis des Klassischen, das T. S. Eliot seinen Lesern mitteilt, ist das Resultat einer höchst intensiven und vielleicht auch von Intuition geleiteten Auseinandersetzung mit dem Dichter Vergil.

Die Didaktik schafft und verstärkt die Voraussetzungen für die individuelle Entdeckung des Klassischen im Unterricht, indem sie Gegenstände auswählt, die aufgrund ihrer wissenschaftlich beschreibbaren Qualität als latent oder potentiell klassisch gelten können und die Gewähr dafür bieten, von einem Betrachter als vorbildlich und wegweisend erkannt zu werden. Die Fachwissenschaft (→ 2.1.) unterstützt die Didaktik bei der Erfüllung dieser Aufgabe, indem sie die in Frage kommenden Gegenstände dauernd bereithält und in ihrer objektiv gegebenen Eigenart durch philologische Interpretation erschließt (→ 2.1.3.). Denn die wissenschaftliche Analyse eines latent klassischen Textes ist stets die Basis, von der aus die didaktische Freisetzung des Klassischen im Unterricht anzubahnen ist.

Bei ihrer Auswahl latent klassischer Gegenstände kann sich die Didaktik allerdings auch an einer *Tradition*[134] orientieren, in der die ausgewählten

[131] Eliot (Nr. 35) S. 15.
[132] Schmid (Nr. 183).
[133] Eliot (Nr. 35) S. 17.
[134] Marg (Nr. 133).

und dem Schüler als klassisch angebotenen Werke als wegweisend, vorbildhaft und verbindlich erschlossen, rezipiert, anerkannt, erneuert und als überzeugende Dokumentationen der Wirklichkeitserfahrung, Wirklichkeitsdeutung oder Wirklichkeitsbewältigung begriffen worden sind. In diesem Sinne ist auch der folgende Satz zu verstehen: Und wenn schon die Tradition nicht unbedeutend daran Anteil hat, daß diese Gegenstände klassisch geworden sind, so ist doch wieder die Einstimmigkeit eben dieser Tradition viel zu aufdringlich, um nicht auf eine Beschaffenheit der Traditionsquellen selbst zu verweisen, in denen irgendwie ein Ewiges und mit ihm eine ewige Quelle unmittelbarer Erkenntnis- und Bildungsmöglichkeiten beschlossen sein muß.[135]

Unter diesem Gesichtspunkt erweist sich das Klassische als *Kumulation* einer großen Zahl positiver Werturteile. Es gewinnt seine Legitimation aus der Tatsache, daß es „der historischen Kritik gegenüber standhält, weil seine geschichtliche Herrschaft, die verpflichtende Macht seiner sich überliefernden und bewahrenden Geltung, aller historischen Reflexion schon vorausliegt und sich in ihr durchhält"[136]. Was klassisch sei – so Gadamer –, das sei herausgehoben aus der Differenz der wechselnden Zeit und ihres wandelbaren Geschmacks. Es sei ein Bewußtsein des Bleibenden, der unverlierbaren, von allen Zeitumständen unabhängigen Bedeutung, in dem wir etwas „klassisch" nennen – eine Art zeitloser Gegenwart, die für jede Gegenwart Gleichzeitigkeit bedeute. Im Klassischen gipfele ein allgemeiner Charakter des geschichtlichen Seins: Bewahrung im Ruin der Zeit zu sein. Es sage der jeweiligen Gegenwart etwas so, als sei es eigens zu ihr gesprochen. Für eine Didaktik, die sich auf ein wirkungsgeschichtliches Bewußtsein beruft, ist die Kumulation positiver Bewertung von maßgebender Bedeutung. Die Didaktik verschafft sich einen Zugang zu dieser kumulativen Tradition, indem sie die Rezeptionsgeschichte der Werke nachvollzieht (→ 2.1.1.2.), die eine mehr als nur ephemere und d. h. potentiell klassische Bedeutung haben. Allerdings darf die Tatsache der kumulativen Tradition nicht zu einer einseitigen Erklärung des klassischen Phänomens führen. So läßt sich etwa aus der Feststellung, daß es wohl kaum einen Klassiker gebe, der sich selbst als solcher verstanden und ganz bewußt ein klassisches Werk geschaffen habe,[137] nicht der Schluß ziehen, er werde erst und ausschließlich durch einen *Rezeptionsakt* bzw. durch eine möglichst ununterbrochene Folge gleichsinniger Rezeptionsakte[138] zu einem Klassiker. Wenn

---

[135] Patzer (Nr. 154) S. 262.
[136] Gadamer (Nr. 51) S. 269–275; zit. 271.
[137] Schmalzriedt (Nr. 182).
[138] Eliot (Nr. 35) S. 11.

man behauptet, daß Klassik kein künstlerisches Produktionsphänomen, sondern „ein reines Rezeptionsphänomen"[139] sei, dann hält man gerade die der Analyse zugänglichen „Konstituentien" des klassischen Werkes ganz offensichtlich für irrelevant. Damit aber würde man auf werkimmanente und produktionsspezifische Kriterien zur Bestimmung des Klassischen ohne zwingenden Grund verzichten.

Selbst wenn es zutrifft, daß ein klassisches Werk nicht *bewußt* als solches produziert wird, so hat es doch in einer bestimmten historisch-individuellen Situation zu seiner spezifischen Gestalt gefunden. Denn daß auch das klassische Werk mit einer bestimmten Absicht und unter unverwechselbaren historischen Bedingungen entstanden ist, läßt sich nicht abstreiten. Für das klassische Werk bleibt letzten Endes doch immer sein sowohl individuell als auch zeitbedingt schaffender Autor verantwortlich. Eduard Spranger hatte daher mit Recht darauf hingewiesen, daß das wahrhaft Klassische niemals ein bloß Ausgedachtes, sondern ein unter den individuellen Bedingungen der Wirklichkeit selbst zur Wirklichkeit Gewordenes und individuell Durchgeformtes sei (s. o.). Das Klassische hatte bereits in statu nascendi seine Bewährungsprobe bestanden. Daraus ergibt sich, daß die unterrichtliche Auseinandersetzung mit einem klassischen Werk, die auf die Entdeckung seines zunächst latent klassischen Charakters zielt, in einer umfassenden Interpretation (→ 2.1.3.) bestehen muß. Die Didaktik ist bei der Vorbereitung dieser umfassenden Interpretation vor allem auch auf die Forschungsergebnisse einer Altertumswissenschaft (→ 2.1.1.3.) angewiesen, die die situativ-pragmatischen Rahmenbedingungen erschließt. Je stärker diese Rahmenbedingungen auch im Unterricht berücksichtigt werden, desto klarer können Besonderheit und Außerordentlichkeit des klassischen Werkes hervortreten und einen Lernprozeß in Gang setzen, der zur Einsicht in die objektiv gegebenen „Konstituentien" der hervorragenden Leistung führt. Indem die Didaktik den Unterrichtsgegenstand nicht von seinem ursprünglichen situativen Umfeld isoliert, macht sie dem Lernenden zugleich bewußt, daß das Klassische eben nicht nur ein Rezeptionsphänomen ist, sondern auch historisch-individuelle Voraussetzungen hat und objektiv beschreibbare Eigenschaften aufweist.

Wenn die Didaktik dennoch Tradition und Rezeption als einen wesentlichen und zugleich unerläßlichen Anhaltspunkt für die Ermittlung und Auswahl von Unterrichtsinhalten, deren latent klassische Bedeutung sich dem Schüler erschließen soll, ansieht und wenn sie davon ausgeht, daß sich der klassische Charakter eines Werkes erst durch einen intensiven unterrichtlichen Rezeptionsprozeß enthüllt, greift sie eine zentrale, aber ebenso

---

[139] Schmalzriedt (Nr. 181).

Auswahl von Unterrichtszielen und Unterrichtsinhalten 73

banale These der derzeitigen rezeptionsästhetischen Diskussion auf: Erst mit der Lektüre wird ein Text realisiert. Der Leser verwandelt das spezifische „So-Sein" des Textes in ein „Hiersein" bzw. „Für-ihn-Sein". Der Text bleibt so lange ein Potentialtext, bis er rezipiert, d. h. im doppelten Wortsinne „gebraucht" wird. Denn wenn ein Autor einen Text verfaßt, um anderen etwas mitzuteilen, dann erreicht er dieses Ziel nur unter der Bedingung, daß andere den Text auch rezipieren. Der Autor ist auf den Leseakt eines Rezipienten angewiesen, damit der Potentialtext zu einem Realtext werden kann.[140]

Das literarische Werk ist kein für sich bestehendes Objekt, das jedem Betrachter zu jeder Zeit den gleichen Anblick darbietet. Es ist kein Monument, das monologisch sein zeitloses Wesen offenbart. Es ist vielmehr wie eine Partitur auf die immer erneuerte Resonanz der Lektüre angelegt, die den Text aus der Materie der Worte erlöst und ihn zu aktuellem Dasein bringt . . .[141]

Die Aktualisierung eines Textes ist also die Aufgabe eines jeden Rezipienten oder Lesers. „Der Text wird als wirkendes Potential begriffen, dessen Appellstruktur unzählige Konkretisierungs- und Realisierungsmöglichkeiten bereithält, die sowohl der Erkenntnis des Vergangenen wie dem Verständnis des Gegenwärtigen dienen."[142]

Es ist ein wesentliches Ziel der Didaktik, dem Lernenden die aus seiner Rezipientenrolle sich ergebende Verpflichtung gegenüber dem Text bewußt zu machen. Auf diese Weise gelangt er zu der Einsicht, daß er seine Fähigkeit zur Rezeption ständig erhöhen muß, um die Chance zu erhalten, aus einem Text etwas für sich persönlich zu gewinnen. Er begreift dann den Text auch nicht mehr als ein Gebilde, das von vornherein unbedingte Anerkennung und Bewunderung verlangt und damit eine unbefangene Lektüre verhindert. Indem der Lernende seine Funktion für die Verwandlung des Potentialtextes in einen Realtext erkennt, wird er zu einer selbstbewußten Auseinandersetzung mit dem Text befähigt. Denn unter diesem Gesichtspunkt braucht er sich nicht mehr gegen die überwältigende Macht des Textes zur Wehr zu setzen; er kann sich diesem unbefangen zuwenden, um ihn für sich neu zu entdecken und vielleicht als klassisch zu akzeptieren. Wenn Lesen als eine entdeckende, produktive Leistung verstanden wird, dann „können Texte als Angriff, als Bestätigung, als Hilfe empfunden oder als belanglos abgewiesen werden"[143].

[140] Landwehr (Nr. 120); Nickel (Nr. 148) S. 77–109.
[141] Jauß (Nr. 97) S. 171 f.
[142] Wunderlich (Nr. 231) S. 126.
[143] H. Eggert, u. a.: Literaturrezeption von Schülern als Problem der Literaturdidaktik, in: W. Dehn (Hrsg.): Ästhetische Erfahrung und literarisches Leben, Frankfurt 1974, 267–298, zit. 278.

Unter dieser Bedingung ist das Phänomen des Klassischen – im beschriebenen Sinne didaktisch zur Disposition gestellt – alles andere als ein Hindernis für die Entfaltung der *Kreativität* im altsprachlichen Unterricht.[144] Im Gegenteil – die Rezeption eines Textes als klassisch ist ein kreativer Akt. Denn die individuelle Aktualisierung und Konkretisierung des Klassischen gelingt nur durch eine kreative, selbstbewußte Rezeption und nicht durch verordnete Anerkennung und Unterwerfung unter einen undurchschaubaren Norm- und Wertbegriff.

Es wäre jedoch verfehlt, mit diesem Verständnis des Rezeptionsvorganges sich nun doch wieder der Auffassung zuzuwenden, daß das klassische Werk ausschließlich das Produkt eines Rezipienten bzw. ein „reines Rezeptionsphänomen" sei. Selbstverständlich verfügt das Werk, wie bereits dargelegt, auch über objektiv nachweisbare Eigenschaften, mit denen erst die Möglichkeit einer Aktualisierung seiner klassischen Qualität gegeben ist. Darüber hinaus ist die Interpretation des Werkes nicht der Willkür des Interpreten ausgesetzt. Denn sie hat stets das Ziel, den „richtigen", d. h. den von seinem Urheber gewollten Sinn zu erschließen (→ 2.1.3.). Würde man die Erschließbarkeit eines derartigen Sinnes bestreiten, so könnte man auch nicht mehr erklären, warum ein Werk von vielen zeitlich und räumlich getrennten Interpreten gleichsinnig als klassisch rezipiert werden kann. Auch unter dem rezeptionsästhetischen Aspekt läßt sich also das Klassische nicht als ein vom „richtigen" Sinn des Werkes völlig unabhängiges Produkt seines Rezipienten verstehen.

Die Entdeckung des Klassischen in einem Prozeß kreativer Aneignung ist aber keineswegs eine ausschließlich kognitive Leistung (→ 1.3.2.). Man kann wohl davon ausgehen, daß es sich dabei vor allem auch um einen affektiven Vorgang handelt. Der kognitive Einsatz ist zwar eine notwendige, aber keine hinreichende Bedingung für die Erschließung des Klassischen. Erst die affektive Zustimmung und Bejahung setzt die eigentlich bildende Wirkung des klassischen Werkes auf das Bewußtsein des Lernenden frei. Wie die Entdeckung des Klassischen ablaufen kann, hat Karl Büchner[145] beispielhaft demonstriert: Ausgangspunkt war die Frage, worin der klassische Charakter lateinischer Schriftwerke bestehe und was er für uns bedeute. Das Klassische – so Büchner – sei nicht dem Typischen gleichzusetzen:

Da wäre die Nivellierung der Leistung wie des Geleisteten vollständig, und man hätte eine Fülle Klassiker und klassischer Leistungen. Das Klassische ist vielmehr das Einmalige. Zu einer bestimmten Zeit kann es auftreten und auch versäumt werden

---

[144] Keulen (Nr. 104).
[145] Büchner (Nr. 20) S. 17–19.

und dann nicht wieder. Zugleich aber ist dieses Einmalige, um uns dem Verständnis Eliots anzuschließen, das Unprovinziellste. Nicht im Sinne einer erzwingbaren logischen Allgemeingültigkeit, sondern der freien und beglückenden Anerkennung. In diesem Sinne hat Eliot Vergil als Klassiker par excellence gewürdigt.

Was K. Büchner als klassisch ansieht, versucht er an zwei Beispielen anzudeuten: an Ciceros Werk ›De re publica‹ und an Vergils ›Aeneis‹. Aus der Beschreibung dieser Beispiele seien hier nur die Merkmale herausgehoben, die für Büchner das Klassische ausmachen: Bei Cicero sind es die „letzte Heiterkeit" in der Existenznot, die „ausgewogene Proportion" des Werkes, die Schau „römischen großen Menschentums in allen denkbaren Bezügen", die Gewinnung „dauernder Resultate des Denkens"; bei Vergil sind es die Allgemeinheit, die Innerlichkeit, die „ergreifende Wirkung", das „Konzert" von Geschichte in ihrem Leiden und der Möglichkeit zur Freiheit, von Spiel und Kampf, von Jenseits und härtester Diesseitigkeit, die „Musik des menschlichen Schicksals" in seiner Möglichkeit zu Glauben, Sinn und Größe bei aller Tragik, die „Ausdrucks- und Bewegungsschönheit", die „Ordnung des bewegten Seins".

Man kann K. Büchner wohl kaum bestreiten, daß er *für sich persönlich* diese Werke der römischen Literatur als klassisch rezipiert und – wie er selbst sagt – anerkannt hat. Er beweist damit aber nicht mehr und nicht weniger, als daß er das Klassische erst durch eine anerkennende Rezeption, die er als Beglückung und Bereicherung empfunden hat, als klassisch erschlossen hat. Hiermit wird wiederum deutlich, daß der Entdeckung des Klassischen ein langwieriger, intensiver Rezeptionsprozeß vorausgeht, der von einer affektiven Zustimmung, von Bewunderung und vielleicht sogar Ehrfurcht [146] gekrönt ist. Wie es zu dieser Zustimmung kommt, läßt sich offensichtlich nicht mit wissenschaftlicher Objektivität beschreiben. [147] Das soeben skizzierte Beispiel zeigt, daß allenfalls nachträglich, d. h. nach Abschluß des Rezeptionsprozesses, die sachbezogenen Kriterien des Klassischen in einem Vorgang der kritischen Reflexion des erlebten Rezeptionsprozesses zu bestimmen sind. Die mit der kritischen Reflexion gegebene Distanz ermöglicht es, die objektiv beschreibbaren Eigenschaften des als klassisch erlebten Textes nachzuweisen, die seine Besonderheit durchschaubar begründen. Daran wird erneut sichtbar, daß vielfältige Rezeption und kumulative Anerkennung allein nicht ausreichen, einen Text als klassisch zu definieren, obwohl es ein brauchbares methodisches Prinzip der Philologie ist, einen anonymen Text, der bereits in der Antike häufig gelesen und in zahlreichen Varianten verbreitet war, als „Klassikertext" einzu-

---

[146] Marg (Nr. 134) S. 302 f.
[147] Gelzer (Nr. 53) S. 171.

stufen.¹⁴⁸ Demnach kann es nicht allein die Aufgabe einer Rezeptionsästhetik sein, die Eigenschaften zu beschreiben, die einen Text als klassisch qualifizieren. Es bedarf außerdem der philologischen Interpretation, mit der die Struktur des Textes als eines sprachlichen Kunstwerkes von Rang – nachträglich und distanziert – analysiert wird. Die *rezeptions-* oder *wirkungsästhetischen* Kriterien des Klassischen sind also stets durch *produktions-* oder *werkästhetische* Kriterien zu ergänzen.

Auf den Unterricht übertragen liefe diese Forderung darauf hinaus, die Voraussetzungen dafür zu schaffen, daß die Auseinandersetzung mit einem potentiell oder latent klassischen Text in folgenden Schritten abläuft:
1. Intensive, aber noch nicht ins Einzelne gehende Beschäftigung mit dem potentiell klassischen Text, möglicherweise motiviert durch Einsicht in seine Rezeptionsgeschichte.
2. Affektive Zustimmung.
3. Reflexion des Rezeptionsvorganges und distanzierte Textanalyse (Interpretation).
4. Objektive Beschreibung der Eigenschaften und Merkmale, auf denen der klassische Charakter des Textes beruht.
5. Vertiefung der affektiven Zustimmung aufgrund der Erfassung objektiver Qualitätsmerkmale.

Um es zu wiederholen – dieser idealtypische Ablauf der unterrichtlichen Auseinandersetzung mit einem klassischen Text ist nur aufgrund didaktischer Vorentscheidungen möglich. Die Didaktik hat unter sorgfältiger Berücksichtigung des fachwissenschaftlichen Erkenntnisstandes und der pädagogischen Bedingungen des Unterrichtsgeschehens den Text ermittelt und ausgewählt. Das entscheidende Kriterium dieser Auswahl war die Feststellung des latent oder potentiell klassischen Textcharakters im oben angedeuteten Sinne.

Die Entdeckung des Klassischen kann im Unterricht nur dann gelingen, wenn das affektive Erlebnis und die kognitive Analyse korrelieren. Kommt diese Korrelation nicht zustande, so ist das Ziel der Auseinandersetzung mit dem Text nicht erreicht. Das affektive Erlebnis muß durch kognitive Analyse fundiert und vertieft, möglicherweise aber auch modifiziert werden, und die kognitive Analyse benötigt affektive Beweggründe und Impulse. Gelingt diese Korrelation, so hat die Auseinandersetzung mit dem klassischen Gegenstand die gewünschte bildende Wirkung.

---

¹⁴⁸ H. Diels: Ein epikureisches Fragment über Götterverehrung. Sitzungsber. Berlin 1916, 886–909, bes. 888.

1.4. Didaktik und Unterrichtspraxis

Bevor auf die Beziehungen zwischen Didaktik und Unterrichtspraxis eingegangen werden kann, ist der grundlegende Unterschied zwischen der Didaktik als einer Forschungsdisziplin und dem Unterricht als einer Form des Zusammenarbeitens und Zusammenlebens von Lehrenden und Lernenden, Erwachsenen und Nicht-Erwachsenen zu erfassen. Denn auf diese Weise treten die Möglichkeiten und Grenzen beider Bereiche deutlicher hervor.

Gerhard Priesemann [149] hat dazu Grundsätzliches gesagt:

Wissenschaft . . . wird von Erwachsenen und für Erwachsene gemacht; Kinder und Jugendliche sind hier nicht zugelassen . . . Unterricht, sehr im Gegensatz dazu, wird nicht von Erwachsenen gemacht, auch wenn das, im Blick auf die Tätigkeit des Lehrers, so aussehen könnte: Unterricht kommt erst im Zusammenarbeiten, ja, im Zusammenleben von Erwachsenen und Nicht-Erwachsenen zustande, und es ist nicht gefordert, Einschränkungen der Menschlichkeit auf sich zu nehmen, sondern es gilt als Standardbedingung für das Gelingen von Unterricht, das höchste Maß an Humanität anzustreben.

Darüber hinaus – so Priesemann – sei Wissenschaft notgedrungen spezialisierend, schulisches Lernen gehe ins Generelle, ja Universelle: In der Wissenschaft hätten das Objekt und die Objektivität, im Unterricht die Person und die Subjektivität den Vorrang. Was im Bereich der Wissenschaft als verpönt gelte, sei im Unterricht von grundlegender Bedeutung: so z. B. Intuition, Ehrfurcht, Demut, Rücksicht auf Personen, Phantasie, Witz, Träumen. Gewiß habe Unterricht auch den Zweck, Arbeitsweisen und Existenzformen der Wissenschaft zu fördern; er diene aber auch der Erhaltung von Daseinsmöglichkeiten, die verhinderten, daß wir mit Haut und Haar in der künstlichen Welt der Wissenschaft untergingen.

Die Didaktik steht im Dienst eines so verstandenen Unterrichts, obwohl sie bei der Verfolgung ihres Zieles, die Unterrichtspraxis zu verbessern, den Regeln wissenschaftlicher Forschung verpflichtet bleibt. Die Didaktik hilft bei der Lösung von Problemen der Praxis durch Impulse und Anregungen, durch reflektierte Begründung und Legitimierung von Praxis, durch Vermittlung zwischen Außenwelt und Unterricht, durch praxisgerechte Nutzung praxisrelevanten Wissens . . . Didaktisches Wissen ist von dem Willen zur Anwendung nicht zu trennen, auch wenn es unter den „unterrichtsfernen" Bedingungen einer Forschungsdisziplin erworben worden ist.

Didaktische Forschung ist allerdings auch auf die Praxis angewiesen. Der Didaktiker benötigt Anstöße und Anreize aus dem Unterrichtsalltag. Er

---

[149] Priesemann (Nr. 162) S. 35 f.

muß mit diesem in ständiger Berührung bleiben, um sein Erfahrungswissen dauernd zu überprüfen, zu korrigieren und zu erweitern. Denn das wirkungsgeschichtliche Bewußtsein, aus dem alle didaktischen Entscheidungen kommen, erwächst – wie oben ausgeführt (→ 1.1.) – allein aus der Synthese von geschichtlichem Wissen und praxis- bzw. gegenwartsorientiertem Erfahrungswissen.

Aber obwohl der Praxisbezug eine unerläßliche Bedingung didaktischer Forschung ist, bleibt dennoch die Frage vorerst ungelöst, ob oder inwieweit die Didaktik wirklich dazu beiträgt, die Praxis zu verbessern. Die Erfahrung zeigt, daß überzeugende didaktische Theorien und Konzeptionen die Praxis oft entweder gar nicht erreichen, weil sie vom Praktiker ignoriert werden, oder einfach wirkungslos bleiben, obwohl sie vom Lehrer akzeptiert werden. Denn es gibt ohne Zweifel viele Lehrer, die didaktisch versiert sind, in ihrem eigenen Unterricht aber nur dadurch Erfolg haben, daß sie ihre eigene didaktische Konzeption *nicht* berücksichtigen.

Die Übertragung didaktischer Erkenntnisse und Innovationen in den Unterricht kann auch daran scheitern, daß „der Hauptakteur auf der didaktischen Bühne, der Schüler"[150] – um im Bild zu bleiben – nicht mitspielt. Wer feststellt, daß der Schüler in den meisten didaktischen Publikationen als eine idealtypische Größe auftauche und zu selten als ein eventuell lernwilliger, aber auch recht hilfsbedürftiger und über die Grenzen seines Leistungsvermögens in wesentlichen Punkten nie hinausgelangender Partner der unterrichtlichen Interaktion nüchtern und ehrlich einkalkuliert werde, hat sicherlich nicht ganz unrecht. Es ist auch nicht zu bestreiten, daß manche Beiträge zur neueren fachdidaktischen Diskussion, die von großer Theorie- und Experimentierfreudigkeit geprägt ist, die Möglichkeiten der Unterrichtspraxis zu überschätzen scheinen und sich daher auch dem Vorwurf der „Theorielastigkeit" nicht entziehen können.

Vor dem unbewältigten Problem der Vermittlung von Theorie und Praxis steht selbstverständlich nicht allein die Didaktik des altsprachlichen Unterrichts, sondern die Erziehungswissenschaft insgesamt mit allen ihren pädagogisch-didaktischen Disziplinen. Hier geht es um die alte Frage, ob Erziehung durch Wissenschaft verbessert werden kann[151] und ob sie überhaupt der Wissenschaft bedarf. Manches spricht dafür, daß die Didaktik zwar keinen unmittelbaren Einfluß auf unterrichtliches Handeln nehmen kann, aber doch wenigstens mittelbar in den Unterricht hineinwirkt,[152] so z. B. durch die Entwicklung praxisgerechter Unterrichtsmittel (→ 1.4.1.)

---

[150] Hohnen (Nr. 87).
[151] Vgl. Priesemann (Nr. 162).
[152] Vgl. Hohnen (Nr. 87).

und durch Anstöße zur Reflexion von Unterrichtspraxis. Inwieweit derartige Anstöße den Lehrer zu einer durchgreifenden Revision seiner Arbeit veranlassen, ist freilich eine schwer zu beantwortende Frage. Man sollte jedoch in diesem Zusammenhang die vermittelnde Funktion staatlicher Lehrpläne nicht unterschätzen.

1.4.1. Das Unterrichtsmaterial als Produkt didaktischer Forschung

Die Herstellung von Unterrichtsmaterial (Lehrbuch, Schulgrammatik, Lexikon, Wortkunde, Lektüresammlung, Schülerkommentar, Lesebuch, audiovisuelle Medien) ist das Ergebnis didaktischer Auswahlentscheidungen, d. h. das sichtbare Produkt didaktischer Forschung, mit dem diese die Unterrichtspraxis beeinflußt und steuert. Selbstverständlich produziert die Didaktik dieses Unterrichtsmaterial unter strenger Berücksichtigung ihres jeweils aktuellen Forschungsstandes (→ 1.3.3.), der wiederum von der Rezeption der fachwissenschaftlichen (→ 2.1.) und der pädagogischen (→ 2.2. → 2.3.) Bezugsdisziplinen abhängt. Demnach vermittelt die Didaktik immer auch aktuelle wissenschaftliche Erkenntnisse in angemessener Elementarisierung an die Unterrichtspraxis.

Die Auswahl von Unterrichtsinhalten und -zielen (→ 1.3.) beinhaltet aber noch keine Entscheidung über die innere Organisation des ausgewählten Gegenstandes oder über die Formen seiner Darbietung im Unterricht. Der Gegenstand muß in ein System gebracht werden, das seine geordnete, folgerichtige, zielorientierte Erarbeitung ermöglicht. Ein derartiges System ist z. B. das Lehrbuch, das eine sowohl sachgerechte als auch den Lernbedingungen des Schülers entsprechende Einführung in die lateinische oder griechische Sprache verspricht. Das Lehrbuch gleicht damit einem Curriculum, d. h. einem Gefüge von Zielen, Inhalten, Verfahrensweisen und Kontrollen des Unterrichtsgeschehens.[153] Es ist ebenso wie jedes andere Curriculum „antizipierter Unterricht", da es diesen hinsichtlich seiner Inhalte und Ziele, seines konkreten Ablaufes und seiner Kontrolle planend und steuernd vorwegnimmt. In dieser Funktion ist das Lehrbuch keinesfalls nur ein Hilfsmittel, sondern bereits materialisierter Unterricht im Sinne einer bestimmten didaktischen Konzeption, die dem Lehrenden wie dem Lernenden keinen nennenswerten Spielraum für Abweichungen bietet. Der Lehrer hat lediglich die Möglichkeit, ein bestimmtes Lehrbuch aus einer

---

[153] K. Westphalen: Das Curriculum als Planungsinstrument. Didaktische Entwürfe in Lehrplan, Unterrichtamterial und Stundenkonzept, in: F. O. Schmaderer (Hrsg.): Lernplanung und Unterrichtsgestaltung, München 1977, 20–31.

Reihe mehrerer (von der zuständigen Kultusbehörde zugelassener) Lehrbücher auszuwählen und sich auf diese Weise für ein bestimmtes Curriculum zu entscheiden. Um zu einer Auswahlentscheidung zu kommen, die ja zugleich eine Entscheidung für eine bestimmte didaktische Konzeption ist, kann sich der Lehrer einer Kriterienliste bedienen.[154] Diese ermöglicht ihm die Prüfung eines Lehrbuches unter Gesichtspunkten, die – wenigstens tendenziell – die Gesamtheit des unterrichtlichen Geschehens abdecken und somit bestätigen, daß das Lehrbuch ein geradezu lückenlos vorweggenommener Unterricht unter Ausschöpfung aller seiner planbaren Faktoren zu sein beansprucht und als solcher auch vom Lehrer akzeptiert wird.

Schon ein kurzer Blick in eine Kriterienliste zur Beurteilung von Lehrbüchern zeigt, daß sich eine Reihe von Kriterien auf unterrichtliche Faktoren bezieht, die den Rahmen der didaktischen Forschung (→ 1.1.) übersteigen. In dieser Hinsicht ist die Didaktik auf die Übernahme von Erkenntnissen fachwissenschaftlicher und pädagogischer Bezugsdisziplinen angewiesen. Das ist selbstverständlich darauf zurückzuführen, daß ein Lehrbuch als möglichst umfassende Antizipation des Unterrichts keineswegs nur aufgrund didaktischer Fragestellungen und Überlegungen zu konzipieren ist, sondern vor allem auch unter Berücksichtigung z. B. entwicklungs- und lernpsychologischer Gesichtspunkte, und nicht zuletzt auch dem neuesten Stand der sprachwissenschaftlichen Forschung entsprechen muß.

Im Sinne der oben gegebenen Gegenstandsbeschreibung der didaktischen Forschung gehören alle Fragen, die die Organisation des Lernens und die Überprüfung seines Erfolges betreffen, nicht in den Bereich der Didaktik. Die Auseinandersetzung mit diesen Fragen ist die Aufgabe der Methodik (→ 1.4.2.). Demnach erwächst das Lehrbuch als sichtbares Produkt didaktischer Forschung erst aus der gelungenen Verbindung von Didaktik und Methodik. Daraus ist zu ersehen, daß die Ergebnisse didaktischer Forschung nur dann unterrichtswirksam werden können, wenn sie durch methodische Überlegungen ergänzt werden. Ein Lehrbuchautor – um bei diesem Beispiel zu bleiben – benötigt also nicht nur didaktische, sondern auch methodische Kompetenz.

1.4.2. Didaktik und Methodik

Die Methodik ist das zentrale Thema der meisten Abhandlungen über den altsprachlichen Unterricht. Im eigentlichen Sinne didaktische Fragen werden fast immer in die Darstellung methodischer Probleme und Konzep-

---

[154] Z. B. J. Gruber: Kriterien zur Beurteilung eines lateinischen Unterrichtswer-

tionen integriert. So behandelt z. B. die ›Methodik des altsprachlichen Unterrichts‹ von Max Krüger und Georg Hornig (Frankfurt 1959) oder das Buch von Werner Jäkel mit demselben Titel (Heidelberg ²1966) im wesentlichen methodische Fragen unter Berücksichtigung didaktischer Überlegungen. Dasselbe gilt für die ›Didaktik und Methodik‹ von Hans-Joachim Glücklich (Göttingen 1978) oder den ›Lateinunterricht zwischen Tradition und Fortschritt‹ von Friedrich Maier (Bamberg 1979). Diese Verbindung und Vermischung war auch schon für die ältere Literatur zum altsprachlichen Unterricht typisch. F. A. Ecksteins lehrreiche und keinesfalls überholte Darstellung des altsprachlichen Unterrichts [155] ist im wesentlichen eine Methodik, die sich didaktischer Probleme nur dann annimmt, wenn sie von unmittelbar praktischer Bedeutung sind. [156]

Wenn man berücksichtigt, daß – wie bereits mehrfach betont – auch in der Unterrichtspraxis didaktische von methodischen Fragen kaum zu trennen sind, dann erscheint es zumindest zweifelhaft, ob man auf einer deutlichen Unterscheidung und scharfen Trennung methodischer und didaktischer Fragestellungen bestehen sollte. Die Interdependenz von Didaktik und Methodik wurde immer auch von den Vertretern der „Berliner Didaktik" [157] gegenüber dem „Satz vom Primat der Didaktik" hervorgehoben, wie er von Erich Weniger [158] und Wolfgang Klafki [159] formuliert worden war. Klafki wies darauf hin, daß der Satz vom Primat der Didaktik keine Abwertung der Methodik bedeute und zu keiner für das Gelingen des Unterrichts folgenschweren Desintegration unterrichtsrelevanter Faktoren führe. Wenn man zudem Methode als „Inbegriff zielorientierter Organisations- und Vollzugsformen unterrichtlichen Lehrens und Lernens" [160] verstehe, dann habe man den Satz vom Primat der zielorientierten Inhaltsentscheidungen schon anerkannt. Denn Ziel- und Inhaltsentscheidungen sind offenkundig denknotwendige Voraussetzungen für Überlegungen zu Organisations- und Vollzugsformen. Das bedeutet jedoch nicht, daß zwischen didaktischen Zielentscheidungen, inhaltlicher Auswahl, Methoden-

---

kes, in: Anregung 20, 1974, 232–236; P. Petersen: Mögliche Kriterien zur Beurteilung von lateinischen Lehrbüchern, in: Mitteilungsblatt f. Lehrer der Alten Sprachen in Schleswig-Holstein II 1, 1979, 7–12.

[155] Eckstein (Nr. 34).
[156] Hingegen enthält das Handbuch für den Lateinunterricht, Sekundarstufe II, hrsg. von W. Höhn – N. Zink, Frankfurt 1979, überwiegend didaktische Beiträge.
[157] Heimann – Otto – Schulz (Nr. 74).
[158] Weniger (Nr. 210).
[159] Klafki (Nr. 107).
[160] Klafki (Nr. 108) S. 81.

und Medienwahl ein lineares Deduktionsverhältnis besteht. Methodik ist nicht ohne weiteres aus Ziel- und Inhaltsentscheidungen abzuleiten. Aus bestimmten Ziel- und Inhaltsentscheidungen ergeben sich nicht zwangsläufig bestimmte Methoden und Medien. Wenn jedoch Unterrichtsmethoden den Sinn haben, „den Lernenden die Auseinandersetzung mit zielorientierten Inhalten, also mit bestimmten Themen zu ermöglichen" (Klafki, S. 87), dann müssen sie den Themen auch angemessen sein. Was bedeutet hier Angemessenheit? Die meisten unterrichtlichen Themen, wie z. B. die Interpretation eines Gedichts oder die Analyse einer lateinischen Periode, haben an sich schon einen methodischen Charakter. Diese Themen sind im Grunde Methoden, und das Ziel der Auseinandersetzung mit diesen Themen ist vor allem die Einübung in diese Methoden. Klafki spricht in diesem Zusammenhang vom „immanent methodischen Charakter der didaktischen Thematik" (S. 88), dem die Unterrichtsmethodik, d. h. also die Methodik, der sich der Lehrer bedient, um den Schüler mit den themenspezifischen Methoden vertraut zu machen, entsprechen muß: „Der Sinn der Unterrichtsmethode besteht unter diesem Aspekt darin, den Lernenden die methodische Struktur der jeweiligen Unterrichtsthematik zugänglich zu machen, die Themen von der ihnen immanenten methodischen Seite her aufzuschlüsseln" (Klafki, S. 88).

Wenn also die vom Lehrer zu beherrschende Unterrichtsmethode der Unterrichtsthematik angemessen sein soll, dann bedeutet dies, daß sie der Methode adäquat sein muß, die der Thematik immanent ist.

Läßt sich die Unterrichtsmethodik also doch aus den Themen und Gegenständen des Unterrichts deduzieren? Auf den ersten Blick könnte man diese Frage bejahen. Denn gesetzt den Fall, die unterrichtliche Thematik lautete „Einführung in den Gebrauch eines lateinisch-deutschen Wörterbuches", dann könnte es als themengerechte Unterrichtsmethode angesehen werden, daß der Lehrer den Aufbau eines Lexikonartikels und die Gesichtspunkte erarbeiten ließe, unter denen die Informationen des Artikels angeordnet sind. Zur Sicherung des Gelernten könnten an einem Text das Nachschlagen einzelner Artikel und die richtige Auswahl der Angaben geübt werden. Dieses methodische Vorgehen ergäbe sich konsequent aus der gegebenen Themenstellung. Da die Methode des Lehrers jedoch nicht nur dem Thema entsprechen muß, sondern auch das erfolgreiche Lernen eines Schülers mit seinen individuellen Voraussetzungen anregen soll, kann diese nur dann als adäquat gelten, wenn sie auch der *Schülerindividualität*, d. h. dem Wollen und Können des Lernenden, gerecht wird. So kann z. B. auch ein Lehrbuch, selbst wenn es eine zweifelsfrei sachgerechte Einführung in die lateinische Sprache bietet, in der konkreten Unterrichtssituation dem Kriterium der Methodenadäquatheit niemals völlig gerecht werden, da es die individuellen Lernbedingungen in einer spezifischen Lerngruppe nicht berücksichtigt. Der Lehrer darf also die Methodik des Lehrbuches nicht einfach übernehmen. Er muß diese – und darin besteht seine immer wieder neue Aufgabe – seiner jeweiligen Lerngruppe entsprechend modifizieren und anpassen. Die einfachsten Formen der Modifikation einer lehrbuchimmanenten Methodik durch den Lehrer sind z. B. die Steuerung des Lerntempos, die Änderung der Übungsmöglichkeiten, die Auslassung einzelner Lektionen, die Verwendung von Einhilfen und zusätzlichen Erklärungen, die Intensivierung der Wiederholung.

Eine wenigstens theoretische Unterscheidung zwischen Methodik und Didaktik ist aber aus mehreren Gründen sinnvoll und notwendig: Bei der Erfüllung ihrer Aufgabe, Unterrichtsinhalte und -ziele zu ermitteln und auszuwählen, muß sich die Didaktik zunächst von methodischen Erwägungen freihalten. Sie muß ohne Rücksicht auf methodische Probleme den Gegenstand erfassen und darstellen können, der Inhalt und Ziel des Unterrichts sein soll. Die Beantwortung der – unbedingt notwendigen – Frage, wie und auf welchen Wegen der von der Didaktik bereits nach unterrichtsbezogenen Kriterien ausgewählte und bereitgestellte Gegenstand in der Praxis erarbeitet wird, ist eine – zeitlich – nachgeordnete Aufgabe. In diesem Sinne gilt der Satz vom Primat der Didaktik gegenüber der Methodik: Allen methodischen gehen didaktische Überlegungen voraus. Das gilt auch für den Einsatz des Lehrbuches im Unterricht. „Methodische Anordnungen können immer erst getroffen, Regeln empfohlen werden, wenn die didaktischen Voraussetzungen geklärt und die didaktischen Fragen entschieden sind."[161]

Mit dieser Feststellung der notwendigen Reihenfolge didaktischer und methodischer Überlegungen wird die Wichtigkeit der Methodik für die Unterrichtspraxis nicht in Frage gestellt. Denn es ist nicht zu bestreiten, daß die didaktischen Erkenntnisse zu ihrer unterrichtlichen Realisierung auf die Methodik angewiesen sind. Allerdings bedeutet dies nicht, daß sich Didaktik und Methodik wie Theorie und Praxis zueinander verhalten. Denn die spezifisch didaktische Frage „Was soll und kann der heutige Schüler im altsprachlichen Unterricht lernen?" ist ebenso praxisbezogen wie die methodische Frage „Wie kann der heutige Schüler im altsprachlichen Unterricht etwas Bestimmtes lernen?". Im Blick auf die Unterrichtspraxis besteht zwischen Didaktik und Methodik also ein Verhältnis der Interdependenz.

Selbst wenn man sich auf die Erfahrung beriefe, daß jeder Unterricht in einer Spannung zwischen Ideal und Wirklichkeit steht und daß es die

[161] Weniger (Nr. 210) S. 19.

Didaktik mit dem Ideal, wie es in den Unterrichtszielen formuliert ist, die Methodik mit der Wirklichkeit, d. h. mit der Steuerung des Lernens durch eine Fülle von Hindernissen und Schwierigkeiten hindurch, zu tun habe, könnte man Didaktik und Methodik nicht wie Theorie und Praxis voneinander trennen. Denn Lernziele sind ebenso wie Lernhindernisse Faktoren der Unterrichtswirklichkeit, und es ist nicht nur die Aufgabe der Methodik, zur Erreichung der Lernziele durch Beseitigung der Lernhindernisse beizutragen, sondern auch Aufgabe der Didaktik, solche Lernziele zu ermitteln, die mit möglichst geringem „Reibungsverlust" in der Praxis erreicht werden können (→ 1.3.3.).

Die Interdependenz zwischen Didaktik und Methodik läßt sich besser durchschauen, wenn man die spezifisch didaktische Aufgabe der Ermittlung und Auswahl von Unterrichtszielen etwas differenzierter betrachtet, indem man die oben skizzierte Unterscheidung von Lernzielklassen (→ 1.3.2.) zugrunde legt: Solange sich die Didaktik in den Klassen der allgemeinen, fächerübergreifenden Leit- und Richtziele bewegt, bleibt sie von methodischen Überlegungen frei. Denn die Ziele dieser Klassen sind nicht so eindeutig zu formulieren, daß sie von vornherein ein genau anzugebendes Verhalten implizieren. Erst in den Klassen der fachspezifisch formulierbaren Grob- und Feinziele sind die didaktischen Entscheidungen nicht mehr ohne Rücksicht auf die methodische „Machbarkeit" zu treffen. Sie sind jetzt auch von methodischen Kriterien abhängig, die nicht zuletzt unter dem Einfluß der pädagogischen Bezugsdisziplinen (→ 2.2.) und dem Erfahrungswissen aus der Praxis ihre bestimmende Wirkung entfalten.

Im Bereich der Grob- und Feinziele *begleitet* die Methodik also jede didaktische Entscheidung und ermöglicht eine zielgerechte Erarbeitung der Inhalte. Von einer Unterordnung der Methodik unter die Didaktik kann also auch hier nicht die Rede sein. Im Bereich der Leit- und Richtziele *geht* die Didaktik der Methodik *voraus*, indem sie den allgemeinen Rahmen absteckt, innerhalb dessen dann durch Koordination didaktischer und methodischer Gesichtspunkte Unterrichtspraxis entworfen und realisiert wird.

Wenn man jedoch die Didaktik in ihrem Verhältnis zu ihren Bezugsdisziplinen (→ 2.) betrachtet, dann wird sichtbar, daß sie eine grundsätzlich andere Funktion hat als die Methodik: Einerseits vermittelt sie fachwissenschaftliche Erkenntnisse und pädagogische Einsichten an die Unterrichtspraxis; andererseits kontrolliert sie die sachgerechte Übernahme dieser Erkenntnisse und Einsichten; außerdem überprüft sie die Übereinstimmung zwischen den öffentlich artikulierten Anforderungen an den Unterricht mit seiner Leistungsfähigkeit und tatsächlich erbrachten Leistung; ferner revidiert sie die Inhalte und Ziele des Unterrichts im Blick auf allgemein akzeptierte Vorstellungen über die Ziele von Bildung und Erziehung; schließlich vertritt sie den Unterricht in der bildungspolitischen Auseinandersetzung. Im Gegensatz zur Methodik begründet die Didaktik die Konzeption des Unterrichtsfaches, mit der sein Gegenstandsbereich, seine Bedingtheit und Wirksamkeit abgesteckt und seine Ziele bildungspolitisch zur Geltung gebracht werden. In diesem Sinne hat die Didaktik also Aufgaben, die weit über die unterrichtliche Alltagspraxis und deren methodische Bewältigung hinausweisen. Auf eine kurze Formel gebracht dient die Erfüllung dieser Aufgaben der politisch verantwortbaren Selbstbehauptung des altsprachlichen Unterrichts.

2. DIE BEZUGSDISZIPLINEN DES ALTSPRACHLICHEN UNTERRICHTS UND SEINER DIDAKTIK

Die Didaktik kann ihre zentrale Aufgabe, die Ermittlung und Auswahl von Unterrichtszielen, nur unter Berücksichtigung der wissenschaftlichen Disziplinen in Angriff nehmen, die die materialen, personalen und sozialen Bedingungen und Grundlagen des altsprachlichen Unterrichts zum Gegenstand haben.

1. Die fachwissenschaftlichen Bezugsdisziplinen liefern das Material für den Unterricht; sie bilden sein fachlich-sachliches Fundament, das Reservoir, aus dem Unterrichtsinhalte gewonnen werden. Sie *ermöglichen* also die Ermittlung und Auswahl von Unterrichtsinhalten und -zielen.

2. Die pädagogischen Bezugsdisziplinen liefern Kriterien und Anhaltspunkte, mit denen die Brauchbarkeit von Unterrichtsinhalten und -zielen für einen wirksamen Lern- und Bildungsprozeß zu bestimmen ist. Sie *steuern* also die Ermittlung und Auswahl von Lerninhalten und Lernzielen.

3. Die Allgemeine Didaktik und die Curriculumtheorie dienen zusätzlich der Erschließung der gesellschaftlichen Determinanten des Unterrichts. Sie unterstützen die Fachdidaktik bei ihrem Versuch, den altsprachlichen Unterricht zu *legitimieren*.

Diese knappen Funktionsbeschreibungen dürfen keinesfalls über die Tatsache hinwegtäuschen, daß die Beziehungen zwischen der Fachdidaktik und den Bezugsdisziplinen höchst kompliziert sind. Das hängt im Falle der fachwissenschaftlichen Bezugsdisziplinen einerseits davon ab, daß viele Universitätswissenschaftler befürchten, eine Kooperation mit der Didaktik führe zu einer störenden Politisierung und Didaktisierung ihrer Arbeit. Andererseits hat die Ablehnung des pädagogischen Elements eine Tradition, die z. B. mit den Namen Friedrich August Wolf und Ulrich von Wilamowitz-Moellendorff verbunden ist. So hatte es Wolf trotz seines großen Sachverstandes in Schulfragen kategorisch abgelehnt, seine Studenten, wie es das preußische Oberschulkollegium in einem Schreiben aus dem Jahre 1788 von ihm verlangt hatte, nicht nur zu „großen Philologen", sondern auch zu „geschickten Schulmännern" auszubilden.[162]

Das Verhältnis zu den pädagogischen Bezugsdisziplinen ist aufgrund von Vorurteilen und auch aus Unkenntnis bei vielen ihrer Vertreter problembe-

---

[162] Matthiessen (Nr. 136) bes. S. 24.

lastet. Auf der anderen Seite sind die didaktischen Vertreter des altsprachlichen Unterrichts bisher nicht in der Lage gewesen, die Ergebnisse und Erkenntnisse der pädagogischen Bezugsdisziplinen hinreichend zu rezipieren, obwohl in dieser Hinsicht bereits beachtliche Fortschritte zu verzeichnen sind (→ 2.2.1.).

Die führenden Vertreter der Allgemeinen Didaktik und der Curriculumtheorie stehen dem altsprachlichen Unterricht gleichgültig gegenüber; sie ignorieren ihn, wenn sie ihn nicht kategorisch ablehnen. Das gilt dann auch für die Mehrheit derjenigen, die die Befunde und Theorien der Curriculumforschung bildungspolitisch umzusetzen versuchen. Das größte Problem ist die schlichte Tatsache, daß viele Curriculumtheoretiker und Bildungspolitiker Bildungspolitik mit Gesellschaftspolitik gleichsetzen und den altsprachlichen Unterricht als Hemmnis für gesellschaftlichen Fortschritt ansehen (→ 4.1.). Die Didaktik muß diese Schwierigkeiten sorgfältig berücksichtigen, wenn sie den Bezug zur Realität nicht verlieren will.

Der im folgenden unternommene Versuch, die Bedeutung dieser Bezugsdisziplinen für den altsprachlichen Unterricht und seine Didaktik zu umreißen, darf nicht als Beitrag zum Selbstverständnis dieser Disziplinen mißverstanden werden. Die Fachdidaktik würde ihre Kompetenz erheblich überschreiten, wenn sie sich auf diese Weise in die Selbstreflexion ihrer Bezugsdisziplinen einmischte. Daher können hier nur einzelne Aspekte berücksichtigt werden, unter denen die Herstellung oder Vertiefung von Bezügen aus der Sicht der Fachdidaktik sinnvoll und notwendig erscheinen.

2.1. Die fachwissenschaftlichen Bezugsdisziplinen

2.1.1. Fachwissenschaftliche Bezugsdisziplinen und Unterrichtsfach

Unabhängig von der Frage, welche fachwissenschaftlichen Bezugsdisziplinen für die Inhalte des altsprachlichen Unterrichts zuständig sind und inwiefern sie sich in ihrem methodischen Zugriff zu den Inhalten vom Unterrichtsfach unterscheiden (→ 2.1.2.), läßt sich folgendes festhalten: Altsprachlicher Unterricht ist keine Kopie, kein verkleinertes Abbild seiner fachwissenschaftlichen Bezugsdisziplinen. Denn er hat im Rahmen des allgemeinbildenden Schulwesens einen grundsätzlich *anderen* Auftrag als seine Bezugsdisziplinen an der Universität. Diese praktizieren wissenschaftliche Forschung, indem sie in methodischer, systematischer und nachprüfbarer Weise neue Erkenntnisse zu gewinnen versuchen; die Unterrichtsfächer orientieren sich an den Ergebnissen wissenschaftlicher For-

schung. Für beide Bereiche gilt aber gleichermaßen das Prinzip der Wissenschaftlichkeit:
Eigenart und Selbstverständnis des Universitätsfaches prägen auch das Gymnasialfach, insofern sich in beiden Bereichen bei der Bearbeitung der Stoffe und Gegenstände dieselben wissenschaftlichen Prinzipien aktualisieren: Exaktheit, Systematik, sachliche Richtigkeit, Plausibilität, Wahrheitstreue, Erkenntnisstreben, intellektuelle Redlichkeit u. ä. m. So verstandene Wissenschaftlichkeit ist auch für den Gymnasiallehrer ein Gebot.[163]

Der Unterricht soll aber nicht in dem Sinne vom Prinzip der „Wissenschaftlichkeit" beherrscht sein, daß er Wissenschaft zum Selbstzweck werden läßt und sich unter Vernachlässigung seiner eigentlichen Aufgaben auf eine Reproduktion seiner wissenschaftlichen Bezugsdisziplinen beschränkt.

Seine „eigentlichen" Aufgaben sind – kurz gesagt – Bildung und Erziehung (→ 4.2.4.) des Heranwachsenden im Rahmen seiner fachspezifischen Möglichkeiten und in Orientierung an den Gegebenheiten und Erfordernissen der Lebenswirklichkeit. Hiermit sind allgemeine unterrichtliche Determinanten (Bildungs- und Erziehungsauftrag, fachliche Gegebenheiten, Lebenswirklichkeit) genannt, die bereits erkennen lassen, daß Unterrichtsfächer und fachwissenschaftliche Disziplinen zwar miteinander verzahnt sind, aber keinesfalls konvergieren – trotz prinzipiell kongruenter Fachinhalte. Denn während z. B. die Sprachen für die Fachwissenschaften Gegenstände der Forschung sind, haben sie im Unterricht die Funktion von Lern- oder Bildungsgegenständen. Im Bereich der Fachwissenschaften werden die Sprachen erforscht, im Unterricht werden sie um außerhalb des Unterrichts liegender Ziele willen gelehrt und gelernt. Schon diese schlichte Tatsache zeigt, daß Fachwissenschaft und Schulfach nicht identisch sein können. Weder im Unterricht noch in der Fachwissenschaft geht es aber nur um die Sprachen in ihren grammatisch beschreibbaren Erscheinungsformen. In beiden Bereichen ist die Beschäftigung mit den Sprachen auf die Auseinandersetzung mit den Texten bezogen, die in diesen Sprachen verfaßt sind. Der Unterschied besteht nun aber wieder darin, daß die Universitätsdisziplinen auf eine erschöpfende Erfassung, Erstellung, Erschließung und Darstellung von Texten zielen, indem sie zunächst den authentischen Wortlaut mit Hilfe von Textkritik und Editionstechnik zu ermitteln und dann den Textsinn durch sprachliche und sachliche Kommentierung herauszuarbeiten suchen.[164] Die Unterrichtsfächer übernehmen dagegen lediglich die Resultate dieser Forschungsarbeit, um an diesen Lernprozesse in Gang zu bringen, die der Erfüllung des Bildungs- und Erziehungsauftrags

[163] Maier (Nr. 130) S. 27.
[164] Pfeiffer (Nr. 157); Jäger (Nr. 94).

Die fachwissenschaftlichen Bezugsdisziplinen   89

dienen. Im Unterricht ist also der Gegenstand der Forschung ein *Mittel*, mit dem ein bestimmtes Lernziel erreicht werden soll. Für die Wissenschaft ist die möglichst umfassende Aufhellung des Gegenstandes und aller seiner Bezüge das Ziel methodischer und in der Regel arbeitsteiliger Forschung.

2.1.1.1. Die Philologie der Alten Sprachen: Historische und Klassische Philologie

Die klassische Philologie verdankt ihre Entstehung der Überzeugung von dem überragenden Wert der antiken griechischen und römischen Literatur im Verein mit der Tatsache, daß die antiken Literaturwerke infolge der Überlieferungsverhältnisse nur in einer unvollkommenen und in mannigfacher Weise verstümmelten Form auf eine späte Nachwelt gekommen waren. Daraus ergab sich ganz von selbst die Aufgabe, diese Werke soweit wie irgend möglich in ihrer ursprünglichen Form wiederherzustellen und durch kritische Ausgaben zugänglich zu machen. Da ferner, auch wo der Text nicht entstellt war, doch vieles infolge des großen zeitlichen Abstandes nicht mehr ohne weiteres verstanden werden konnte, ergab sich die zweite Aufgabe, durch Heranschaffung allen erreichbaren Materials, das der Erklärung dienen konnte, sie sprachlich und sachlich wieder verständlich zu machen, also sie zu interpretieren. Das sind die beiden Grundaufgaben der klassischen Philologie.[165]

Diese Aufgaben – so Kurt von Fritz – blieben auch unabhängig von der Frage bestehen, ob der antiken Literatur ein besonderer Wert, etwa im Sinne der Vorbildlichkeit (→ 1.3.4.), zukomme.[166] Sie gälten auch für diejenigen Werke der griechischen und römischen Literatur, die niemals für vorbildlich erklärt worden seien. Denn die möglichst genaue Herstellung aller aus dem Altertum auf uns gekommenen Texte sei nötig, weil aus ihnen allen etwas über das Leben der Antike und über seine Entwicklung zu lernen sei. Hier stehe die Philologie im Dienste der Altertumswissenschaft im umfassenden Sinne (→ 2.1.1.3.), und diese wiederum stelle wesentliches Material für das Verständnis der Texte zur Verfügung. In dieser Verbindung mit der Altertumswissenschaft diene die Philologie der „Erforschung der Menschheitsgeschichte". Aber die Antike sei nicht nur ein Teil der Menschheitsgeschichte, sondern auch „unsere eigene Vor- und Urgeschichte". Auf diese Weise leiste die Philologie auch einen Beitrag zur Erhellung unserer eigenen, geschichtlich gewordenen Situation.

Diese kurze Charakterisierung der Ziele, Methoden und Aufgaben der Philologie der Alten Sprachen ist als Widerspiegelung eines Grundkonsens im Ringen um das fachwissenschaftliche Selbstverständnis zu verstehen.

---

[165] Fritz (Nr. 42); Marg (Nr. 135).
[166] Fritz (Nr. 42) S. 508.

Dabei darf jedoch nicht übersehen werden, daß sich die Philologie im Laufe ihrer Geschichte keinesfalls als eine homogene Forschungsdisziplin erwiesen hat.[167] So lassen sich mitunter erhebliche Wandlungen in der Auffassung von den Zielen der Forschung und ihrer Rechtfertigung, von den Methoden und ihrer Begründung, von den Forschungsgebieten und von der Abgrenzung gegenüber anderen Wissenschaften feststellen. Die Ursprünge der wissenschaftlichen Erschließung griechischer und lateinischer Texte reichen bis in die Antike zurück.[168] Die moderne Philologie wurde jedoch erst im Zeitalter des Renaissance-Humanismus begründet. Sie gilt nicht nur als das genuine Erzeugnis, sondern geradezu als „die wissenschaftliche Hauptleistung" dieser Epoche.[169] Die philologische Arbeit – das ist für die humanistische Philologie charakteristisch – steht im Dienst der Menschenbildung, die auf humanitas im Sinne von eruditio und institutio in bonas artes zielt. Philologische Textkritik und Sachkommentierung dienen praktisch der Präzisierung und Veranschaulichung des humanistischen Bildungsideals. Da die Eloquenz zu den grundlegenden Inhalten dieser Bildung gehört, werden die Texte als formal-ästhetische Muster sprachlicher Kunstfertigkeit benutzt. Allerdings begreift sich die Forschung im Laufe ihrer weiteren Entwicklung durchaus auch als „Dienerin anderer Wissenschaften", indem sie diesen textkritisch gereinigte und sachlich kommentierte Texteditionen verfügbar macht und das Wissen über die Antike bereitstellt.[170]

Mit der neuhumanistischen Verklärung der Antike zu einem „klassischen" Altertum erwirbt auch die Philologie das Attribut „klassisch" und versteht sich als eine Wissenschaft, die es mit literarischen Texten höchsten ethisch-ästhetischen Ranges, überragender normativer Kraft und leitbildhafter Gültigkeit zu tun hat.

Aber mit der intensiven geschichtlichen Erforschung der Antike in der Epoche des sog. Historismus tritt der Anspruch der Universitätsphilologie, Sachwalter eines klassischen Erbes (→ 1.3.4.) zu sein, in den Hintergrund. Die Antike wird zum historischen Forschungsgegenstand, dem man keinen höheren Wert als anderen historischen Epochen und Kulturen zusprechen will.[171] Aus der Klassischen Philologie wird eine historische Philologie. So verzichtet z. B. Wilamowitz in seiner ›Geschichte der Philologie‹ (1921) ausdrücklich auf den Zusatz „klassisch" und den in dieser Bezeichnung liegenden Anspruch.

[167] Horstmann (Nr. 88); Flashar-Gründer-Horstmann (Nr. 38).
[168] Pfeiffer (Nr. 158).
[169] Hentschke-Muhlack (Nr. 77); Horstmann (Nr. 88).
[170] Bursian (Nr. 23) bes. S. 260 ff.
[171] Reinhardt (Nr. 164).

Die fachwissenschaftlichen Bezugsdisziplinen 91

Neben der historisch orientierten Philologie wird jedoch die humanistisch orientierte Klassische Philologie weiterhin vertreten. Werner Jaeger bringt mit seinem „Dritten Humanismus"[172] den klassischen bzw. humanistischen Anspruch der Philologie erneut zur Geltung, ohne allerdings den historischen Ansatz außer acht zu lassen, und in jüngerer Zeit versucht Harald Patzer, das Bewußtsein für den Eigenwert der Gegenstände der Klassischen Philologie wieder zu schärfen[173]: Selbst wenn sich die Philologie als eine historische Wissenschaft verstehe, blieben ihr nach wie vor „gewisse eigentliche Gegenstände, die das Merkmal des Klassischen tragen" (S. 262). Daß diese Gegenstände (wie z. B. Homer, die Tragödie, Platon, Thukydides, Aristoteles, Sallust, Tacitus, Horaz, Vergil) klassisch seien, beruhe nicht nur auf Überlieferung und Tradition. Diese Schriftwerke übten an sich schon auf jeden eine sinnfällige (und sich sinnfällig als allgemeingültig zu erkennen gebende) Wirkung aus – auch diesseits jeder Bildung und gewußten Tradition. Diese Wirkung gebe auch bei den extremsten Vertretern des Historismus der Beschäftigung mit diesen Gegenständen eine eigentümliche Beseelung, die durch keine Geschichte zu erklären sei. Sie sei aber unabhängig von jeder „künstlichen Idealisierung". Allerdings müsse dieser klassisch-humanistische Gehalt der Gegenstände wissenschaftlich aussagbar gemacht werden. Die Philologie müsse als Wissenschaft dem klassischen Charakter, den ihre Gegenstände objektiv besäßen, gerecht werden. Die geschichtliche Komponente der wissenschaftlichen Arbeit erhalte demgegenüber eine bloß dienende Rolle. So könne die Klassische Philologie den eigentümlichen Charakter des klassischen Werkes, in welchem das Allgemeinheitsstreben, das bereits jedes literarische Werk habe, bis zum menschheitlich Bedeutenden gesteigert und durch die Gnade des geschichtlichen Kairos zugleich gelungen sei, angemessen erschließen. Diese Erschließung diene dem Interesse an dem allgemeinen Erkenntnisgehalt der klassischen Literaturwerke und entspreche dem eigentlich humanistischen Motiv der Philologie.

Eine ganz ähnliche Position nimmt W. Marg ein[174]:

Die Klassische Philologie ist von Ursprung und Wesen her bepackt mit einem großen Unterschied zu allen modernen Philologien . . .: Wir haben es primär mit einigen großen Werken zu tun, mit denen stehen und fallen wir. Alles andere hängt sich dem Rang nach daran an.

Indem Marg hervorhebt, daß die Klassische Philologie mit den großen Autoren stehe und falle und daß sie den Anspruch des Klassischen anerkenne

---

[172] Jaeger (Nr. 95).
[173] Patzer (Nr. 154).
[174] Marg (Nr. 135) S. 38.

und seine Herausforderung annehme, kehrt er jedoch ebensowenig wie Patzer zu der von E. R. Curtius kritisierten totalen Idealisierung der Antike zurück. Denn er beschränkt sich entschieden auf „einige große Werke", auf die „großen Autoren", die er zum spezifischen Gegenstand der Klassischen Philologie erklärt. Selbstverständlich übersieht Marg nicht das Umfeld, die Umgebung der „großen Autoren". Seine Darstellung der Klassischen Philologie zeigt sehr anschaulich, wie groß das Forschungsgebiet geworden ist und daß es sich – um seinen eigentlichen Kern herum – ständig ausweitet. Um eine Vorstellung vom heutigen Umfang der Klassischen Philologie zu bekommen – so W. Marg –, brauche man sich nur die Sparten der bibliographischen Beilage des ›Gnomon‹ anzusehen.

Die bisher angedeuteten Grundtendenzen der Philologie historischer oder humanistischer Orientierung sind für den altsprachlichen Unterricht der Gegenwart von größter Bedeutung. Im Zusammenhang mit der Frage nach dem Verhältnis der Didaktik zu den fachwissenschaftlichen Bezugsdisziplinen ist darauf zurückzukommen (→ 2.1.2.). Soviel sei an dieser Stelle angedeutet: Im altsprachlichen Unterricht der Gegenwart und im Bewußtsein seiner Lehrer sind beide Strömungen – oft miteinander vermischt – wirksam. Die Texte werden nicht nur als historische Zeugnisse der antiken Kultur, sondern auch als klassische Dokumentationen hervorragender Leistung von unbestreitbarem (Bildungs)wert verstanden. Dieses von einer Klassischen Philologie gespeiste Wertbewußtsein ist zweifellos die bedeutendste Quelle der Legitimation auch des heutigen altsprachlichen Unterrichts, ob man dies nun wahrhaben möchte oder zu verleugnen versucht.

2.1.1.2. Gräzistik und Latinistik
im Rahmen einer allgemeinen Literaturwissenschaft

Die Forschungsarbeit der Philologie bleibt sowohl in ihrer klassizistisch-humanistischen als auch in ihrer historistisch-positivistischen Richtung im wesentlichen auf die Epoche der klassischen Antike beschränkt. Diese Tatsache wird heute von manchem als eine Ursache ihrer gegenwärtigen Situation – ihrer Wirklichkeitsferne, ihrer Isolation, ihrer Orientierungslosigkeit, ihrer unzureichenden gesellschaftlichen Legitimation, ihrer verfehlten Selbsteinschätzung, ihrer mangelhaften Reflexionsfähigkeit usw. – angesehen. Die Beschränkung auf den „Antike-Guckkasten" soll daher aufgehoben werden: „An ihrer Stelle sollte nach Analogie der neueren Philologien allein das sprachliche Substrat maßgeblich sein, das heißt unter die Kompetenz der Gräzistik und Latinistik fällt alles, was in griechischer und lateinischer Sprache geschrieben ist."[175] Mit dieser Erweiterung wird die epochale Beschränkung auf den bisherigen Kanon von Forschungs- und Lehrgegenständen preisgegeben, und die literarische Hinterlassenschaft des Jahrtausends von Konstantin bis zum italienischen Humanismus tritt in den Gesichtskreis der Fachwissenschaft. Damit die Philologie die Gegenwart wieder erreichen könne, sei das Manko an Vermittlung aufzuheben. Die entrückte Absolutheit philologischer Forschung sei nur dadurch zu beseitigen, daß sie die gesamte Wirkung der Antike in ihre Kompetenz einbezöge.[176] Es versteht sich aber von selbst, daß „das Studium der antikes Gut rezipierenden Literatur durch die Analyse der diese Rezeption auslösenden gesellschaftlichen Bedingungen ergänzt werden"[177] müsse.

Die Philologie müßte sich als eine Literaturwissenschaft[178] begreifen, deren Hauptthema der breite literarische Überlieferungs- und Vermittlungsstrom von der Antike bis heute sein soll.[179] Die Philologie der Alten Sprachen soll also „im größeren Ganzen der Literaturwissenschaft" aufgehen und Zielvorstellungen übernehmen, in die sich sämtliche Disziplinen der Literaturwissenschaft teilen.[180] Damit spielte sie nicht mehr die Rolle eines „Konservators vergangener Literatur"; sie hätte vielmehr in den Bedürfnissen und Forderungen der Gegenwart ihren Bezugspunkt; d. h. sie leistete einen Beitrag zur „Sinngebung der lebendigen Gegenwart".

Wenn Manfred Fuhrmann[181] fordert, daß die Klassische Philologie im größeren Ganzen aller philologisch-historischen Disziplinen aufgehe, sich zur Geschichte und zu den neueren Philologien hin öffne und zu diesem Zweck ihre Kompetenz, die sich aus den durch sie vermittelten Sprachen ergebe, voll ausnutze, dann soll dies jedoch nicht in gleichem Maße für beide Alten Sprachen gelten. Während im Lateinischen die Spätantike, das Mittelalter und die frühe Neuzeit zu berücksichtigen und in das Aufgabenfeld der Philologie einzubeziehen seien, solle man im Griechischen von den nachklassischen Epochen im wesentlichen absehen. Denn die Gräzistik sei von Hause aus – seit der alexandrinischen Philologie – das Fach der griechischen Klassik, während die Latinistik seit der Spätantike das Fach der europäischen Tradition sei (→ 3.4.3.).

[175] Fuhrmann (Nr. 44) S. 31.
[176] Fuhrmann-Tränkle (Nr. 45) S. 15.
[177] Müller (Nr. 144) S. 269.
[178] Frings – Keulen – Nickel (Nr. 41) s. v. Literaturwissenschaft.
[179] Der Prototyp der auf das „Nachleben" der Antike gerichteten Forschung ist Curtius (Nr. 28); vgl. Jauß (Nr. 97).
[180] Fuhrmann-Tränkle (Nr. 45).
[181] Vgl. Fuhrmann (Nr. 47).

Es ist in diesem Zusammenhang nicht beabsichtigt, die Berechtigung der Fuhrmannschen Kritik an der Klassischen Philologie zu prüfen.[182] Aus der Sicht der Didaktik des altsprachlichen Unterrichts läßt sich aber feststellen, daß die Forderungen, die Fuhrmann an die Fachwissenschaft stellt, von der didaktischen Theorie seit langem weitgehend akzeptiert werden. Die Differenzierung zwischen Gräzistik und Latinistik hinsichtlich ihrer epochalen Begrenzung gilt auch für die Schulfächer Griechisch und Latein. Das belegen für das Fach Latein u. v. a. Schulausgaben spätantiker, mittellateinischer und humanistischer Autoren,[183] didaktische Abhandlungen z. B. über christliche und mittelalterliche Autoren oder über die „Nachwirkung der Antike"[184] und Lektürevorschläge zur literarischen Rezeption römischer Autoren[185]. Die Bereitschaft zur Einführung „neuer Inhalte"[186] in den altsprachlichen Unterricht mit dem Ziel einer „Enträmerung" (Fuhrmann) zugunsten einer „Europäisierung" des Lateinunterrichts ist unbestreitbar vorhanden und wird durch die Offenheit der altsprachlichen Didaktik für curriculumtheoretische Fragestellungen (→ 2.3.2.) und für eine entsprechende Reform des Unterrichts noch verstärkt.

Man darf freilich nicht übersehen, daß die Realität der staatlichen Lehrpläne der Offenheit der Didaktik für neue Inhalte nicht entspricht. Hier liefern die römischen Autoren die überwältigende Mehrheit der Texte für den Unterricht.[187] Die Fachdidaktik hat auch Vorschläge für eine Berücksichtigung elementarer literaturwissenschaftlicher und soziologischer Fragestellungen gemacht und die Aufmerksamkeit des Schulpraktikers nicht zuletzt auch auf die Gattungstheorie gerichtet. Im altsprachlichen Unterricht wird bei der Auseinandersetzung mit Texten die Frage nach „dem Allgemeinen, das ein Literaturwerk bedingt und dem es dient"[188], keinesfalls übergangen. Es wird auch versucht, „das einzelne Werk als das Produkt typischer Gegebenheiten und Prozesse zu deuten"[189]. Auch die Bedeutung der Rezeptionsästhetik, mit der sich die Klassische Philologie in jüngster Zeit ver-

---

[182] Daß Fuhrmann der Klassischen Philologie insgesamt wohl nicht ganz gerecht wird, zeigt W. Schmid in seiner Rezension, Gnomon 42, 1970, 507–514.
[183] Z. B. die Schulausgaben des Verlags Aschendorff.
[184] Einen ersten Überblick bietet das Gesamtregister für die Reihen 1–20 des AU.
[185] AU 21, 1, 1978.
[186] Nickel (Nr. 149) S. 223–229.
[187] Vgl. Fuhrmann (Nr. 49).
[188] Dazu Fuhrmann (Nr. 48).
[189] Z. B. die Hefte der Reihe ›Fructus‹ (Ploetz) und ›Modelle für den altsprachlichen Unterricht. Latein‹ (Diesterweg).

stärkt befaßt[190], wird von der Fachdidaktik seit langem klar gesehen[191] – und zwar „im doppelten Sinne der Rezeption, wie sie beim zeitgenössischen Publikum intendiert war und wie sie in späterer Zeit, unter veränderten Voraussetzungen, faktisch eingetreten ist" (Fuhrmann, S. 61).

Es versteht sich aber von selbst, daß die altsprachliche Fachdidaktik den literaturwissenschaftlich-rezeptionsästhetischen Ansatz, wie er von Fuhrmann neu formuliert worden ist, keinesfalls mit dem Anspruch der Ausschließlichkeit vertreten kann. Die Ziele eines modernen altsprachlichen Unterrichts, wie sie beispielsweise in den Lehrplänen der Länder beschrieben werden, sind mit einer einseitig literaturwissenschaftlichen Ausrichtung des Unterrichts nicht zu erreichen. Die diachrone Ausweitung über die Grenzen der Antike hinaus müßte im Unterricht zu einer deutlichen Vernachlässigung der antikebezogenen geistes- und kulturgeschichtlichen Perspektive führen. Die Einsicht in die Welt der Griechen und Römer, in die Grundlagen und Bedingungen ihrer Kultur,[192] läßt sich mit einem die Epochengrenzen überschreitenden Ansatz kaum mehr anstreben. Für die wissenschaftliche Praxis könnte dieser Ansatz ebenfalls zu einer Verengung ihres traditionell übergreifenden geistes- und kulturgeschichtlichen Anliegens[193] auf sprach- und literaturwissenschaftliche Studien führen. Die bislang engen Verbindungen zwischen den einzelnen altertumswissenschaftlichen Fächern, ja sogar zwischen Gräzistik und Latinistik, müßten sich lockern. Die griechisch-römische Kulturverschmelzung wird dann keinen Bezugspunkt der Forschung mehr darstellen können.[194] Während die herkömmliche Philologie trotz aller Bevorzugung der klassischen Autoren grundsätzlich jeden antiken Text unabhängig von seinem Wert und seiner Bedeutung als einen Forschungsgegenstand betrachtet, dürfte der wirkungs- und rezeptionsgeschichtliche Ansatz der Gräzistik und vor allem der Latinistik zu einer Konzentration auf wirkungsgeschichtlich relevante Texte führen. Die *Wirkung* wäre dann das Kriterium, das die Auswahl der Forschungsgegenstände bestimmte.

Unabhängig von der Frage, ob eine von dem Kriterium der Wirkung in der Auswahl ihrer Forschungsgegenstände gesteuerte Philologie nicht Ge-

---

[190] Z. B. Albrecht (Nr. 2); ferner die von P. L. Schmidt herausgegebenen AU-Hefte (Schmidt, Nr. 185); Barner (Nr. 10).
[191] Glücklich – Nickel – Petersen (Nr. 57).
[192] Classen (Nr. 27) tritt i. G. zu Fuhrmann dafür ein, daß sich der altsprachliche Unterricht auf die antike Literatur beschränkt. Gegenstand des Unterrichts soll das spezifisch Römische bzw. Griechische sein.
[193] Fritz (Nr. 42).
[194] Scholz (Nr. 188).

fahr liefe, sich einer wohl kaum wünschenswerten „Fremdbestimmung" auszusetzen, indem sie sich etwa von der Romanistik oder Germanistik in den Dienst nehmen ließe, müßte sie mit dem Verzicht auf die Antikeorientierung ihre Basisfunktion [195] für die Literaturwissenschaften und für die Erforschung der europäischen Geistes- und Kulturgeschichte erheblich einschränken.

Wenn es der Didaktik jedoch gelänge, den literaturwissenschaftlich-rezeptionsästhetischen Ansatz so zu entfalten und in den altsprachlichen Unterricht zu integrieren, daß die fachspezifischen Eigentümlichkeiten, wie z. B. die Antikebezogenheit und die gründliche Einzelinterpretation,[196] nicht aufgegeben, sondern weiterhin unterrichtlich genutzt werden können, dann dürfte er einen unbezweifelbaren didaktischen Gewinn darstellen. Denn unter Rezeption ist – wie bereits angedeutet – die Aufnahme eines Textes durch Leser nicht nur in späteren Epochen, sondern auch *in der Zeit des Autors selbst* zu verstehen.[197] Unter dem letztgenannten Gesichtspunkt befaßt sich die Rezeptionsforschung mit dem weiten Feld des Leserbezugs in den Texten selbst. Dazu gehören z. B. die textimmanente Rhetorik als ein Strukturmodell antiken Denkens und Sprechens und die Gattungsmerkmale als verfestigte und auch theoretisch kodifizierte Lesererwartungen. Da die antike Literatur rezeptionsorientiert, d. h. leserfreundlich ist, dürfte ihre Interpretation unter *diesem* Gesichtspunkt der Rezeptionsforschung unumgänglich sein. Dieser textbezogene, textimmanente und synchronische Ansatz kann dann um den im eigentlichen Sinne rezeptionsgeschichtlichen, d. h. diachronischen Ansatz erweitert werden, mit dem untersucht wird, in welcher Hinsicht das Werk eines Autors durch die Rezeption der Werke anderer Autoren bedingt ist. Die zentrale Frage in diesem Zusammenhang lautet: Aus welchen Formen der Rezeption hat der Autor die spezifische Form seiner Produktion entwickelt? Dieser Frage läßt sich innerhalb der antiken Literatur (z. B. im Verhältnis Ennius – Homer, Vergil – Homer, Ovid – Homer) ebenso nachgehen wie über die Antike hinaus bis zur Gegenwart. Dabei ist es kein methodisch erheblicher Unterschied, ob man diese Untersuchung unter dem Aspekt der Wirkung (eines Autors auf andere Autoren) oder der Rezeption (anderer Autoren durch einen Autor) anstellt. Für das Verständnis eines Autors scheint der Rezeptionsaspekt auf den ersten Blick ergiebiger zu sein als der Wirkungsaspekt, weil er einen Einblick in die Arbeitsweise des Autors, in sein Verhältnis zu seinen Quellen und Vorlagen und in seine eigene Leistung und

---

[195] Scholz (Nr. 188) S. 52.
[196] Fuhrmann-Tränkle (Nr. 45) S. 28.
[197] Albrecht (Nr. 2).

Absicht ermöglicht. Unter dem Wirkungsaspekt wird dagegen die vom Autor selbst nicht mehr zu verantwortende Überlieferung und Weiterverarbeitung seines Werkes durch spätere Autoren untersucht. Unter diesem Aspekt geht es darüber hinaus um die Klärung der textexternen Bedingungen, unter denen das „Weiterleben" des Werkes in späterer Zeit möglich wurde, und um die Untersuchung eben der Wirkung, die die Rezeption des Werkes z. B. auf die literarische Welt, aber auch auf die öffentliche Meinung der jeweiligen Rezeptionsepoche oder auf die jeweilige politisch-gesellschaftliche Situation ausgeübt hat.

Allerdings läßt sich auch unter dem Wirkungsaspekt ein tieferes Verständnis des Werkes erzielen. Das ist besonders dann der Fall, wenn man die *werkimmanenten* Faktoren zu ermitteln sucht, die das „Weiterleben" des Werkes bedingen. Das können u. a. bestimmte Inhalte, Urteile oder Deutungen sein, die eine gleichsam überzeitliche Gültigkeit haben und damit die Rezeption durch Spätere anbahnen. Michael von Albrecht sieht in der „Herausarbeitung der allgemeinmenschlichen Züge" eine wesentliche Voraussetzung des Fortwirkens in den verschiedensten Kulturkreisen. Die großen Dichter leisteten gewissermaßen gerade dadurch, daß sie sich nicht auf das Zeitgebundene beschränkten, Vorarbeit für eine umfassende Rezeption ihrer Werke.

Der Autor selbst erhöht also die Rezipierbarkeit seines Werkes in dem Maße, wie es ihm gelingt, das Allgemeinmenschliche überzeugend zu reflektieren – unabhängig davon, ob er nun die historische Wirklichkeit getreu abbildet oder nicht. Das ist z. B. die Ursache für die große Wirkung des livianischen Geschichtswerkes.

Die Wirkung eines literarischen Werkes beruht demnach im wesentlichen auf der in ihm bereits angelegten Rezipierbarkeit. Diese erweist sich damit auch als ein didaktisches Kriterium für die Auswahl unterrichtsrelevanter Texte (→ 1.3.).

Unter den geschilderten Gesichtspunkten führt der rezeptionsgeschichtliche Ansatz also keinesfalls zu einer Abkehr von den (klassischen) Texten der Antike. Im Gegenteil – er gewährleistet sogar tiefere Einblicke in *werkimmanente* Konstituentien ihrer Qualität und ihrer daraus sich ergebenden Wirkung. Wenn Rezeptionsgeschichte richtig betrieben wird, dann bleibt die antike Literatur ein unumstrittener Gegenstand des Interesses, ohne daß jedoch der Blick auf ihre Wirkung bis zur Gegenwart verstellt wird. Mit dem wirkungsgeschichtlichen Ansatz läßt sich die Auseinandersetzung mit antiken Texten selbst durch das Studium des Überlieferungs- und Vermittlungsstromes, den sie ausgelöst haben, trefflich ergänzen, so daß die Öffnung des Antike-Guckkastens keineswegs zu einem Verlust der Antike führt, sondern vielmehr noch zu ihrem besseren Verständnis.

Wilfried Barner[198] hat in diesem Sinne mehrere Forschungsschwerpunkte skizziert, mit denen die Philologie eine ergiebige Rezeptionsforschung betreiben und die Didaktik eine literaturwissenschaftlich fundierte und den fachspezifischen Bedingungen entsprechende Konzeption des altsprachlichen Unterrichts begründen kann:

1. Die Forschung konzentriert sich auf die „innertextlichen Rezeptionsvorprägungen", d. h. auf die Textelemente, die die Qualität einer angestrebten Rezeption oder Wirkung benennen (z. B. Exordialtopik in Reden, Huldigungselemente, dialogische Gesten in scheinbar monologischen Gattungen).[199]

2. Untersuchungsgegenstand sind die Äußerungen des Autors über die von ihm intendierte Rezeption oder Wirkung.

3. Inwieweit decken sich wirkungs- und rezeptionsästhetische Aussagen mit der Wirklichkeit der überlieferten Texte? „Vielleicht kann die Rezeptionsforschung dazu beitragen, das generell vernachlässigte Problem der Aussagenqualität und Reichweite literaturtheoretischer Postulate neu zur Diskussion zu stellen" (Barner, S. 510).

4. Welche Spuren haben literarische Texte in den Werken der bildenden Kunst hinterlassen?

5. Ein weites und bereits vielfach bearbeitetes Feld der Rezeptionsforschung ist die Untersuchung der Abhängigkeit literarischer Werke von anderen literarischen Werken. In welchen Formen ereignet sich die literarische imitatio?

6. In begrenztem Umfang sind auch die expliziten Äußerungen antiker Autoren über andere Autoren zu untersuchen.

7. Schließlich befaßt sich die Rezeptionsforschung mit allen Zeugnissen der institutionellen, überindividuellen Bedingungen, unter denen Rezeption, Wirkung und Überlieferung literarischer Texte sich im Horizont der Geschichte vollziehen.

Dieses Programm einer Rezeptionsforschung im Bereich der Gräzistik und Latinistik läßt erneut erkennen, daß Rezeptionsforschung erheblich weiter greift als eine innerliterarische Einflußgeschichte und keinesfalls auf das sogenannte „Nachleben" oder „Fortleben" der antiken Literatur beschränkt ist. Barner weist darauf hin, daß Latinistik und Gräzistik auf dem Gebiet der Rezeptionsforschung bereits zahlreiche Analysen vorweisen können, in denen meist mehrere der skizzierten Untersuchungsfelder berücksichtigt sind. Der moderne rezeptionsästhetische Forschungsansatz unterscheidet sich von den meisten bisherigen Untersuchungen vor allem

---

[198] Barner (Nr. 10).
[199] Zahlreiche Anregungen bei Glücklich – Nickel – Petersen (Nr. 57).

jedoch dadurch, daß er deren Ergebnisse in einen neuen, spezifischen historisch-hermeneutischen Horizont rückt und somit eine synthetische Qualität erhält. Barner veranschaulicht diese synthetische Qualität mit der Beschreibung von vier typischen Arbeitskonzepten der Rezeptionsforschung:
1. Die Bestimmung der einem Text inhärenten Rezipientenrolle(n).
2. Die „Rekonstruktion des Erwartungshorizonts" (Hans Robert Jauß [200]).
3. Die Interpretation der einzelnen Rezeptionen im Sinne eines sich entfaltenden „Sinnpotentials" (Jauß).
4. Die Reflexion auf die rezeptionelle Vermitteltheit unseres eigenen, heutigen Zugangs zu den literarischen Werken auch der Antike.

Diese Beschreibung von Untersuchungsfeldern und Arbeitskonzepten einer Rezeptionsforschung zeigt unmißverständlich, daß die von Scholz angesichts der Fuhrmannschen Konzeption geäußerte Befürchtung, die Philologie verliere mit ihrem angeblichen Verzicht auf die Antikeorientierung ihre Basisfunktion für die Literaturwissenschaft, unbegründet ist. Die Reichweite und Vielfalt des rezeptionsästhetischen Ansatzes lassen die Gefahr einer einseitigen Konzentration auf wirkungsgeschichtlich interessante Texte nicht aufkommen. Der im engeren Sinne des Wortes wirkungsgeschichtliche Aspekt ist ja nur *ein* Untersuchungsfeld unter anderen. Mit dem rezeptionsästhetischen Ansatz wird auch keine prinzipiell neue oder gar autonome Interpretationsweise begründet, die etwa als „rezeptionelle Interpretation" neben die z. B. von August Boeckh beschriebenen vier Interpretationsaspekte (→ 2.1.3.) treten könnte. Man muß vielmehr davon ausgehen, daß der rezeptionelle Ansatz als ein diesen vier Interpretationsakten immanentes Prinzip zur Geltung zu bringen ist. Hans Robert Jauß hatte bereits 1967 in seiner Abhandlung ›Literaturgeschichte als Provokation der Literaturwissenschaft‹ dafür plädiert,[201] den geschlossenen Kreis einer Produktions- und Darstellungsästhetik, in dem sich die Methodologie der Literaturwissenschaft bisher vornehmlich bewegt habe, auf eine Rezeptions- und Wirkungsästhetik hin zu öffnen, wenn das Problem, wie die geschichtliche Folge literarischer Werke als Zusammenhang der Literaturgeschichte zu begreifen sei, eine neue Lösung finden solle. Diese Forderung hat Wilfried Barner mit seiner rezeptionsgeschichtlichen Konzeption für die Philologie der Alten Sprachen konkretisiert. Wenn man die Literaturgeschichte derart im Horizont des kontinuitätsbildenden Dialogs von Werk und Publikum sehe, dann – so Jauß – werde auch der Gegensatz ihres ästhetischen und ihres historischen Aspekts ständig vermittelt und in eins damit

[200] Jauß (Nr. 97).
[201] Jauß (Nr. 97).

der Faden von der vergangenen Erscheinung zu der gegenwärtigen Erfahrung der Literatur weitergeknüpft, den der Historismus durchschnitten habe. Das Verhältnis von Literatur und Leser – so weiter Jauß – habe sowohl ästhetische als auch historische Implikationen. Die ästhetische Implikation liege darin, daß schon die primäre Aufnahme eines Werkes durch den Leser eine Erprobung des ästhetischen Wertes im Vergleich mit schon gelesenen Werken einschließe. Die historische Implikation werde daran sichtbar, daß sich das Verständnis der ersten Leser von Generation zu Generation in einer Kette von Rezeptionen fortsetzen und anreichern könne, mithin auch über die geschichtliche Bedeutung eines Werkes entscheide und seinen ästhetischen Rang sichtbar mache.

In diesem rezeptionsgeschichtlichen Prozeß, dem sich der Literaturhistoriker nur um den Preis entziehen könne, die Voraussetzungen, die sein Verstehen und Urteilen leiten, unbefragt zu lassen, vollziehe sich mit der Wiederaneignung von Werken der Vergangenheit zugleich die ständige Vermittlung von vergangener und gegenwärtiger Kunst, von traditioneller Geltung und aktueller Erprobung der Literatur.

Indem Fuhrmann, Barner, von Albrecht und andere den Jaußschen Ansatz in die Latinistik und Gräzistik einzubringen versuchen, geben sie nicht nur wesentliche Anstöße zu dem Versuch, aus dem Bereich dieser Philologien heraus Literaturgeschichte als Rezeptionsgeschichte zu erzählen. Sie verschaffen damit zugleich dem altsprachlichen Lektüreunterricht in der Schule eine literaturwissenschaftlich begründete Legitimation. Denn die Auseinandersetzung mit Texten unter dem rezeptionsästhetischen und -geschichtlichen Aspekt bietet die Gewähr dafür, daß „traditionelle Geltung" und „aktuelle Erprobung" dieser Texte aufeinander bezogen werden. Der Lernende wird als Leser und Rezipient ernst genommen, indem er an der „aktuellen Erprobung" der Texte beteiligt wird (→ 1.3.4.). Wenn der Schüler die Geschichte der Literatur als einen Prozeß ästhetischer Rezeption und Produktion versteht, der sich in der Aktualisierung literarischer Texte durch den aufnehmenden Leser, den reflektierenden Kritiker und den selbst wieder produzierenden Schriftsteller vollzieht, begreift er auch die lateinischen und griechischen Texte als Elemente dieses bis in seine Gegenwart und darüber hinaus wirkenden Prozesses. Die Texte erweisen sich dann nicht als Fakten einer erledigten Vergangenheit, sondern als Ereignisse einer lebendigen Geschichte der Literatur, die ihr „Fortleben" dem Leser und Rezipienten verdankt. Das literarische Ereignis „vermag nur weiterzuwirken, wo es bei den Nachkommen noch oder wieder rezipiert wird – wo sich Leser finden, die sich das vergangene Werk neu aneignen, oder Autoren, die es nachahmen, überbieten oder widerlegen" (Jauß, S. 173).

Selbst vergessene Werke erleben immer wieder „Renaissancen", sobald eine neue Rezeption sie in die Gegenwart zurückholt und ihre potentielle Bedeutung für den Rezipienten aktualisiert. Der Didaktik des altsprachlichen Unterrichts erwächst daraus die Aufgabe, Situationen zu schaffen, in denen neue Rezeptionen möglich werden. Diese können dann als gelungen angesehen werden, wenn sie die Ausgangssituation des Rezipienten verändern und d. h. eine bildende, prägende Wirkung auf diesen haben. Die unterrichtliche Auseinandersetzung mit literarischen Texten unter dem rezeptionsgeschichtlichen Aspekt bietet also die Chance ihrer Wiedergewinnung und Aktualisierung, verbunden mit einer persönlichkeitsprägenden Wirkung. Diese beruht aber nicht nur auf der Rezeption des einzelnen Werkes selbst, sondern auch auf der Rekonstruktion und dem Nachvollziehen bereits erfolgter Rezeptionen, in denen sich sein Bedeutungspotential auf vielfältige Weise und unter unterschiedlichen Bedingungen aktualisiert hat.

Im altsprachlichen Unterricht hat der rezeptionsgeschichtliche Ansatz darüber hinaus eine *integrierende* Funktion, indem er z. B. sprachlich-formale und inhaltsbezogene Verstehensakte miteinander verknüpft, innersprachliche und außersprachliche Phänomene (Realien) in Relation zueinander bringt, die Bedingungen der Textentstehung und Textrezeption oder Wirkung aufeinander bezieht, literarische und nichtliterarische Werke in einen gemeinsamen Rahmen stellt, die Beziehungen zwischen verschiedenen Autoren und Texten (Intertextualität) erschließt, die geschichtlichen und materiellen Bedingungen in die Auseinandersetzung mit den Texten einbezieht und nicht zuletzt auch die historische Dimension der Gegenwart bewußt macht.

Wenn es der Didaktik gelingt, diese integrierende Funktion des rezeptionsgeschichtlichen Ansatzes zur Geltung zu bringen, dann leistet sie mit Sicherheit einen Beitrag nicht nur zur besseren Nutzung der fachspezifischen Möglichkeiten des altsprachlichen Unterrichts, sondern auch zur Steigerung seiner Attraktivität. Die Verstärkung der Bezüge zur modernen Literaturwissenschaft führt schließlich auch zu fruchtbaren Kontakten mit den Nachbardisziplinen, ohne daß die Gefahr einer für das fachspezifische Profil des altsprachlichen Unterrichts schädlichen Anpassung bestände.

Die „Erprobung" der Texte durch den rezipierenden Schüler beschränkt sich im altsprachlichen Unterricht nicht auf den im engeren Sinne des Wortes literaturgeschichtlichen Rahmen. Der rezeptionsästhetische Ansatz erfordert ja geradezu die Abkehr von einer isolierenden werkbezogenen Betrachtung der Texte. Diese werden vielmehr aus dem Gesamtgefüge ihrer Entstehungssituation und ihrer unterschiedlichen Rezeptionsbedingungen heraus interpretiert. Rezeptionsgeschichte ist immer auch Kulturgeschichte. Wenn man also die antiken Texte in der Dimension ihrer Rezeptions-

und Wirkungsgeschichte auf die Probe stellt, dann gewinnt man tiefe Einblicke in die Geschichte unserer Kultur, die sich nicht nur als ein Prozeß sachgerechter Rezeption, sondern auch – zugespitzt formuliert – als eine „Kette von ‚kreativen Mißverständnissen' der klassischen Antike zum Zweck der Selbsterneuerung" [202] beschreiben läßt. Das jeweils letzte Glied in dieser Kette kann immer auch im altsprachlichen Unterricht geschmiedet werden. Die Reflexion auf die rezeptionelle Vermitteltheit unseres eigenen Zugangs zur Antike dient – als ein Verfahren des rezeptionsästhetischen Ansatzes – auch im Unterricht zur Bewußtmachung dieser Möglichkeit. Die motivierende Wirkung, die von der Einsicht in die Tatsache ausgeht, daß der Schüler stets der vorläufig jüngste, aber gleichwohl ganz ernstgenommene Rezipient in einer langen Kette früherer und späterer Rezipienten ist, kann kaum überschätzt werden (→ 4.2.1.).

2.1.1.3. Altertumswissenschaft

Die Erforschung der Antike beschränkt sich nicht auf Wort- oder Textphilologie. Sie berücksichtigt auch die nichtliterarischen Zeugnisse vom Leben in der Antike.

Die antiken Texte sind zentrale Phänomene der antiken Kultur. Darüber hinaus sind sie Quellen für Erscheinungen dieser Kultur, die sie nennen, besprechen oder voraussetzen. Insofern vermitteln sie einerseits Kenntnisse über die Kultur der Antike, andererseits erfordern sie solche Kenntnisse, um adäquat verstanden zu werden. Zielt philologische Betrachtungsweise auf das Verstehen der Texte, so zielt altertumswissenschaftliche Betrachtungsweise auf Kenntnis und Verständnis der kulturellen Phänomene des Altertums sowie ihrer Funktion in dessen kulturellem und gesellschaftlichem System.[203]

Die Idee einer umfassenden Altertumswissenschaft ist bereits in der Zeit der Renaissance verfochten worden,

insofern man sich nicht nur um den Wortsinn der antiken Texte, sondern auch um die in ihnen genannten oder vorausgesetzten Sachen und Gegenstände kümmerte, so wie ganz allgemein um historische Voraussetzungen und Bedingungen, Funktionen und Wirkungen antiker Texte. (Jäger, S. 149)

Die Wurzeln der modernen Altertumswissenschaft reichen in das 18. Jahrhundert zurück. So hat bereits Christian Gottlob Heyne das Arbeitsfeld der Philologie auf eine umfassende Altertumswissenschaft hin

---

[202] Bardt (Nr. 5) S. 789.
[203] Jäger (Nr. 94) S. 148; Wülfing (Nr. 230); Hentschke-Muhlack (Nr. 77).

ausgeweitet, um das Verständnis der Texte zu vertiefen und ihr Bildungspotential besser ausschöpfen zu können. Heyne war davon überzeugt, daß für das Gelingen einer Textinterpretation Kenntnisse auf den Gebieten der altertumswissenschaftlichen Teildisziplinen unerläßlich sind und nicht etwa nur gelehrtes Beiwerk liefern. Damit ist zugleich deutlich, daß schon bei Heyne die Altertumswissenschaft kein bloßes Konglomerat einzelner Disziplinen ohne Systematik war, sondern einen klaren Bezugspunkt hatte. Durch Friedrich August Wolfs Definition der Altertumswissenschaft bzw. Altertumskunde [204] wird dieser denkbare Vorwurf endgültig gegenstandslos: Altertumskunde – wie Wolf sie nennt – ist „der Inbegriff historischer und philosophischer Kenntnisse, durch welche wir die Nationen der alten Welt oder des Alterthums in allen möglichen Absichten durch die uns von ihnen übrig gebliebenen Werke kennen lernen könnten" [205]. Die Einheit der Altertumskunde beruht nach Wolf auf der Einheit ihres Gegenstandes, der griechisch-römischen Antike.

Wolf kann seinen Begriff von einer einheitlichen und wohlgeordneten Altertumskunde mit Wilhelm von Humboldts These von der Vorbildlichkeit vor allem der griechischen Antike legitimieren: „Die Griechen sind uns nicht bloß ein nützlich historisch zu kennendes Volk, sondern ein Ideal." [206] Denn „es zeigt sich ... in dem griechischen Charakter meistenteils der ursprüngliche Charakter der Menschheit überhaupt" in einer Höchstform, so daß „das Studium eines solchen Charakters ... in jeder Lage und jedem Zeitalter allgemein heilsam auf die menschliche Bildung wirken" muß. [207]

Axel Horstmann [208] hat darauf hingewiesen, daß die Art, in der Wolf die Argumente Humboldts aufgreife, das noch immer offene Grundproblem der Klassischen Philologie, die Frage nach dem Verhältnis von Humanismus und Historismus, sichtbar mache. Wolf selbst stehe im Spannungsfeld des Konflikts zwischen der als „klassisch" anerkannten Tradition und dem Prinzip vorurteilsfreier Forschung. [209] Er scheint diesen Konflikt jedoch dadurch gelöst zu haben, daß er die altertumswissenschaftliche Forschung bei aller historischen Treue letztlich als einen Weg zur Aufklärung über den Menschen und seine Idee begreift und die Tätigkeit des Forschenden als ei-

[204] Zur Begriffsunterscheidung: Wülfing (Nr. 230).
[205] Wolf (Nr. 226); Wolf (Nr. 227) S. 894f.
[206] Humboldt (Nr. 91) S. 65.
[207] Humboldt (Nr. 90) S. 19.
[208] Horstmann (Nr. 88).
[209] Vgl. M. Fuhrmann: Friedrich August Wolf, in: Deutsche Vierteljahresschrift für Literaturwissenschaft und Geistesgeschichte 33, 1959, 187–236.

nen Vorgang versteht, der zur „harmonischen Bildung unserer edelsten Kräfte"[210] führt. Damit ist für Wolf die Forschung hinreichend legitimiert.

Eine umfassende methodische Grundlegung der modernen Altertumswissenschaft ist August Boeckh zu verdanken. In seiner ›Encyklopädie und Methodologie der philologischen Wissenschaften‹ hat er es unternommen, „die Altertumswissenschaft aus dem Begriff der Philologie zu deduzieren und so ein geschlossenes System zu errichten"[211]. Die Erkenntnis des Altertums in seinem ganzen Umfang ist für Boeckh der Zweck der philologischen Wissenschaften. Dieser altertumswissenschaftliche Ansatz ergibt sich aus Boeckhs hermeneutischer Theorie (→ 2.1.3.), mit der er die Grundsätze des Verstehens von Texten systematisiert. So ist für ihn ein umfassendes Verstehen nicht nur „aus dem Wortsinn an sich" (grammatische Interpretation), sondern auch „aus dem Wortsinn in Beziehung auf reale Verhältnisse" (historische Interpretation), ferner im Hinblick auf die Individualität des Autors (individuelle Interpretation) und auf die literarische Gattung (generische Interpretation) methodisch zu steuern. Das Verstehen unter diesen vier Aspekten läuft nach Boeckh in einem „hermeneutischen Zirkel" ab. Das einzelne sei nicht verstehbar ohne das bereits verstandene Ganze, und das Ganze könne nur verstanden werden, wenn die Einzelheiten begriffen seien. So erfordere die grammatische Auslegung Kenntnis der Grammatik in ihrer geschichtlichen Entwicklung; die historische sei unmöglich ohne spezielle Kenntnis der Geschichte; zur individuellen gehöre die Kenntnis der Individuen, und die generische beruhe auf der geschichtlichen Kenntnis der Stilgattungen, also auf der Literaturgeschichte. „So setzten die verschiedenen Arten der Auslegung reale Kenntnisse voraus, und doch können diese erst durch die Auslegung des gesamten Quellenmaterials gewonnen werden."[212] Der hermeneutische Zirkel des Verstehens erfordert also eine möglichst umfassende Berücksichtigung auch der außersprachlichen Zusammenhänge, die den jeweiligen Text bedingen. Für die Forschung ergibt sich daraus, daß sich alle – im weitesten Sinne des Wortes „philologischen Disziplinen „zu einem Kreise" zusammenschließen müssen, und „in der That muß die Forschung beständig diesen ganzen Kreis durchlaufen, um irgendeine Seite des antiken Lebens begreifen zu können".[213]

---

[210] Wolf (Nr. 227) S. 882 u. 886.
[211] Wülfing (Nr. 230) S. 305.
[212] Boeckh (Nr. 19) zit. nach dem Nachdruck der 2. von R. Klussmann besorgten Aufl., Darmstadt 1966, 84.
[213] Boeckh (Nr. 19) S. 258.

Indem Ulrich von Wilamowitz-Moellendorff[214] die umfassende Aufgabe der Altertumswissenschaft als die Vergegenwärtigung und Verlebendigung des *gesamten* Altertums mit Hilfe einer systematischen Erschließung aller nur zugänglichen Quellen versteht, greift er Boeckhs Ansatz auf.

Die Philologie, die immer noch den Zusatz klassisch erhält, obwohl sie den Vorrang, der in dieser Bezeichnung liegt, nicht mehr beansprucht, wird durch ihr Objekt bestimmt, die griechisch-römische Kultur in ihrem Wesen und allen Äußerungen ihres Lebens. Diese Kultur ist eine Einheit, mag sie sich auch an ihrem Anfang und ihrem Ende nicht scharf abgrenzen lassen. Die Aufgabe der Philologie ist, jenes vergangene Leben durch die Kraft der Wissenschaft wieder lebendig zu machen, das Lied des Dichters, den Gedanken des Philosophen und Gesetzgebers, die Heiligkeit des Gotteshauses und die Gefühle der Gläubigen und Ungläubigen, das bunte Getriebe auf dem Markte und im Hafen, Land und Meer und die Menschen in ihrer Arbeit und in ihrem Spiele. (S. 1)

Wilamowitz stellt ebensowenig wie Boeckh die Altertumswissenschaft in den Dienst einer humanistisch-enzyklopädischen Bildung. Damit distanziert er sich deutlich von dem Glauben an die Vorbildlichkeit der klassischen Antike, den Friedrich August Wolf offensichtlich auf das ganze Leben der Griechen ausgedehnt hatte. Wilamowitz setzt an die Stelle einer „klassischen" die historische Altertumswissenschaft, der alle Äußerungen des antiken Lebens gleich wichtig, wenn auch nicht gleich „attraktiv" sind.[215]

Der Verzicht auf den humanistischen Bildungsanspruch hatte bei Wilamowitz ja auch schon die Verdrängung der klassischen durch die historische Philologie zur Folge (→ 2.1.1.1.). Das entscheidende Motiv der historischen Altertumswissenschaft ist also nicht mehr ihre Überzeugung, eine Bildungsmacht zu sein, sondern die Verpflichtung zu einem methodisch konsequenten und möglichst weitgreifenden historischen Quellenstudium mit dem Ziel der wissenschaftlichen Erkenntnis des Altertums in seinen Einzelheiten und seiner Gesamtheit. An die Stelle einer humanistisch-idealisierenden tritt die realistische Darstellung des Altertums in seiner konkreten Lebenswirklichkeit.

Als reine Wissenschaft verfolgt sie [sc. die Altertumswissenschaft, Verf.] ohne jeden Nebenzweck die große Aufgabe aller historischen Wissenschaft überhaupt: sie will, auf dem Gebiet des griechisch-römischen Altertums, zeigen (mit Ranke zu sprechen), „wie es eigentlich gewesen ist".[216]

[214] Wilamowitz (Nr. 220).
[215] Zu Wilamowitz' antiklassizistischer Position vgl. Horstmann (Nr. 88) bes. S. 52–57.
[216] O. Immisch: Wie studiert man klassische Philologie, o. O. 1909, 18.

Diese knappen Hinweise müssen genügen, um zwei für den altsprachlichen Unterricht besonders wichtige Tendenzen der Altertumswissenschaft in grober Vereinfachung wenigstens anzudeuten: die idealistisch-humanistische und die historische Tendenz.[217] Im Blick auf die didaktischen Konsequenzen sollte man jedoch auch die Differenzen zwischen den Verfechtern einer umfassenden Altertumswissenschaft, sei sie nun „klassisch" oder „historisch" orientiert, und den Befürwortern einer speziellen Wort- und Textphilologie, sei sie nun „klassisch", „historisch" oder „literaturwissenschaftlich" orientiert, im Auge behalten. Man ist im allgemeinen der Auffassung, daß vor allem die Philologie des 19. Jahrhunderts, anknüpfend an den Methodenstreit zwischen August Boeckh und Gottfried Hermann, in zwei rivalisierende Richtungen zerfallen sei.[218] Neuerdings[219] wird diese weit verbreitete Ansicht – was das 19. Jahrhundert betrifft – zwar für nicht zutreffend erklärt. Dennoch scheint der Gegensatz zwischen einer „Wortphilologie", die ihre Aufgabe auf die Herstellung zuverlässiger Texte und ihre Auslegung beschränkt und sich auf Gottfried Hermann beruft, und einer umfassenden, enzyklopädischen Altertumswissenschaft, die in August Boeckh ihren Archegeten sieht, die philologische Forschung bis heute zu bestimmen und vor allem auch die Philologen der Schule zu bewegen. So pflegen viele Lehrer unbedenklich ein schlichtes, aber gewichtiges Argument Gottfried Hermanns[220] zu gebrauchen, wenn es darum geht, auch „Realien" in den Unterricht einzubringen: die Arbeit an der Sprache und an den Texten leide unter dem altertumswissenschaftlichen Gesamtanspruch und der damit verbundenen Konzentration auf die „Sachen". Auf der anderen Seite gibt es jedoch auch Verfechter einer Gesamtschau der Antike: im altsprachlichen Unterricht müßten die Inhalte, die historisch-kulturelle Situation, ebenso berücksichtigt werden wie die Sprache. In der Praxis der Forschung dürfte die Gegenüberstellung von Wortphilologie und enzyklopädischer Altertumswissenschaft aufgrund der hohen Spezialisierung und Arbeitsteilung auf beiden Fronten zwar faktisch irrelevant geworden sein. Dennoch sind beide Richtungen weiterhin als methodologische Konzeptionen anzuerkennen, an denen sich auch eine noch so hoch spezialisierte Einzelforschung orientieren kann.

---

[217] Vgl. Hentschke-Muhlack (Nr. 77) bes. S. 80–106.
[218] So z. B. W. Kroll: Geschichte der klassischen Philologie, Leipzig 1908, 121 ff.
[219] So z. B. E. Vogt: Der Methodenstreit zwischen Hermann und Böckh und seine Bedeutung für die Geschichte der Philologie, in: Flashar-Gründer-Horstmann (Nr. 38) S. 103–121.
[220] Paulsen (Nr. 156) S. 406–411.

Die Einbettung der Texterschließung in den größeren Zusammenhang altertumswissenschaftlicher Fragestellungen entspricht in ihren Grundzügen einem didaktischen Ansatz, der neuerdings mit dem Begriff der „Gesamtinterpretation"[221] erfaßt wird. Die Konzeption dieser Gesamtinterpretation beruht auf einem „Zusammenspiel von Text- und Kulturwissenschaften". Durch dieses Zusammenspiel wird es möglich, Texte aus ihrem kulturellen Kontext heraus zu erarbeiten und ihre Funktion in Gesellschaft und Kultur zu erfassen:

Die Sachen, Vorstellungen, Erfahrungen, Gefühle, deren Kenntnis die Texte vermitteln bzw. voraussetzen, müssen, soweit möglich, auch aus nicht speziell philologischen Bereichen und durch nichtphilologische Methoden erschlossen und analysiert werden ... Kulturelle Sachverhalte sind nur mit einem bewußten Methodenpluralismus, unter bewußter Durchbrechung angeblich naturnotwendiger Fachgrenzen wissenschaftlich faßbar.[222]

Die Brauchbarkeit und Funktionsfähigkeit dieses Modells einer Gesamtinterpretation als wissenschaftliches Forschungsprogramm soll hier nicht erörtert werden. Seine Praktikabilität kann in der Tat mit gewichtigen Argumenten in Frage gestellt werden.[223] Aber auch im altsprachlichen Unterricht ist das Modell der Gesamtinterpretation wohl nur in dem Sinne realisierbar, daß der Text stets Ausgangs- und Endpunkt der Auseinandersetzung mit den „Sachen" bleibt. Der geschichtliche Ort, der kulturelle Zusammenhang des Textes, die „Realien" und „Altertümer" werden nur so weit thematisiert, wie es für die Erreichung der Unterrichtsziele, die mit der *Textarbeit* angestrebt werden, erforderlich erscheint. Denn – und das sei bei aller Bedeutung der altertumswissenschaftlichen Orientierung des altsprachlichen Unterrichts ausdrücklich hervorgehoben – die Gegenstände der Altertumswissenschaft spielen im Unterricht keine gleichsam autonome, textunabhängige Rolle; ihre Kenntnis steht immer im Dienst der Textinterpretation. Hinsichtlich der allgemeinen Zielvorstellung „Einblick in die antike Kultur..." heißt dies: Dieses Ziel ist im altsprachlichen Unterricht nur über die Auseinandersetzung mit Texten unter Berücksichtigung altertumskundlicher Bezüge zu erreichen.

Neuerdings plädiert auch Peter Wülfing[224] mit guten Argumenten für eine altertumswissenschaftliche Orientierung des altsprachlichen Unterrichts. Die Altertumswissenschaft soll die Grundlagen für eine Altertumskunde legen, „welche in den Unterrichtsfächern Latein und Griechisch an

---

[221] Cancik (Nr. 25); Nickel (Nr. 149) S. 245–249.
[222] Cancik (Nr. 25) S. 70.
[223] Vgl. Kannicht (Nr. 100) bes. S. 375–379.
[224] Wülfing (Nr. 230).

den Gymnasien den Sachhorizont zur Geltung bringt" (S. 312). Die Altertumskunde verstehe sich als Teil einer Kulturkunde, die im Zusammenwirken mit anderen Fächern entstehe, wenn auch dort gleichgerichtete Bemühungen Platz griffen.

Wülfing begründet die Einbeziehung der Altertumskunde mit einleuchtenden didaktischen Überlegungen: Die „Sachen" müssen bereits in den einführenden Sprachunterricht einbezogen werden, damit es beim Schüler nicht zu einem Realitätsverlust und einer inneren Abkehr vom Lerngegenstand komme. Die Vergegenwärtigung der „Sachen" geschehe durch „Diskussion der Gedanken, Beschreibung der Vorstellungen und schließlich Abstützung der Vorstellungen durch außersprachlich überlieferte Zeugnisse" (Wülfing, S. 313). Auf diese Weise werde es möglich, die aus dem Text erschlossene Welt „als Realität zu begreifen".

Dieser Ansatz wird im übrigen auch durch die Einbeziehung der Textpragmatik in die unterrichtliche Textarbeit gestützt. Denn unter dem Aspekt der Textpragmatik wird nicht nur gefragt, welche Absicht ein Autor mit seinem Text ursprünglich verfolgt hat und unter welchen Umständen er seine Absicht realisieren konnte. Die Textpragmatik richtet den Blick des Lesers auch auf den sachlichen Gehalt des Textes, auf seine außersprachlichen Bezüge und Voraussetzungen, kurz: auf die „Realien", die die Umwelt des Textes ausmachen. Sie schafft einen Einblick in die in mancher Hinsicht so grundsätzlich andersartige Situation des antiken Autors, die man sich immer wieder bewußt machen muß, wenn man den Text möglichst umfassend verstehen will. Die textpragmatisch-altertumskundliche Sichtweise[225] verknüpft die isolierende, einseitig textorientierte, textimmanente Interpretation mit einer möglichst umfassenden Vergegenwärtigung der außersprachlichen Bedingungen und fördert damit die für das Textverständnis unerläßliche Einsicht in die Unterschiede zwischen der Welt des Autors und der Gegenwart.

Die Didaktik kann sich bei ihrem Bemühen um eine Rekonstruktion der ursprünglichen Situation, in der ein antiker Text verfaßt und auch gelesen oder gehört wurde, auf eine Fülle von Hilfsmitteln und Materialien stützen,[226] die jederzeit und ohne großen Aufwand im Unterricht eingesetzt werden können.

---

[225] Vgl. u. a. W. Heilmann: Sprachreflexion im Lateinunterricht, in: W. Höhn – N. Zink (Hrsg.): Handbuch für den Lateinunterricht, Sekundarstufe II, Frankfurt 1979, 108–132; Glücklich – Nickel – Petersen (Nr. 57).
[226] U. a. F. Knoke: Römische Kunst im Lateinunterricht, in: E. Ahrens (Hrsg.): Lateinausbildung im Studienseminar, Frankfurt 1966, 236–290; AU 4, 4, 1961; 8, 4, 1965; 12, 1, 1969; 20, 3, 1977; 22, 4, 1979; Steinhilber, s. Anm. 4.

2.1.2. Die Didaktik in ihrem Verhältnis zu den fachwissenschaftlichen Bezugsdisziplinen

Es steht außer Frage, daß die von den skizzierten fachwissenschaftlichen Bezugsdisziplinen erschlossenen Inhalte die wichtigste Quelle für die von der Didaktik zu leistende und zu verantwortende Ermittlung und Auswahl von Unterrichtsinhalten und -zielen darstellen. Die didaktische Erfassung von Qualifikationen, die das Unterrichtsfach vermitteln soll, ist ohne die fachwissenschaftlichen Bezugsdisziplinen nicht zu leisten.[227] Das ergibt sich schon aus der Tatsache, daß man Unterrichtsziele nicht „mit nichts" verfolgen kann, sondern auf Inhalte angewiesen ist, die als kommunikative Brücke zum Lernenden dienen und diesem einen geeigneten „Stoff" bieten. Dieser wird von der Fachwissenschaft geliefert,[228] und die Didaktik entwickelt aus seiner Analyse Lernziele; sie ist dann selbstverständlich dafür verantwortlich, daß der „Stoff" im Unterricht seiner sachlichen Struktur entsprechend dargeboten wird, damit der Unterricht nicht sachfremd oder gar unsachlich genannt werden muß.[229]

In dem mittlerweile historischen „Strukturplan für das Bildungswesen"[230] war die Aufgabe einer Fachdidaktik im Verhältnis zu den Fachwissenschaften gleichsam offiziell bestimmt worden:

Es ist Aufgabe der Fachdidaktik, neueste wissenschaftliche Forschungsergebnisse auf ihre Umsetzungsmöglichkeit für die Schule beziehungsweise für einzelne Schulstufen zu sichten, in Kooperation mit den Erziehungswissenschaften Lernziele für das betreffende Fach zu erarbeiten und sie an Modellen, Lehrstrategien und Organisation des jeweiligen Unterrichtsfaches zu entwickeln und stetig zu überprüfen. Das ist nur zu leisten, wenn die wesentlichen Gehalte und Strukturen des Faches daraufhin befragt werden, in welcher Weise sie in den Prozeß des späteren, weiteren Lernens einzuordnen sind.

An einer anderen Stelle des Strukturplanes (S. 225 f.) heißt es über das Verhältnis zwischen Fachdidaktik und Fachwissenschaft: Die Fachdidaktik habe festzustellen, welche Erkenntnisse, Denkweisen und Methoden der Fachwissenschaft Lernziele des Unterrichts werden sollen und den Inhalt der Lehrpläne immer wieder daraufhin kritisch zu überprüfen, ob er den neuesten Erkenntnissen fachwissenschaftlicher Forschung entspricht,

---

[227] Vgl. K. Frey (Hrsg.): Curriculum-Handbuch, Bd. 2, München/Zürich 1975, 238–271: Qualifikationsermittlung über die jeweilige Fachwissenschaft.
[228] Daniels (Nr. 29).
[229] Heimann – Otto – Schulz (Nr. 74), bes. S. 28 f.
[230] Strukturplan (Nr. 30) S. 229.

und gegebenenfalls Inhalte, Methoden und Techniken des Unterrichts zu eliminieren und durch neue zu ersetzen.[231] In der didaktischen Literatur wird seit einiger Zeit zwischen Fachleistungen und Lernzielen unterschieden.[232] Unter *Fachleistungen* sind „die besonderen Möglichkeiten, die ein Fach von innen her entwickelt"[233], zu verstehen. Sie bilden die Voraussetzungen für eine unterrichtliche Arbeit, die bestimmte Lernziele erreichen helfen bzw. bestimmte Qualifikationen vermitteln soll. Selbstverständlich können im Unterricht nur solche Lernziele erreicht werden, die den spezifischen Fachleistungen des Unterrichtsfaches entsprechen. Demnach haben diese eine lernzieldeterminierende Funktion.

Wenn aber nun die fachwissenschaftlichen Bezugsdisziplinen Fachinhalte bereitstellen, aus denen die Didaktik Fachleistungen ableitet, um auf dieser Grundlage Unterrichtsinhalte und -ziele zu formulieren, dann bedeutet dies zugleich, daß die Didaktik eben diese fachwissenschaftlichen Inhalte *verwendet*, indem sie sie zu Gegenständen eines Lernprozesses erhebt. Mit dieser Verwendung wird der Forschungsinhalt aus der Esoterik der Wissenschaft herausgelöst und an einen Rezipienten vermittelt (→ 4.2.1.). Die Didaktik verwandelt die „Theorie" der wissenschaftlichen Forschung in unterrichtliche „Praxis", und zwar in dem Sinne, daß sie das von der Forschung eingebrachte Wissen nicht nur einfach an den Schüler weitergibt. Die Didaktik schafft die Voraussetzungen dafür, daß nun auch der Schüler wieder dieses Wissen für sich gebraucht und nutzt. Sie praktiziert und ermöglicht also die ὀρθὴ χρῆσις fachwissenschaftlicher Erkenntnisse.[234]

Dabei ist freilich zu berücksichtigen, daß diese Verwendung fachwissenschaftlicher Erkenntnisse im Unterricht nur unter Verzicht auf mitunter zentrale fachwissenschaftliche Fragestellungen erfolgt. Es wird also nie ein Forschungsgegenstand in seiner Totalität, sondern nur in einer oft extrem eingeschränkten oder ganz anderen Sicht im Unterricht behandelt.[235] So können z. B. die literaturgeschichtlichen Bezüge der ›Aeneis‹ kaum Gegenstand des heutigen Lateinunterrichts sein – schon aufgrund der Tatsache, daß die Schüler über die erforderliche Kenntnis der griechischen Literatur nicht verfügen. Auch die Beschäftigung mit Vergils teleologischer Geschichtsdeutung dürfte im Unterricht wenig ergiebig sein, da sie kaum mit

---

[231] Vgl. Happ u. a. (Nr. 68).
[232] Westphalen (Nr. 214); Bayer (Nr. 13); Nickel (Nr. 146).
[233] Westphalen (Nr. 214) S. 38.
[234] R. Nickel: Die Interpretation im altsprachlichen Unterricht, in: J. Gruber – F. Maier (Hrsg.): Alte Sprachen 2, München 1982.
[235] Suerbaum (Nr. 202).

Die fachwissenschaftlichen Bezugsdisziplinen 111

dem primären Interesse des heutigen Schülers rechnen kann. Laut W. Suerbaum hat die Fachdidaktik von der deutschen Vergil-Philologie aufgrund ihrer werk- und autorimmanenten Ausrichtung sogar nur wenig unmittelbare Unterstützung zu erwarten. Zumindest ist die Philologie nicht in der Lage, eine Antwort auf die Frage zu geben, was es an einer allgemeinbildenden Schule für einen Sinn habe, die historischen, in der Sache überlebten Vorstellungen und Intentionen eines antiken Autors wie Vergil zur Kenntnis zu nehmen.

Mit dieser Frage, so scheint es, ist die Vergil-Philologie auch völlig überfordert. Die Antwort ist nur von einer Fachdidaktik zu geben, die aufgrund ihrer Kompetenz in der Lage ist, die Brauchbarkeit eines Forschungsgegenstandes für die jeweils aktuelle Unterrichtssituation zu erschließen.

Die Antwort, die Suerbaum auf die von ihm selbst aufgeworfene Frage gibt, ist dann auch eine spezifisch didaktische Antwort: Es gelte „das Humane an der Klassik" [236] deutlich zu machen. Er verstehe „das Humane" als synonym mit dem Exemplarischen, Allgemein-Menschlichen, Universalen. Dies sei das Element, das über die Grenzen jenes abgeschlossenen Systems hinausweise, das durch die Gedankenwelt eines literarischen Werkes gebildet werde. Das Humane sei nicht nur das Positive, sondern die ganze Skala menschlichen Verhaltens und Erlebens. Denn es gehe nicht darum, aus der Antike etwa Leitbilder des Vorbildlich-Menschlichen zu gewinnen. Es interessiere aber der „kaum ausschöpfbare Schatz menschlicher Erfahrungen" (S. 121). Worin dieser Schatz im einzelnen besteht, legt Suerbaum in seinen weiteren Ausführungen dar. Er gibt damit eine didaktische Sachanalyse (→ 1.3.3.), die er selbst als „humane Interpretation" bezeichnet.

Offensichtlich möchte Suerbaum diesen „humanen" Interpretationsansatz (→ 2.1.3.) auch für die Philologie in Anspruch nehmen; denn er beruft sich ausdrücklich auf einen Vortrag von Georg Pfligersdorffer,[237] in welchem dieser „in einem tieferen Sinn die Humanisierung der humanistischen Wissenschaft" gefordert und dargelegt hatte, daß hierin eine Aufgabe auch der Philologie als Wissenschaft beschlossen liege, nämlich sich selbst wieder aus einer „Papierwissenschaft" zu einer Humanwissenschaft im echten Sinn des Wortes, zu einer auf den Menschen gerichteten und auf diesen zielenden Wissenschaft zu machen, zu einer Wissenschaft, die den Belangen des Menschen und des Menschlichen diene, aus der Unverbindlichkeit sich löse und den Menschen in den Mittelpunkt ihres Bemühens rücke (Pfligersdorffer, S. 190).

Indem die Didaktik eine Vermittlung und Verwendung fachwissen-

[236] Anspielung auf Schmalzriedt (Nr. 181).
[237] Pfligersdorffer (Nr. 160).

schaftlicher Erkenntnisse im Rahmen des schulischen Unterrichts ermöglicht, hilft sie der Fachwissenschaft in ihrem Bemühen um „Humanisierung", d. h. bei der Erfüllung ihrer sozialen Verantwortung, und leistet damit einen Beitrag zur Legitimation der Forschung.

Das bedeutet selbstverständlich nicht, daß die Didaktik ihre fachwissenschaftlichen Bezugsdisziplinen von der ihr zukommenden Pflicht befreite, jedermann ihre Erkenntnisse auch unmittelbar mitzuteilen und verständlich zu machen. Die Didaktik ist nicht etwa die Instanz, die ausschließlich für die Öffentlichkeitsarbeit ihrer Bezugsdisziplinen zuständig wäre. Diese bleiben dazu verpflichtet, auch selbst in die Öffentlichkeit hineinzuwirken:

Die Beschäftigung mit dem Totenreich ist sinnlos, wenn sie nicht der Sinngebung der lebendigen Gegenwart dient; alle philologisch-historische Tätigkeit ist rationale, methodisch kontrollierte Selbstdefinition des Menschen, und sie muß sich Zielvorstellungen unterwerfen und muß über diese Zielvorstellungen nachdenken – Humanität, Toleranz, Demokratie, Frieden, um nur einige mögliche Zielvorstellungen zu nennen. Es geht auch nicht an, daß sich der Philologe mit der Rolle eines kontemplativen Lesers oder eines Konservators vergangener Literatur begnügt; er soll wirken und die Wirkungen kontrollieren, die von den seiner Kompetenz unterstehenden Literaturwerken ausgehen.[238]

Auch die Universitätsphilologie hat als Humanwissenschaft „ihren Beitrag zur Entfaltung und Wahrung des humanum selbst zu leisten"[239]. Auch von ihr wird „die Vermittlung von Lebenshilfen" und der „Dienst am Menschen in der Bewältigung seines Lebens" (Pfligersdorffer, S. 190) erwartet. Die Klassische Philologie benötigt daher ebenso wie der altsprachliche Unterricht „die Grundausrichtung und das Abzielen auf das für den Menschen Relevante".

Unter den bisher erwähnten Gesichtspunkten kann man die Beziehung zwischen Didaktik und fachwissenschaftlichen Bezugsdisziplinen als ein Verhältnis gegenseitiger Abhängigkeit und Unterstützung charakterisieren.[240] Denn eine gelungene Kooperation von Didaktik und Fachwissenschaft könnte u. a. dazu führen, daß

– Lehrer und Fachwissenschaftler bei der Entwicklung von Lehrplänen und Curricula zusammenarbeiten und auf diesem Wege nicht nur die unterrichtspraktische Realisierbarkeit, sondern auch die wissenschaftliche Qualität und Aktualität der jeweiligen Arbeitsergebnisse garantieren,[241]

[238] Fuhrmann-Tränkle (Nr. 45) S. 51.
[239] Pfligersdorffer (Nr. 160) S. 180.
[240] Vgl. die Beschreibung des Verhältnisses zwischen der Anglistik und der englischen Fachdidaktik in: K. Schröder – Th. Finkenstaedt: Reallexikon der englischen Fachdidaktik, Darmstadt 1977, s. v. Didaktik.
[241] Kannicht (Nr. 101) bes. S. 262.

- der Lehrer wissenschaftliche Erkenntnisse, Fragestellungen und Methoden in den Unterricht einbringt, zum Nutzen der Schüler anwendet und damit öffentlich wirksam werden läßt,
- der Lehrer über wissenschaftlich erschlossene Fachinhalte verfügt, deren spezifische Fachleistungen einen zielorientierten Lernprozeß ermöglichen,
- weder die Universitäts- noch die Schulfächer in der Öffentlichkeit als quantité negligeable betrachtet werden, weil sie die Verantwortung für die Zukunft der Bildung gemeinsam tragen [242] und sich gegenseitig fördern und unterstützen.

Trotz unterschiedlicher Aufgabenstellung und Arbeitsweise ist also die prinzipielle *Einheit* von Fachdidaktik und Fachwissenschaft nicht in Frage zu stellen.[243] Möglicherweise ist das Gelingen der *Kooperation* sogar eine Existenzfrage für beide Institutionen. W. Marg[244] hat schon vor Jahren darauf hingewiesen, daß ohne Schulunterricht in den Alten Sprachen „leicht das Echo im geistigen Bereich und im Publikum, die breite Basis, auf der eine besondere Gruppe, die lebendig in der europäischen Tradition lebt, stehen kann", fehle.

Auch Helmut Flashar hat festgestellt,[245] daß die Situation der Klassischen Philologie an den deutschen Universitäten ganz entscheidend von der Lage der Alten Sprachen an der Schule abhängt. Das gilt nicht nur für die – auch durch die hohe Spezialisierung der Forschung bedingte – Desintegration zwischen den altertumswissenschaftlichen Disziplinen, die sich z. B. darin zeige, daß die Kenntnis des Griechischen in althistorischen Seminaren heute die Ausnahme sei, da sie das Nachlernen eines früher vom Gymnasium erbrachten Pensums voraussetze, oder daß die Klassische Philologie in die Disziplinen Gräzistik und Latinistik auseinanderzufallen drohe, da die Studenten im Blick auf ihre spätere Berufspraxis in der Schule die Fächerkombination Griechisch–Latein vermieden. Auch die Tatsache, daß es für die Klassische Philologie in weit geringerem Maße als für die meisten anderen geisteswissenschaftlichen Disziplinen Arbeitsmöglichkeiten außerhalb von Schule und Hochschule gebe, erkläre die beträchtlichen Auswirkungen von Veränderungen im Schulwesen auf das Universitätsfach.

Schul- und bildungspolitische Entwicklungen und Tendenzen hätten

---

[242] Es ist unter diesem Aspekt nicht vertretbar, daß die Verantwortung für den altsprachlichen Unterricht der Fachwissenschaft aufgebürdet wird: Maier (Nr. 129)
[243] Zu dieser Einheit: R. Schäfer (Hrsg.): Germanistik und Deutschunterricht. Zur Einheit von Fachwissenschaft und Fachdidaktik, München 1979.
[244] Marg (Nr. 135) S. 47.
[245] Flashar (Nr. 37).

zudem zu einem Zurückdrängen der stark differenzierenden Fächer Latein und Griechisch geführt, weil sie in mancherlei Hinsicht den neuen bildungspolitischen Zielsetzungen zuwiderzulaufen schienen.
Diese Entwicklung führte sofort zu spürbaren Konsequenzen im Bereiche der Klassischen Philologie an den Universitäten. Sie hat in einem insgesamt antizyklischen Verlauf in den 10 Jahren von 1964–1974 bei gleichzeitigem enormen Ansteigen der allgemeinen Studentenzahlen einen Rückgang der absoluten Zahlen der Studierenden der Klassischen Philologie um mindestens 60 % gebracht. (S. 120)

Die Verdrängung der Alten Sprachen aus dem Gymnasium führe aber noch zu weiteren Konsequenzen: Die meisten Universitäten und Kultusministerien – so Flashar – hielten in akademischen und staatlichen Prüfungsordnungen für eine Reihe von Fächern an der Forderung von Lateinkenntnissen (in einigen Fällen auch Griechischkenntnissen) fest. Würden diese Kenntnisse nicht durch das Reifezeugnis nachgewiesen, könnten sie in Universitätskursen nachträglich erworben werden (Latinum). Der nachträgliche Erwerb dieser Kenntnisse sei als Ausnahme gedacht gewesen, inzwischen aber zur Regel geworden. Diese Entwicklung habe an den meisten Universitäten zu einer unerträglichen Überfüllung der Kurse geführt, die das kurzfristige Erlernen einer Sprache fast unmöglich mache, abgesehen davon, daß die Verwendung der kostspieligen Universität als Stätte eines gymnasialen Repetitoriums unökonomisch sei. Wenn es – so Flashar – nicht gelinge, diese Aufgabe wenigstens teilweise wieder an das Gymnasium zurückzugeben, werde das gegenwärtig noch weitgehend praktizierte System auch angesichts der Studienzeitbegrenzung zusammenbrechen. Es müsse damit gerechnet werden, daß eine Reihe von geisteswissenschaftlichen Disziplinen sich in ihrem Charakter allein wegen des elementaren Fehlens der sprachlichen Grundlage ihrer historischen Stufen nachhaltig änderten.

Das Bewußtsein von der in dieser Analyse veranschaulichten *Wechselwirkung* zwischen Fachwissenschaft und Fachdidaktik, Universitäts- und Schulfach ist die Voraussetzung dafür, daß die unfruchtbare und für beide Seiten letztlich verhängnisvolle Konstruktion eines unvereinbaren Gegensatzes zwischen diesen Institutionen, zwischen „höherer" und „niederer" Philologie, Wissenschaft und Unterricht, Studenten für den wissenschaftlichen Nachwuchs und Lehrerstudenten aufgegeben wird.[246]

Gewiß ist das negative Bild, das Manfred Fuhrmann[247] von dem Verhältnis zwischen Universitäts- und Gymnasiallehrern zeichnet, in mancher Hinsicht übertrieben, in der Tendenz trifft es aber wohl zu. Um die ver-

---
[246] Marg (Nr. 135) bes. S. 45 f.
[247] Fuhrmann (Nr. 47) bes. S. 46–49.

hängnisvolle Trennung von Universität und Gymnasium, die mittlerweile zur Ideologie geworden sei, zu überwinden, müsse der Universitätslehrer sich darauf besinnen, daß er eben auch Lehrer sei, daß er nicht narzißhaft an sich selbst Genüge finde, sondern daß er lehre, bilde und wirke: Er dürfe nicht einem übel angebrachten Szientismus huldigen, dürfe nicht meinen, seine Wissenschaft sei Selbstzweck, während sie doch in Wahrheit nur das Instrument, die dienende Kontrollinstanz bei dem unaufhörlichen Bemühen sei, Wissen des Menschen von sich selbst neu zu durchdenken und weiterzugeben.

Vor diesem Hintergrund erweist sich die für die Einschätzung der Fachdidaktik durch viele Fachvertreter an der Universität nicht untypischen Aussage kaum als hilfreich, daß durch eine stärkere Orientierung der Universitätsfächer an den Bedürfnissen der Schule die Trennung von Lehre und Forschung drohe, wobei die Lehre auf die Ebene dessen sinke, was sich heute als Fachdidaktik artikuliere, und die Forschung der Befruchtung durch das Lehrgespräch entraten müßte.[248] Dieser kaum hinreichend begründeten Befürchtung ist entgegenzuhalten, daß die Didaktik keinesfalls eine Schwächung der fachwissenschaftlichen Komponente der Lehrerausbildung herbeiführen will. Sie trägt lediglich dazu bei, die Selbstreflexion ihrer Bezugsdisziplinen „auf ihren Begründungs- und Verwendungszusammenhang, auf ihr Erkenntnisinteresse, ihre Methodologie und ihre Gegenstandskonstitution"[249] anzuregen. In diesem Sinne ist Fachdidaktik auch Wissenschaftsdidaktik (H. von Hentig) und „als Kontroll-, Steuerungs- und Legitimationsprinzip von wissenschaftlichem Handeln allgemein integraler Bestandteil von Wissenschaftstheorie". Das hieße also, daß die Fachdidaktik das Selbstverständnis ihrer Bezugsdisziplinen maßgeblich mitbestimmte, indem sie die Bedingungen, Ziele und Inhalte wissenschaftlichen Handelns innerhalb eines Faches reflektiert. Diese Sätze dürfen nicht mißverstanden werden. Es kann überhaupt nicht darum gehen, für die Fachdidaktik eine Vorrangstellung gegenüber den Fachwissenschaften zu fordern. Solange diese aber für die *Lehrerausbildung* verantwortlich sind, müssen sie auch fachdidaktische Gesichtspunkte berücksichtigen. Das heißt lediglich, daß in die Reflexion der universitären Lehrerausbildung auch fachdidaktische Fragestellungen einbezogen werden sollten. Die Aussperrung der Fachdidaktik vertieft nicht nur den Graben zwischen ihr und den Bezugsdisziplinen. Sie führt auch zu einer auf die Dauer keineswegs wünschenswerten Emanzipation aus der Systematik der Fachwissenschaften zugunsten einer stärkeren Anlehnung an die Curriculumtheorie

[248] Scholz (Nr. 188) S. 55.
[249] Sitta (Nr. 193) S. 431.

(→ 2.3.2.).²⁵⁰ Die bedauerliche Folge dieser Entwicklung ist kaum mehr zu übersehen: Für den ausschließlich curriculumtheoretischen Ansatz sind die fachwissenschaftlichen Bezugsdisziplinen allenfalls noch Zulieferer von Inhalten, die geeignet erscheinen, bestimmte Lernziele verwirklichen zu helfen. Folglich müßte die Fachwissenschaft in dem Maße an Bedeutung für die Schule verlieren, wie die Schulfächer sich curriculumtheoretischen Fragestellungen und Forderungen unterwerfen. Im Extremfalle bliebe einer von der Curriculumtheorie dominierten Fachdidaktik der Zugang zur weiteren Entwicklung der fachwissenschaftlichen Forschung verschlossen. Die Fachdidaktik würde sich dann auf die konservierende Verwaltung traditioneller Fachinhalte beschränken und auf neue Anstöße aus ihren fachwissenschaftlichen Bezugsdisziplinen verzichten müssen.

Es entspräche dagegen bester humanistischer Tradition, Wissenschaft, Bildung und Erziehung als eine Einheit zu betrachten, mit der es möglich wird, Bildung und Erziehung durch Wissenschaft zu praktizieren und Wissenschaft durch Bildung und Erziehung zu legitimieren.²⁵¹

Es muß allerdings daran erinnert werden (→ 2.1.1.), daß diese humanistische Tradition im Bereich der fachwissenschaftlichen Bezugsdisziplinen keinesfalls einhellig und über alle Zeiten hinweg bejaht und gefördert worden ist. Der Bildungs- und Erziehungsanspruch, den einst die humanistische Philologie vertreten hatte, ist ebenso von vielen Vertretern der historischen Philologie und Altertumswissenschaft wie von den Verfechtern einer literaturwissenschaftlichen Gräzistik und Latinistik aufgegeben worden – von bemerkenswerten Ausnahmen abgesehen. Die Verdrängung des Wertbewußtseins durch das historische Methodenbewußtsein und die Ersetzung der klassischen Normgerechtigkeit durch die historische Realität haben die Einheit von Wissenschaft und Bildung grundsätzlich in Frage gestellt, wenn nicht aufgelöst. Unter diesen Voraussetzungen wurde es zwar leichter, eine scheinbar „zweckfreie" historisch-philologische Wissenschaft zu praktizieren, aber schwieriger, einen altsprachlichen Unterricht im Rahmen der heutigen Schule zu legitimieren. Die vielfach beklagte Distanz zwischen dem altsprachlichen Unterricht und seinen fachwissenschaftlichen Bezugsdisziplinen sollte jedoch nicht nur als Nachteil für die unterrichtliche Arbeit betrachtet werden. Denn auf diese Weise bleibt der altsprachliche Unterricht auch gegen den Vorwurf gefeit, Element einer „hochschulorientierten Wissenschaftsschule"²⁵² zu sein oder die „Eindi-

[250] Westphalen (Nr. 213).
[251] Hofmann (Nr. 85).
[252] R. Künzli – K. Frey: Fachdisziplinen in der Bildung – Disziplinierung oder Befreiung durch Wissenschaft?, in: Zeitschrift für Pädagogik, Beiheft 13, 1977, 273–280.

mensionalität eines wissenschaftsorientierten Schulsystems" zu verstärken. Die Distanz ist ein Schutz gegen die Disziplinierung des Unterrichts durch die Fachwissenschaften. Dadurch ist es möglich, daß die Didaktik pädagogisch unergiebige wissenschaftliche Probleme aus dem Unterricht heraushält und seine Inhalte nicht unter dem Druck der wissenschaftlichen Bezugsdisziplinen auswählt, sondern diese aus eigenem Ermessen als Ressourcen zur Bewältigung ihrer Bildungs- und Erziehungsaufgaben heranzieht. Die Didaktik kann ihre Verantwortung für Bildung und Erziehung (→ 4.2.4.) nicht erfüllen, wenn sie sich den fachwissenschaftlichen Bezugsdisziplinen dadurch ausliefert, daß sie sich auf die Organisation von „Wissenschaftspropädeutik"[253] beschränkt.

Eine neue Perspektive für eine wieder stärkere kooperative Verbindung von Fachwissenschaft und Fachdidaktik könnte dann sichtbar werden, wenn man sich der Tatsache bewußt wird, daß die Fachwissenschaft, mit welcher Schwerpunktbildung sie auch betrieben wird, *Literatur* zum Gegenstand hat und daß jeder Versuch, diese Literatur zu verstehen oder verständlich zu machen, ein *didaktisches Element* hat.[254] Die didaktische Zielsetzung, in der Fachwissenschaft und Fachdidaktik übereinstimmen, besteht – abstrakt formuliert – in einer Veränderung des Rezeptionsverhaltens gegenüber schriftlich überlieferten Texten.[255] Denn Verstehen als Zweck der Auseinandersetzung mit Texten bedeutet eine Veränderung des Rezeptionsverhaltens (→ 1.3.4. → 2.1.1.2.). Wenn Fachwissenschaft und Fachdidaktik ein gemeinsames Interesse an der Rezeption von Literatur haben, dann stimmen sie grundsätzlich auch darin überein, daß sie eine Optimierung der Rezeptionsbedingungen anstreben. Das ist für den Fachwissenschaftler in seiner Funktion als Lehrer selbstverständlich, aber auch für den Forscher, der lediglich auf die Kommunikation mit anderen Forschern Wert legt; auch in diesem Falle hat er die Rolle eines Lehrenden, indem er andere darauf hinweist, wie man einen Text besser verstehen kann. Zu diesem Zweck gibt er anderen die Möglichkeit, ihr individuelles Rezeptionsverhalten gegenüber dem Text zu ändern, d. h. diesen – möglicherweise – besser zu verstehen.

Der Germanist Hans Glinz[256] hatte ebenfalls die These vertreten, daß das Didaktische einen wesentlichen Anteil an den philologisch-historischen Wissenschaften habe, und zwar nicht nur in der Lehre, sondern auch und gerade in der Forschung. Mit dieser Feststellung trat Glinz der Didaktik-

---

[253] Frings – Keulen – Nickel (Nr. 41) s. v. Wissenschaftspropädeutik.
[254] Wunderlich (Nr. 231).
[255] Kußler (Nr. 119).
[256] Glinz (Nr. 54).

Ferne der an den Universitäten praktizierten Fachwissenschaften entgegen, wie sie etwa in der Einstellung des Germanisten Karl Otto Conrady beispielhaft zum Ausdruck kommt. Conrady[257] behauptet zwar nicht, daß pädagogisches Tun und didaktische Überlegungen einen geringeren Wert hätten als das wissenschaftliche Bemühen um einen Text. Er erklärt jedoch unmißverständlich, daß pädagogisch-didaktische Erwägungen in dem literaturwissenschaftlichen Fachstudium nichts zu suchen hätten. Wer solches dennoch fordere, vermenge die Bereiche, und zwar zu Lasten sowohl des wissenschaftlichen Studiums als auch besonders der Leistungsfähigkeit des späteren Lehrers. Damit vertritt Conrady also die weitverbreitete Ansicht, daß das Einbeziehen des Didaktischen die Wissenschaftlichkeit der Forschung gefährde, weil eben sachfremde, außerwissenschaftliche Gesichtspunkte hineingetragen würden. Darüber hinaus dürfte − so Glinz − die Abwehr des Didaktischen wohl auch mit der Angst vor Reglementierung, wie sie an der Schule gang und gäbe ist, zu erklären sein.

Gegen diese durchaus verständliche Einstellung wendet Glinz ein, das Ziel einer Wissenschaft wie der Germanistik könne erst dann erreicht werden, wenn man das Didaktische richtig in das Gesamtgefüge der Wissenschaft einbaue und nicht von ihr abtrenne: Die Linguistik, die Literaturwissenschaft und die Sprachdidaktik hätten einen gemeinsamen Kern, und die Kernbereiche dieser drei Wissenschaftszweige machten erst zusammen die eine, grundlegende Wissenschaft von der Sprache aus, auf die alle Einzelforschung angewiesen sei und die man mit dem Wort „Sprachtheorie" bezeichnen könne. Das Didaktische sei von Anfang an beteiligt: Denn es werde von Anfang an nicht nur gefragt nach dem Sprachbesitz einer Gemeinschaft (de Saussure «langue») und nach dessen geschichtlicher Entwicklung (also linguistisch, sprachwissenschaftlich, in zuerst synchroner, systemanalytischer, und dann in diachroner, historischer Betrachtung); es werde auch nicht nur gefragt nach den sprachlichen Kunstwerken der betreffenden Gemeinschaft, nach ihrem Bestand und ihrer Geschichte (also literaturwissenschaftlich und literaturgeschichtlich), sondern es werde zugleich in wissenschaftlicher Strenge gefragt nach der Übermittlung (→ 2.1.1.2.) von sprachlichen Werken (vor allem Kunstwerken) und von Sprache selbst, nämlich nach der Übermittlung an neue (heranwachsende wie schon erwachsene) Teilhaber (Glinz, S. 67).

Damit ist unmißverständlich dargelegt, daß die Fachwissenschaft, sobald sie ihren rezeptionsgeschichtlichen und -ästhetischen Ansatz ernst nimmt, auch ohne direkten Bezug zum Schulunterricht mit spezifisch didaktischen

---

[257] K. O. Conrady: Einführung in die Neuere Deutsche Literaturwissenschaft, Reinbek 1966, bes. 81f.

Die fachwissenschaftlichen Bezugsdisziplinen 119

Fragestellungen konfrontiert wird. Denn die Frage nach der Übermittlung und Aufnahme von Sprache und Texten durch den Menschen bleibt eine genuin didaktische Frage. Sprache ist keine objektive, von ihrem Benutzer unabhängige Größe. Sie bleibt stets auf Übermittlung an immer wieder andere Menschen bezogen. Die Einsicht in die Bedingungen und Möglichkeiten dieser Übermittlung ist demnach nicht nur die unerläßliche Voraussetzung für unterrichtsbezogene didaktische Entscheidungen, sondern auch ein integrierender Bestandteil einer allgemeinen Sprach- und Literaturtheorie:

Es ist uns ja nie ein Text, ein sprachliches Kunstwerk „an und für sich" faßbar . . ., sondern wir fassen auch den objektivsten Text stets nur in seiner Aufnahme und seinem Verständnis durch bestimmte, individuelle Sprachteilhaber . . . Wir können also von den besonderen Bedingungen der Übermittlung und der je individuellen Aufnahme sprachlicher Werke, oder anders gesagt von den didaktischen Bedingungen überhaupt nie abstrahieren, und deswegen müssen wir sie auch bewußt einbeziehen, wenn wir nicht Täuschungen unterliegen wollen. (Glinz, S. 69)

Zweifellos ist also die didaktische Komponente der wissenschaftlichen Auseinandersetzung mit Sprache und Texten, d. h. das Fragen nach der Aufnahme der sprachlichen Werke durch Hörer oder Leser,[258] gerade in den Fachwissenschaften, die sich mit Sprachwerken der Vergangenheit befassen, von besonders großer Bedeutung, da sie es mit besonderen Verständnisschwierigkeiten zu tun haben.

Unter diesen Gesichtspunkten ist die unterrichtsbezogene fachdidaktische Auseinandersetzung mit Texten offenkundig keine Verkürzung oder Entstellung fachwissenschaftlicher Probleme und Fragen. Sie führt lediglich zu einer Verstärkung der auch den Fachwissenschaften immanenten didaktischen Komponente im konkreten Unterrichtsgeschehen.

Angesichts des unleugbar vorhandenen didaktischen Elements in den Fachwissenschaften könnte man freilich geltend machen, daß eine besondere Fachdidaktik neben einer Fachwissenschaft, die sich ihrer didaktischen Aufgabe bewußt ist, eigentlich überflüssig sei. Darauf wäre zu erwidern, daß die Fachdidaktik – und das konnten die bisherigen Ausführungen bereits zeigen – ein insgesamt andersartiges und zugleich erheblich weitergreifendes Aufgabenfeld hat, mit dem sie sich gegenüber ihren Bezugsdisziplinen als selbständige Forschungsdisziplin legitimieren kann: Ihr Arbeitsgebiet und Forschungsziel ist das weite Feld der theoretischen Begründung und Verbesserung des altsprachlichen Unterrichts insgesamt und nicht nur die Verbesserung der Fähigkeit, Texte zu verstehen. Die Fachdidaktik befaßt sich mit der Optimierung des Sprachlernprozesses und der

[258] Iser (Nr. 92).

Textlektüre unter den besonderen pädagogischen Bedingungen des Schulunterrichts. Zur Erfüllung dieser Aufgabe ist sie von weiteren Bezugsdisziplinen (→ 2.2. → 2.3.) abhängig. Sie versucht, den Ansprüchen auch dieser pädagogischen Bezugsdisziplinen zu entsprechen, um einen Unterricht zu ermöglichen, der der pädagogischen Situation und dem fachwissenschaftlichen Standard gleichermaßen gerecht wird. Nur unter dieser Voraussetzung kann sie ihre spezifische Verantwortung für die Bildung und Erziehung der jeweils heranwachsenden Generation tragen.

2.1.3. Fachwissenschaftliche und unterrichtliche Interpretation

Trotz deutlicher Unterschiede zwischen den fachwissenschaftlichen Bezugsdisziplinen und den Unterrichtsfächern Griechisch und Latein hinsichtlich ihrer Inhalte, Ziele und Organisationsformen darf wohl nicht übersehen werden, daß die beiden Bereiche in ihren methodologischen Rahmenbedingungen weitgehend übereinstimmen. So kann man davon ausgehen, daß sich sowohl die wissenschaftlichen Disziplinen als auch die Schulfächer traditionell eines Organons der Textauslegung bedienen, das man summarisch mit dem Begriff der *Hermeneutik*, der ars interpretandi, bezeichnen kann. Damit wird jedoch nicht behauptet, daß die Methodologie der Fachwissenschaften und des Schulfaches einem bestimmten, durchgehend einheitlichen hermeneutischen System verpflichtet wären. Man kann vielmehr in der Geschichte der Fachwissenschaften und des Schulfaches mehr oder weniger ausgeprägte und reflektierte hermeneutische Ansätze unterscheiden, mit denen verschiedene methodologische Prinzipien der Textauslegung begründet werden.

So haben z. B. Friedrich August Wolf (›Darstellung der Alterthums-Wissenschaft‹ und ›Vorlesung über die Encyclopädie der Alterthumswissenschaft‹) und Friedrich Ast (›Grundriß der Philologie‹ und ›Grundlinien der Grammatik, Hermeneutik und Kritik‹) eine gewichtige methodologische Diskussion angeregt, die die Bedingungen der Textauslegung klären soll.[259] Im Zentrum dieser Diskussion steht der Begriff des *Verstehens*. Dieses erfolgt aufgrund der Beherrschung der Sprache und der Kenntnisse, die der jeweilige Autor selbst besessen hat, als ein Sich-Hineinversetzen in den zu erklärenden Autor. Nach Friedrich Ast bedeutet Verstehen die Wiederholung der Textherstellung. Verstehen und Erklären sei „ein wahrhaftes Reproduciren oder Nachbilden des schon Gebildeten" (Grundlinien, S. 187).

[259] Vgl. Flashar – Gründer – Horstmann (Nr. 38) S. 21–31.

Ast unterscheidet drei Ebenen des Verstehens: das *historische*, auf den Inhalt des Textes zielende Verstehen, das *grammatische*, das sich auf Sprache und Form des Textes bezieht, und das *geistige* Verstehen, das den Geist des einzelnen Autors und seiner Zeit zu erfassen sucht.

An dieser Stelle kann nur darauf hingewiesen werden, daß Friedrich Schleiermacher[260], den Wilhelm Dilthey[261] als den Begründer der wissenschaftlichen Hermeneutik bezeichnet hat,[262] in seinen beiden Abhandlungen ›Ueber den Begriff der Hermeneutik, mit Bezug auf F. A. Wolfs Andeutungen und Asts Lehrbuch‹ (1829) die Werke Asts und Wolfs „das bedeutendste was in dieser Sache erschienen ist" (S. 125) genannt hat. Es sei hier auch nur am Rande erwähnt, daß Peter Szondi in seiner der philologischen Hermeneutik alles andere als wohlgesonnenen ›Einführung in die literarische Hermeneutik‹, vor allem an den Begriff des „Geistes" anknüpfend, Asts hermeneutischen Ansatz verwirft. Der Geistbegriff hebe in seiner „Nebelaura" alle hermeneutischen Probleme auf, die etwa mit dem Zeitabstand zwischen Autor und Leser oder mit der Interdependenz von Text und Kontext gesetzt seien. Der entscheidende Satz, auf den sich Szondi hier bezieht, lautet: „Alles Verstehen und Auffassen nicht nur einer fremden Welt, sondern überhaupt eines Anderen ist schlechthin unmöglich ohne die ursprüngliche Einheit und Gleichheit alles Geistigen und ohne die ursprüngliche Einheit aller Dinge im Geiste" (Grundlinien, S. 167f.). Etwas später begründet Ast die Möglichkeit, das Altertum zu verstehen, folgendermaßen: Wir könnten

weder das Alterthum im Allgemeinen, noch ein Kunstwerk oder eine Schrift verstehen, wenn nicht unser Geist an sich und ursprünglich Eins wäre mit dem Geiste des Alterthums, so daß er den ihm nur zeitlich und relativ fremden Geist in sich selbst aufzunehmen vermag. Denn nur das Zeitliche und Aeussere (Erziehung, Bildung, Lage usw.) ist es, was eine Verschiedenheit des Geistes setzt; wird von dem Zeitlichen und Aeusseren, als der in Beziehung auf den reinen Geist zufälligen Verschiedenheit, abgesehen, so sind sich alle Geister gleich. Und dies eben ist das Ziel der philologischen Bildung, den Geist vom Zeitlichen, Zufälligen und Subjektiven zu reinigen, und ihm diejenige Ursprünglichkeit und Allseitigkeit zu ertheilen, die dem höheren und reinen Menschen nothwendig ist, die Humanität: auf daß er das Wahre, Gute und Schöne in allen, wenn auch noch so fremden, Formen und Darstellungen auffasse, in sein eigenes Wesen es verwandelnd, und so mit dem ursprünglichen, rein menschlichen Geiste, aus dem er durch die Beschränktheit seiner Zeit, seiner Bildung und Lage getreten ist, wiederum Eins werde. (Grundlinien, S. 168f.).

---

[260] Schleiermacher (Nr. 179).
[261] Die Entstehung der Hermeneutik (1900), in W. Dilthey: Gesammelte Schriften, Bd. 5, Stuttgart/Göttingen ³1961, 317–338.
[262] Dazu Szondi (Nr. 203) S. 135–191.

Der alles umfassende Geist – so Szondi (S. 143) – täusche die Lösbarkeit aller hermeneutischen Probleme vor, welche durch faktische Verschiedenheiten gegeben seien, durch die Verschiedenheit zweier Bedeutungen desselben Wortes, durch den zeitlichen Abstand zwischen Autor und Leser, durch die Verschiedenheit der Auslegungsbewegungen vom Ganzen zum Einzelnen und vom Einzelnen zum Ganzen, die einander wechselseitig voraussetzten und so das Problem des hermeneutischen Zirkels bildeten. In der Praxis der Interpretation zeige sich jedoch, daß die mit dem Geistbegriff gegebene Lösung nur theoretischer Natur sei. Szondi gibt Ast zwar zu, daß Verstehen nur aufgrund einer Identität von Geistigem möglich sei, behauptet aber, daß diese keine absolute sei. Das Verständnis des fremden Geistes stelle sich aufgrund einer Affinität, eines Sich-nicht-absolut-fremd-Seins, her, aber es habe den fremden Geist gerade als fremden zum Gegenstand und dürfe nicht durch dessen Reduzierung auf ein Immergleiches stattfinden, die doch nur „Selbstbespiegelung" des Verstehenden wäre.

Abgesehen davon, daß Szondis Argumentation einen anderen Klang hätte, wenn man statt „Selbstbespiegelung" etwa „Selbsterkenntnis" sagte, ist nicht einzusehen, inwiefern das Verstehen, begriffen als allmählicher, systematischer Abbau dessen, was die Verschiedenheit und damit die Fremdheit des antiken Geistes bedingt, zu einer Aufhebung des antiken Geistes führen sollte, sobald dieser als eigener begriffen wird. Aufgehoben wird doch nur die Fremdheit, die dem antiken Geist anhaftet, und zwar durch und in einer Interpretation. Dabei aber verschwindet das Fremde nicht. Es bleibt dem Bewußtsein des Interpretierenden voll erhalten. Wieso sollte ein Gegenstand seine Identität verlieren, wenn man ihn von seiner Verpackung und Verhüllung befreit?

Szondi insistiert vor allem auf dem Phänomen des *Zeitenabstands*, dem Grundproblem der von ihm vertretenen literarischen Hermeneutik, die die Objektivität philologisch-historischen Verstehens z. B. antiker Texte als Selbsttäuschung oder positivistische Naivität zu entlarven versucht und die Möglichkeit bestreitet, den wirklich gemeinten Sinn (mens auctoris) eines Textes verstehend und interpretierend zu erschließen.

Da Ast von der potentiellen Gemeinsamkeit des Geistes ausgeht, die sich zudem im Medium der Sprache kommunikativ verwirklicht, kann er in dem Zeitabstand kein wesentliches Verstehenshindernis sehen. Man kann darüber hinaus die Frage stellen, ob es wirklich sinnvoll ist, die keinesfalls zu bestreitende Voraussetzungshaftigkeit des Verstehens[263] auch mit dem Phänomen des Zeitabstands zu begründen. Gewiß ist Verstehen nur

[263] Gadamer (Nr. 51).

Die fachwissenschaftlichen Bezugsdisziplinen   123

möglich, indem der Verstehende seine eigenen Voraussetzungen ins Spiel bringt.[264] Aber damit ist noch nicht erwiesen, daß die Erschließung eines vom Autor gemeinten Textsinnes aufgrund des Zeitenabstands *unmöglich* ist. Wenn Zeitunterschiede wirklich Seinsunterschiede wären, so daß das Sein eines vergangenen Sinnes nicht zum Sein eines gegenwärtigen Sinnes werden könnte und ein der Vergangenheit entstammender Sinn in der Gegenwart nicht reproduzierbar wäre, dann müßte jedes Verstehen eines in einer Vergangenheit verfaßten Textes – und läge diese auch nur eine einzige Minute zurück – ausgeschlossen sein.[265] Dieser mit der ontologischen Fremdheit der Vergangenheit argumentierende hermeneutische Skeptizismus stellt letztlich die Möglichkeit jeder schriftlichen Kommunikation in Frage. Das gilt selbstverständlich auch für die Texte des hermeneutischen Skeptikers Peter Szondi.

Während er Ast vorhält, daß dieser aufgrund seiner auf Schelling zurückgehenden identitätsphilosophischen Prämisse alle hermeneutischen Probleme als immer schon gelöst erscheinen lasse, hebt Szondi das „überaus scharfe   Problembewußtsein"   Schleiermachers   rühmend   hervor (S. 155–191). Ast habe eine geschichtsphilosophische Theorie des Verstehens dargestellt, die nur auf die Auslegung der Werke antiker Autoren bezogen sei. Schleiermacher habe dagegen seine allgemeine Theorie der Hermeneutik entwickelt, die über alle Verschiedenheiten der auszulegenden Texte hinweg, seien es nun literarische, theologische oder juristische, Gültigkeit beanspruchen könne. Für Schleiermacher ist alles Sprachliche Objekt des Verstehens, d. h. der Hermeneutik.[266] Diese hat es – laut Schleiermacher – z. B. auch mit Zeitungsartikeln, Inseraten und mündlichen Gesprächen zu tun. Dabei geht es Schleiermacher nicht um die Auslegung einzelner Textstellen, sondern um das Verstehen des Gesprochenen und Geschriebenen im Zusammenhang mit dem Leben und Handeln des Autors:

Denn die unmittelbare Gegenwart des Redenden, der lebendige Ausdrukk welcher die Theilnahme seines ganzen geistigen Wesens verkündigt, die Art wie sich hier die Gedanken aus dem gemeinsamen Leben entwikkeln, dies alles reizt weit mehr als die einsame Betrachtung einer ganz isolirten Schrift dazu eine Reihe von Gedanken zugleich als einen hervorbrechenden Lebensmoment als eine mit vielen anderen auch anderer Art zusammenhangende That zu verstehen.[267]

[264] H. G. Gadamer: Hermeneutik, in: J. Ritter (Hrsg.): Hist. Wörterbuch der Philosophie, Bd. 3, Basel 1974, Sp. 1061–1073; Kümmel (Nr. 118).
[265] Hirsch (Nr. 82) in Auseinandersetzung mit Gadamer.
[266] Schleiermacher (Nr. 179) S. 129f.
[267] Schleiermacher (Nr. 179) S. 131.

Verstehen setzt also den Rekurs auf den Autor und sein Lebensganzes voraus. Es vollzieht sich als ein „Construiren" oder Rekonstruieren des Gemeinten: „Ich verstehe nichts was ich nicht als nothwendig einsehe und construiren kann."[268] Diese Bestimmung des Verstehens entspricht Asts Formel vom „wahrhaften Reproduciren oder Nachbilden des schon Gebildeten" und dem Sich-Hineinversetzen in den Autor. Schleiermacher bezeichnet es als „eine Hauptsache beim Interpretiren... daß man im Stande sein muß aus seiner eigenen Gesinnung herauszugehen in die des Schriftstellers"[269].

Die Interpretation muß nach Schleiermacher auf zwei miteinander verbundenen Ebenen erfolgen, weil im Verstehensakt zwei Momente zu unterscheiden sind: das Verstehen der sprachlichen Verwirklichung der Rede und das Verstehen der Rede als „Thatsache im Denkenden". Diesen beiden Verstehensmomenten entsprechen die *grammatische* und die *psychologische* oder *technisch-individuelle* Interpretation. Diese untersucht den Text in seiner Beziehung auf die Person, das Leben und Denken des Autors und sucht in der spezifischen Gestalt des Textes die Individualität des Autors zu entdecken; jene befaßt sich mit der sprachlich-grammatischen Form des Textes im Verhältnis zur Gesamtheit der Sprache, die in der Gegebenheit des Textes aktualisiert worden ist.

Das Problem des Zeitenabstands hat Schleiermacher ähnlich wie Ast aufzuheben versucht. Es ist notwendig, daß „der Ausleger sich in die ganze Verfassung des Schriftstellers möglichst hineinversetzt" (S. 132). Dazu müsse er sich „in allem was von der Sprache nicht nur sondern auch irgend von dem geschichtlichen Zustand des Volks und der Zeit abhängt... gleich trefflich zeigen" (S. 132f.).

Was hingegen von richtiger Auffassung des innern Herganges als der Schriftsteller entwarf und componirte abhängt, was das Product seiner persönlichen Eigentümlichkeit in die Sprache und in die Gesammtheit seiner Verhältnisse ist, das wird auch dem gewandtesten Ausleger nur bei den ihm verwandtesten Schriftstellern, nur bei den Lieblingen in die er sich am meisten hineingelebt hat am besten gelingen, wie es uns auch im Leben nur mit den genauesten Freunden am besten vonstatten geht. (S. 133)

Schleiermacher betont also wie Friedrich Ast, daß der Verstehensprozeß eine geistige Affinität zwischen Autor und Ausleger voraussetzt, die – wenn sie bei besonders vertrauten Autoren gegeben ist – ein Verstehen ermöglicht.[270]

---

[268] Schleiermacher (Nr. 179) S. 31.
[269] Schleiermacher (Nr. 179) S. 32.
[270] Vgl. dagegen Szondi (Nr. 203).

Es kann nicht der Zweck dieser Zeilen sein, Schleiermachers Bedeutung für die Theorie der Hermeneutik darzustellen.[271] Sie sollten lediglich zu einem gründlicheren Studium der jetzt in der Ausgabe von Heinz Kimmerle bequem zugänglichen Texte anregen und wenigstens andeuten, daß Schleiermacher im Gegensatz zur skeptizistischen Hermeneutik das Verstehen eines von einem Autor intendierten Textsinnes für möglich hält, wenn es auf den ineinandergreifenden Ebenen der grammatischen und der psychologisch-technischen Interpretation[272] erfolgt. Wenn Schleiermacher seine Hermeneutik als „umgekehrte Grammatik" und „umgekehrte Composition" (bei Kimmerle, S. 56) bezeichnet, dann betont er damit nicht zuletzt auch die adäquate Interpretierbarkeit von Texten trotz eines großen Zeitabstands zwischen Autor und Ausleger. Er hebt damit zugleich hervor, daß Interpretieren nicht der Willkür einer aktualisierenden Subjektivität ausgeliefert sein kann, sondern der Erschließung des vom Autor gemeinten Textsinnes dient. Wenn Schleiermacher das Auslegen als „Kunst" und die Hermeneutik als „Kunst des Verstehens" bezeichnet (bei Kimmerle, S. 75 ff.), dann verlangt die Praxis des adäquaten, textbezogenen Verstehens beim Auslegen ein hohes Maß an Kompetenz: „Die glückliche Ausübung der Kunst beruht auf dem Sprachtalent und dem Talent der einzelnen Menschenkenntniß" (S. 78).

Ein im Vergleich mit Ast und Wolf erheblich weitergreifender hermeneutischer Ansatz ist in August Boeckhs auf Schleiermachers Hermeneutik[273] basierenden Vorlesungen über ›Encyklopädie und Methodologie der philologischen Wissenschaften‹[274] faßbar (→ 2.1.1.3.).[275] Boeckh definiert die Aufgabe der Philologie als ein „Erkennen des vom menschlichen Geist Producirten, d. h. des Erkannten" (S. 10); demnach leisten die Wissenschaften, die sich mit den Produktionen des menschlichen Geistes befassen, eine „Reconstruction der Gesammtheit des Erkennens" (S. 19). In dieser Rekonstruktion wird aber dasjenige, was zu rekonstruieren ist, als Wissen immer schon vorausgesetzt. Die philologische Erkenntnisaufgabe unterliegt also auch hier dem Gesetz der Zirkelhaftigkeit, das die vier Arten der Interpretation bestimmt: die *grammatische*, die *historische*, die *individuelle*

[271] R. Wiehl: Schleiermachers Hermeneutik und ihre Bedeutung für die Philologie in Theorie und Praxis, in: Flashar – Gründer – Horstmann (Nr. 38) S. 32–67.
[272] Schleiermacher (Nr. 179) S. 75–120.
[273] Zu den Abweichungen Boeckhs von Schleiermacher s. Strohschneider–Kohrs in: Flashar – Gründer – Horstmann (Nr. 38) S. 84–102.
[274] Boeckh (Nr. 19).
[275] F. Rodi: „Erkenntnis des Erkannten" – August Boeckhs Grundformel der hermeneutischen Wissenschaften, in: Flashar – Gründer – Horstmann (Nr. 38) S. 68–83.

und die *generische* Interpretation: ein Text ist nur im Kontext der „Gesammtheit des gangbaren Ausdrucks" einer Sprache (grammatische Interpretation) und nur im Zusammenhang mit den „gangbaren Vorstellungen der Zeit" (historische Interpretation) verständlich.

Die *historische* Interpretation stellt „Sacherklärungen" bereit, orientiert über die geschichtlichen Bedingungen der Textentstehung (Zeit, Ort, Anlaß der Textabfassung, außersprachliche Bezüge). „Durch die historische Auslegung soll nur festgestellt werden, was in einem Sprachdenkmal gemeint ist, gleichviel ob es wahr oder falsch ist" (S. 121). I. Strohschneider-Kohrs weist darauf hin, daß die historische Interpretation all das zu leisten habe, was heute etwa in Theorien der Kontextualität für die Beziehung zwischen Literatur und Geschichte, für die Verbindung von außerliterarischen und innerliterarischen Reihen angegeben und postuliert werde. Es dürfe auch das darunter mitverstanden werden, was in den Zusammenhängen von Motiv-, Problem- oder Geistesgeschichte (→ 2.1.1.2.) unter genuin historischem Aspekt wenigstens teilweise zu erhellen sei; das bedeute, daß das, was Boeckh als „historische Bedingung" verstehe, nur modifiziert durch andere Bedingungen (die grammatischen, generischen und individuellen) im Text erscheine.[276]

Die Aufgabe der *individuellen* Auslegung besteht nach Boeckh darin, „aus der Compositionsweise die Individualität zu bestimmen und daraus dann die Wahl der einzelnen Sprachelemente nach ihrer individuellen Bedeutung zu erklären" (S. 127). Damit ist die Ermittlung des „individuellen Stils" (S. 131), die „Stilform des Schriftstellers" (S. 134), die „individuelle Composition" (S. 135) gemeint. Da dieser individuelle Stil nicht nur auf die Individualität des Autors zurückzuführen ist, sondern auch von dem „Gattungsstil" des Werkes geprägt wird, muß der Interpretierende unter dem Gesichtspunkt der *generischen* Interpretation auch das Wechselverhältnis zwischen autorindividuellem Stil und den Voraussetzungen der literarischen Gattung untersuchen und zu klären versuchen, inwieweit das vom Autor gewählte Genus die individuelle Textgestaltung determiniert. Dabei sind selbstverständlich auch wieder die grammatischen und die historischen Bedingungen des Textes mit einzubeziehen.

Die Zirkelhaftigkeit der philologischen Erkenntnisaufgabe besteht also darin, daß diese vier Interpretationsaspekte sich wechselseitig bedingen,[277] weil auch die Sachverhalte, auf die sie sich beziehen, in einem Verhältnis der wechselseitigen Abhängigkeit zueinander stehen.

[276] Strohschneider – Kohrs, in: Flashar – Gründer – Horstmann (Nr. 38) S. 94.
[277] Eine praxisbezogene Verflechtung dieser Interpretationsaspekte bei Glücklich – Nickel – Petersen (Nr. 57).

Erst wenn die wechselseitige Bedingtheit der interpretanda beachtet und wenn sich aus der Interdependenz der einzelnen Erklärungsweisen ein Verstehensprozeß von zunehmender Genauigkeit und Differenziertheit ergibt, ist der Weg zur Erhellung des Gegenstandes beschritten. Entscheidend ist, wie es prägnant bei Boeckh lautet, daß „alles Ermittelte" jeweils wieder als „Mittel zum Verständnis" (S. 54) des Ganzen fungieren kann; so bestimmen sich, wie Boeckh auch formuliert, „nach und nach das Ganze und Einzelne wechselseitig" (S. 139).[278]

Es versteht sich von selbst, daß der Interpretierende dieses Verfahren ständig zu reflektieren hat; denn so bleibt ihm bewußt, daß das Verstehen bei aller Gründlichkeit stets nur approximativ ist: Die Unvollendetheit ist für Boeckh jedoch kein Mangel; ein wirklicher Mangel sei es nur, wenn man sie sich selbst oder anderen verhehle.[279]

Dieses längere Verweilen bei Boeckhs philologischer Hermeneutik läßt sich zunächst damit begründen, daß sein Interpretationsmodell – ohne daß man sich dessen immer bewußt ist – nicht nur für die philologisch-historische Praxis weiterhin maßgebend ist und den modernen methodologischen Diskussionsstand bereits weitgehend vorwegnimmt (z. B. das Postulat der Verknüpfung von Literatur und Geschichte, bzw. Gesellschaft, von innersprachlicher und außersprachlicher Welt, von Grammatik und Pragmatik). Viel wichtiger dürfte es sein – und das zeigt Eric Donald Hirsch in seinem August Boeckh verpflichteten Buch ›Prinzipien der Interpretation‹[280] –, daß Boeckhs Interpretationsmodell eine textbezogene Auslegung beschreibt, deren ideales Ziel in der objektiven Ermittlung des *tatsächlichen Textsinnes* besteht. Boeckhs spezifisch philologisch-historischer Interpretationsansatz steht demnach in einem grundsätzlichen Gegensatz zu dem bereits bei Peter Szondi beobachteten existentiellen Ansatz des Verstehens, der z. B. von Hans Georg Gadamer im Anschluß an Martin Heidegger entwickelt worden ist und viele Anhänger gefunden hat. Gadamer versucht, die im Horizont Wilhelm Diltheys verbleibenden Betrachtungsweisen des Verstehensbegriffs durch die Auffassung zu korrigieren, daß Verstehen *kein* exaktes Nachvollziehen eines Textsinnes sei.[281] Im Verstehen werde vielmehr eine aus der Situation des Verstehenden erwachsende und für diesen relevante Wahrheit erfahren. Gadamer lehnt also die von Boeckh

---

[278] Strohschneider – Kohrs, s. Anm. 276, S. 96.
[279] Boeckh (Nr. 19) S. 16.
[280] Hirsch (Nr. 82); dazu Strohschneider – Kohrs, s. Anm. 276, bes. 98 ff.
[281] Eine historische Darstellung des Phänomens: J. Wach: Das Verstehen, 3 Bde., Tübingen 1926–1933. Zur Kritik an Gadamer: Hirsch (Nr. 82) S. 301–320, ferner: E. Betti: Allgemeine Auslegungslehre als Methodik der Geisteswissenschaft (1955), Tübingen 1967.

vertretene Prämisse ab, daß der Textsinn mit dem vom Autor intendierten Sinn identisch ist. Die Annahme, daß ein Text meint, was er nach Absicht des Autors meinen soll, hält Gadamer für irrig. Denn eine Rekonstruktion der ursprünglichen Bedingungen, unter denen der Text entstanden ist und mit deren Hilfe diese Annahme sinnvoll wäre, hält Gadamer aufgrund der Geschichtlichkeit unseres Seins für unmöglich. Verstehen sei niemals Wiedererkennen eines Erkannten, sondern ein neues, von der historischen Situation des Verstehenden bedingtes Erkennen. Der Sinn eines geschriebenen Textes sei demnach unbestimmt und habe ein von der ursprünglichen Absicht des Autors unabhängiges, *autonomes* Sein.[282] Der Sinn eines geschriebenen Textes sei der Sinn, den der Leser ihm gebe.

Reduziert man Gadamers Lehre von der semantischen Autonomie eines geschriebenen Textes auf das, was sie eigentlich bedeutet, so ist sie – wie Hirsch hervorhebt – eine Lehre von der Unbestimmtheit des Textsinnes. Denn Gadamer hatte betont, daß die Ausschöpfung des wahren Sinnes, der in einem Text liege, nirgendwo zum Abschluß komme, sondern in Wahrheit ein unendlicher Prozeß sei.

Der Sinn des Textes ist demnach eine unerschöpfliche Reihe möglicher Sinne, die auf eine unendliche Zahl von Interpreten warten. Wenn dem aber so ist, dann kann keine einzelne Interpretation jemals dem Sinn des Textes entsprechen, da keine existierende Interpretation jemals mit einer Reihe möglicher Sinne identisch sein kann ... Ganz offensichtlich führt die Ansicht, daß der Text ein autonomes Stück Sprache und die Interpretation ein unendlicher Vorgang sei, zur Leugnung der Tatsache, daß der Text *irgendeinen* bestimmten Sinn besitzt. (Hirsch, S. 305)

Ein wohl wesentlicher Grund dafür, daß Gadamers – nach Hirsch falsche – Auffassung vom Textsinn nicht ohne weiteres als abwegig zurückgewiesen werden kann, ist wohl nicht nur die Erfahrung von der Ungewißheit, die dem Verstehen und Interpretieren trotz aller Sorgfalt und Kunst letztlich doch anhaftet. Mit Gadamers Ansatz wird auch der Verstehende ganz ernst genommen. Sein Verstehen ist „kein nur reproduktives, sondern stets auch ein produktives Verhalten"[283]. Denn wenn nicht nur der Text gegenüber dem Autor, sondern auch der Verstehende gegenüber dem Text autonom ist, dann kommt das Verstehen einer Neuschöpfung gleich. Daß diese Aufwertung des Verstehenden mit einer Abwertung des Autors verbunden ist, weil es nicht mehr darum geht, einen vom Autor selbst intendierten Textsinn zu ermitteln, wird in Kauf genommen. Jeder Verstehende steht zudem in einer *Tradition*, so daß sein produktiver Umgang mit dem Text-

---

[282] Vgl. M. Heidegger: Unterwegs zur Sprache, Pfullingen 1959, zur These von der semantischen Autonomie der Sprache.
[283] Gadamer (Nr. 51) S. 280.

sinn nicht willkürlich ist. Die Tradition des Verstehens ist sozusagen der Rahmen, in dem sich alles individuelle Verstehen vollzieht. Im Falle eines weit zurückliegenden Textes ist nach Gadamer der Abstand der Zeit als eine positive und produktive Möglichkeit des Verstehens zu erkennen. „Er ist nicht ein gähnender Abgrund, sondern ist angefüllt durch die Kontinuität des Herkommens und der Tradition, in deren Lichte uns alle Überlieferung sich zeigt"[284] (→ 1.3.4.).

Unter diesem Gesichtspunkt ist der produktiv Verstehende in einer großen Schar Gleichgesinnter und ähnlich Verstehender sicher aufgehoben. Allerdings bleibt die Frage offen, aufgrund welcher Kriterien das Verständnis eines Textes, das möglicherweise aus dieser Tradition ausbricht, als falsch zu erweisen ist. Wenn man nicht sagen kann, warum ein bestimmtes Verständnis falsch ist, dann kann man auch nicht sagen, warum ein anderes Verständnis richtig ist.

Zur Vermeidung einer nicht mehr kontrollierbaren Beliebigkeit erklärt Gadamer den Vorgang des Verstehens als einen Prozeß der „Horizontverschmelzung": Was der Leser eines Textes verstehe, sei weder der wirkliche Sinn des Textes, noch ein im eigenen Bewußtsein produzierter Sinn, sondern eine Verbindung beider, durch die der Horizont des Textes mit dem Horizont des Lesers verschmelze. Mit dem Phänomen der Horizontverschmelzung soll die Beliebigkeit des Verstehens begrenzt und aufgefangen werden. Damit bleibt jedoch unklar, wie es überhaupt zu einer Verschmelzung kommen kann, wenn die zu verschmelzenden Elemente nicht erst einmal sauber voneinander getrennt werden.[285] Das aber setzt die Möglichkeit voraus, daß zunächst einmal der ursprüngliche Textsinn erkannt wird.

Angesichts dieser inneren Widersprüchlichkeit der Gadamerschen These von der Horizontverschmelzung meint Hirsch, im Anschluß an Boeckhs Hermeneutik daran festhalten zu müssen, daß der *Sinn* eines Textes vom Willen seines Autors nicht zu trennen sei. Es könne keine semantische Autonomie geben, da sie unweigerlich in einen hermeneutischen Nihilismus führe. Gewiß sei es notwendig und fruchtbar, einen Text auf eine vom Autor unabhängige und für den Leser wichtige *Bedeutung* hin zu untersuchen. Aber mit einer völligen Ausschaltung des Autors gebe man alle Anhaltspunkte für die Beurteilung einer Interpretation hinsichtlich ihrer Gültigkeit (validity) auf. Wenn der Autor als bestimmendes Element für den Sinn des Textes eliminiert werde, dann sei es ausgeschlossen, die Validität einer Interpretation zu prüfen. Durch die Verbannung des Autors werde der Sinn

---

[284] Gadamer (Nr. 51) S. 281; s. auch Kümmel (Nr. 118).
[285] Hirsch (Nr. 82) S. 310.

des Textes in das Belieben seines Lesers gestellt. Der Text erhalte seinen Sinn von einem Leser zugesprochen, der von der Gültigkeit seiner subjektiven Interpretation überzeugt sei. Auf diese Weise verwechsele der Leser offensichtlich die akzidentelle Bedeutung, die der Text für ihn persönlich hat, mit dem Sinn des Textes.

Diese Gleichsetzung oder Verwechslung von Sinn und Bedeutung ist die entscheidende Ursache für die psychologistische These von der Veränderbarkeit des Textsinnes im Verstehensprozeß. Aber der *Sinn* eines Textes ändert sich ebensowenig wie seine sprachliche Gestalt oder die Summe seiner Wörter und Sätze. Was sich ändern kann, das ist seine *Bedeutung* für den Leser.

Ein Text enthält einen bestimmten Sinn; dieser besteht in dem, was der Autor durch eine bestimmte Zeichenfolge ausdrücken wollte; er wird also durch die Zeichen wiedergegeben. Bedeutung andererseits, bezeichnet die Beziehung zwischen dem Sinn und einer Person, einer Konzeption, einer Situation oder irgend etwas ganz beliebigem.[286]

Bedeutung impliziert also immer eine von Haltungen, Gefühlen, Meinungen und Wertmaßstäben geprägte Beziehung zu einem der Veränderung nicht ausgesetzten *Sinn* des Textes.

Wenn der Leser nach der Ermittlung des Textsinnes diesen in Beziehung zu sich selbst setzt und in seiner eigenen Sprache neu ausdrückt, dann – so Hirsch – könnte man dieses Neuausdrücken „Horizontverschmelzung" nennen, doch sollte man es genauer als Erfassen der Bedeutung, die ein Text annimmt, wenn sein Sinn zu einer gegenwärtigen Situation in Beziehung gesetzt wird, bezeichnen.

Um den *Sinn* erschließen zu können, muß der Leser über ein spezielles, textbezogenes *Vorverständnis* verfügen. Er muß sich den Text beispielsweise unter den von August Boeckh dargestellten vier Interpretationsweisen erarbeiten können. Die *Bedeutung* hingegen erwächst aus einem auf das Bewußtsein des Verstehenden sich gründenden *Vorurteil*, das dem Sinn des Textes entgegengebracht wird. Die Erschließung des vom Autor festgelegten Sinnes bleibt aber immer die Voraussetzung für die Feststellung oder Erfahrung seiner Bedeutung.

Selbst die Annahme, daß zwischen der eigentlichen Absicht des Autors und ihrer Verwirklichung in Gestalt des Textes eine Diskrepanz bestehen könnte, berechtigt nicht zu der Behauptung, daß die Autorintention für das Zustandekommen des Textsinnes irrelevant sei. Denn die Feststellung einer derartigen Diskrepanz kommt ja nur dadurch zustande, daß die Autor-

[286] Hirsch (Nr. 82) S. 23; s. auch S. 301–320.

intention als entscheidender Interpretationsgesichtspunkt berücksichtigt wird.

Es ist unbestreitbar, daß der vom Autor intendierte Sinn nicht immer mit letzter Sicherheit erkannt wird. Trotzdem bleibt er das Ziel der Interpretation. Denn es ist – wie Hirsch betont – logisch falsch, die Unmöglichkeit eines *gesicherten* Verstehens mit der Unmöglichkeit des Verstehens *an sich* gleichzusetzen. Mit der Abfassung eines für andere bestimmten Textes hat ein Autor grundsätzlich die Absicht, daß andere den mitteilbaren Sinn seines Textes verstehen. Mit diesem vom Autor zur Mitteilung bestimmten und prinzipiell auch mitteilbaren Sinn befaßt sich die Interpretation, ohne freilich den Anspruch erheben zu können, diesen mit letzter Gewißheit zu erfassen. Die schlichte Tatsache, daß Texte verfaßt werden, um Sinn mitzuteilen, widerspricht also schon der skeptizistischen These von der Unerschließbarkeit eines vom Autor intendierten Textsinnes. Das gilt in gleicher Weise für zeitgenössische wie für Texte früherer Epochen.

Wenn man davon ausgehen kann, daß der vom Autor intendierte Textsinn selbst schon das Ergebnis der Interpretation eines bestimmten Sachverhaltes durch den Autor ist, dann dient die Interpretation des Textes dem Zweck, dem Leser Klarheit darüber zu verschaffen, auf welche Weise der Autor den Sachverhalt, auf den sich sein Text bezieht, interpretiert hat. Der Leser will also eine Interpretation verstehen und interpretieren, die ein anderer, der Autor, vorgelegt hat. Es interessiert ihn, was der Autor über den Sachverhalt gedacht hat. Das meint offensichtlich auch Boeckh, wenn er das Interpretieren als das Erkennen des Erkannten bezeichnet.

Daß diese Interpretation einer Interpretation überhaupt gelingen kann, beruht vor allem darauf, daß der Autor sprachliche Normen und Konventionen berücksichtigt, die auch dem Leser bekannt sein müssen. Durch diese werden im Leser Sinnerwartungen geweckt. Ein erhebliches Gewicht kommt in diesem Zusammenhang den auch von Boeckh berücksichtigten generischen Erwartungen zu.[287] Sie bieten Anhaltspunkte für die Feststellung der Implikationen (Konnotationen) der sprachlichen Zeichen, aus denen sich der Sinn des Textes konstituiert. Es ist z. B. von entscheidender Bedeutung für das Sinnverständnis des ›Vaterunser‹, ob man den Text als Gebet oder Befehl auffaßt. Denn davon hängt ab, welche Implikationen beispielsweise den Imperativen oder der Person des Angesprochenen beizumessen sind oder nicht. Die Erfassung des Genus führt zur Einsicht in den Zweck, den der Text erfüllen soll, und auf dieser Grundlage lassen sich dann die gemeinten Implikationen auch hinsichtlich ihrer relativen Wich-

---

[287] Vgl. E. Staiger: Die Kunst der Interpretation, Zürich 1955, bes. 15 f., mit einem anschaulichen Beispiel für die Relevanz der generischen Erwartungen.

tigkeit voneinander unterscheiden. Das Problem besteht aber vor allem darin, zunächst einmal die richtigen, d. h. textadäquaten und den Sinn konstituierenden, Implikationen von den nichtadäquaten zu unterscheiden, mit denen der Text in eine Beziehung zu textfremden Gegebenheiten und Verhältnissen gebracht werden und eine nicht vom Autor intendierte Bedeutung erhalten kann.

Das eben erwähnte Beispiel des ›Vaterunser‹ zeigt, daß der Interpretierende mit Hilfe seiner generischen Erwartungen ein Vorverständnis des Sinnganzen erreicht, das das Verstehen seiner Teile erheblich erleichtert und zugleich ein Verstehen ausgewählter Textpartien ohne detaillierte Kenntnis des Ganzen erlaubt. Wäre dies ausgeschlossen, so müßte die im Unterricht übliche *Auswahllektüre* ein sinnloses Unterfangen sein. Diese ist letztlich nur damit zu rechtfertigen, daß schon aufgrund eines auf das Sinnganze gerichteten adäquaten Vorverständnisses ein Verstehen einzelner Teile zumindest angebahnt werden kann. Je tiefer dieses Vorverständnis ist, desto besser gelingt die Sinnerfassung der Einzelstücke.

Das Mißlingen einer Interpretation ist meistens darauf zurückzuführen, daß das *Vorverständnis* entweder unzureichend oder unangemessen ist. Wenn z. B. generische Erwartungen an einen Text gestellt werden, denen dieser gar nicht entspricht, dann ist kein adäquates Sinnverständnis zu erreichen. Ein lyrisches Gedicht muß mißverstanden werden, wenn es wie ein historisches Dokument gelesen wird. Damit ist zugleich deutlich, daß ein falsches Vorverständnis ein größeres Verständnishindernis ist als ein unzureichendes, das zwar zu keiner erschöpfenden, aber auch zu keiner falschen Sinnerfassung führt. Auch unter diesem Gesichtspunkt bleibt die Interpretation im Unterricht ein didaktisch sinnvolles Tun; denn in der Regel ist im Unterricht ein zwar nur unzureichendes, aber doch wenigstens nicht falsches Verständnis zu erzielen.

Auf die Annahme, daß Texte einen vom Autor intendierten und mitteilbaren Sinn haben, der als Interpretation eines Sachverhaltes durch den Autor anzusehen ist, durch Interpretation zu erschließen und wiederzuerkennen ist, gründet sich die Überzeugung vom didaktischen Wert der Textinterpretation. Denn nur wenn diese einen dem Lesenden bisher *unbekannten* Sinn erschließt und eine *neue* Interpretation eines – vielleicht vertrauten – Sachverhaltes zugänglich macht, kann sie zu einer Bewußtseinserweiterung und -bereicherung führen. Wenn man in einem Text nur das entdeckte, was man ohnehin schon weiß, oder statt mit einem fremden Autor lediglich mit sich selbst ins Gespräch käme, dann wäre kaum eine bildende Wirkung im angedeuteten Sinne zu erreichen. Die didaktische Wirksamkeit unterrichtlicher Textarbeit beruht nicht darauf, daß der Leser dazu angeregt würde, mit der Lektüre einen eigenen Text zu produzieren, weil der vom Autor intendierte Sinn nicht mehr zu erkennen wäre, sondern auf der Möglichkeit zur wiedererkennenden Interpretation und zum Erschließen eines determinierten und konstanten Text*sinnes*. Erst auf dieser Grundlage ist die Dimension der Text*bedeutung* für den Leser zu erschließen.

Die psychologistische Behauptung, daß der Interpretierende ein lediglich subjektives Textverständnis erzielen könne, entzieht der didaktischen Argumentation zugunsten der Textlektüre einen entscheidenden Teil ihrer Begründung: Im Unterricht geht es nicht nur um die Erfassung einer subjektiv-aktuellen Text*bedeutung*, sondern vor allem auch um die Erschließung des vom Autor festgelegten Text*sinnes* mit Hilfe philologischer Methoden und Kriterien. Die Didaktik muß sich also darauf berufen können, daß der Textsinn durch wiedererkennende Interpretation erkennbar und reproduzierbar ist. Die Didaktik des altsprachlichen Unterrichts muß daher auch davon ausgehen, daß zeitlicher Abstand kein Hindernis für das Textverständnis ist. Es ist vielmehr anzunehmen, daß der heutige Leser eines antiken Textes den vom Autor festgelegten Sinn sogar besser versteht als ein zeitgenössischer Leser. Die didaktisch so fruchtbare Fremdheit der antiken Kultur und Literatur darf nicht mit Unzugänglichkeit oder Unverständlichkeit verwechselt werden. Wären wir wirklich so in unsere Gegenwart verstrickt, daß wir die Vergangenheit nicht verstehen könnten, so müßte jede Auseinandersetzung mit Vergangenheit – auch außerhalb des Schulunterrichts – ein nutzloses Unterfangen sein.

Mit der grundsätzlich gegebenen Möglichkeit, durch wiedererkennende Interpretation den vom Autor gemeinten Textsinn darzustellen, ist allerdings noch nicht geklärt, auf welche Weise man sich Gewißheit darüber verschaffen kann, ob eine Interpretation den Anspruch erheben kann, den Textsinn erfaßt zu haben. Selbst wenn sich die Interpretation für die Mehrzahl ihrer Aussagen auf objektives Beleg- und Beweismaterial, das z. B. aus anderen Texten des Autors oder anderen zuverlässigen Informationsquellen stammt, stützen kann, bleibt erfahrungsgemäß ein Rest von Unsicherheit, der den Interpretierenden dazu zwingt, seine Interpretation bestenfalls als *wahrscheinlich* adäquat anzusehen. Den Umfang des jeweils nur Wahrscheinlichen soweit wie möglich zu reduzieren, ist die Absicht jedes ernsthaften Interpreten. Der sicherste Weg zu dieser Reduktion ist eine Interpretation, die die Entstehungsbedingungen und den ursprünglichen Zusammenhang des Textes möglichst perspektivenreich erschließt, wie es z. B. die Boeckhsche Konzeption verspricht. Denn auf diese Weise lassen sich Daten ermitteln, deren Zuverlässigkeit darauf beruht, daß sie sich gegenseitig stützen und bestätigen. Wenn z. B. vermutet werden kann, daß eine bestimmte Formulierung im Text des Autors *A* eine Anspielung auf eine Formulierung im Text des Autors *B* ist, dann läßt sich diese Vermutung durch entsprechende Informationen u. a. über die Beziehungen zwischen den Autoren *A* und *B*, über die Rezeptionsgewohnheiten des Autors *A*, über andere Texte, in denen vergleichbare Anspielungen vorkommen, über die Bedingungen, unter denen der Text des Autors *A* entstanden ist, über sprachlich-stilistische Besonderheiten der vermutlichen Anspielung, die für den Autor *B* typisch sind, verifizieren. Aus der Summe dieser Daten ergibt sich möglicherweise schon eine begründete Vermutung über die Absicht, die der Autor *A* mit seiner Anspielung verfolgt hat. Diese Vermutung ist dann auf dem gleichen Wege zu verifizieren.

Die Unterscheidung von Sinn und Bedeutung entspricht der von August Boeckh getroffenen Unterscheidung von Interpretation und Kritik. Wenn zwischen dem vom Autor gewollten, konstanten und zeitlich überdauernden Sinn des Textes und seiner Bedeutung für uns heute unterschieden wird, d. h. wenn Textsinn und Sinnerlebnis getrennt werden, geht die Interpretation sowohl logisch als auch psychologisch der Kritik voraus. Erst die Erfassung des Textes nach den ihm eigenen Bedingungen schafft die Basis für die Kritik, die dem kritisierenden Subjekt die Möglichkeit gibt, dem Text eine bestimmte Bedeutung, einen Wert oder eine gegenwärtige Relevanz zu- oder abzusprechen.

Diesen Standpunkt vertritt im übrigen auch Kurt von Fritz [288] mit seiner für die gegenwärtige Philologie zweifellos repräsentativen Definition (→ 2.1.1.1.): „Interpretieren heißt herausfinden, was ein Autor gedacht oder gemeint hat, und dies Gemeinte so klar und deutlich wie möglich machen" (S. 56). Was darüber hinausweise, d. h. vor allem jede Beurteilung des vom Autor Gemeinten, jede Äußerung darüber, ob es richtig oder falsch sei, könne nicht mehr als *Interpretation* angesehen werden. Das sei bereits *Kritik*. Die Beispiele, an denen Kurt von Fritz ein werkgerechtes Interpretieren veranschaulicht, zeigen jedoch, daß die „reine Interpretation" mitunter durch eine angemessene „Sachkritik" ergänzt werden muß. Ein gewisses Maß von Sachkritik, d. h. von auf die sachliche Richtigkeit des Gesagten gerichteter Kritik, sei für die Erreichung des Zieles der richtigen Interpretation unentbehrlich. So ist z. B. die Interpretation eines Begriffes in einem philosophischen Text nur dann als richtig anzusehen, wenn sie dem Autor nicht einen flagranten Widerspruch mit sich selbst unterstellt. Die Prüfung der sachlichen Richtigkeit und der Konsequenz in der Argumentation ist also ein unerläßlicher Bestandteil einer richtigen Interpretation. Dabei ist jedoch unbedingt zu vermeiden, daß man auf einen antiken Autor von der Höhe unserer Zeit und ihrer Einsichten und Überzeugungen

[288] Fritz (Nr. 43).

herabsieht und falsche Maßstäbe und Vorstellungen in den Interpretationsvorgang hineinbringt. Ein signifikantes Beispiel für eine Fehlinterpretation dieser Art ist für Kurt von Fritz die Interpretation des xenophontischen Hieron durch Leo Strauss:

Wenn etwa Xenophon in seiner Schrift Hieron dem Tyrannen Hieron in einem Dialog Ratschläge geben läßt, wie er seine Tyrannis in eine aufgeklärte autoritative Monarchie verwandeln kann, in der strenge Ordnung, aber auch strenge, von aller Willkür freie Gerechtigkeit zum Wohle seiner Untertanen herrscht, so darf (nach Leo Strauss) Xenophon nicht gemeint haben, was er sagt, sondern muß, da er nicht wagen durfte, seine wahren Gedanken zu äußern, diese wie moderne in totalitären Staaten lebende Autoren, sorgfältig verborgen haben, obwohl Xenophons Lebensumstände so gewesen sind, daß er dazu nicht den geringsten Anlaß hatte. (S. 71)

In diesem Falle befindet sich das Interpretationsergebnis nicht mehr in Übereinstimmung mit dem im Text faßbaren Sachverhalt und mit dem vom Autor Gedachten und Gemeinten; es entspricht vielmehr nur den politischen Überzeugungen und Erfahrungen des Interpreten und der Mehrzahl seiner Zeitgenossen. Dennoch läßt sich auch eine derartige *aktualisierende* Interpretation legitimieren, wenn sie von der *philologischen* Interpretation, die auf die Ermittlung des vom Autor intendierten Textsinnes zielt, scharf getrennt wird und sich als eine Art postphilologischer Auseinandersetzung mit dem Text darstellt.

Mit der Annahme der Möglichkeit, durch eine adäquate Interpretation den vom Autor intendierten Textsinn zu erfassen, wird übrigens die Koexistenz mehrerer verschiedener richtiger Interpretationen nicht ausgeschlossen. Jede Interpretation ist historisch bedingt. Als eine Kunst des Erklärens (subtilitas explicandi) ist die Interpretation auf eine Sprache angewiesen, die ihren Adressaten erreicht. Da sich die Adressaten immer wieder ändern, muß sich auch die Interpretation in ihrer Sprache und ihrer Darstellungsweise ständig wandeln. Unter diesem Gesichtspunkt trifft die Behauptung zu, daß jede neue Generation neue Interpretationen benötige. Das heißt aber keinesfalls, daß sich für jede Generation der *Sinn* eines mit sich selbst identischen Textes veränderte. Der vom Autor gewollte Sinn bleibt stets derselbe, so daß auch sein Verständnis dasselbe bleibt, wenn es ein richtiges Verständnis ist. Daß ein richtiges Verständnis noch erweitert oder vertieft werden kann, steht zu seiner Zeitlosigkeit nicht im Widerspruch.

Die Unterscheidung der *subtilitas intellegendi* (Kunst des Verstehens) von der *subtilitas explicandi* (Kunst des Erklärens) ist keine Spitzfindigkeit. Denn mit ihr läßt sich die Existenz einer Vielzahl historisch bedingter richtiger Interpretationen begründen, die alle auf einem richtigen und demzufolge einheitlichen Verständnis eines unveränderlichen Textsinnes beruhen müssen, wenn sie wirklich richtig sind. In verschiedenen Zeiten und Lebenssituationen können jeweils andere Aspekte des Textsinnes auf ein besonderes Interesse stoßen. Die Interpretationen, die sich darum bemühen, diese unterschiedlichen Aspekte besonders herauszustellen, müssen jedoch darin übereinstimmen, daß sie auf dem richtigen Verständnis des Textsinnes basieren.

Der Unterschied zwischen *Verstehen* (intellegere) und *Interpretieren* (explicare) ist für die didaktische Theorie ebenso wichtig wie die Unterscheidung des (vorgegebenen) Textsinnes von der (subjektiv bedingten) Textbedeutung. Denn ihren besonderen didaktischen Wert erhält die unterrichtliche Auseinandersetzung mit Texten erst dadurch, daß sie nicht nur das Verstehen als – möglicherweise auch stille – Sinnentnahme übt, sondern auch dazu anhält, diese Sinnentnahme durch die nach außen gerichtete Interpretation zu explizieren. Erst aufgrund der Verbindung der subtilitas intellegendi mit der subtilitas explicandi wird der didaktische Wert der unterrichtlichen Textarbeit voll ausgeschöpft. –

Die Unterscheidung zwischen einem *philologisch-historischen* Verstehen und Interpretieren, das auf die Erschließung und Darstellung des vom Autor intendierten Textsinnes zielt, und einem *existentiellen* Verstehen und Interpretieren, das eine für uns heute relevante Textbedeutung erschließt und expliziert, ist als eine Grundlage für die Klärung des Unterschiedes zwischen *fachwissenschaftlicher* und *unterrichtlicher* Auseinandersetzung mit Texten anzusehen. Im Bereich der Bezugsdisziplinen des altsprachlichen Unterrichts wird dem philologisch-historischen Verstehen und Interpretieren traditionell der Vorrang eingeräumt. Im Unterricht wird versucht, darüber hinaus den existentiellen Bezug[289] zwischen dem Textsinn und dem Bewußtsein des heutigen Lesers herzustellen, d. h. die Textbedeutung für uns heute zu erfassen.[290] Diese Überschreitung des im strengen Sinne des Wortes philologischen Verstehens und Interpretierens wird dadurch erforderlich, daß die Auseinandersetzung mit Texten im altsprachlichen Unterricht im Dienst bestimmter Bildungs- und Erziehungsziele steht und zu diesem Zweck auch die existentielle Bedeutung der Texte für den Lernenden erschließen soll.[291]

In der didaktisch-methodischen Literatur wird mitunter zwischen einer

---

[289] Vgl. auch Suerbaum (Nr. 202).
[290] Selbstverständlich werden auch im akademischen Unterricht Texte unter pädagogisch-existentiellen Gesichtspunkten interpretiert.
[291] Barié (Nr. 7) spricht von der Spannung zwischen historisch-literarischer Textanalyse und aktualisierender Interpretation.

fachwissenschaftlichen und einer *pädagogischen* Interpretation unterschieden. So hat z. B. Werner Jäkel[292] neben die „im strengen Sinne philologische" zwei andere Arten von Interpretation gestellt: a) Die „Gegenwarts-Interpretation", die dazu diene, „Zusammenhänge mit der heutigen Bewußtseinslage und brennenden Problematik herzustellen" (S. 144); sie „soll einen Text, nachdem er so exakt wie nur möglich in seiner früheren Einmaligkeit und Bedeutung wissenschaftlich perzipiert worden ist, in einer heutigen singulären Situation im besten Sinne ,aktuell' machen" (S. 144 f.).
b) Die „pädagogische" Interpretation, die „auf die Eigenart des Heranwachsenden, dem es nicht primär um Anreicherung und Vollständigkeit des Wissens, sondern um die Intensität und Vielfalt seines Erlebens geht", Rücksicht nehme (S. 145). Diese Art von Interpretation soll zum „Erlebnis des Zeitlos-Gültigen" führen.

Damit scheint die pädagogisch-aktualisierende Interpretation dasselbe Ziel zu verfolgen wie die philologische, die ebenfalls die Erschließung eines vom Autor determinierten und im Laufe der Zeit nicht veränderbaren Textsinnes anstrebt. Bei genauerem Hinsehen dürfte jedoch deutlich sein, daß es hier um zwei verschiedene Ziele geht. Die philologische Interpretation will sich eines konstanten Textsinnes vergewissern, der unabhängig von seiner Bedeutung existiert. Die pädagogische Interpretation bemüht sich um das Erlebnis des zeitlos-gültigen Gehaltes oder Sachverhaltes, den der Autor auf seine spezifische Weise verstanden und in Form seines Textes expliziert hat. Mit dem „Zeitlos-Gültigen", das der Lernende erleben soll, kann also nicht die vom Autor vorgenommene Interpretation des Sachverhaltes, wie sie in Gestalt des Textes vorliegt, sondern nur der Sachverhalt selbst gemeint sein. Die pädagogische Auseinandersetzung mit dem Text ist auf dieser Stufe weniger an dem Text als einer autorspezifischen Interpretation eines Sachverhaltes interessiert als vielmehr an der Sache selbst. An dieser Akzentverschiebung wird eine – allerdings kalkulierbare – Gefahr der pädagogischen Textarbeit sichtbar: Texte antiker Autoren können einseitig als Informationsquellen über bedeutsame, interessante und pädagogisch nützliche Inhalte, Situationen und Wirklichkeiten ausgebeutet werden, wobei ihre autorspezifische und den Textsinn ausmachende Interpretation in den Hintergrund tritt. Dieser Gefahr ist schon deshalb vorzubeugen, weil mit der Reduzierung altsprachlicher Texte auf eine Informationsfunktion ihre originalsprachliche Lektüre nicht mehr ohne weiteres zu rechtfertigen ist. Außerdem ließen sie sich leicht durch andere Informationsquellen ersetzen. Aus diesem Grunde ist die intensive Bemühung um die autorspezifische Interpretation eines zweifellos auch allgemein relevanten Sachverhaltes, also

[292] Jäkel (Nr. 96) bes. S. 140–151.

um den Textsinn, ein unaufgebbares Prinzip des altsprachlichen Lektüreunterrichts. Im Anschluß an Werner Jäkel unterscheidet auch Josef A. Mayer eine „wissenschaftliche" von einer „pädagogischen" Interpretation [293]: Die „pädagogische" Interpretation zielt vor allem im Sinne ihrer bildenden und erzieherischen Funktion auf die Veranschaulichung des exemplarischen Gehalts eines Textes, auf die „zeitüberlegene Allgemeinheit" seiner Aussage und seines Sinnes. In ihrer Zielsetzung – so Mayer – begegnen sich die beiden Interpretationsarten: Beide wollten nämlich ein Sprachwerk weniger vordergründig erklären als möglichst vollkommen verstehen. Dem Grad nach erreiche die Schulinterpretation nicht das Höchstmaß an Verstehen, welches die wissenschaftliche Interpretation auszeichne. Dem Schüler eigne weder die Akribie und Exaktheit noch die Intensität und Subtilität, die dafür vonnöten wäre. Er verfüge weder über das Raffinement der wissenschaftlichen Methoden noch über die Fähigkeit zur alles bedenkenden und alles einkalkulierenden Reflexion. Nicht die letzten Details, die dem Forscher vielleicht besonders bedeutungsvoll seien, gingen ihn an, sondern ein Sprachganzes in seinen wesentlichen Zügen. Aber diese lasse er dann in sich so lebendig werden, daß die Aneignung zum nachwirkenden Erlebnis werden könne, wohingegen die Wissenschaft, von ihren eigenen Gesetzmäßigkeiten her, immer wieder aufs neue aus der Nähe in die Distanz zurücktreten müsse. Um den Boden für dieses Erleben zu bereiten, werde dieses Sprachganze möglichst anschaulich und in klarer Einfachheit vor die Augen der Schüler gestellt, ohne daß gegen die Wahrheit verstoßen werden dürfe.

Der grundlegende Unterschied zwischen Wissenschaft und Unterricht bestehe eben darin, daß im Unterricht nicht nur Kenntnisse erworben, Erkenntnisse gewonnen und Sinnzusammenhänge verstehend erfaßt würden. Es gehe vielmehr um eine „Begegnung" mit der Welt, aus der die Texte stammten. Von dieser Begegnung müsse dann „ein starker direkter Impuls" ausgehen, der das Denken und Handeln der jungen Menschen beeinflusse.

Mayer greift hiermit einen Gedanken auf, den schon Friedrich Walsdorff [294] formuliert hatte: In der rein wissenschaftlichen Interpretation fordere die unbedingte Sachlichkeit eine Selbstentäußerung des Interpreten, die bildende Wirkung der Lektüre auf der Schule habe subjektive Aufgeschlossenheit und Anteilnahme zur Voraussetzung. Das subjektive Urteil, das in der Wissenschaft nur als Hypothese Geltung habe, schaffe in der Schule erst das Gespräch, in dem die Schüler in fruchtbare Nähe zum Text

---

[293] Mayer (Nr. 138) bes. S. 15–26.
[294] Walsdorff (Nr. 208).

kämen. Dieses Gespräch aber werde, wenn es um letzte, entscheidende Werte gehe, nicht beim Verstehen des im Text gegebenen Tatbestandes sein Ziel erreicht haben, sondern erst im Vorgange des subjektiven Reagierens, der Entscheidung, des Bejahens und Erfassens, besser vielleicht des Erfaßtwerdens von der erkannten Wahrheit.

Ganz ähnlich bestimmt auch Paul Hohnen[295] die Aufgabe der unterrichtlichen Interpretation. Ihr Ziel sei die „Erhellung von exemplarischer Wesenswahrheit"; sie strebe ein „fortwirkendes Berührtwerden von Wesenswissen" an. Der Schüler müsse persönlich angesprochen werden; er müsse das Wahre erlebnismäßig bejahen oder auf dem Umweg über die kritische Stellungnahme des Wahrheitswertes innewerden. Dazu sei eine „stärkere Entrationalisierung" des Unterrichts erforderlich; denn bildend wirke das Echte und Wahre vornehmlich in Gestalten, Bildern und Anschauungen. Allerdings müsse jeder wertenden Stellungnahme, die ihrerseits rein pädagogisch bestimmt sei, ein sachlich sauberes Erarbeiten des Textes vorausgehen. Der historische, nach wissenschaftlichen Maßstäben erschlossene Wahrheitswert dürfe um der erzieherischen Bedeutung der Wahrheit willen nicht zerstört werden.

Fritz Blättner[296] hat treffend zwischen einem von der Wissenschaft intendierten „adäquaten Verstehen" und einem in der Schule zu erreichenden „pädagogischen" oder „fruchtbaren" Verstehen unterschieden. In der Schule gehe es nicht um ein hermeneutisch kontrolliertes Verstehen, das in den geisteswissenschaftlichen Disziplinen auf die begriffliche Erfassung seines Gegenstandes und auf seine Einordnung in einen umfassenden Erkenntniszusammenhang ziele. Es sei wichtiger, daß junge Menschen aus den Werken der Literatur Materialien zusammentrügen, aus denen sie „das Bild ihrer Welt und ihres Lebens, hohe Gedanken und reine Herzen gewinnen, als sie adäquat zu verstehen und auszulegen" (S. 42). Der Widerspruch zwischen dem adäquaten und dem fruchtbaren Verstehen, der sich als ein Widerspruch zwischen Wahrheitsstreben und Bildungsstreben erweise, sei im Unterricht durch das Bewußtsein aufzuheben, daß das adäquate wissenschaftliche Verstehen die Voraussetzung für das fruchtbare Verstehen sei. Beide Möglichkeiten des Verstehens müßten im Unterricht in eine fruchtbare Spannung zueinander gebracht werden:

Wenn man die Frucht haben will ohne die Mühe, oder wenn man in der Mühe Befriedigung zu finden vorgibt auch ohne Frucht – dann entsteht subjektivistische Willkür, die nur sich selbst will, oder objektivistische Stoffhuberei, die nie zu sich selbst kommt. (S. 44)

[295] Hohnen (Nr. 86).
[296] Blättner (Nr. 15).

Wenn also „Stoffhuberei" und „subjektivistische Willkür" in ein ausgewogenes Verhältnis gebracht werden, um sich zu einem didaktisch wirksamen Verstehen zu verbinden, dann kann auch die Wertung zum Endziel der interpretierenden Auseinandersetzung mit dem Text erklärt werden. J. A. Mayer hält den Dreischritt „Übersetzen-Verstehen-Werten" für unerläßlich. Er stützt diese Forderung vor allem auf Gadamers Begriff der Applikation,[297] welcher besagt, daß die applicatio vom intellegere (Verstehen) und vom explicare (Interpretieren) nicht zu trennen sei, da im Verstehen immer so etwas wie eine Anwendung (applicatio) des Textes auf die gegenwärtige Situation des Interpreten stattfinde.

Mayer kann sich darüber hinaus auch noch bei O. F. Bollnow[298], für den es ebenfalls kein reines Verstehen, d. h. kein Verstehen ohne (anwendendes) Werten, gibt, oder bei Wolfgang Kayser[299], für den die Wertung in der Interpretation beschlossen liegt, philosophisch und literaturwissenschaftlich absichern. Das Werten – so Mayer – komme eben dadurch unweigerlich ins Spiel, daß der Interpret nolens volens mit mehr oder minder unterschwelligen, gefühlsmäßigen Einstellungen auf seinen Gegenstand zugehe. Im Unterricht – und darin weicht Mayer von seinen Vorgängern deutlich ab – muß der Akt des Wertens jedoch bewußtgemacht werden: Der Schüler soll das Werten lernen und vom Verstehen trennen können. Hiermit kommt J. A. Mayer trotz seiner Abhängigkeit von H.-G. Gadamers Hermeneutik der Boeckhschen Unterscheidung von Interpretation und Kritik und der Abgrenzung zwischen Textsinn und Textbedeutung wieder sehr nahe. Denn nur wenn diese Trennung tatsächlich vorgenommen wird, besteht Aussicht darauf, den vom Autor intendierten Textsinn zu erfassen und damit überhaupt erst einen Gegenstand der Wertung und Kritik zu haben. Es ist – das sei hier wiederholt – logisch wie didaktisch nicht vertretbar, Wertung und Kritik auf Sachverhalte beziehen zu wollen, die man zuvor nicht richtig verstanden hat.

Die Trennung von Sinnentnahme und Wertung ist in der Praxis allerdings außerordentlich schwierig. Denn in jeder Phase der Auseinandersetzung mit einem Text stellt der Lernende unwillkürlich Beziehungen zu seinem bisherigen Wissen, zu seinen Urteilen und Anschauungen her.[300] Er kann sich gegen Assoziationen, die ihn vom Textsinn ablenken, nicht zur

---

[297] Gadamer (Nr. 51) bes. S. 291.
[298] O. F. Bollnow: Existenzphilosophie und Pädagogik, Stuttgart 1959.
[299] W. Kayser: Literarische Wertung und Interpretation, in: Der Deutschunterricht 4, 2, 1952, 13-27.
[300] Maier (Nr. 128) unterscheidet drei Interpretationsebenen, um dem Reifegrad und der Interpretationsfähigkeit des Schülers gerecht zu werden.

Wehr setzen – von folgenreichen Mißverständnissen und Ablenkungen anderer Art ganz zu schweigen. Was jedoch angesichts dieser Schwierigkeit möglich ist – und mehr will wohl auch J. A. Mayer nicht sagen –, das ist der feste Vorsatz, das Interesse des Schülers zunächst nur auf die Erschließung des vom Autor Gemeinten zu richten und alle von diesem ablenkenden Beziehungen, so gut es geht, zu unterbinden. Die Wertung – das gehört zu diesem Vorsatz – soll erst dann einsetzen, wenn man sich davon überzeugt hat, daß man jede Möglichkeit zur Erschließung des Textsinnes ausgeschöpft hat. Daß es immer wieder zu Grenzüberschreitungen kommt, muß dem Lernenden bewußt gemacht werden, sollte aber niemanden von dem Vorsatz abbringen, Sinnentnahme und Kritik auseinanderzuhalten.

Obwohl die Erschließung des Textsinnes der Klärung seiner Bedeutung für uns vorausgeht, ist der spätere Vorgang von nicht geringerem Wert als der frühere. Unter didaktischem Aspekt ist die Bedeutung jenes Sinnes, seine Beziehung zu uns, zur Gegenwart des Lernenden, letztlich sogar von höherem Wert. Denn seine Legitimation als Lerngegenstand erhält ein Text nicht schon durch seinen konstanten, determinierten Sinn, sondern erst durch seine Bedeutung für den Lernenden, was freilich nichts an der Tatsache ändert, daß Bedeutungsentnahme Sinnentnahme voraussetzt. Die dauernde Aufgabe der Didaktik besteht also darin, den sich ständig ändernden Gegebenheiten und Bedingungen der Lernsituation entsprechend die Voraussetzungen dafür zu schaffen, daß zwischen Textsinn und Bewußtsein des Lernenden Beziehungen entstehen, die die Bedeutung und den Wert des Textsinnes für den Lernenden evident werden lassen. Eine ausschließlich positivistische Darstellung des Textsinnes ist kein didaktisches Ziel, sondern nur seine Voraussetzung. Wenn an dieser festgehalten wird, dann ist gesichert, daß keine unberechtigten, unangemessenen oder falschen Beziehungen hergestellt werden, die man gewöhnlich als verfälschende oder krampfhafte Aktualisierungen des Textsinnes zu Recht abweist, weil sie didaktisch unseriös sind und einer oberflächlichen Arbeit am Text Vorschub leisten. So dürfte es z. B. ganz unangebracht sein, die in den ›Commentarii de bello Gallico‹ zum Ausdruck kommende Reflexion und Interpretation der Gallienpolitik Caesars zum „Modell" eines modernen Imperialismus zu erklären. Ebenso abwegig wäre es, den ehemaligen Sklaven Phaedrus aufgrund seiner Fabeldichtung zum Prototyp des Sozialrevolutionärs zu erheben. Jede Wertung und jede Kritik, die ganz offenkundig im Widerspruch zu dem vom Autor intendierten Textsinn stehen, sind didaktisch nicht zu verantworten, da sie von falschen Voraussetzungen ausgehen und den antiken Autor anachronistisch mit den Maßstäben und aus der Bewußtseinslage unserer Zeit zu beurteilen suchen. Das gilt sowohl für eine ablehnende wie für eine zustimmende Kritik, die sich die Relevanz eines antiken Textes für uns heute mit der Verfälschung seines Sinnes erkauft.

Angesichts derartiger Irrwege pädagogischer Interpretation stellt sich die Frage, ob es überhaupt berechtigt ist, einen literarischen Text nicht nur als solchen zu interpretieren und zu kritisieren, sondern darüber hinaus seinen instrumentellen Wert innerhalb eines nichtliterarischen Zusammenhanges zu bestimmen. Womit ist es überhaupt zu rechtfertigen, daß literarische Texte als Unterrichtsinhalte in einen didaktischen Verwertungsprozeß eingebracht werden?

Die Schwierigkeit einer wirklich überzeugenden Antwort auf diese Grundfrage der Literaturdidaktik läßt sich auch mit einem Hinweis auf didaktische Analysen und Lernzielkataloge nicht beheben. Man kann aber statt dessen auf einen Gemeinplatz der Literaturdidaktik verweisen: Die Literatur ist ein Medium, das in einzigartiger und besonders intensiver Weise über den Menschen Auskunft zu geben vermag. Das Studium der Literatur ermöglicht also ein Studium des Menschen. Folglich ist Literaturunterricht eine Unterweisung in philosophischer Anthropologie. Man kann sich dem aufgeworfenen Problem aber auch dadurch entziehen, daß man die Frage einfach zurückgibt: Was spricht denn dagegen, daß literarische Texte zu Unterrichtsgegenständen erhoben werden? Es lassen sich ohne Zweifel brauchbare didaktische Argumente gegen die Verwendung *bestimmter* Texte in bestimmten Lernsituationen formulieren. Aber für eine allgemeine Eliminierung literarischer Texte aus dem Unterricht gibt es weder didaktische noch andere Argumente. Denn der einzige wirklich überzeugende und ausschlaggebende Einwand gegen Literatur im Unterricht wäre der Nachweis ihrer konzeptionell mißbräuchlichen Verwendung. Solange aber die Didaktik darauf besteht, daß der Kern der unterrichtlichen Auseinandersetzung mit literarischen Texten die Erschließung und Interpretation des vom Autor intendierten Textsinnes ist, kann von einem didaktischen Mißbrauch der Literatur keine Rede sein. Der Unterricht verschafft der Literatur vielmehr ihr notwendiges Publikum – und zwar ein vergleichsweise hochqualifiziertes. Wenn Öffentlichkeit zum Wesen der Literatur gehört, dann dürfte ihre Verwendung im Unterricht zur Verwirklichung und Entfaltung ihres Wesens in nicht unerheblichem Maße beitragen. Wem Literatur für die Schule zu schade ist, der möge bedenken, daß vielen literarischen Texten allein die Schule eine Öffentlichkeit verschafft und zu erhalten bemüht ist. Die Schule hat als Garant der Öffentlichkeit selbstverständlich nicht nur das Recht, sondern auch die Pflicht, die dort mit Literatur Umgehenden zu werkadäquater Wertung und Kritik zu befähigen. Das ganze Problem dürfte seine Brisanz verlieren, wenn man begriffe, daß zwischen der Interpretation von Texten im Unterricht und der außerschulischen

ized Die fachwissenschaftlichen Bezugsdisziplinen 143

individuellen Lektüre kein qualitativer Unterschied besteht. Man hat es allenfalls mit einem organisatorischen Unterschied zu tun.

Um den bisherigen Gedankengang zusammenzufassen: Die unterrichtliche Interpretation geht von zwei verschiedenen Ansätzen aus: a) von einem auf den Textsinn zielenden philologisch-wissenschaftlichen und b) von einem auf die Textbedeutung, auf Wertung, Kritik und Sinnerlebnis zielenden pädagogisch-existentiellen Ansatz. Die unterrichtliche Interpretation besteht aus einer Verknüpfung dieser beiden Ansätze, indem der Text einerseits als „Dokument" und andererseits als „Gefäß paradigmatischen Inhalts" [301] interpretiert wird. Es darf dabei jedoch nicht übersehen werden, daß der pädagogisch-existentielle Ansatz eine spezifische Aktualisierung des Textes bedeutet, die der Autor in der Regel nicht beabsichtigt oder vorausgesehen haben kann. Man muß also immer wieder die Frage stellen, ob dieser Ansatz aufgrund seiner aktualisierenden Tendenz nicht zu einer falschen und unsachgemäßen Interpretation führt. Denn die pädagogische Interpretation zielt eben nicht auf die Ermittlung und Darstellung dessen, was der Autor gedacht und gemeint hat, sondern auf die aktualisierende *Bewertung* des vom Autor Gedachten und Gemeinten. Die pädagogische Interpretation ist aber nur dann eine Fehlinterpretation, wenn sie mit dem Anspruch auftritt, eine werkgerechte philologisch-wissenschaftliche Interpretation zu sein, d. h. wenn der philologische und der pädagogische Ansatz, wenn Erkennen und Werten nicht deutlich genug voneinander getrennt werden. Durch die strenge Unterscheidung des philologischen und des pädagogischen Ansatzes ist sichergestellt, daß die unterrichtliche Interpretation sowohl philologischen Ansprüchen genügen als auch eine pädagogische Zielsetzung verfolgen kann. Außerdem werden die beiden Interpretationsansätze im Unterricht nicht nur deutlich voneinander getrennt, sondern auch in eine bestimmte Beziehung zueinander gebracht: Es gibt keine seriöse pädagogische Interpretation, die nicht auf den Ergebnissen einer philologischen Interpretation aufbaut.[302] Die pädagogische setzt also stets die philologische Interpretation voraus. Es ist ein unumstößliches Prinzip der unterrichtlichen Interpretation, daß der Interpretierende den Übergang von der philologischen zur pädagogischen Interpretation bewußt vollzieht. Die Verknüpfung der beiden Ansätze im Rahmen der unterrichtlichen Interpretation bedeutet also keine unkontrollierte Einebnung der Unterschiede, sondern – im Gegenteil – eine klare Abgrenzung der werkbezogenen subtilitas intellegendi et explicandi gegenüber der pädagogischen Aktualisierung, gegenüber Kritik und Wertung aus der Bewußtseinslage und

[301] Bayer (Nr. 11).
[302] Vgl. auch Hohnen (Nr. 86).

im Verständnishorizont des Interpreten. Daran wird erneut sichtbar, daß für die von der Didaktik verantwortete unterrichtliche Interpretation ein Verzicht auf Werkgerechtigkeit nicht in Frage kommt.

2.2. Pädagogische Bezugsdisziplinen

Die pädagogischen Bezugsdisziplinen dienen der *schülergerechten* Steuerung von Auswahlentscheidungen im Bereich der Unterrichtsinhalte und -ziele. Die Didaktik bedient sich der Erkenntnisse pädagogischer Bezugsdisziplinen, um der *motivationalen* Seite des Auswahlproblems gerecht zu werden. Denn alle didaktischen Überlegungen zur Auswahl von Unterrichtsinhalten und -zielen müssen ein motiviertes Lernen ermöglichen. Demnach ist jede pädagogische Disziplin, die sich mit dem Problem des motivierten Lernens befaßt, als Bezugsdisziplin der Didaktik anzusehen. Wie stark pädagogische Bezugsdisziplinen didaktische Entscheidungen steuern und beeinflussen können, sei nur an einigen ausgewählten Beispielen veranschaulicht.

2.2.1. Lerntheoretische Gesichtspunkte

1. Die Forderung, daß die traditionelle, sich an den Fachwissenschaften orientierende Autoren- oder Werklektüre durch eine stärker thematisch aufgebaute Lektüre ersetzt werde, ergibt sich aus didaktischen Überlegungen, die vor allem von lerntheoretischen[303] und motivationspsychologischen[304] Einsichten beeinflußt sind.[305] Das Thema, unter dem im altsprachlichen Unterricht Texte gelesen werden sollen, ist unter lerntheoreti-

---

[303] Über die Theorie des Lehrens und Lernens informiert knapp: H. Schröder: Lernen und Lehren, in: H. Hierdeis (Hrsg.): Taschenbuch der Pädagogik, Teil 2, Baltmannsweiler 1978, 546–557. Vgl. auch das Kap. Lernen und Denken, in: F. E. Weinert u. a. (Hrsg.): Pädagogische Psychologie, Bd. 2, Frankfurt 1974, 605–709. Konzepte des Lehrens und Lernens hat auch Maier (Nr. 130) S. 72–99 vorgestellt.

[304] Zur Motivationspsychologie s. ebenfalls Weinert u. a., s. Anm. 303, Bd. 1, bes. 133–209 u. 575–601. Eine Berücksichtigung motivationspsychologischer Fragestellungen findet man auch bei Hansen (Nr. 67).

[305] Siehe schon Mayer und die von ihm herausgegebenen AU-Hefte ›Lektüre nach übergeordneten Themen‹ 7, 3, 1964; 9, 4, 1966; 12, 2, 1969; 15, 1, 1972. Zur neueren Diskussion: R. Nickel: Das thematische Prinzip, in: W. Höhn – N. Zink (Hrsg.): Handbuch für den Lateinunterricht, Sekundarstufe II, Frankfurt 1979, 254–265.

schen und motivationspsychologischen Gesichtspunkten eine Brücke zum Verständnis der Texte. Es aktiviert das für den Verstehensprozeß notwendige Vorwissen; es erzeugt ein emotionales Engagement und deutet die Richtung des Verstehensprozesses an. Es bietet Hinweise auf erforderliche Vorinformationen und Anregungen zum Erwerb von Sachkenntnissen, die einer fruchtbaren Auseinandersetzung mit den Texten dienlich sind. Das Thema ist somit ein Vermittler zwischen der sachlich-logischen Bedeutung der Texte einerseits und der individuellen kognitiven Struktur des Lernenden andererseits. Mit dem Thema werden Anknüpfungspunkte in der kognitiven Struktur des Lernenden gewonnen, wodurch dieser in die Lage versetzt wird, einen Zugang zur Bedeutung der Texte zu gewinnen. Darüber hinaus weckt das Thema beim Lernenden die Bereitschaft zum sinnerfassenden Lesen und Lernen.

In diesem Sinne haben Themen die Funktion vorstrukturierender Lernhilfen.[306] Sie dienen dazu, in der kognitiven Struktur des Lernenden gleichsam den Boden für neue Erkenntnisse zu bereiten, indem sie alle darauf bezüglichen Erfahrungen mobilisieren. Außerdem sind sie Leitideen, unter die die im nachfolgenden Lernprozeß detaillierten und differenzierten Informationen subsumiert werden können. Themen sind also nicht etwa Zielangaben, sondern konzeptionelle Vorgaben von hohem Abstraktions- und Generalitätsgrad. Sie ketten die jeweils vorliegenden Texte im voraus in weiterreichende Zusammenhänge ein.

Die Diskussion über das thematische Prinzip im altsprachlichen Unterricht zeigt beispielhaft, daß didaktische Entscheidungen auf der Grundlage eines Ausgleichs von fachwissenschaftlich-gegenstandsbezogenen und pädagogisch-schülerbezogenen Interessen herbeizuführen sind. Denn Themen sind Aussagen über Unterrichtsziele und Unterrichtsinhalte, die unter Berücksichtigung unterrichtsgerechter Kriterien ermittelt und ausgewählt werden müssen, und diese Kriterien sollen garantieren, daß einerseits der Schüler zu einem fruchtbaren Lernen motiviert und andererseits der Gegenstand, um den es geht, sachgerecht erarbeitet wird.

2. Die zentrale Frage, von deren angemessener Beantwortung der Erfolg des Unterrichts entscheidend abhängt, lautet: Wie kann man den Schüler zu einem Handeln und Verhalten *motivieren*, das das angestrebte Unterrichtsziel erreichen hilft? Die Erkenntnisse der Motivationstheorie – so erstaunlich es ist – werden erst in jüngster Zeit und ganz allmählich von der Fachdidaktik des altsprachlichen Unterrichts rezipiert.[307] Selbstverständlich ist nicht zu bestreiten, daß es viele Lehrer gibt, die ohne jede Kenntnis einer

---

[306] Vgl. D. P. Ausubel: Psychologie des Unterrichts, 2 Bde., Weinheim 1974.
[307] Hansen (Nr. 67) S. 4–17; Maier (Nr. 130) S. 46–56; R. Willer: Motivation im

modernen Motivationspsychologie wirksame und erfolgreiche Motivationshilfen zu geben imstande sind. Abgesehen davon gibt es eine Fülle veröffentlichter Anregungen, die dem Lehrer Möglichkeiten zur Verbesserung der Schülermotivation zeigen. Lehrbücher und andere Unterrichtsmittel werden immer unter dem Gesichtspunkt einer möglichst intensiven Motivationsförderung verfaßt und erstellt. Die Motivation ist – unter welchem Namen auch immer – das wohl am meisten behandelte Thema der Fachdidaktik, und das ist vielleicht der Grund dafür, daß diese das Problem der Motivation unter wissenschaftlichen Gesichtspunkten bisher kaum exklusiv behandelt hat. Was man also immer schon betrieben hat, das ist eine intensive und vielseitige Motivationsförderung, und was man bisher stark vernachlässigt hat, das ist die Reflexion dieser Motivationsförderung unter Berücksichtigung der modernen Motivationsforschung. Das Interesse des Praktikers an der Motivationstheorie würde sicherlich in dem Augenblick erheblich gesteigert, wo ihm nachgewiesen wird, daß die Kenntnis dieser Theorie seine Praxis verbessern hilft. Allerdings dürfte man die Erkenntnisse der Motivationstheorie mißverstehen, wenn man sie lediglich an ihrer unmittelbaren praktischen Verwertbarkeit messen würde. In dieser Hinsicht ist der erfahrene Lehrer dem Motivationstheoretiker vielleicht sogar überlegen.

Die Erkenntnisse der Motivationstheorie erweisen ihren besonderen Wert jedoch vor allem dadurch, daß sie der Fachdidaktik Erklärungsmöglichkeiten und Begründungszusammenhänge für das Verhalten des Schülers in verschiedensten Unterrichtssituationen erschließen. Unter diesem Gesichtspunkt kann die Motivationstheorie z. B. Auswahlentscheidungen (→ 1.3.), den Aufbau von Unterrichtsmaterialien (→ 1.4.1.) und methodische Maßnahmen (→ 1.4.2.), wie z. B. die Organisation eines vergleichenden Lernens,[308] beeinflussen. Sie kann ferner dazu anregen, nach neuen Unterrichtsinhalten zu suchen oder bisher ungenutzte Medien einzusetzen. Sie ist schließlich dazu geeignet, die Reflexion der Lehrerrolle anzuregen und das Lehrerverhalten gegebenenfalls zu korrigieren. Sie trägt nicht zuletzt auch dazu bei, Faktoren zu erfassen, die das Versagen oder die Verweigerung der Schüler angesichts bestimmter Leistungsanforderungen erklären.

Die Motivationstheorie kann auch ganz allgemeine Ursachen für Motivationsmängel erklären und in das rechte Licht rücken, wie z. B. das sogenannte „Modernitätsdefizit" des altsprachlichen Unterrichts, und zur

---

altsprachlichen Unterricht am Beispiel Latein, in: Gruber-Maier (Hrsg.): Alte Sprachen 1, München 1979, 54–69.

[308] Lohmann (Nr. 125) bes. S. 39f.

Entwicklung von Strategien zur Bewältigung derartiger Schwierigkeiten beitragen. Wenn es z. B. motivationspsychologisch erwiesen ist, daß Anschaulichkeit [309] bei der Darstellung von Lernstoff eine erhebliche Motivationshilfe ist, dann ergibt sich daraus die Forderung an die Fachdidaktik, bei der Entwicklung von Unterrichtsmaterial dem Prinzip der Anschaulichkeit gerecht zu werden. Entsprechendes gilt für die Auseinandersetzung mit Texten. Hier muß die Interpretation das Ziel haben, den jeweiligen Textinhalt möglichst anschaulich werden zu lassen (z. B. durch Bild- und Tonmaterial, durch graphische Darstellungen, durch Demonstration von Realien, durch Museumsbesuche und Studienfahrten).

Die für die Fachdidaktik wohl wichtigste Entdeckung der Motivationsforschung ist das „*Prinzip der optimalen Passung*". Dieses Prinzip besagt, daß die Motivation des Lernenden dann ihre Höchstform erreicht, wenn ein Unterrichtsgegenstand und das mit diesem zu erreichende Unterrichtsziel hinsichtlich seines Schwierigkeitsgrades dem bereits erreichten Leistungsstand des Schülers angepaßt sind und diesen nur leicht überfordern.[310] Laut H. Heckhausen muß das Aufgabenangebot einen mittleren Schwierigkeitsgrad[311] haben, dessen Dosierung der Schüler selbst vornehmen kann, um die sachbezogene (intrinsische) Motivation zur Beschäftigung mit diesen Aufgaben zu erhöhen und den Lernfortschritt optimal zu fördern.

Diese empirisch gewonnene Erkenntnis zwingt die Fachdidaktik dazu, Lerngegenstände nach dem Prinzip der Passung auszuwählen und zu organisieren. Das gilt ebenso für die Konstruktion von Sprachlehrgängen für verschiedene Altersstufen wie für die Auswahl von Lektürestoffen und die Gestaltung von Interpretationsverfahren und -hilfen, die dem Entwicklungsstand, dem Leistungsvermögen und dem Alter der Schüler entsprechen müssen. So hat Friedrich Maier[312] drei Phasen oder Stufen des Lektüreunterrichts skizziert, denen er drei Interpretationsebenen zuordnet: In der Anfangsphase soll eine sachorientierte, in der mittleren Phase eine problemorientierte und in der letzten Phase eine modellorientierte Interpretation praktiziert werden. Maier geht – dem Prinzip der optimalen Passung gemäß – im Rahmen dieses Modells davon aus, daß die gezielte Entfaltung eines existentiellen Verstehens von Texten als Verfahren der pädagogischen

[309] Maier (Nr. 130) S. 56–71.
[310] H. Heckhausen: Förderung der Lernmotivierung und der intellektuellen Tüchtigkeiten, in: H. Roth (Hrsg.): Begabung und Lernen, Stuttgart 1968, 193–228.
[311] R. Nickel: Schwierigkeit und Schwierigkeitsgrad, in: Höhn-Zink, s. Anm. 305, 178–190.
[312] Maier (Nr. 128).

Interpretation mit dem Reifegrad und dem sprachlichen Können des Schülers zunehmen muß, um ein Höchstmaß an Lernerfolg zu erzielen.

Wenn man das für ein motiviertes Lernen maßgebende Prinzip der optimalen Passung wirklich ernst nimmt, dann darf man sich den „hohen Anspruch" oder die „besondere Schwierigkeit" des altsprachlichen Unterrichts nicht mehr zugute halten. Denn nur ein „mittlerer Anspruch" und ein „mittlerer Schwierigkeitsgrad" können motivationspsychologisch vertreten werden. Latein und Griechisch dürfen keine „besonders schwierigen Fächer" sein. Sie müssen sich als „mittelschwere Fächer" verstehen. Das bedeutet keinesfalls den Verzicht auf anspruchsvolle Inhalte (→ 1.3.4.), sondern die Verpflichtung zu ständiger Verbesserung der methodischen Möglichkeiten und zu größter Sorgfalt bei der Auswahl „passender" Inhalte, zur Entfaltung des affektiven Verhaltensbereichs (→ 1.3.2.) – damit sind Freude, Neugierde, Begeisterung gemeint – und zur Weckung der Bereitschaft, die Gegenstände des altsprachlichen Unterrichts als maßgebend für die eigene Identitätsfindung zu begreifen.

3. Lerntheoretische Überlegungen liefern nicht nur Anhaltspunkte für die Verbesserung der konkreten Lernsituation. Sie können auch in die *Legitimation* des altsprachlichen Unterrichts eingehen. So ist z. B. die Theorie der formalen Bildung[313], die sich auf die Möglichkeit eines transfer of learning, d. h. eines Übertragens von Gelerntem auf neue Situationen, zu stützen versucht, bereits in der Zeit des Neuhumanismus[314] zur Begründung des altsprachlichen Unterrichts herangezogen worden. Die philosophisch-psychologische Basis dieser Theorie ist die auf Leibniz' Philosophie der Kraft zurückgehende Vermögenspsychologie. Auf dieser Grundlage wird Bildung als eine Kräftebildung des Ichs verstanden (→ 4.2.4.). Die Welt der Objekte steht im Dienst dieser Kräftebildung. Die Objekte als solche sind für diesen Bildungsvorgang also nur von untergeordneter, dienender Bedeutung. Der so Gebildete hat die Fähigkeit erworben, seine Kräfte in beliebigen Situationen zu gebrauchen. Friedrich August Wolf hat in diesem Sinne gefordert: „In Ansehen der formellen Bildung muß alles dahin abzwecken, daß der Schüler Aufmerksamkeit, Gedächtnis, Verstand und die übrigen Seelenvermögen, an den Lehrgegenständen, welche dazu vorzüglich tauglich sind, übe und stärke."[315] Vorzüglich tauglich für diesen Zweck sind nach Wolf die Alten Sprachen; denn ihre Erlernung fördere und fordere die Gedächtniskraft, und außerdem

---

[313] Grundlegend: Keulen (Nr. 106).
[314] Luther (Nr. 127).
[315] Wolf (Nr. 228) S. 98.

erhält der Verstand durch dieses Vehikel mancherlei Vorübungen in höheren Anstrengungen, nämlich eine Menge von Verstandes-Begriffen, Einsichten in die Operationen des Verstandes, und durch die Kunstfertigkeit im Verstehen und Erklären eine so vielseitige Gewandtheit des Geistes, wie kaum durch irgendeine andere Beschäftigung. (Wolf, S. 102)

Die Behauptung, daß man psychische Fähigkeiten, wie z. B. die Denkfähigkeit, logisches Denken, Gedächtnisvermögen, mit Hilfe der Alten Sprachen besonders gründlich und nachhaltig – verbunden mit der Fähigkeit, diese auch auf andere Inhalte anzuwenden – erwerbe, ist der Kern der neuhumanistischen Bildungstheorie vom 19. Jahrhundert bis in unsere Tage. Entschiedenen Widerspruch fand die Theorie jedoch schon bei J. F. Herbart, der die Transfermöglichkeit aufgrund seiner Ablehnung der Vermögenspsychologie bestritt (→ 1.3.1.). Die erste intensive wissenschaftliche Auseinandersetzung mit dem Transferproblem ist E. L. Thorndike[316] zu verdanken. Seitdem kann man nicht mehr darauf bestehen, daß ein Transfer gleichsam *automatisch* möglich ist. Denn Übertragungseffekte sind in hohem Maße von der Art des Lernens und Lehrens abhängig. Der Transfer muß also *gezielt* geübt werden. Allerdings ist davon auszugehen, daß die Übertragung nur in einem relativ eng begrenzten Rahmen möglich ist. So lassen sich z. B. durch die Übung des Sprachvergleichs zwischen Lateinisch und Deutsch Gesichtspunkte und Verfahrensweisen lernen, die dann auch auf einen Sprachvergleich zwischen Englisch und Französisch zu übertragen sind.

Obwohl das verbreitete Klassifikationsschema von Heinrich Roth die Lernzielstufe „Transfer" enthält (→ 1.3.2.), hat die Fachdidaktik die Operationalisierung des Transfers bisher kaum in Angriff genommen.[317] Das gilt sowohl für den spezifischen, d. h. auf identische Elemente sich gründenden, als auch für den unspezifischen Transfer, den man gemeinhin als das „Lernen des Lernens"[318] bezeichnet. Hermann Keulen fordert also mit Recht, daß nicht nur der Lernstoff klar und deutlich zu strukturieren und die mit diesem zu erwerbenden spezifischen oder allgemeinen Fähigkeiten genau zu bestimmen sind, weil erst durch eine durchschaubare Strukturierung das Erkennen ähnlicher oder identischer Elemente bei verschiedenen Inhalten ermöglicht und so der Transfer erleichtert wird. Darüber hinaus soll auch der Transfer selbst als Unterrichtsziel angestrebt werden. Denn

---

[316] Mental Discipline in High-School Studies, in: Journal of Educational Psychology 15, 1924, 1–22 u. 83–98.
[317] Ausnahmen: Hentig (Nr. 76) bes. S. 260–292; Lohmann (Nr. 125).
[318] Vgl. F. E. Weinert: Lernübertragung, in: Weinert u. a., s. Anm. 303, 687–709.

gerade die Einsicht in diese Notwendigkeit habe der alten Theorie der formalen Bildung gefehlt, so daß sie von einem uneingeschränkt wirkenden automatischen Transfer habe ausgehen können. Der Unterricht müsse also gezielt die übertragungsfähigen Momente der einzelnen Unterrichtsinhalte und ihre Beziehungen untereinander hervorheben. Denn nur dann ist gesichert, daß das Gelernte Voraussetzungen für weiteres Lernen enthält[319] und somit zu einer fruchtbaren formalen Bildung beiträgt. Unter diesem Gesichtspunkt bedeutet formale Bildung also Lernfähigkeit, Beherrschung von „Problemlösungsstrategien", Verfügung über vielseitige kognitive Fähigkeiten (Sprachbewußtsein) und – last not least – eine erhöhte muttersprachliche Kompetenz.[320] Hartmut von Hentig hat treffend formuliert, daß die formalbildende Wirkung des Lateinunterrichts „in den methodischen Anstrengungen" liege, zu denen man beim Lernen gezwungen werde. Denn formale Bildung sei „Übung statt Ausstattung, Bildung (im Sinne des Worts) statt Kenntnisse, Vorgang statt Stoff, Sokrates statt Sophisten" (S. 260). Doch damit sich diese Bildungswirkung einstelle, müsse die Grammatik zu einer „Grammatik des Denkens" werden, die die „Grundfiguren kommunikativen Verstehens" (S. 270) beschreibe.

Leider ist bisher noch unbewiesen, welche formalen Bildungswirkungen und Transfereffekte von der fachspezifischen Methode des *Übersetzens* aus den Alten Sprachen ausgehen. Inwieweit trifft es wirklich zu, daß durch die „Verpflichtung auf das Wort, den Text, die Sache, durch den Zwang zur Konzentration auf das sprachliche Detail, auf die Nuance die Verhaltensformen der Sachlichkeit, Genauigkeit, der intellektuellen Redlichkeit, der Hingabefähigkeit an ein schwieriges Problem"[321] als Voraussetzungen für das wissenschaftliche Arbeiten im späteren Studium und Beruf erworben werden?

Diese für die Klärung der Transferwirkung des Lernens im altsprachlichen Unterricht grundlegende Frage läßt sich freilich nur mit Hilfe einer überzeugenden Analyse der Lern- und Denkvorgänge beantworten, die das Übersetzen im Unterricht erforderlich machen und zu intensivieren trachten. Das Problem des Übersetzens ist unter diesem Gesichtspunkt ein lern- und denkpsychologisches Problem, dessen Lösung Auskunft darüber erteilt, was Übersetzen eigentlich ist. Erst dann sind zuverlässige Aussagen über seinen unterrichtlichen Sinn und Zweck zu machen.

[319] Hentig (Nr. 76) S. 288.
[320] Vgl. B. Gutacker: Lateinunterricht und Transfer sprachlicher Fertigkeiten, Diss. Frankfurt 1976.
[321] F. Maier: Das Übersetzen. Ein zentrales Thema der Altsprachlichen Fachdidaktik, in: Gruber-Maier (Nr. 59) S. 131.

Der Beweis dafür, daß das Übersetzen mehr ist als ein Verfahren, das Sprachwissen und Sprachkönnen zu fördern verspricht, steht noch aus.

Hier müssen zuerst lerntheoretische Fragen geklärt, die spezifischen Prozesse des Übersetzungsvorgangs analysiert und psychologische Probleme erörtert werden, ehe das Übersetzen als „geistige Zucht" in seine transferablen Elemente im kognitiven und affektiven Bereich operationalisiert werden kann.[322]

Die Fachdidaktik ist also nicht nur auf eine allgemeine Übersetzungswissenschaft[323], sondern auch auf eine Übersetzungspsychologie[324] angewiesen, die die Denkvorgänge beim Übersetzen im altsprachlichen Unterricht beschreibt und vor allem Auskunft darüber gibt, inwieweit diese zu transferieren sind. Eine aussagekräftige Übersetzungspsychologie würde zu den wohl wichtigsten Bezugsdisziplinen des altsprachlichen Unterrichts gehören, falls es ihr gelänge, die einfache, aber eminent wichtige Frage zu beantworten, was der übersetzende Schüler eigentlich tut, während er einen lateinischen oder griechischen Text übersetzt.

2.2.2. Unterrichtsforschung

Die Unterrichtsforschung versucht, mit Hilfe erfahrungswissenschaftlicher Methoden, d. h. durch Beobachtung und Experiment, Regelmäßigkeiten und Eigentümlichkeiten des Unterrichtsgeschehens unter dem Blickwinkel der Relation von Ursache und Wirkung zu erfassen und zu beschreiben. Zu diesem Zweck muß der jeweilige Gegenstand der Untersuchung aus der Vielfalt miteinander verflochtener und sich gegenseitig bedingender Faktoren und Variablen, die den Unterricht ausmachen, herausgelöst und isoliert werden. Mit der erfolgreichen Durchführung einer isolierenden Einzeluntersuchung ist aber weder die Allgemeingültigkeit eines empirisch ermittelten Befundes bewiesen, noch seine Bedeutung für die ganze Unterrichtswirklichkeit geklärt. Ein wesentlicher Grund für diese Schwierigkeit ist in der Tatsache zu sehen, daß die Unterrichtswirklichkeit kein unveränderliches Forschungsobjekt ist, sondern eingebettet in einen historisch-gesellschaftlichen Zusammenhang dem dauernden Wandel ausgesetzt bleibt. Im Gegensatz zu einem physikalischen Forschungsgegenstand ist Unterricht kein stabiles, klar determiniertes Phänomen. Daraus

---

[322] Keulen (Nr. 106) S. 85.
[323] Vgl. H. Janssen – H. Stammerjohann: Handbuch der Linguistik, München 1975, 515–537, s. v. Übersetzen.
[324] Nickel (Nr. 149) S. 97–100.

folgt, daß auch über die praktischen Konsequenzen, die aus einem bestimmten Einzelergebnis für unterrichtliches Handeln zu ziehen sind, keine verbindliche Aussage gemacht werden kann (→ 1.2.).

Diese Probleme, die sich aus dem Gegenstand „Unterrichtswirklichkeit" ergeben, veranschaulichen bereits das Dilemma, in dem sich eine empirische Unterrichtsforschung befindet, und verpflichten zu großer Vorsicht gegenüber den Erkenntnissen dieser Disziplin. Das Dilemma ist auch durch die Forderung nicht zu beseitigen, daß die Unterrichtsforschung bei allen Einzeluntersuchungen stets das vieldimensionale Ganze des unterrichtlichen Geschehens im Auge behalten müsse, weil die Nichtbeachtung der Vieldimensionalität und Komplexität des Unterrichts zu wissenschaftlichen Fehlkonstruktionen und zu bedenklichen Kurzschlüssen führe, aus denen grundverkehrte pädagogische Maßnahmen resultierten.[325]

Empirische Unterrichtsforschung ist nur dann wirklich sinnvoll, wenn sie sich auf allgemeingültige Gesetzmäßigkeiten des unterrichtlichen Geschehens richten kann. Aber gibt es solche Gesetzmäßigkeiten oder Grundstrukturen, die es ermöglichen, daß gleichen Ursachen und Bedingungen gleiche Wirkungen und Folgen entsprechen? Läßt sich Unterricht überhaupt so erforschen, daß das Resultat den Kriterien einer „allgemeingültigen Wahrheit" standhält? Mit einer eindeutig negativen Antwort auf diese Fragen würde sich nicht nur jede pädagogische Forschung selbst aufheben; auch intentionales, zweckgerichtetes Lehren und Unterrichten wären ausgeschlossen (→ 1.1.). Eine wissenschaftliche Lehrerausbildung würde sich als unmöglich erweisen. Die Erfüllung von Lehrplänen, die Verwirklichung von Unterrichtszielen blieben dem Zufall einer günstigen, aber nicht steuerbaren Faktorenkonstellation überlassen. Damit würde selbstverständlich auch der Didaktik eines Unterrichtsfaches jede Grundlage entzogen.

Die vorsichtige Skepsis gegenüber einer wissenschaftlichen Bewältigung des Unterrichtsgeschehens wird leider noch dadurch verstärkt, daß es bisher völlig ungeklärt ist, inwieweit die Didaktik des altsprachlichen Unterrichts selbst die Aufgabe übernehmen kann, Einzelbeobachtungen der Unterrichtsforschung in die von ihr verantwortete Theorie des Unterrichtsfaches einzuordnen.

Aber selbst wenn es nach Lage der Dinge nicht möglich erscheint, von der Unterrichtsforschung exakte und allgemeingültige Aussagen zu erhalten, so kann diese doch wenigstens fruchtbare *Hypothesen* liefern, die in die

---

[325] F. Winnefeld: Pädagogisches Feld als Faktorenkomplexion, in: G. Dohmen u. a. (Hrsg.): Unterrichtsforschung und didaktische Theorie, München 1970, 35–39.

Theorie des Unterrichtsfaches einzubeziehen und in der Praxis auf die Probe zu stellen sind. Die notgedrungen partielle und selektive Erschließung der Unterrichtspraxis durch die empirische Unterrichtsforschung bedeutet für die Didaktik des altsprachlichen Unterrichts ein beachtliches *Anregungspotential*, das – an die Praxis weitergegeben – wenigstens vorläufige Anhaltspunkte und Anstöße für unterrichtliches Handeln zu liefern vermag. Unter diesem Gesichtspunkt werden die Resultate der Unterrichtsforschung nicht als endgültig angesehen, sondern im Unterricht weiterhin zur Disposition gestellt. Der einzelne Praktiker setzt somit den von der Unterrichtsforschung in Gang gebrachten oder zumindest geförderten Prozeß der Erschließung der unterrichtlichen Wirklichkeit fort. Unter dieser Bedingung wird Unterrichtsforschung für die Praxis relevant und durch die Praxis legitimiert. Die Didaktik rezipiert also die Erkenntnisse der empirischen Forschung, berücksichtigt sie für ihre eigene Theoriebildung und gibt sie – sozusagen gefiltert – an die Praxis weiter. Das kann z. B. unter folgenden Gesichtspunkten geschehen:

1. Im Bereich der Fächer Griechisch und Latein wird von jeher eine mehr oder weniger systematische Unterrichtsforschung betrieben. Diese erfolgt vor allem mit Hilfe von Unterrichtsversuchen, die z. B. den unterrichtlichen Nutzen von Methoden und Medien, die Brauchbarkeit von Unterrichtswerken oder den Wert bewährter oder neuer Lektürestoffe ermitteln und überprüfen sollen. Darüber hinaus werden Eignung und Erreichbarkeit von Lernzielvorstellungen im Unterrichtsgeschehen erprobt. Nicht zuletzt sind auch die verschiedenen Verfahren der Leistungsmessung und Lernzielkontrolle als Aktivitäten einer Unterrichtsforschung zu verstehen. In diesem Sinne treibt im Grunde jeder verantwortungsbewußte Lehrer empirische Forschung, deren Resultate nicht nur auf seinen eigenen, sondern in Form von Erfahrungsberichten auch auf den Unterricht seiner Fachkollegen zurückwirken können. Eine praxisgerechte Didaktik ist auf diese Resultate angewiesen, um ihre Ermittlung und Auswahl von Unterrichtszielen und -inhalten möglichst praxisnah durchführen und noch besseres Unterrichtsmaterial entwickeln zu können. Es ist gewiß keine Übertreibung, wenn man feststellt, daß eine erfolgreiche didaktische Forschung ohne diese Unterrichtsversuche und Erfahrungsberichte aus der Praxis im leeren Raum operieren würde.

2. Darüber hinaus gibt es weitergreifende empirische Untersuchungen über die Effektivität des altsprachlichen Unterrichts. Diese wurden vor allem durch die moderne Curriculumforschung (→ 2.3.2.) herausgefordert,[326] die auf eine Revision des schulischen Bildungsangebotes zielte und

---

[326] Bayer (Nr. 13).

damit auch den altsprachlichen Unterricht prinzipiell in Frage gestellt hat.

Demzufolge lag es nahe, daß der didaktische Ausschuß des Deutschen Altphilologen-Verbandes mit den empirischen Methoden der Lehrerbefragung und des Schülertests die tatsächlich erreichten Lernziele des Lateinunterrichts zu ermitteln versuchte, ohne damit allerdings eine erschöpfende Analyse der Qualifikationen vorlegen zu können, die durch altsprachlichen Unterricht zu erzielen sind. Diese Beschränkung ist vor allem darauf zurückzuführen, daß sich „höhere" kognitive Lernziele auf den Stufen des Transfers und des problemlösenden Denkens und die Fülle der affektiven Lernziele der empirischen Nachweisbarkeit entziehen (→ 1.3.2.).

Die Bedeutung derartiger Untersuchungen über den „Ist-Stand" besteht darin, daß die Didaktik nicht nur Informationen darüber erhält, in welchen Bereichen (Inhaltsklassen) und auf welchen Lernzielstufen der Unterricht seine besonderen Qualifikationsschwerpunkte hat, sondern auch Anstöße zur Umgestaltung der Bereiche und Stufen mit einer bisher weniger qualifizierenden Wirkung bekommt. Die Analyse des „Ist-Standes" ist auf jeden Fall der Ausgangspunkt für eine Korrektur auch des „Soll-Standes".

3. Die Didaktik des altsprachlichen Unterrichts muß grundsätzlich alle Ergebnisse der Unterrichtsforschung aufgreifen, die in irgendeiner Weise die Ermittlung und Auswahl von Unterrichtsinhalten und -zielen beeinflussen können. Sie hat also die Aufgabe, nicht nur die fachinterne, sondern auch die allgemeine, nichtfachspezifische Unterrichtsforschung zu rezipieren. Das gilt z. B. für die Erforschung der Interaktion und Kommunikation im Unterricht.[327] In diesem Falle kann etwa die Tatsache, daß im schulischen Unterricht stets sachorientiertes mit sozialem Lernen verbunden ist, zur Formulierung von Unterrichtszielen führen, die der Unterricht bisher nicht intendiert hat. So ist es denkbar, daß sich das gemeinsame Übersetzen und Interpretieren aufgrund von Erkenntnissen über den Ablauf kommunikativer Prozesse im Unterricht als ein Verfahren erweist, das der Einübung eines bestimmten Sozialverhaltens dient.[328]

Ferner können empirische Untersuchungen zu den verschiedenen Sozialformen des Unterrichts (Gruppenunterricht[329], Partnerarbeit[330]) insofern auch fachdidaktisch relevant sein, als sie Voraussetzungen dafür

---

[327] R. Biermann: Interaktion im Unterricht. Didaktische Ansätze, Beiträge, Perspektiven, Darmstadt 1978.
[328] Vgl. R. Nickel: Kooperatives Lernen, München 1976.
[329] Z.B. G. Dietrich: Bildungswirkungen des Gruppenunterrichts, München 1969; B. Forsberg – E. Meyer (Hrsg.): Einführung in die Praxis der schulischen Gruppenarbeit, Heidelberg 1973.
[330] Z.B. Ch. Schell: Partnerarbeit im Unterricht, München 1972.

schaffen, daß bestimmte Inhalte im Unterricht erfolgreich erarbeitet und entsprechende Ziele erreicht werden können.[331] Auch die Erforschung des Lehrer- und Schülerverhaltens[332] kann beachtliche Konsequenzen für didaktische Entscheidungen haben. Das gilt z. B. für die Zusammenhänge zwischen Verhaltensstilen und -formen des Lehrers und die Förderung affektiver Unterrichtsziele (→ 2.2.1. → 4.2.4.2.).

Die Unterrichtssprache[333] in ihrer Bedeutung für das Lernen ist ein weiterer Schwerpunkt der Unterrichtsforschung. Einschlägige Beobachtungen liefern nicht nur Anhaltspunkte für die Ausbildung des Lehrers, sondern auch Hinweise auf die Abhängigkeit bestimmter Unterrichtsziele von der Lehrer-, bzw. Unterrichtssprache. Vermutlich besteht ein enger Zusammenhang zwischen der Unterrichtssprache und der Erreichung fachspezifischer Unterrichtsziele, wie z. B. der Übersetzungsfähigkeit.

Um die Reihe der Beispiele für die Themen einer didaktisch relevanten Unterrichtsforschung hier willkürlich abzubrechen – es ist bereits deutlich geworden, daß die Fachdidaktik ihre Aufgabe, die Ermittlung und Auswahl von Unterrichtszielen und -inhalten, nur unter Berücksichtigung empirischer Forschung erfüllen kann. Denn diese erschließt der Didaktik die Wirklichkeit des Unterrichts und gibt ihr einerseits Auskünfte über die Bedingungen, unter denen Unterrichtsziele in der Praxis zu erreichen sind, und andererseits Anregungen zur Entdeckung neuer Ziele.

Auf den ersten Blick scheinen die meisten Befunde der Unterrichtsforschung allerdings weniger für die Didaktik als für die *Methodik* (→ 1.4.2.) bedeutsam zu sein. Wenn man jedoch bedenkt, daß die Methodik im Bereich der fachspezifischen Grob- und Feinziele die unterrichtspraktische Umsetzung didaktischer Entscheidungen garantiert, dann muß die Didaktik ein vitales Interesse an einer intensiven Unterrichtsforschung haben. Man sollte schließlich auch nicht übersehen, daß die empirische Forschung Aufschlüsse über Bedingungen unterrichtlichen Lehrens und Lernens bietet, die möglicherweise den didaktischen Leit- und Richtzielentwürfen entgegenstehen und deren Realisierung in der Praxis gefährden. Unter diesem Gesichtspunkt öffnet sich unter Umständen ein breiter Graben zwischen didaktischen Idealvorstellungen, wie sie in Zielformulierungen verbalisiert

---

[331] Z. B. I. de Florio-Hansen: Möglichkeiten und Auswirkungen des gruppenunterrichtlichen Verfahrens im lateinischen grundlegenden Sprachunterricht, in: AU 20, 1, 1977, 43–55.
[332] Z. B. B. Gerner: Der Lehrer – Verhalten und Wirkung, Darmstadt [4]1974.
[333] Z. B. D. Spanhel: Die Sprache des Lehrers, Düsseldorf 1971; A. A. Bellack u. a.: Die Sprache im Klassenzimmer, Düsseldorf 1974.

sind, und der ernüchternden Wirklichkeit der Alltagspraxis, wie sie von der Unterrichtsforschung ungeschminkt dargestellt wird. Wie kann z. B. die folgende Leitzielformulierung des Deutschen Altphilologen-Verbandes (1970), die mit einem weitreichenden Konsens rechnen darf, vor der *Realität* des Unterrichts bestehen?

Die Gesellschaft stellt der Schule den Auftrag, im jungen Menschen Fähigkeiten zu entwickeln, die ihm ein Leben in Selbstbestimmung und in Verantwortung ermöglichen. Lernen, zumal Lernen im Unterricht, soll Urteilsvermögen begründen und Entscheidungs- und Handlungsfähigkeit wecken...

Oder wie läßt sich z. B. die folgende Formulierung aus dem ›Strukturplan‹ (S. 37) mit den Beobachtungen der Unterrichtsforschung über die *tatsächliche* Situation in Verbindung bringen?

Wenn es ferner das Ziel der Schule ist, den jungen Menschen auf das Leben in einer offenen Gesellschaft und in einem demokratischen Staat vorzubereiten, müssen die Grundmuster des mündigen Verhaltens in der Schule eingeübt und erprobt werden. Einübung und Erprobung erfolgen im tätigen wechselseitigen Verhalten zwischen Schülern und zwischen Lehrern und Schülern... Die künftige Schule wird vom Schüler mehr Selbständigkeit und Eigenverantwortung fordern und ihn zu beidem stärker motivieren. Der Lehrer wird außer der Sachkompetenz die erforderliche Sozialkompetenz besitzen müssen und dadurch als Lehrer eine neue Bedeutung gewinnen...

Die Diskrepanz zwischen derartigen Wunschvorstellungen und den Beobachtungen der Unterrichtsforschung z. B. über den gestörten Unterricht[334] und seine Bewältigung durch den Lehrer,[335] über die sprachliche Dominanz des Lehrers,[336] über die Stellung des schlechten Schülers im Unterricht,[337] über die Formen der Machtausübung des Lehrers,[338] über das verschwiegene Handeln der Schüler[339] oder über schulische Rituale[340] ist deutlich genug. Die mit diesen Stichworten bezeichneten – und möglicherweise strukturellen – Alltagsprobleme dürfen von der didaktischen Forschung nicht ignoriert werden, wenn sie vom Praktiker als Hilfe angenommen werden will.

[334] R. Winkel: Der gestörte Unterricht, Bochum 1976.
[335] F. Thiermann: Die Unterrichtsstörung, in: Die Deutsche Schule 1975, 646–658.
[336] Bellack, s. Anm. 333.
[337] E. Höhn: Der schlechte Schüler, München ⁴1971.
[338] D. Ulich: Die Dimension „Macht" in der Lehrer-Schüler-Interaktion, in: Pädag. Welt 18, 1974, 130–137.
[339] Th. Heinze: Unterricht als soziale Situation, München 1976.
[340] D. Ulich: Pädagogische Interaktion, Weinheim 1976.

Wenn die Didaktik die von der Unterrichtsforschung analysierte „Pathologie des Unterrichts" zur Kenntnis nimmt, dann müssen einerseits die Zielformulierungen bescheidener und vorsichtiger ausfallen, und andererseits müssen Ziele und Inhalte gefunden werden, die dazu beitragen können, die Situation zu verbessern. Auf diesem Wege erhöht die Didaktik nicht zuletzt die Bedeutung der Unterrichtsforschung für die Korrektur der Praxis, die freilich nur zu leisten ist, wenn die nötige Klarheit über einen *wünschenswerten* Unterricht besteht. Die Klärung dieses wünschenswerten Zustands ist gewiß nicht weniger schwierig als die faktische Korrektur des Unterrichtens. Denn eine globale Leitzielformulierung wie z. B. „Fähigkeit zur Selbst- und Mitbestimmung" schafft eine zwar notwendige, aber keinesfalls hinreichende Voraussetzung für ein wünschenswertes Unterrichten, solange man nicht weiß, *wie* diese Fähigkeit im Unterrichtsalltag angesichts der angedeuteten Schwierigkeiten zu üben ist. Welche Bedingungen müssen gegeben, welche Hindernisse überwunden sein, damit der Schüler tagtäglich „Selbst- und Mitbestimmung" praktizieren kann?

So wäre u. a. zu fragen, inwieweit die sachgerechte Lektüre eines philosophischen Dialogs oder eines Dramas eine Situation zu schaffen vermag, die einem wünschenswerten Unterrichten entspricht. Außerdem könnte man fragen, ob nicht die intensive, methodisch reflektierte Auseinandersetzung mit lateinischen und griechischen Texten ein Unterrichtsklima zu erzeugen vermag, in dem unterrichtliche Interaktionsformen (kooperative Texterschließung; offene, sachbezogene Erörterung von Interpretationsansätzen und -ergebnissen) zu verwirklichen sind, die der Ermöglichung von „Selbst- und Mitbestimmung" in besonders intensiver und nachhaltiger Weise dienen.[341] Leider hat die Fachdidaktik die Möglichkeiten des *Sozial*lernens in Verbindung mit einem fachspezifischen *Sach*lernen noch zu wenig bedacht. Welche sozialen Lernziele sind z. B. im Rahmen des Übersetzens altsprachlicher Texte zu erreichen? Was lernt der Schüler eigentlich über die Fähigkeit zur Texterschließung hinaus, wenn er sich jahrelang darum bemüht, schwierige lateinische Texte zu verstehen? Mit dem Stichwort „Verstehen fremder Strukturen"[342] ist eine fruchtbare Hypothese formuliert. Die Unterrichtsforschung hätte nun zu untersuchen, inwieweit der altsprachliche Unterricht aufgrund seiner spezifischen Arbeitsformen

---

[341] Über Erfahrungen mit kooperativen Arbeitsformen: R. Ulshöfer (Hrsg.): Theorie und Praxis des kooperativen Unterrichts, Bd. 2: Resultate und Modelle in den Fächern, Heft 4, Alte Sprachen, hrsg. von Th. Meyer u. H. Steinthal, Stuttgart 1972.
[342] Hermes (Nr. 78); Barié (Nr. 6); Nickel (Nr. 149) bes. S. 92–97 u. 249–252.

des Übersetzens und Verstehens von Texten wirklich ein Erfahrungsfeld im Umgang mit dem Fremden bildet und damit zur Toleranz erzieht.

Alle bisher skizzierten Beispiele und Fragen sollten zeigen, auf welchen Ebenen und in welchen Bereichen Befunde der Unterrichtsforschung von der Didaktik genutzt und auch eingefordert werden können. Die Didaktik ist jedoch auch noch unter einem anderen, in einem anderen Zusammenhang schon angedeuteten Gesichtspunkt (→ 1.2.) auf Unterrichtsforschung angewiesen: Alle fachdidaktischen Aussagen über Unterrichtsziele und -inhalte bedürfen der Bewährung in der Unterrichtswirklichkeit. Es muß sich in der Praxis erweisen, ob die didaktischen Entscheidungen den Kriterien, unter deren Berücksichtigung sie getroffen worden sind, tatsächlich entsprechen. Hier eröffnet sich ein weites, bisher wenig bestelltes Feld einer empirischen Forschung, auf die die Didaktik dringend angewiesen ist, um überhaupt intersubjektiv gültige Aussagen treffen zu können.[343]

2.3. Allgemeine Didaktik und Curriculumtheorie

2.3.1. Allgemeine Didaktik

Im gegenwärtigen Sprachgebrauch haben sich vier Grundbedeutungen des Begriffs „Allgemeine Didaktik" herausgebildet (→ 1.3.): a) Didaktik ist die Wissenschaft vom Lehren und Lernen in allen Formen und auf allen Stufen.[344] b) Didaktik ist eine „Theorie des Unterrichts". Sie wird auch definiert als „lerntheoretisch orientierte Didaktik".[345] Sie hat das Ziel, alle am Unterrichtsgeschehen beteiligten Faktoren zu analysieren und die wechselseitige Abhängigkeit dieser Faktoren zu beschreiben. Im Rahmen dieser Didaktik werden vier Strukturmerkmale des Unterrichts unterschieden: 1. die pädagogische Intention, 2. die Unterrichtsinhalte, 3. die Methoden, die zur Bewältigung der Unterrichtsintentionen dienen sollen, 4. die Medien, mit denen diese erreicht werden können. – Unterrichtsgerechte Entscheidungen in bezug auf diese vier Strukturmerkmale hängen von den „anthropogenen" und von den „soziokulturellen" Voraussetzungen des Unterrichts ab. c) Didaktik ist eine „Theorie der Bildungsinhalte und des Lehrplans".[346] Mit „Bildungsinhalten" sind Gegenstände gemeint, die unter dem Gesichtspunkt bestimmter pädagogischer Ziele ausgewählt wer-

---

[343] Schulz-Vanheyden (Nr. 190) bes. S. 389.
[344] J. Dolch: Grundbegriffe der pädagogischen Fachsprache, München ³1960.
[345] Heimann – Otto – Schulz (Nr. 74).
[346] Weniger (Nr. 210).

den. Diese Didaktik beschränkt sich also auf die Ziele und Inhalte des Unterrichts unter Verzicht auf die Methoden und Medien (→ 1.4.2.). Diesem didaktischen Ansatz ist auch die moderne Curriculumtheorie zuzuordnen (→ 2.3.2.). d) Didaktik ist eine „Theorie optimalen Lehrens durch direkten Unterricht oder durch Programme und Lehrmaschinen" bzw. eine Theorie der (kybernetischen) Steuerung von Lehr- und Lernvorgängen.[347] Eine Auseinandersetzung mit Lernzielen und -inhalten findet im Rahmen dieser Didaktik nicht statt. Im Mittelpunkt ihres Forschungsinteresses steht dagegen die Frage nach den Methoden und Medien des Lehrens und Lernens.

Für die Fachdidaktik des altsprachlichen Unterrichts sind diese Theorien und Modelle von grundlegender Bedeutung – allerdings nicht im Sinne einer einseitigen Abhängigkeit der Fachdidaktik von der Allgemeinen Didaktik. Zwischen beiden besteht vielmehr eine wechselseitige Beziehung: Die Fachdidaktik muß sich vor dem jeweils erreichten Stand der allgemeindidaktischen Reflexion ausweisen, und die Allgemeine Didaktik bedarf der Fachdidaktik zur Konkretisierung und Überprüfung ihrer Aussagen und Forderungen. „Aussagen der Allgemeinen Didaktik . . . sind überhaupt nur im Verantwortungsbereich der Fach- bzw. Bereichsdidaktiken verifizierbar" (W. Klafki).

Von erheblichem Gewicht für die Fachdidaktik ist Wolfgang Klafkis Konzeption der „Didaktischen Analyse"[348], die den Kern, nicht aber die Gesamtaufgabe[349] der Unterrichtsvorbereitung des Lehrers umfassen soll. Klafki hat diese Konzeption aufgrund von Stundenanalysen in engem Kontakt zur Unterrichtspraxis entwickelt. Die ursprüngliche Fassung der „Didaktischen Analyse" enthält fünf Grundfragen, die auf folgende Probleme gerichtet sind: 1. die exemplarische Bedeutung, 2. die Gegenwartsbedeutung, 3. die Zukunftsbedeutung, 4. die Gegenstandsstruktur und 5. die Zugänglichkeit des Unterrichtsthemas. – Auf die Bedeutung dieser spezifisch didaktischen Fragen konnte bereits in einem anderen Zusammenhang eingegangen werden (→ 1.3.). Sie betreffen die Grundaufgaben der Fachdidaktik, nämlich angemessene Unterrichtsziele und -inhalte zu ermitteln und auszuwählen.

Mit der Weiterentwicklung der „Didaktischen Analyse" will Klafki der Notwendigkeit gerecht werden, daß die fünf Grundfragen konsequenter und kritischer, als das im ersten Entwurf geschah, auf die jeweiligen gesell-

[347] H. Frank: Kybernetische Grundlagen der Pädagogik, Baden-Baden/Paris 1962.
[348] Klafki (Nr. 109).
[349] Vgl. W. Kramp: Hinweise zur Unterrichtsvorbereitung für Anfänger, in: Die Deutsche Schule 1962.

schaftlich-politischen Voraussetzungen, Implikationen und Folgen bestimmter Zielentscheidungen, bestimmter thematischer Entscheidungen hin durchdacht werden müssen.[350] Daraus ergibt sich eine Neuformulierung der fünf Grundfragen: 1. Welches ist das bzw. sind die allgemeinen und die speziellen Lernziele, die anhand eines ins Auge gefaßten Themas angestrebt werden sollen? Hiermit will Klafki der stärkeren Lernzielorientierung und damit auch den Klassifikationsmöglichkeiten von Lernzielen (→ 1.3.2.) gerecht werden. 2. Welche Bedeutung haben das Thema und die mit ihm zu verfolgende Zielsetzung für die Lernenden angesichts der spezifischen Sozialisationsbedingungen, denen sie ausgesetzt sind? Damit wird darauf hingewiesen, daß die Lebensbedingungen und Interessen der Schüler bei der Unterrichtsvorbereitung nicht außer acht gelassen werden dürfen. 3. Welche gesellschaftlichen Zukunftszustände bestimmen die Auswahl des Themas? Wenn nach der Zukunftsbedeutung des Themas gefragt wird, müssen bestimmte Vorstellungen über einen wünschbaren oder erstrebenswerten gesellschaftlichen Zustand aktiviert werden, in denen die Schüler „hineinerzogen und hineinsozialisiert" werden sollen (→ 4.2.4.). 4. Welche „thematische Struktur" weist der Unterrichtsgegenstand auf? Dabei sollen auch die gesellschaftlichen Hintergründe und Implikationen nicht unberücksichtigt bleiben (→ 1.3.2.). Die Allgemeine Didaktik ist mit dieser Frage eigentlich überfordert. Die Strukturanalyse kann nur von einer Fachdidaktik geleistet werden. 5. Die Frage der Zugänglichkeit des Themas ist bereits mit der Neufassung der 2. Frage präziser formuliert. Der Lehrer muß also bei der Unterrichtsvorbereitung die jeweils spezifische Lernsituation des Schülers berücksichtigen, um nicht zuletzt auch eine optimale Motivation zu erreichen (→ 2.2.1.). Klafki ergänzt diese Liste um weitere Fragestellungen bzw. Vorbereitungsaspekte: 6. An welchen Leistungen soll sich zeigen, ob der Schüler die angestrebten Ziele erreicht hat? An welchen „Symptomen" ist abzulesen, daß der Unterricht erfolgreich war? 7. Mit welchen Medien (z. B. Lehrbüchern) ist der angestrebte Lernvorgang zu verwirklichen? 8. Mit welchen Methoden (Organisations- und Vollzugsformen des Lehrens und Lernens) ist der Lernvorgang zu steuern?

Die hiermit skizzierte Neufassung der „Didaktischen Analyse" zeigt, daß W. Klafki sich der lerntheoretisch orientierten Didaktik der „Berliner Schule" (Heimann-Otto-Schulz) stark angenähert hat und nun auch die *Methoden*problematik in die didaktische Vorbereitung des Unterrichts einbezieht. Daß die „Didaktische Analyse" in ihrer erweiterten Fassung eine Konzeption darstellt, die nicht nur dem Lehrer der Alten Sprachen unerläßliche Leitlinien für die Unterrichtsvorbereitung bietet, sondern auch

---

[350] Klafki (Nr. 109).

dem Fachdidaktiker wichtige Anhaltspunkte für die Planung und Herstellung von Unterrichtsmaterial (→ 1.4.1.) liefert, ergibt sich aus der bisherigen Darstellung der Fachdidaktik im Rahmen dieser Einführung.

Inwieweit die altsprachliche Fachdidaktik Aussagen der Allgemeinen Didaktik [351] konkretisiert und in Unterrichtspraxis umgesetzt hat, zeigt Helmut Vester in seiner Untersuchung über den Einfluß der Allgemeinen Didaktik auf die neuere Fachdidaktik der Alten Sprachen. [352] Hier seien nur die allgemeindidaktischen Grundbegriffe und Prinzipien genannt, die seit den frühen sechziger Jahren die fachdidaktische Diskussion stark beschäftigt und erhebliche Auswirkungen auf die Unterrichtspraxis gewonnen haben: Die *Konzentration* und das *Exemplarische* [353] (→ 1.3.3.) haben in ihrer fachspezifischen Konkretisierung zur Lektüre nach übergeordneten Themen (→ 2.2.1.) geführt. In diesem Lektüreansatz wird Konzentration realisiert als thematische Schwerpunktbildung und als Auseinandersetzung mit einem oder mehreren Texten unter Berücksichtigung bestimmter Leitlinien. Das exemplarische Prinzip steuert die Auswahl von Texten oder Textstellen, die für ein größeres Ganzes, für eine Sinneinheit, für die Reflexion einer Grundsituation repräsentativ sind. Abgesehen davon hat der starke Einfluß allgemeindidaktischer Fragestellungen auf die Fachdidaktik auch zu dem verstärkten Bemühen um die Analyse traditioneller und bisher weniger beachteter Unterrichtsinhalte geführt. Man muß allerdings davon ausgehen, daß sich die altsprachliche Didaktik der Frage nach der Legitimation ihrer Unterrichtsinhalte in der Schule von jeher gestellt hat und dazu nicht von der Allgemeinen Didaktik angeregt zu werden brauchte (→ 1.3.1.). Es ist offenbar ein Prinzip der Didaktik des altsprachlichen Unterrichts, mehr als nur Fachdidaktik zu sein und grundsätzlich alle fachdidaktischen Überlegungen und Entscheidungen im Kontext allgemeindidaktischer Fragestellungen zu entwickeln. Daher war es für die Fachdidaktik auch kaum problematisch, sich der modernen Curriculumforschung zu stellen und ihre Gegenstände auch unter curriculumtheoretischen Gesichtspunkten zu reflektieren.

---

[351] Knappe Darstellung der Allgemeinen Didaktik: Funk-Kolleg Erziehungswissenschaft, Bd. 2, 64–70; Reich (Nr. 163).
[352] Vester (Nr. 205).
[353] Mayer (Nr. 137).

2.3.2. Curriculumtheorie

Unter Curriculumtheorie versteht man ein System zur Gewinnung und Anwendung von Methoden, mit denen a) aktuelle Lebenssituationen und die in ihnen geforderten Funktionen, b) die zu deren Bewältigung notwendigen Qualifikationen und c) die Bildungsinhalte und Gegenstände, durch welche diese Qualifizierung bewirkt werden soll, identifiziert werden können.[354] Die Curriculumtheorie stellt sich demnach in den Dienst einer lebensgerechten Bildung und Erziehung, die sich als „Ausstattung zur Bewältigung von Lebenssituationen" (S. B. Robinsohn) versteht und diese durch eine angemessene Auswahl von Lerninhalten und Lernzielen (Qualifikationen) zu leisten versucht.

Der Zweck der Curriculumtheorie ist eine Curriculumreform, d. h. die lebensgerechte Aktualisierung des Curriculums durch eine gründliche Revision seiner Inhalte. Inhaltliche Curriculumentscheidungen sollen „aus schierem Dezisionismus" herausgehoben und auf ausgesprochene und akzeptable Kriterien gegründet werden.

Die Identifizierung von Situationen und Funktionen, Qualifikationen (Lernzielen) und Bildungsinhalten (Lerninhalten) bedarf nicht nur bestimmter Kriterien, sondern auch geeigneter Methoden und kompetenter Instanzen. Die Feststellung dieser Kriterien, Methoden und Instanzen ist die Voraussetzung einer erfolgreichen Curriculumforschung.

Erfolgreich ist die Curriculumforschung, wenn ihr die Entwicklung eines Curriculums gelingt, mit dem sich der schulische Unterricht als ganzer und jedes einzelne Unterrichtsfach legitimieren lassen,[355] d. h. mit dem die provozierende Frage zu beantworten ist, inwieweit der Heranwachsende das, was er in der Schule lernen muß, überhaupt braucht.

Diese Bemerkungen lassen bereits erkennen, daß die Curriculumtheorie keinesfalls eine neue Didaktik darstellt, sondern durchaus auf herkömmlichen didaktischen Theorien, und zwar insbesondere auf der Theorie Erich Wenigers[356] fußt, der unter „Bildungsinhalten" Gegenstände versteht, die unter dem Gesichtspunkt bestimmter pädagogischer Zielsetzungen ausgewählt worden sind. Robinsohns Denkansatz ist also in einem engen Zusammenhang mit Wenigers Theorie der Bildungsinhalte zu sehen. Daraus ergibt sich dann auch mit einer gewissen Konsequenz, daß Didaktik und Curriculumtheorie auf dieselben Probleme zielen.

---

[354] Robinsohn (Nr. 167); Gruber (Nr. 61); Frings – Keulen – Nickel (Nr. 41) s. v. Curriculum, Curriculumforschung, Curriculumreform.
[355] Westphalen (Nr. 216).
[356] Weniger (Nr. 210); Klafki (Nr. 107).

Der Begriff ‚Curriculum' akzentuiert nur einen bestimmten Aspekt besonders, unter dem die bisher in der deutschen Pädagogik mit dem Terminus „Didaktik" umschriebenen Fragen gesehen werden: den Aspekt der konsequenten, mit wissenschaftlichen Hilfsmitteln durchgeführten oder mindestens unterstützten Planung, Prozeßorganisation und Kontrolle der Curriculumplanung und -realisierung.[357] Das sei eine Weiterentwicklung, nicht aber die Ablösung einer durch eine prinzipiell neue Problemstellung überholten Didaktik. Insofern könne man „Didaktik" und „Curriculumtheorie" ohne Bedenken begrifflich gleichsetzen. Dabei darf man jedoch einen grundlegenden Unterschied nicht übersehen: Die Allgemeine Didaktik pflegte sich stets – etwa im Zusammenhang mit dem Prinzip des Exemplarischen (→ 1.3.3.) – auf *tradierte* Unterrichtsinhalte zu beziehen und in diesen das Bleibende, auch für die Zukunft Maßgebende aufzufinden und zu erhalten. Sie hatte als Theorie der Bildungsinhalte eine grundsätzlich konservative Tendenz. Die Curriculumtheorie zielt dagegen nicht auf Erhaltung sondern auf *Neugestaltung*.[358] Die Curriculumreform soll neue Inhalte und Ziele erbringen. „Nicht die Erhaltung oder Neustrukturierung der Tradition wird angestrebt, sondern eine einschneidende Veränderung des Systems der Bildungsinhalte" (Westphalen, S. 72).

Robinsohns Ansatz mußte jedoch an seinem eigenen Anspruch scheitern: an der Forderung nach Identifikation von Situationen und Funktionen, auf deren Bewältigung die Bildungsinstitutionen durch Lernziele und Lerninhalte vorbereiten sollten.[359] Es gibt nämlich bisher kein Instrument, mit dessen Hilfe sich derartige Situationen und Funktionen für die Zukunft voraussagen ließen.[360] Außerdem setzt der Begriff der „Lebenssituation", zu deren „Bewältigung" der Heranwachsende qualifiziert werden soll, Bewertungen voraus. Denn „Bewältigung" kann in Abhängigkeit von der jeweiligen Bewertung im Extremfall sowohl Anpassung an eine Situation wie auch Immunisierung gegen diese bedeuten. Wer also zur Bewältigung von Lebenssituationen qualifizieren will, muß diese nicht nur kennen, sondern auch bewerten. Das scheinbar objektive und empirisch kontrollierbare Kriterium der Situation „täuscht in Wahrheit darüber hinweg, daß wir bei der Festlegung der situationsbezogenen Qualifikation nicht um eine vorherige Bewertung der Situation ... herumkommen"[361].

[357] Klafki (Nr. 108).
[358] Westphalen (Nr. 218).
[359] H. Patzer: Aktuelle Bildungsziele und altsprachlicher Unterricht, in: Nickel (Nr. 145) S. 46–65, hat bereits 1971 für diesen Ansatz plädiert.
[360] Westphalen (Nr. 218) S. 73.
[361] H. Brackert: Literarischer Kanon und Kanon-Revision, in: Brackert-Raitz

Robinsohns curriculumtheoretischer Ansatz hat dennoch eine außergewöhnlich starke Wirkung auf die altsprachliche Fachdidaktik ausgeübt.[362] Das lag vor allem daran, daß Robinsohn die Alten Sprachen nicht nur wie alle anderen Unterrichtsfächer grundsätzlich zur Disposition gestellt hat, sondern von vornherein aus dem schulischen Curriculum beseitigen wollte, weil die humanistische Bildung (→ 4.2.4.1.) historisch versagt habe (→ 4.1.). Diese Provokation führte zu einer intensiven Auseinandersetzung mit Robinsohns Konzeption[363]: Im Bereich der altsprachlichen Didaktik wird eine gründliche Curriculumreform initiiert. Der didaktische Ausschuß des Deutschen Altphilologen-Verbandes legt seine ›Materialien zur Curriculum-Entwicklung im Fach Latein‹ (1971) vor. Lernziele und Fachleistungen des altsprachlichen Unterrichts werden neu formuliert und klassifiziert (→ 1.3.2.). Der Leitgedanke dieser Arbeit ist die Überzeugung von der Notwendigkeit einer rationalen und durchschaubaren Lernzielbestimmung und einer Integration des altsprachlichen Lernangebots in das Gesamtcurriculum der Schule. Dabei wird allmählich deutlich, daß eine schlüssige Ableitung fachspezifischer Lernziele aus vorgegebenen Leitzielen nicht möglich ist und daß der Prozeß der Lernzielfindung vielmehr umgekehrt verläuft: aus den Gegenständen und Inhalten des Unterrichtsfaches werden fachspezifische Lernziele entwickelt, die dann übergeordneten, fächerübergreifenden Leitzielen zugeordnet werden können (→ 1.3.).

Die fachdidaktische Auseinandersetzung mit der Curriculumtheorie hat nicht nur zu einer grundlegenden Neubesinnung geführt, sondern auch die Stellung des altsprachlichen Unterrichts in der Schule wieder etwas gefestigt. Durch neue (curriculare) Lehrpläne[364] sind die Alten Sprachen in ihren Zielen und Inhalten stabilisiert worden. Die Entwicklung von thematisch orientierten Unterrichtsmodellen hat den altsprachlichen Fächern ein neues Profil gegeben. Die Verfeinerung der Lernerfolgsüberprüfung hat die Voraussetzungen dafür geschaffen, daß die im altsprachlichen Unterricht zu erzielenden Leistungen transparent werden. Unter den Stichworten der Ökonomisierung und Effektivitätssteigerung des Unterrichts hat eine Revision der traditionellen Inhalte und Methoden des einführenden Sprachunterrichts eingesetzt. Eine neue Generation von Unterrichtswerken (→ 1.4.1.) hat es sich zur Aufgabe gemacht, den Schüler zu einem rationel-

---

(Hrsg.): Reform des Deutschunterrichts. Eine Zwischenbilanz, Frankfurt 1974, 145.
[362] Vester (Nr. 205).
[363] Schönberger (Nr. 186).
[364] Fuhrmann (Nr. 49); Kannicht (Nr. 101).

len und motivierten Lernen anzuregen.³⁶⁵ Die Rezeption der Curriculumtheorie hat die Fachdidaktik außerdem für die dringend notwendige Auseinandersetzung mit den pädagogischen Bezugsdisziplinen (→ 2.2.) geöffnet, eine Basis für die Verständigung und Kooperation mit anderen Fachdidaktiken geschaffen, eine echte Integration der Alten Sprachen in den Fächerkanon der Schule möglich gemacht und eine deutlichere Profilierung ihres fachspezifischen Lern- und Bildungspotentials erbracht. –

Diese Hinweise lassen schon erkennen, daß die Didaktik des altsprachlichen Unterrichts dieselben *Grundfragen* stellt wie die Allgemeine Didaktik und die Curriculumtheorie. Als eine Fachdidaktik unterscheidet sie sich jedoch in einigen Punkten von diesen Bezugsdisziplinen:
– Sie konzentriert ihre Revision von Unterrichtszielen und -inhalten auf die Inhalte und Ziele der konkreten Unterrichtsfächer Griechisch und Latein.
– Sie stellt die gegebenen Unterrichtsfächer und deren traditionelle Inhalte nicht grundsätzlich in Frage, sondern setzt diese lediglich der gewissenhaften Selbstprüfung aus.
– Sie begreift die Ergebnisse der Allgemeinen Didaktik und der Curriculumtheorie als eine Herausforderung zur Entwicklung einer besseren Fachdidaktik.³⁶⁶
– Sie bedient sich der Methoden der Curriculumtheorie, um die Legitimation der Unterrichtsfächer und ihrer Inhalte nachzuweisen bzw. neu zu begründen.
– Sie ist schulorganisatorisch nicht auf das herkömmliche Gymnasium beschränkt, sondern ist in der Lage, auch für andere Schulformen und -arten (Gesamtschule, Grundschule, Volkshochschule) angemessene Curricula zu erstellen.
– Sie ist prinzipiell parteiisch und voreingenommen. Ihr Interesse ist die Erhaltung des altsprachlichen Unterrichts im Gesamtcurriculum der Schule.
– Sie hat also ein eindeutig bildungspolitisches Ziel, das sie mit Hilfe geeigneter Strategien im bildungspolitischen Konkurrenzkampf durchsetzen will: Dieses Ziel besteht – auf eine kurze Formel gebracht – darin, den Ausgleich zwischen einem traditionsbestimmten Individualhumanismus und einem modernen Sozialhumanismus herbeizuführen und im schulischen Bildungsangebot zum Wohle der heranwachsenden Generation zur Geltung zu bringen.

³⁶⁵ Wojaczek (Nr. 225). Vgl. ferner die AU-Hefte 19, 3, 1976 u. 21, 4, 1978.
³⁶⁶ Vgl. A. Primmer: Die Herausforderung der Didaktik, in: Wiener Humanist. Blätter 17, 1975, 13–18.

Man sollte am Ende dieses Kapitels über die Bezugsdisziplinen des altsprachlichen Unterrichts und seiner Didaktik noch bedenken, daß die Fachdidaktik zwar auf ihre Bezugsdisziplinen angewiesen, aber keineswegs dazu gezwungen ist, sich ihnen zu unterwerfen. In ihrer Verantwortung für den Unterricht muß die Didaktik vielmehr auch dazu bereit sein, fachwissenschaftliche oder erziehungswissenschaftliche Forderungen und Ansprüche zurückzuweisen. Das ist dann dringend erforderlich, wenn man dem Trend zu einer unnötigen Verwissenschaftlichung des Unterrichts entgegenwirken und das Eindringen eines vernebelnden wissenschaftlichen Jargons verhindern will. Das gilt insbesondere bei der Herstellung des Unterrichtsmaterials. Die Fachdidaktik hat in diesem Zusammenhang die Aufgabe, sorgfältig zu sieben und zu filtern, um jede Art von pseudowissenschaftlicher Hochstapelei im Unterricht zu vermeiden.

Selbstverständlich darf der Unterricht auch nicht zu dem in der Regel kläglich scheiternden Versuch einer Nachahmung universitärer Lehrveranstaltungen entarten. Daß dies zur Zeit nicht völlig ausgeschlossen werden kann, ist vor allem auf die in neueren Richtlinien, Lehrplänen und Curriculummodellen dargestellten thematisch-methodischen Anforderungen zurückzuführen. Hier muß die Didaktik dämpfend wirken und sich wieder auf das Machbare besinnen.

Um das Verhältnis der Didaktik zu ihren Bezugsdisziplinen nochmals auf eine Formel zu bringen – fachwissenschaftliche Erkenntnisse, pädagogisch relevante Analysen der erziehungs- und gesellschaftswissenschaftlichen Disziplinen werden von der Fachdidaktik in ihrer Bedeutung für den Unterricht geprüft und koordiniert. Damit ist die Didaktik als eine Forschungsdisziplin ausgewiesen, die

alle in den Unterrichtsprozeß eingehenden Inhalte samt deren Implikationen, doch auch die Bedingungen und Erscheinungen von Schulsystem und Unterricht wissenschaftlich kontrolliert, und zwar im Rahmen einer den Unterricht übergreifenden Fragestellung, welche die gesellschaftlich-politische Situation, in der alle Lernprozesse stattfinden, einbezieht.[367]

Bei dieser Aufgabenbeschreibung ist die Didaktik des altsprachlichen Unterrichts nicht mehr nur als streng fachzentrierte Fachdidaktik zu verstehen, die
– eine unproblematische und ungestörte Beziehung zwischen Schulfach und den Bezugsdisziplinen voraussetzt,
– eine reibungslose Übernahme fachwissenschaftlicher Inhalte und Methoden suggeriert,

---

[367] Halbfas (Nr. 65) S. 266 f.

Allgemeine Didaktik und Curriculumtheorie

- die tatsächliche Unterrichtssituation auf die fachspezifischen Bedingungen und Voraussetzungen des Unterrichtens reduziert,
- die Revision von Lerninhalten und -zielen blockiert,
- die pädagogische Perspektive auf die Grenzen des Faches verengt,
- die Schwierigkeiten der unterrichtlichen Arbeit auf fachspezifische, von den Fachinhalten bedingte Probleme verkürzt.

Eine so eng verstandene Fachdidaktik erfreut sich leider großer Beliebtheit – vor allem im Bereich der Universität –, weil sie sich ohne besondere Schwierigkeiten und ohne Risiko für die fachwissenschaftliche Basis des Unterrichts praktizieren läßt.

3. DAS PROBLEM
DER DIDAKTISCHEN BINNENDIFFERENZIERUNG:
GRIECHISCH UND LATEIN

Im Zusammenhang mit der Frage nach den Bedingungen der Ermittlung und Auswahl von Unterrichtszielen und -inhalten (→ 1.3.) konnte darauf hingewiesen werden, daß zwischen Zielen und Inhalten eine korrelative Beziehung besteht bzw. daß Lerninhalte in ihrer spezifischen Besonderheit jeweils unverwechselbare Lernzielpotentiale darstellen. Folglich sind auch verschiedene Unterrichtsfächer weder in ihren Inhalten noch in ihren Zielen gegenseitig voll austauschbar oder gar identisch. Das gilt für das Verhältnis nicht nur zwischen alt- und neusprachlichen Fächern, sondern auch zwischen Latein- und Griechischunterricht.

Das Problem der didaktischen Binnendifferenzierung im Bereich des altsprachlichen Unterrichts besteht darin, die für den Griechischunterricht spezifischen Inhalte und Ziele von den Inhalten und Zielen des Lateinunterrichts abzuheben und darzustellen. Unter diesem Gesichtspunkt hätte sich die Didaktik des altsprachlichen Unterrichts auch als eine Didaktik für zwei prinzipiell verschiedene und voneinander unabhängige Unterrichtsfächer zu begreifen. Davon bliebe allerdings die Tatsache unberührt, daß beide Fächer weiterhin kombinierbar sind und daß die Verbindung aus sachlichen Gründen den Vorzug vor der Trennung verdient. Denn auf der Ebene ihrer fachwissenschaftlichen Bezugsdisziplinen bilden die beiden Alten Sprachen nun einmal eine Einheit, und es ist wohl kaum möglich, die griechische von der römischen Antike so zu trennen, daß sie zu zwei voneinander unabhängigen Forschungsdisziplinen würden.

Der Blutstrom der europäischen Literatur ist Latein und Griechisch – nicht als ein zweifaches Kreislaufsystem, sondern als ein einziges, weil unsere griechische Abkunft über Rom läuft.[368]

Gerade die Geschichte des Humanismus zeigt, daß die Annahme einer Dichotomie zwischen Römischem und Griechischem unhumanistisch ist.

Jene innige Fusion des Italischen und Griechischen, die seit zwei Jahrtausenden als „lateinischer Genius" die Geschicke Europas weitgehend bestimmt . . .: eben dieser

---

[368] Eliot (Nr. 35) S. 24.

durch griechische Formkraft geprägte lateinische Genius ist es, der sich als das historisch Bedeutsame und Wirksame erwiesen hat.[369] Das Römische ist – und das macht eine Unterscheidung so schwierig – in seinem Wesen geprägt von einem tiefgreifenden „Philhellenismus", dem wir „ausschließlich die Kontinuität der geistigen Überlieferung" (Jakob Burckhardt) verdanken. Dieser „Philhellenismus" findet seinen Ausdruck in der Dynamik des römischen Humanismus:

Was das Griechentum ans Licht gebracht hat, *ist* nicht ohne weiteres der geistige Besitz auch des Römers; der Römer *macht* es dazu, und der damit gesetzte Akt, gerade bei den Besten zumeist ein Akt heller Bewußtheit, ist ein Akt eigentümlicher Intensität, die die differentia specifica des römischen Philhellenismus im Vergleich zu den anderen Hellenismen (man denke etwa an den Orient) ausmacht. Vorhandene Widerstände – wie sie Burckhardt meint, wenn er von einer „deutlichen Scheu" vor dem fremden Geiste spricht – sind nur das Symptom einer Individualität, der es gelingt, selbst bei noch so weitgehender Rezeption des Fremden sich diesem nicht in willenloser Schwäche und Untätigkeit zu öffnen, sondern sich im Übernommenen zur Geltung zu bringen.[370]

Wolfgang Schmids Skizzierung des römischen Humanismus steht im Rahmen einer Auseinandersetzung mit Helfried Dahlmann, der die Tatsache eines römischen Humanismus – im Gegensatz etwa zu Werner Jaeger[371] und Otto Regenbogen[372] – zu bestreiten suchte. In ihrer extremen Form besagt Dahlmanns These, daß der lateinische Genius der Erweckung durch die griechische Form gar nicht bedurft habe. Schmids Auseinandersetzung mit dieser These führt nicht nur zu ihrer überzeugenden Widerlegung. Sie gibt auch einen gerafften Überblick über ein Stück Wissenschafts- oder Forschungsgeschichte, die von dem Ringen um die Klärung der Beziehungen zwischen Griechischem und Römischem geprägt war. Vor diesem forschungsgeschichtlichen Hintergrund, der hier nicht nachgezeichnet zu werden braucht, dürften die Schwierigkeiten verständlich werden, die die Didaktik bei ihrem Versuch, beiden altsprachlichen Unterrichtsfächern ein jeweils eigenes Profil zu geben, zu überwinden hat. Denn wie läßt sich angesichts der Tatsache, daß gerade die vollendetsten literarischen Schöpfungen des Römertums eine innige Fusion von Italisch-Römischem und Griechischem darstellen (W. Schmid), etwas spezifisch Römisches als spezieller Lerngegenstand eines Lateinunterrichts ermitteln? Das ist das Grundproblem eines Lateinunterrichts, der dem Erkenntnisstand seiner fachwissenschaftlichen Bezugsdisziplinen entsprechen will.

[369] Schmid (Nr. 183) S. 484f.
[370] Schmid (Nr. 183) S. 486.
[371] Humanistische Reden und Vorträge, Berlin 1937.
[372] Humanismus heute, Heidelberg 1947.

Der Griechischunterricht befindet sich in dieser Hinsicht in einer grundsätzlich anderen Situation. Er hat zweifellos eigene Gegenstände vorzuweisen, deren herkömmliche Auswahl von dem Problem einer „Romanisierung" nicht betroffen ist. Zu Profilierungsschwierigkeiten aufgrund von Überschneidungen und Übereinstimmungen kommt es erst auf den Ebenen der höheren Lernziele. Andererseits kann aber auch ein Lateinunterricht, der sich der humanistischen Fusion von Griechischem und Römischem verpflichtet weiß, zu einer ernsten Konkurrenz für den Griechischunterricht werden. Denn in einer vom Gedanken der Ökonomisierung bestimmten Planung des Unterrichtswesens könnte es sich durchaus als zweckmäßig erweisen, einen Lateinunterricht, der Griechisches und Römisches zugleich anzubieten hat,[373] einem Griechischunterricht, der eben nur über Griechisches verfügt, vorzuziehen.

3.1. Die geschichtliche Stellung des Griechischunterrichts

Es wäre eine vordringliche Aufgabe der Didaktik des Griechischunterrichts, die Gründe für die starke Vernachlässigung dieses Unterrichts in der Gegenwart zu ermitteln. Denn auf diesem Wege könnten wertvolle Ansätze für eine neue, zeitgemäße fachdidaktische Profilierung des Griechischunterrichts gefunden werden.

Zweifellos lassen sich für seinen Rückgang zunächst weitgehend dieselben Gründe namhaft machen wie für den – allerdings erheblich geringeren – Rückgang des Lateinunterrichts. Darüber hinaus darf man nicht übersehen, daß der Griechischunterricht im Gegensatz zum Lateinunterricht normalerweise nur in einem altsprachlich-humanistischen Gymnasium seinen Platz hat. Die fortschreitende Beseitigung dieses Gymnasialtyps führt daher zwangsläufig zu seiner allmählichen Verdrängung aus dem Lernangebot der Schule. Ein weiterer Grund ist die Reform der gymnasialen Oberstufe seit 1972. Damit ist auch im altsprachlichen Gymnasium das Fach Griechisch zur Disposition gestellt.

Der Verzicht auf Griechisch wird selbst bei einer grundsätzlich positiven Einstellung zum altsprachlichen Unterricht oft damit begründet, daß es auch für eine umfassende sprachliche Bildung ausreiche, nur *eine* Alte Sprache zu lernen.[374] Daß die Wahl auf Latein fällt, ist zunächst einmal darauf zurückzuführen, daß Latein eben bereits in Klasse 5 oder 7 als erste oder zweite Fremdsprache gewählt werden kann. Griechisch hat dagegen die

---

[373] Lanig (Nr. 121).
[374] Vgl. Patzer (Nr. 155).

deutlich schwächere Position einer dritten Fremdsprache; und wenn das Fach überhaupt angeboten wird, dann steht es in Konkurrenz mit Französisch.[375] Im Zuge der Bildungsreformen der letzten Jahrzehnte wurde zudem die Stellung der dritten Fremdsprache am Gymnasium immer schwächer, weil diese in den Augen vieler Pädagogen und Bildungspolitiker den Weg zum Abitur unnötig zu erschweren schien und außerdem die horizontale Durchlässigkeit behinderte. Schließlich trifft das bildungspolitische Schlagwort von der angeblichen Überrepräsentation der sprachlichen Komponente im Gymnasium den Griechischunterricht vor allem dann in besonderem Maße, wenn er nicht nur als eine überflüssige Dublette des Lateinunterrichts, sondern auch als eine unzeitgemäße Beschäftigung diskriminiert wird, die keinerlei Funktion für eine lebensgerechte Qualifikation des künftigen Erwachsenen habe (→ 2.3.2.), sondern im Gegenteil sogar zu Kulturpessimismus, Lebensuntüchtigkeit und Versagertum führe.[376]

Grundsätzliche Schwierigkeiten bei der Rechtfertigung des Unterrichtsfaches Griechisch[377] erklären sich nicht zuletzt aus seinem historischen Ursprung, dessen Kenntnis eine unabdingbare Voraussetzung für eine zeitgemäße und die Fehler der Vergangenheit vermeidende Begründung bildet.

Im Vergleich zum Lateinunterricht ist Griechisch ein relativ junges Fach in der europäischen Bildungsgeschichte. Im westlichen Europa des Mittelalters war die Kenntnis des Griechischen völlig verlorengegangen. Erst mit dem Beginn des 15. Jahrhunderts setzte – ausgelöst durch byzantinische Gelehrte – zunächst in Florenz und später auch in Frankreich, England, Holland und Deutschland das intensive Studium griechischer Klassiker in der Originalsprache ein.[378] Mit der Edition des ›Neuen Testaments‹ durch Erasmus von Rotterdam (1516) fand das Griechische allmählich ein so großes öffentliches Interesse, daß es nicht nur an den Universitäten gelehrt, sondern auch in das Curriculum vieler Lateinschulen aufgenommen wurde. Das gilt in Deutschland nicht nur für die protestantischen, sondern auch für die katholischen Gebiete, wo vor allem die Schulordnungen der Jesuiten den Griechischunterricht förderten. Allerdings blieb dem Griechischen immer nur der zweite Platz hinter dem Lateinunterricht – nach der Formel Melanchthons: Latina discenda, Graeca tentanda. Der entscheidende Grund für die Dominanz des Lateinischen war selbstverständlich seine Bedeutung als Sprache der internationalen Wissenschaft und die Rolle der lateinischen Autoren als Vorbilder guten Stiles.[379] Latein blieb das Mittel

---

[375] Frings – Keulen – Nickel (Nr. 41) s. v. Griechischunterricht.
[376] Robinsohn (Nr. 167) bes. S. XVIII f. u. 18–21.
[377] Wimmer (Nr. 223).
[378] Vgl. Klowski (Nr. 113); Matthiessen (Nr. 136).
[379] Vgl. Eckstein (Nr. 34).

wissenschaftlicher Kommunikation, während Griechisch allenfalls ihr Gegenstand sein konnte. Mit dieser Rollenverteilung ist die spätere Stellung des Griechischen im Gymnasium bereits vorgeprägt. Daran konnte auch die Griechenbegeisterung des Neuhumanismus kaum etwas ändern. Denn in den Jahrzehnten der neuhumanistischen Epoche (etwa 1770–1830) durfte der Griechischunterricht an den Gymnasien zwar über ein erhebliches Stundenvolumen verfügen (in Preußen 1816 knapp ein Sechstel aller Unterrichtsstunden). Mit dem Fortschritt der historischen Forschung wurde jedoch eine wesentliche ideologische Begründung des neuhumanistischen Griechischunterrichts wieder fragwürdig: die Überzeugung von der Idealität und Vorbildlichkeit der Griechen und von ihrer Stellung als Erzieher zu wahrer Humanität. In diesem Sinne hat sich Wilhelm von Humboldt 1793 zum ersten Mal in seinem Aufsatz ›Über das Studium des Alterthums, und des griechischen insbesondere‹[380] über den Zweck einer Beschäftigung mit den Griechen geäußert. Dieser Text bietet eine thesenartige didaktische Begründung des neuhumanistischen Griechischunterrichts. Denn Humboldt beschreibt hier ausführlich den „formalen Nutzen", der dem Individuum aus dem intensiven Studium des griechischen Altertums erwachse. Das Studium der Griechen ist für Humboldt das Studium des Menschen schlechthin am exemplarischen Fall. Denn die Griechen repräsentieren die ideale Menschennatur. Die intensive Auseinandersetzung mit dieser idealen Menschennatur bedeutet eine umfassende Menschenbildung. Denn wer sich mit einem Gegenstand gründlich auseinandersetze, um ihn zu begreifen, müsse sich diesem „auf eine gewisse Weise ähnlich machen". Auf eine kurze Formel gebracht heißt dies: Je intensiver man sich mit dem idealen Menschsein der Griechen befaßt, desto näher kommt man diesem in seinem eigenen, individuellen Menschsein.

Die Überzeugung von der Vorbildlichkeit der Griechen war bereits vor Beginn der neuhumanistischen Epoche von Winckelmann mit großer Öffentlichkeitswirkung vertreten worden. Es gelang ihm 1756 mit seinen ›Gedanken über die Nachahmung der griechischen Werke in der Malerei und Bildhauerkunst‹, ein weitgreifendes Interesse an griechischer Kunst in ganz Europa zu wecken. Die von Rousseau propagierte Rückkehr zum Einfachen und Natürlichen schien jetzt mit Hilfe der Griechen und d. h. vor allem durch ihre Nahahmung möglich zu sein. Im Bereich der Literatur hatte Klopstock mit dem Hexameterepos ›Messias‹ (1748) und lyrischen Gedichten in antiken Versmaßen das – literarisch gebildete – deutsche Publikum zu begeistern vermocht. „Man sah, daß auch in deutscher Sprache

---

[380] Humboldt (Nr. 90).

hohe Dichtung möglich war, die sich in die Tradition der Griechen und Römer stellte. Dies vermehrte das Interesse an den Originalen."[381]
K. Matthiessen weist mit Recht darauf hin, daß man nur vor diesem Hintergrund, der durch die Nennung der Namen Klopstock und Winckelmann angedeutet sei, den Enthusiasmus verstehen könne, mit dem sich die Deutschen den großen Werken der griechischen Kunst und Literatur zuwandten, wie dies vor allem in der Zeit der deutschen Klassik durch Goethe und Schiller geschehen ist.[382]
Daran wird zugleich deutlich, daß es im wesentlichen eine literarisch-künstlerische Bewegung war, die sich der Griechen zu bemächtigen suchte. Der literarisch Gebildete oder zumindest Interessierte brachte die – hermeneutischen – Voraussetzungen für eine tiefergehende Auseinandersetzung mit dem Griechentum mit. So ist verständlich, daß die Griechenbegeisterung nicht allein durch die positivistisch-historistischen Korrekturen am Bild der griechischen Antike, sondern vor allem auch durch den Verlust einer allgemeinen literarischen Bildung allmählich wieder verlöschen mußte. In besonderem Maße dürfte sich die Auflösung der Beziehungen zur deutschen Klassik auf diesen Vorgang ausgewirkt haben. Solange man die Weimarer Klassiker las und verehrte, konnte man auch teilhaben an ihrer Begeisterung für die Griechen und mit ihnen die Antike als hervorragendes Kultur- und Bildungsphänomen begreifen. Die Renaissance, die das „wahre", das „eigentliche" Hellenentum durch die deutsche Klassik erfahren hat, mußte in dem Augenblick ihre Wirkung auf das Bildungsbewußtsein und das Bildungswesen verlieren, wo die lebendige Beziehung zu dieser literarisch-kulturellen Epoche abgebrochen wurde. Das Verständnis, das sich in der deutschen Klassik von den Griechen entfaltet hat,[383] gehört offensichtlich in einem ganz entscheidenden Maße zu den wichtigsten Quellen der didaktischen Argumentation zugunsten des Griechischunterrichts in der Schule. Die Didaktik kann dieses Verständnis nicht ignorieren. Sie würde damit nicht nur den Zugang zu den historischen Wurzeln des modernen Griechischunterrichts verschütten, sondern auch eine unerläßliche Bedingung seiner Fortexistenz übersehen: Griechischunterricht ist auf eine lebendige *literarische Kulturtradition* angewiesen. Zumindest ist eine allgemein überzeugende Legitimation dieses Unterrichts in einer Gesellschaft, in der einer literarischen Bildung kein erheblicher Wert zugesprochen wird, kaum mehr zu leisten. Unter diesem Aspekt dürfte der Rang, den die Lite-

---

[381] Matthiessen (Nr. 136) S. 21.
[382] Grundlegend: W. Rehm: Griechentum und Goethezeit, Bern/München 41968; vgl. auch Gundert (Nr. 64).
[383] Jachmann (Nr. 93).

ratur im Deutschunterricht und in den öffentlichen Medien eingeräumt bekommt, für die Existenz des Griechischunterrichts von erheblicher Bedeutung sein.

Der Lateinunterricht befindet sich auch in dieser Hinsicht in einer ganz anderen Situation: Literaturfeindlichkeit wirkt sich vor allem aus dem Grunde weniger stark auf diesen Unterricht aus, weil ihm immer noch ein praktisch-instrumenteller Nutzen für ein erfolgreiches akademisches Studium zugeschrieben wird.[384] Außerdem wird ihm eine Hilfsfunktion für das Lernen der romanischen Sprachen zugesprochen. Ferner ist die römisch-lateinische Tradition vor allem in Süd- und Westdeutschland auf vielfältige Weise unmittelbar erkennbar. Die gewaltige traditionsbildende Kraft der römisch-katholischen Kirche zugunsten der lateinischen Sprache ist ebensowenig zu übersehen.

Der Verfall der neuhumanistischen Bildungsidee[385] mußte den Lateinunterricht erheblich weniger treffen als den Griechischunterricht, weil er sich zu keiner Zeit in dem Maße wie dieser an der Idee der Vorbildlichkeit der Antike orientiert hat. Es war für den Lateinunterricht sogar von Vorteil, daß der Neuhumanismus dem Römertum weniger Beachtung schenkte. Weil die Römer nicht zu unanfechtbaren Vorbildern erklärt wurden, haben sie – so kann man durchaus sagen – die Auseinandersetzung um die rechte Bildung der Jugend bis auf den heutigen Tag erheblich besser überstanden als die Griechen.

So wurde dem Lateinunterricht auch im weiteren Verlauf des (positivistischen) 19. Jahrhunderts wieder eine erheblich bessere Stellung eingeräumt als dem Griechischunterricht. Die Bevorzugung, die die Römer durch die Stärkung des Lateinunterrichts erfuhren, beruhte wohl nicht zuletzt auch darauf, daß man sie unter dem Gesichtspunkt ihrer staats- und ordnungsbildenden Funktion sehen lernte. So hat z. B. Gustav Thaulow im Rahmen seiner Beschreibung der unterschiedlichen Bildungsaufgaben der beiden Alten Sprachen darauf hingewiesen,[386] daß unter pädagogischen Gesichtspunkten der Lateinunterricht gegenüber dem Griechischunterricht eindeutig den Vorrang verdiene: Die lateinische Sprache zwinge denjenigen, der sie studieren wolle, „zum Gehorsam wie keine andere". Sie sei für den Schüler „ein größeres Bildungsmittel der Zucht als die griechische". Darüber hinaus übersteige die griechische Literatur in inhaltlicher Hinsicht vielfach die Fassungskraft des Schülers, und außerdem gehe ihr „in einem

---

[384] Nützlichkeitserwägungen sind seit langer Zeit die Ursache für eine bessere Postition des Lateinunterrichts.
[385] Wilamowitz (Nr. 221 u. 222).
[386] Die Gymnasialpädagogik im Grundrisse, Kiel 1858, 131 f.

bestimmten Sinne des Worts die Basis der Sittlichkeit" ab, „während in der römischen Literatur überall einfache, feste Gesinnungen und Handlungen, Grundsätze der Sittlichkeit, des Staatslebens in ihrer naiven Nähe und Allgemeinheit dargestellt werden".

Es gab jedoch auch Gegenstimmen, die man nicht überhören sollte.[387] Man wollte die „After-Klassicität des Lateinischen" durch die „echte hellenische Klassicität" ersetzen. Unter anderem war man der Auffassung, daß das deutsche Wesen dem griechischen unendlich viel näher stehe als dem römischen. Oder man verstand die lateinische Sprache und Literatur als Appendix der griechischen und diese als Original, jene als Kopie.

Als ein wichtiges Argument für die Priorität des Griechischen wurde seine belebende Wirkung auf die Nationalliteraturen angeführt. Man begründete seine besondere pädagogische Eignung mit der jugendlich unbefangenen und dadurch für alles Schöne und Wahre ebenso empfänglichen wie schöpferischen Denkweise des Hellenentums. Andere traten dagegen ebenso mit pädagogischen Gründen wieder für den Vorrang des Lateinischen ein: Mit seiner strengen Regelmäßigkeit und Gesetzlichkeit, mit seiner Bestimmtheit und Präzision sei das Lateinische ein Mittel der Geistesschulung für den Zehnjährigen, während das Griechische einer späteren Entwicklungsstufe verwandter sei, wo die Phantasie zu erwachen beginne.

Obwohl pädagogisch argumentierende Fachdidaktiker wie F. A. Eckstein eine Bevorzugung des Griechischen auf Kosten des Lateinischen ablehnten, bestanden sie darauf, daß das Griechische ein obligatorisches Fach auf dem Gymnasium bleibe, da es eine nicht abtrennbare Hälfte der gesamten klassischen Bildung sei und diese unmöglich gemacht werde, wenn sie einseitig aus den lateinischen Schriftstellern geschöpft werden solle. In Wirklichkeit war die Stellung des Griechischen in der Schule durch die Möglichkeit der Dispensierung schon im 19. Jahrhundert kaum als besonders stark anzusehen. So gab es z. B. in Preußen die Möglichkeit, auch im humanistischen Gymnasium anstelle des Griechischen eine neue Fremdsprache zu wählen.[388]

Nach diesem kurzen Blick auf die Geschichte des Griechischunterrichts und seine historischen Berührungen mit dem Lateinunterricht dürfte schon deutlich sein, daß seine Zukunft ganz entscheidend davon abhängt, inwieweit es der Didaktik gelingt, ein *fachspezifisches* Profil zu entwickeln, das der Eigenart[389] der Griechen gerecht wird und zugleich erkennen läßt,

---

[387] Eckstein (Nr. 34) bes. S. 357–365.
[388] Lt. Eckstein (Nr. 34) S. 366 f.
[389] R. Harder: Eigenart der Griechen, Freiburg 1962.

welche Bedeutung die Auseinandersetzung mit der griechischen Antike für die Bildung und Erziehung des modernen Menschen haben könnte.[390] Es erwiese sich in diesem Zusammenhang jedoch als wenig hilfreich, wenn man sich weiterhin der anachronistischen These von der normativen Geltung der Griechen anschlösse und den Bildungswert des Griechischunterrichts allein mit der „Idealität" der klassischen Werke begründete. Dieser Standpunkt wird ohne Rücksicht auf die Befunde der historischen Philologie und Altertumswissenschaft (→ 2.1.1.) bis auf den heutigen Tag immer wieder vertreten. Es wäre aber fachdidaktisch einfach nicht mehr zu verantworten, daß man etwa Paul Dörwalds Auffassung übernähme und gegen Ulrich von Wilamowitz-Moellendorffs[391] antiidealistisches und antiklassizistisches Griechenbild polemisierend „den Ansturm des Utilitarismus ... durch Geltendmachung des reichen idealen Gehalts der griechischen Studien abschlagen"[392] wollte. Ohne das Phänomen des Klassischen in seiner pädagogischen Bedeutung schlechthin verleugnen zu wollen (→ 1.3.4.), muß sich die Didaktik entschieden von Dörwalds These distanzieren, daß das Griechische seine Berechtigung für die Jugendbildung verliere, wenn die Werke der Klassiker lediglich als geschichtlich bedingte und beschränkte Geisteserzeugnisse zu begreifen seien und nicht das Vortreffliche, Maßgebende und Normative darstellten.

3.2. Ansätze zu einer fachspezifischen Profilierung des Griechischunterrichts

Willibald Heilmann[393] geht bei seinem vielversprechenden Versuch einer didaktischen Differenzierung zwischen Griechisch- und Lateinunterricht von einer Unterscheidung zwischen Griechischem und Römischem aus. Das Ergebnis seiner Untersuchungen ist eine Synopse griechischer und römischer Eigenarten. Daraus ist ersichtlich,

daß es neben und im Zusammenhang mit einer gewissen Einheit von Griechischem und Römischem zwischen beiden Lebenssphären zugleich grundlegende Unterschiede gibt, die in jeweils eigentümlichen Ausprägungen menschlicher Einstellungen und menschlichen Verhaltens begründet sind. Dabei werden meist nicht einfach

---

[390] Keulen (Nr. 103).
[391] Gutachten über den griechischen Unterricht im Anhang des Protokolls der Verhandlungen über Fragen des höheren Unterrichts vom 6.–8. Juni 1900 zu Berlin, Halle ²1902, 206.
[392] Dörwald (Nr. 32) S. 7.
[393] Heilmann (Nr. 73).

Verschiedenheiten, sondern komplementäre Möglichkeiten menschlichen Bewußtseins und menschlicher Praxis sichtbar. (Heilmann, S. 62)

Aus der Sachanalyse werden Lernziele abgeleitet. Hier nur ein Beispiel: Für Griechisches konstitutiv seien die „Autarkie der reinen Person" und die „individuelle Spontaneität". Römisch sei hingegen die „Bindung an eine Ganzheit, an einen vorgegebenen Rahmen". Dazu gibt Heilmann die folgende Zielbeschreibung für den Unterricht:

Um wesentliche Aspekte des Menschseins überhaupt noch im allgemeinen Bewußtsein zu erhalten und um die Unzufriedenheit mit dem zu verbreiten, was den Menschen bedroht, . . . müssen wir Gegenbilder zu unserer Situation in uns schaffen, die uns zu heilsamer Unruhe anstacheln. Genau diese Funktion können griechische Zusammenhänge erfüllen, wenn wir in der Berührung mit ihnen individuelle Spontaneität und etwas von der Autarkie der reinen Person erfahren. Indem griechische Literatur auf unsere Phantasie wirkt, wir ihre Gestalten in unserer Phantasie aufnehmen, entstehen Gegenbilder zu modernen Lebensmöglichkeiten, die uns beunruhigen und Probleme bewußt machen. (Heilmann, S. 64)

Entsprechend könnten uns römische Zusammenhänge „eine andere Möglichkeit von ‚Bindung an einen vorgegebenen Rahmen'" und die damit verbundenen Möglichkeiten des einzelnen, persönliche Freiheit zu entwikkeln, erkennen lassen. Daraus ergeben sich nach Heilmann (S. 65) folgende Unterrichtsziele:

Griechisch: Die Bedeutung erkennen, die ausgeprägte Individualität und individuelle Spontaneität für das Leben des Menschen haben können. Latein: Vorteile und Nachteile erkennen, die mit der Bindung des einzelnen an einen vorgegebenen Rahmen verbunden sind.

Es fragt sich allerdings, ob die Differenzierung im ganzen gesehen deutlich genug ist, um eine fächerspezifische Profilierung begründen zu helfen. Denn bei allen sachlich und inhaltlich bestehenden Unterschieden zwischen Griechischem und Römischem stimmen die Sachen und Inhalte in ihrer didaktischen Funktion überein: Sie sollen „Gegenbilder zu unserer Situation" bzw. „eine andere Möglichkeit von . . ." erkennen lassen.

Heilmann ist – das sei nicht bestritten – auf der *inhaltlichen* Ebene eine anspruchsvolle Differenzierung zwischen Latein- und Griechischunterricht gelungen. Auf der *Zielebene* jedoch fließen beide Fächer wieder zusammen, indem sie es ohne Unterschied mit *Gegenbildern* zu tun haben. Heilmanns Ausführungen schließen dann auch mit einer für die didaktische Begründung des Griechischunterrichts verhängnisvollen Aussage (S. 69): Im Römischen sei das Griechische „meist mit präsent". Es sei zwar „ganz in das eigenartig Römische transponiert und eingebettet", aber es könne „durchaus auf das Griechische auch in seiner besonderen Art rekurriert werden". Damit bleibt die Frage offen: Wozu dann noch ein selbständiger Griechischunterricht? Doch selbst wenn man diese Frage nicht in dieser Form stellen wollte, bliebe ein grundsätzliches Problem bestehen: Wie könnte ein Griechischunterricht unter heutigen Bedingungen die Qualifikationen vermitteln, die erforderlich wären, um die von Heilmann skizzierten Unterrichtsziele wirklich zu erreichen? Denn niemand wird bestreiten, daß diese Eigenarten des Griechischen (wie auch des Römischen) nur demjenigen erkennbar werden, der über eine *profunde* Kenntnis der griechischen Literatur und Kultur verfügt und den Umgang mit dieser *souverän* beherrscht.

Wie schwierig die Profilierung des Griechischunterrichts gerade gegenüber dem Lateinunterricht ist, zeigt auch der von Egon Römisch herausgegebene Sammelband ›Griechisch in der Schule. Didaktik, Plan und Deutung‹ [394]. Römisch erklärt dazu in seinen Vorbemerkungen: Wenn dem Schüler eine zweite Alte Sprache begegne, müsse sie sich abheben vom Lateinunterricht, dessen Erfahrungen sie nutzen könne. Schon zu Beginn solle dem Schüler die Andersartigkeit deutlich gemacht werden: Griechischunterricht dürfe in Grammatik und Lektüre keine Imitation des Lateinunterrichts sein. Er habe seinen eigenen Auftrag. Römisch sagt dann im folgenden, daß es die Absicht seines Sammelbandes sei, „diesen besonderen Auftrag zu analysieren und Wege für die Praxis aufzuzeigen". Aber dieses Versprechen wird nicht eingelöst, und Hans Günter Heil[395] scheint recht zu haben, wenn er sagt, daß von der Theorie der Fächer Latein und Griechisch her schwerlich ein Unterschied auszumachen sei. Der Unterschied liege allein in der Anwendung, d. h. im inhaltlich konkretisierten Curriculum.

In der älteren Didaktik und Methodik stößt man auf die verbreitete Auffassung, die Werner Jäkel exemplarisch formuliert hat: Vieles von dem, was zur lateinischen Lektüre zur Sprache gekommen sei, lasse sich unschwer auf die Verhältnisse der griechischen übertragen. Jäkels „Gedanken zur griechischen Lektüre" beschränken sich dann auf die Frage des Kanons.[396] Die ›Griechisch-Ausbildung im Studienseminar‹ von Albert Klinz ist bezeichnenderweise als ein *Beiheft*[397] zu Ernst Ahrens' ›Lateinausbildung im Studienseminar‹ erschienen. Im Vorwort sagt Klinz, daß die für den Lateinunterricht maßgebenden Gesichtspunkte grundsätzlich auch für das Griechische gälten. Karl Bayer versucht in dem soeben erwähnten Sammel-

---

[394] Römisch (Nr. 169).
[395] Heil (Nr. 71).
[396] Jäkel (Nr. 96) S. 236.
[397] Klinz (Nr. 110).

band von Egon Römisch dennoch eine schärfere Profilierung des Faches Griechisch mit Hilfe eines umfassenden Lernzielkatalogs, den er allerdings – wie er selbst sagt – aus dem Fach Latein auf das Griechische „übersetzt" hat. Er stellt selbst die Frage, ob dieser Katalog gegenüber dem für das Fach Latein genügend „profiliere". Wenn es nämlich stimme, daß nicht die Stoffe entschieden, sondern die damit erreichbaren Ziele, so könnte man immerhin die Vermutung äußern, daß Latein und Griechisch auf je verschiedenen Wegen im Grunde doch das gleiche anstrebten. Andererseits dürfe man aber fordern, daß sich kein durchgehender Parallelismus zwischen zwei Fächern abzeichne. Die Gefahr liege nahe; sie sei in der Vergangenheit nicht konsequent vermieden worden. Wenn man also Kontrastierung anstreben müsse, so könne sie nur darin zu suchen sein, daß im Lateinunterricht als dem vorauslaufenden Unternehmen die rein *sprachlichen* Ziele erhebliches Gewicht beanspruchten, während im Griechischen die größte Bedeutung den *Inhalten* zukomme. Die rein sprachliche Unterweisung müsse ihnen gegenüber deutlich zurücktreten. Bayer glaubt das Problem der Fächerkonkurrenz dadurch lösen zu können, daß er sich dem Gesetz der Ökonomie unterwirft, den Fachegoismus ablehnt und an die Stelle der Konkurrenz das „Subsidiaritätsprinzip" treten läßt; d. h. er meint, daß selbst die Ziele eines Curriculums, das an sich für den Griechischunterricht konzipiert sei, in größerem Umfang auch von anderen Fächern erreicht werden könnten und daß dieser nur in einem eng begrenzten Zielbereich spezifische Beiträge – subsidiär – zu leisten vermöge. Wenn Bayer wirklich recht hätte, dann wäre der Griechischunterricht bildungspolitisch wohl kaum mehr zu vertreten.

In dasselbe Dilemma würde freilich auch das Festhalten an einer völlig anderen Position führen, wie sie z. B. von Harald Patzer[398] vertreten wird: Latein könne auch ohne humanistischen Anspruch mit „realistischen Zielsetzungen" betrieben werden. Das Griechische dagegen sei das reinste und wirksamste humanistische Bildungsfach; in ihm erfüllten sich die humanistischen Bildungsmöglichkeiten erst eigentlich. Natürlich sei es eben deswegen heute am meisten gefährdet. Aber hier gebe es keinen Kompromiß, wie er bei dem Latein denkbar wäre. Entweder werde die humanistische Bildung grundsätzlich bejaht, dann müsse das Griechische seinen Anteil am Fächerkanon im wesentlichen behalten, oder es geschehe, wider den Schein, keine Erhaltung oder Förderung der humanistischen Bildung (→ 4.2.4.1.).

In eine ganz ähnliche Richtung weist auch Fritz Blättners[399] Vergleich

---

[398] Patzer (Nr. 153).
[399] Blättner (Nr. 17) S. 376–380.

der beiden altsprachlichen Fächer: Die lateinische Literatur, die in der Schule erschlossen werde, verdiene zwar die Mühe eines langjährigen Sprachstudiums nicht. Dennoch seien wir dem Lateinischen tausendfach verbunden und verpflichtet. Diese Verbundenheit wird dann von Blättner in komprimierter Form treffend veranschaulicht. Die Konsequenz, die Blättner am Ende zieht, ist die Feststellung, daß Lateinunterricht unerläßlich sei, weil wir Latein eben einfach brauchten.

Anders das Griechische: Das Latein brauchen wir, das Griechische aber bewahren wir für die Liebend-Verehrenden . . . Wer heute zu den Ursprüngen, den poetischen und den philosophischen Ursprüngen unseres Dichtens und Denkens zurückgehen will – der Philosoph allein *muß* es – wird Griechisch lernen.

Blättner greift damit auf Friedrich August Wolfs Satz zurück: „Die Erlernung des Griechischen könnte immer als eine Belohnung für vorzüglichen Fleiß in den übrigen Lektionen (d. h. im Latein) mehr bewilligt als aufgedrungen oder mühsam empfohlen werden" (Cons. schol., S. 104).

Dieser Gegensatz zwischen dem „notwendigen" und „nützlichen" Latein und dem zwar „schönen", aber eigentlich „überflüssigen" Griechisch wird auch heute von vielen Fachleuten klar gesehen. Exemplarisch für die heutige Sicht des Problems ist eine Bemerkung zum „curricularen Stellenwert des Griechischen" in einem Diskussionsentwurf der hessischen Rahmenrichtlinien Griechisch für die Sekundarstufe II (1975): Griechisch habe keine Bedeutung, wo es um Berufsausbildung im Sinne einer Konditionierung für die unmittelbare Reproduktion und Weiterentwicklung des täglichen Lebens mit Hilfe von Fertigkeiten, zweckrationalen Verhaltensweisen und instrumentellem Wissen gehe. Griechische Texte – so heißt es dort – wollten zu eigener Erfahrung verarbeitet werden und zur Orientierung des Urteilens, Wertens, Entscheidens und Handelns dienen. Erst durch ihren Leser erhielten sie ihre „humanistische" Bedeutung für diesen selbst. Griechischunterricht soll demnach der Selbstbildung, der Daseinsbereicherung, dem Weltverstehen des Individuums dienen, was sich selbstverständlich auch wieder auf seine gesellschaftliche Umwelt positiv auswirken kann. Wie schwer die „Gesellschaft" von der Möglichkeit dieser positiven Auswirkungen zu überzeugen ist, steht freilich auf einem anderen Blatt (→ 4.1.). Friedrich Paulsen hatte schon 1885 in der ersten Auflage seiner ›Geschichte des gelehrten Unterrichts‹ die Unentbehrlichkeit des Lateinischen unterstrichen, aber der sogenannten „klassischen Bildung" durch den Griechischunterricht keine Chance für die Zukunft gegeben. Er hat dies vor allem auch damit begründet, daß die griechischen Sprachkenntnisse, die in der Schule vermittelt werden könnten, völlig unzureichend seien. Fritz Blättner plädiert statt dessen – unter Berufung auf Paulsen – für eine Auseinandersetzung mit den großen Werken der Antike mit Hilfe von *Übersetzungen*. Von Paulsen und Blättner wird der Griechischunterricht also nicht etwa deshalb abgelehnt, weil er unzeitgemäße Gegenstände behandle, sondern weil er diese Gegenstände *nicht angemessen* behandeln könne. Sie seien ganz einfach zu schade für einen Griechischunterricht in der Schule.

Dieser Vorwurf trifft den Griechischunterricht dann besonders, wenn die Inhalte in Gestalt der großen literarischen Werke den zentralen Bezugspunkt seiner didaktischen Legitimation bilden. Die Didaktik des Griechischunterrichts scheint sich damit tatsächlich in einer ausweglosen Situation zu befinden: Denn einerseits sind es die Inhalte, um deretwillen der Schüler Griechisch lernen soll, und andererseits ist der Griechischunterricht – aus welchen Gründen auch immer – nicht in der Lage, dem Durchschnittsschüler die Sprachkenntnisse zu vermitteln, die zu einer fruchtbaren Auseinandersetzung mit den Inhalten wirklich erforderlich sind. Es ist leider nicht zu übersehen, daß die Lösung dieses Problems jeder weiteren didaktischen Argumentation zugunsten des Griechischunterrichts vorausgehen muß. Die fachdidaktische Profilierung ist im Vergleich zur Lösung *dieses* Problems kaum als besonders schwierig zu bezeichnen. Aber die fachdidaktische Arbeit erschöpft sich ja nicht in der theoretischen Begründung des Unterrichts und seiner Ausstattung mit attraktiven Lernzielformulierungen. Sie erfüllt ihre eigentliche Aufgabe immer nur dann, wenn sie den Rahmen der Sonntagsrede überschreitet, indem sie Anspruch und Wirklichkeit in Übereinstimmung zu bringen versucht. Unter diesem Gesichtspunkt ist die Didaktik des Griechischunterrichts eine besonders schwierige Didaktik, weil es nicht in ihrer Macht liegt, bestimmte Gegebenheiten der Wirklichkeit zugunsten des didaktischen Anspruchs zu verändern. Das gilt vor allem für das derzeit unüberwindbare Problem unzureichender Wochenstundenzahlen für den griechischen Sprachunterricht, der in möglichst kurzer Zeit zur Lektürefähigkeit führen soll. Versuche zur Verkürzung und zugleich Intensivierung des einführenden Sprachunterrichts tragen möglicherweise zur Lösung des genannten Problems bei. So muß sich erweisen, ob z. B. die Aufhebung der Dichotomie von Sprach- und Lektüreunterricht[400] der Ökonomisierung des Lernens dienlich ist. Allerdings hält man es im allgemeinen für unvertretbar,[401] den Griechisch-

---

[400] H. Steinthal: Einzelprobleme des Lehrverfahrens im Sprachunterricht, in: Römisch (Nr. 169) S. 45–56.
[401] F. J. Weber: Neugestaltung des Griechischunterrichts in der Sekundarstufe I des Gymnasiums, in: Anlage zu den Unterrichtsempfehlungen Griechisch, Sek. I Gymn., hrsg. vom Kultusministerium des Landes Nordrhein-Westfalen, o. J. (1973).

unterricht ohne einen grammatischen Elementarkurs zu beginnen. Denn der Sprachunterricht habe einerseits den Schüler auf die Anforderungen der Lektüre vorzubereiten und andererseits unterliege er eigenen Lernzielen, die sich aus den fachspezifischen Möglichkeiten des Griechischen und seiner Stellung als einer dritten Fremdsprache ergäben.[402] Dazu gehörten u. a. die „Erweiterung des semantischen Basiswissens für das Verständnis und die Aneignung der internationalen wissenschaftlichen Terminologie" und „die wissenschaftspropädeutische Objektivierung der Sprache", d. h. das Kennenlernen neuer sprachlich-grammatischer Möglichkeiten, Betrachtung der Sprache als System, Einführung in die Sprachwissenschaft.

Um sowohl die Dichotomie zwischen Sprach- und Lektüreunterricht zu vermeiden als auch die spezifischen Aufgaben des Sprachunterrichts zu erfüllen, sollen Originaltexte bereits in den sprachlichen Elementarkurs einbezogen werden.[403] Denn dadurch ist gewährleistet, daß der Schüler im Sinne der Ökonomisierung von Anfang an in der Auseinandersetzung mit Texten geübt wird und nur die wirklich lektürerelevanten grammatischen Erscheinungen lernt.

3.3. Griechischunterricht ohne griechischen Sprachunterricht

Wenn sich jedoch der griechische Sprachunterricht trotz dieser methodischen Neuorientierung nicht wirklich intensivieren läßt, wenn die Fachdidaktik auf die Lektüre der großen Werke nicht verzichten kann und wenn die Wochenstundenzahl noch weiter verringert wird, dann ist zu fragen, ob nicht der Sprachunterricht um der Werke willen aufgegeben werden muß, um diese nur noch in authentischen *Übersetzungen* zu erarbeiten. Das ist der Entwurf eines griechischen Literaturunterrichts *ohne* eine Einführung in die griechische Sprache. Wäre nicht ein derartiger Literaturunterricht geeignet, wertvolle fachspezifische Ziele besser zu erreichen, als es im herkömmlichen Griechischunterricht möglich ist?

Es ist unbestreitbar, daß die intensive Originallektüre die tiefere Einsicht in Form und Inhalt des Textes ermöglicht. Das geschieht jedoch nur unter der Voraussetzung, daß eine hochentwickelte Lesefähigkeit aufgrund sicherer Sprachbeherrschung und langjähriger Übung vorhanden ist. Solange jedoch unzureichende Sprachkenntnisse den Zugang zu den Texten eher verstellen als erleichtern, dürfte die Übersetzung der bessere Weg zu den Texten sein – nicht zuletzt deshalb, weil sie eine weitgreifende Lektüre er-

---

[402] Freund (Nr. 39).
[403] Keulen (Nr. 103).

laubt. Man sollte den Gedanken nicht von vornherein als unsinnig abtun, daß der Schüler durch eine umfangreiche Übersetzungslektüre zu einer gründlicheren Kenntnis der griechischen Literatur gelangt als durch eine statarische Originallektüre. Die „Massenlektüre" oder „Vielleserei", wie Dörwald dieses Verfahren abschätzig bezeichnet, ist nicht als ein Hindernis, sondern als eine Voraussetzung für die „geistige Vertiefung" anzusehen, die doch erst dann möglich ist, wenn ein größerer Überblick geschaffen ist. Außerdem ist es doch nicht unwahrscheinlich, daß der Schüler aufgrund einer schnell wachsenden Kenntnis der griechischen Literatur ein sich ständig steigerndes und auch nachhaltiges Interesse an dieser entwickelt. —

Die Lektüre griechischer Texte in Übersetzungen zu fordern, hat eine ebenso lange Tradition wie die Ablehnung dieses Verfahrens. Am bekanntesten ist wohl Goethes Bemerkung aus den Gesprächen mit Eckermann vom 10. Januar 1825:

Nicht allein, daß unsere eigene Literatur es an sich verdient, sondern es ist auch nicht zu leugnen, daß, wenn einer jetzt das Deutsche gut versteht, er viele andere Sprachen entbehren kann. Von der französischen rede ich nicht, sie ist die Sprache des Umgangs und ganz besonders auf Reisen unentbehrlich, weil sie jeder versteht und man sich in allen Ländern mit ihr, statt eines guten Dolmetschers aushelfen kann. Was aber das Griechische, Lateinische, Italienische und Spanische betrifft, so können wir die vorzüglichsten Werke dieser Nationen in so guten deutschen Übersetzungen lesen, daß wir, ohne ganz besondere Zwecke nicht Ursache haben, auf die mühsame Erlernung jener Sprachen viele Zeit zu verwenden. Es liegt in der deutschen Natur, alles Ausländische in seiner Art zu würdigen und sich fremder Eigenthümlichkeit zu bequemen. Dieses, und die große Fügsamkeit unserer Sprache macht denn die deutschen Übersetzungen durchaus treu und vollkommen. Und dann ist wohl nicht zu leugnen, daß man im Allgemeinen mit einer guten Übersetzung sehr weit kommt. Friedrich der Große konnte kein Latein, aber er las seinen Cicero in der französischen Übersetzung eben so gut als wir andern in der Ursprache.[404]

Paul Dörwald[405] setzt sich bereits 1912 mit dem Ansinnen einiger „Unverständiger", die antike Texte in Übersetzung lesen lassen wollen, auseinander. Er meint damit wohl die Anhänger der pädagogischen Reformbewegung der letzten Jahrzehnte des 19. Jahrhunderts. Mit einer durch Übersetzungen erweiterten Lektüre – so wurde argumentiert – könne viel gründlicher und umfassender in die Geisteswelt der klassischen Antike eingeführt und viel unfruchtbare Lernarbeit gespart werden.[406] Dörwald gibt zwar

---

[404] Zit. nach E. Grumach: Goethe und die Antike. Eine Sammlung, Bd. 1, Berlin 1949, 96.
[405] Dörwald (Nr. 32) S. 12 ff.
[406] Z. B. P. Güßfeld: Die Erziehung der deutschen Jugend, Berlin ²1890;

keine überzeugende didaktische Begründung für die Originallektüre – abgesehen von der Behauptung, daß selbst gute Übersetzungen nur Surrogate und Verfälschungen des Originals darstellten. Er macht darüber hinaus jedoch auf eine durchaus ernst zu nehmende Gefahr aufmerksam: Übersetzungen griechischer Texte werde es nur so lange geben, wie der Griechischunterricht auf dem Gymnasium breiten Kreisen die Kenntnis nicht nur der Literatur, sondern auch der Sprache der Griechen vermittle. Er beruft sich für diese Befürchtung auf ein Wort Adolf Harnacks:

Übersetzungen sind so lange leidlich belehrend, als es Leute genug gibt, die auch den Grundtext lesen und erklären können. Sobald die spärlicher werden oder wegfallen, werden auch die Übersetzungen immer weniger und zuletzt gar nicht mehr gelesen werden.[407]

Im Rahmen eines Griechischunterrichts *ohne* Griechisch müßte man diese ernst zu nehmende Gefahr dadurch auffangen, daß der Lehrer über den Originaltext kompetent verfügt. Außerdem brauchte der griechische Literaturunterricht keinesfalls auf die Vermittlung griechischer Sprachkenntnisse zu verzichten. Allerdings sollte diese erst in einer späteren Unterrichtsphase einsetzen. Denn so würde das Lernen der Sprache auf der Kenntnis einer größeren Anzahl literarischer Werke aufbauen und vielleicht sogar durch diese entscheidend motiviert. Am Anfang des Griechischunterrichts stände dann also nicht die Grammatik, sondern das übersetzte Werk. Aus dem Interesse an der griechischen Literatur würde das Bedürfnis erwachsen, auch die Originalsprache zu lernen. Denn „Übersetzer sind als geschäftige Kuppler anzusehen, die uns eine halbverschleierte Schöne als höchst liebenswürdig anpreisen: sie erregen eine unwiderstehliche Neigung nach dem Original" (Goethe, Maximen und Reflexionen Nr. 299).

Daß der Weg von der Übersetzung zu den Originalen gangbar ist, hebt Hermann Gundert[408] mit Nachdruck hervor: Man müsse die vielgelesenen Übersetzungen griechischer Autoren auch im akademischen Unterricht fruchtbar machen für diejenigen, die nicht über die Originalsprache verfügten.

Nur so könnten wir die Isolierung derer verhüten, die die Sprachen lernen, daß nicht die Kluft vertieft, sondern Übergänge gewonnen werden, aus denen zugleich Im-

---

H. Lietz: Die Deutsche Nationalschule. Beiträge zur Schulreform aus den deutschen Landerziehungsheimen, Leipzig 1911.
[407] A. Harnack: Die Notwendigkeit der Erhaltung des alten Gymnasiums in der modernen Zeit, Berlin ²1910, 17.
[408] Gundert (Nr. 64) bes. S. 25f.

pulse zu genauerer Vertrautheit mit den Originalen hervorgehen können. Das wäre ein Beitrag, den wir Philologen an Universität und Schule leisten könnten, um die Chancen der griechischen Bildung zu fördern.

Ein spät beginnender Sprachunterricht wäre geeignet, die dem Griechischunterricht eigentümlichen Leistungen durch die Einsicht in die spezifischen Mittel und Möglichkeiten der griechischen Sprache zu erweitern. Jetzt könnten die Erscheinungen, die für die griechische Sprache typisch sind,[409] zu zentralen Lerngegenständen erhoben werden. Mit ihnen wären attraktive Unterrichtsziele im Bereich der Sprachreflexion zu erreichen, die in keinem anderen Fach verfügbar sind. Dieser griechische Sprachunterricht wäre zudem frei von der Notwendigkeit, möglichst schnell zur Originallektüre hinzuführen. Er könnte sich ganz auf sprachphilosophische Fragen konzentrieren und zugleich in den griechischen Anteil am europäischen Kulturwortschatz einführen. Selbstverständlich kann dieser Sprachunterricht, wenn er dem Prinzip der vergleichenden Sprachbetrachtung verpflichtet ist, auch einen Beitrag zu einer „muttersprachlichen, zugleich das Denkvermögen entfaltenden Bildung" leisten.[410] Zur weiteren Veranschaulichung[411] eines griechischen Literaturunterrichts ohne einen einführenden Sprachunterricht sei nochmals auf den Diskussionsentwurf (1975) der Hessischen Rahmenrichtlinien für Griechisch in der Sekundarstufe II (Teil 1) hingewiesen. Hier wird festgestellt, daß ein Leistungskurs im Fach Griechisch für das sprachlich-literarisch-künstlerische Aufgabenfeld nur dann repräsentativ sein könne, wenn er inhaltlich auf den „Umgang mit Literatur", d. h. mit sprachkünstlerisch gestalteten Texten der hohen Literatur, ausgerichtet sei. Kurse, die diese Bedingung erfüllten, müßten mit entsprechenden Kursen in Deutsch und in anderen Sprachen die Hauptlernziele gemeinsam haben. Darauf folgt der für den vorliegenden Zusammenhang wichtige Satz: „Sie (sc. die Kurse) lassen sich auch so organisieren (wenn auch unter Wegfall wichtiger Lernziele und der sprachlichen Erfahrungen), daß sie von Teilnehmern ohne Griechischkenntnisse belegt werden können." Dies sei – so Richard Kannicht[412] – in der Tat die zwingende Konsequenz, wenn ein griechischer Leistungskurs für das sprachlich-literarisch-künstlerische Aufgabenfeld wirklich repräsentativ sein wolle. Der hessische Diskussionsentwurf enthält eine Beschreibung des Kursthemas „Das Drama (Tragödie)". Der Kurs will den Rahmen des herkömmlichen

[409] Keulen (Nr. 105); Glücklich (Nr. 55).
[410] Patzer (Nr. 155).
[411] Vgl. P. Gill: „Altertumskunde" – eine alte Disziplin in neuer Gestalt, in: AU 10, 4, 1967, 99–112.
[412] Kannicht (Nr. 101) bes. S. 268.

altsprachlichen Lektüreunterrichts zugunsten eines Literaturunterrichts erweitern. Er unterscheidet sich von dem traditionellen Lektüreunterricht in folgenden Punkten: Es werden gedruckte Übersetzungen benutzt; der Teilnehmer kann ihn daher auch ohne Griechischkenntnisse als Pflichtkurs im literarischen Aufgabenfeld belegen. Angesichts der Ziele dieses Kurses ist die Lektüre der Texte in Übersetzung unumgänglich. Denn der Kursteilnehmer soll nicht nur mindestens je ein Werk der drei großen Tragiker durch intensive Lektüre kennenlernen. Er soll u. a. auch einen Einblick in die Rezeptionsgeschichte dieser Werke gewinnen, die historischen Zusammenhänge der Textentstehung erschließen, poetologische Theorien über die Tragödie und das Tragische erarbeiten, eine Fülle von Sekundärliteratur lesen und unter anspruchsvollen literaturwissenschaftlichen Gesichtspunkten interpretieren. Recht aufschlußreich ist der Hinweis darauf, daß die Teilnehmer, die den Kurs als Griechischkurs, d. h. also nicht als allgemeinen Literaturkurs, belegen, lediglich „mehrere ausgewählte Szenen und mindestens ein Chorlied eines Werkes sowie je eine Szene der beiden anderen Werke im Urtext" zu lesen haben.

Der umfangreiche und anspruchsvolle Kurs kann seine Ziele unter Verzicht auf die Lektüre gedruckter Übersetzungen nicht erreichen. Wenn die Teilnehmer die Texte im Original lesen würden, wäre er nicht durchführbar. Hier steht man vor der Frage, ob es sinnvoller und pädagogisch wertvoller ist, der zweifellos attraktiven Kurskonzeption zu folgen und das Thema „Tragödie" möglichst umfassend zu erarbeiten oder sich nur auf wenige ausgewählte Tragödien-Szenen in der Originalsprache zu konzentrieren. In welchem Falle dürfte die unterrichtliche Arbeit ergiebiger sein? Die Didaktik des Griechischunterrichts muß darauf eine gut begründete und klare Antwort geben. Dazu sind aber, bevor möglicherweise nicht mehr rückgängig zu machende Entscheidungen getroffen werden, gründliche und langfristige Unterrichtsversuche erforderlich. Die Einführung des Faches „Griechische Literatur" wäre der Beginn eines derartigen Unterrichtsversuches, der an Schulen ohne Griechischunterricht (z. B. auch an Gesamtschulen) ohne Risiko für den bisherigen Griechischunterricht durchführbar sein dürfte.

Werner Rutz hat schon 1963 über einen Unterrichtsversuch berichtet,[413] ohne hiermit jedoch eine Alternative zum herkömmlichen Griechischunterricht anbieten zu wollen. Der Versuch fand im Rahmen einer wöchentlich zweistündigen einjährigen Arbeitsgemeinschaft zum Thema „Griechische Literatur (mit besonderer Berücksichtigung ihrer Nachwirkung)" statt. Diese Arbeitsgemeinschaft sollte die Teilnehmer zum Verständnis der

---

[413] Rutz (Nr. 174).

wichtigsten Werke und Formen der griechischen Literatur führen und sie befähigen, auch die nicht behandelten Werke später sich selbst zu erarbeiten und die modernen Umsetzungen griechischer Motive in den verschiedenen literarischen Gattungen zu verstehen. Stofflich begrenzte sich die Arbeitsgemeinschaft auf Epos, Tragödie und Komödie. Die philosophische Literatur sollte dem Philosophieunterricht, die Geschichtsschreibung und die Lyrik dem Lateinunterricht überlassen bleiben. Die Erarbeitung des Materials erfolgte in drei Organisationsformen: Unterrichtsgespräch (mit Vorbereitung durch Schülerlektüre), Schülerreferat (Inhaltsangabe, Kompositionsanalyse, Charakteristik der Hauptgestalten eines Werkes, ferner Referat von Sekundärliteratur) und Lehrervortrag (Wiedergabe von Interpretationen, ordnende Zusammenfassungen, Überblicke). Darüber hinaus wurden Textpartien im Unterricht gemeinsam gelesen.

In der Arbeitsgemeinschaft wurden auf diese Weise erarbeitet: Charakteristische Partien aus den beiden homerischen Epen, Aischylos (›Orestie‹, ›Perser‹), Sophokles (›Aias‹, ›Ödipus‹-Dramen, ›Elektra‹), Euripides (›Elektra‹, ›Medea‹, ›Iphigenie‹-Tragödien), Satyrspiel (›Ichneutai‹). Außerdem wurde Aristoteles' ›Poetik‹ herangezogen.[414] Aus dem Corpus der Aristophanes-Komödien wurden die ›Frösche‹ erarbeitet; die neuere Komödie war durch Menanders ›Schiedsgericht‹ vertreten. Aus dem Bereich der modernen Dichtung konnten aus zeitlichen Gründen nur noch Sartres ›Fliegen‹ berücksichtigt werden. Der Erfolg der einjährigen Arbeit konnte schließlich auch im Rahmen der Reifeprüfung nachgewiesen werden.

Der Versuchsbericht enthält keine Angaben über „Interpretationsverluste" aufgrund der Beschränkung auf Übersetzungslektüre. Im Einzelfall stand der Lehrer als Experte zur Verfügung, um seine eigene „wörtliche" Übersetzung einzubringen. Bemerkenswert ist der Umfang der Texte, die dem Bericht zufolge in der Kürze der Zeit mit vollem Erfolg erarbeitet werden konnten. Der Versuch legt demnach die Annahme nahe, daß sich wesentliche Ziele des herkömmlichen Griechischunterrichts auch ohne Kenntnis der griechischen Sprache erreichen lassen.[415] Der beschwerliche und oft kaum lohnende Umweg über den Originaltext ist in dieser Hinsicht nicht zu rechtfertigen.

Im Blick auf die altsprachliche Binnendifferenzierung stände das Fach „Griechische Literatur" nicht mehr in Konkurrenz zum Lateinunterricht. Es würde denjenigen keine Angriffsfläche mehr bieten, die festzustellen meinen, daß sich der Aufwand an sprachlicher Lernarbeit angesichts des tatsächlich Erreichbaren nicht lohne (→ 4.1.). Das neue Fach böte keinen

[414] Rutz (Nr. 174) S. 418.
[415] Vgl. O. Wecker (Hrsg.): Latein oder Englisch, Braunschweig 1950, 85.

Anlaß mehr zu der Klage, daß in ihm Anspruch und Wirklichkeit nicht übereinstimmten; es könnte in jeder Schulform ein spezifisches und in seinem Wert von niemandem bezweifeltes Lernangebot darstellen. Ein griechischer Literaturunterricht ohne die originalsprachliche Barriere ließe sich zudem nicht mehr durch die Behauptung diskriminieren, er biete einen elitären Bildungsluxus, der nur wenigen zugänglich sei. Und was vielleicht das Wichtigste ist – die „Griechische Literatur" ist ein vielversprechender Versuch, ein fast schon verlorenes Fach für die Schule wiederzugewinnen. Man sollte es also nicht dazu kommen lassen, daß das mit einem schon längst unzureichenden griechischen Sprachunterricht gepanzerte Fach völlig untergeht. Es ist nicht unzumutbar, daß man sich dieser Rüstung entledigt, um dann mit neuen Kräften und ohne die beschwerliche Bedeckung durch Sprachunterricht eine spezifische Bildungsaufgabe zu übernehmen.

Allerdings ist noch ungeklärt, ob bzw. inwieweit die *ästhetische* Komponente der griechischen Literatur durch Übersetzungslektüre unberücksichtigt bleiben muß. Eine Übersetzungslektüre müßte sich auf Bereiche der literarischen Ästhetik konzentrieren, die übersetzbar sind, d. h. auch ohne Originallektüre sichtbar werden, wie z. B. auf Eigentümlichkeiten des gedanklichen Aufbaus und der Komposition literarischer Texte und auf bestimmte Stilmittel (Figuren und Tropen). In dieser Hinsicht könnte eine Übersetzungslektüre bessere Voraussetzungen bieten, da sie größere Überblicke und Durchblicke ermöglicht als die statarische Originallektüre.

Im Deutschunterricht werden übrigens von jeher griechische Texte in Übersetzung erarbeitet – und zwar nicht nur unter dem Aspekt ihrer Wirkung auf die deutsche Literatur. So wird Ausschnitten z. B. aus den homerischen Epen, aus der griechischen Fabeldichtung, aus der Tragödie oder aus dem Geschichtswerk des Thukydides in deutschen Lesebüchern ein beträchtlicher Raum zur Verfügung gestellt.[416] Von der Didaktik und Methodik wird die Verwendung dieser Texte eingehend beschrieben.[417] Welche beachtliche Rolle die griechische Antike im Deutschunterricht spielt, zeigen selbstverständlich auch die Lehrpläne und Lehrerhandbücher.[418] Das ist sehr zu begrüßen und eine große Bereicherung des Deutschunterrichts. Wenn es aber dazu kommt, daß der Schüler im Deutschunterricht mehr griechische Literatur angeboten bekommt als im Griechisch-

---

[416] Z. B. ›Wort und Sinn‹ (Schöningh) in mehreren Bänden; ›Fragen. Kritische Texte für den Deutschunterricht‹ (Bayerischer Schulbuchverlag).
[417] Vgl. die ›Methodik des Deutschunterrichts‹ von Robert Ulshöfer.
[418] Z. B. Lehrerhandbuch, hrsg. von H. Meyer, Bd. 7: Deutsch, 1. Teilband, Weinheim/Berlin/Basel 1971.

unterricht, dann ist dies kein guter Zustand, und die Frage „Wozu noch Griechischunterricht?" ist berechtigt. Außerordentlich bedenklich ist zudem die Auffassung, daß der Deutschunterricht möglicherweise „Ersatzfunktionen für die altphilologischen Fächer"[419] übernehmen könnte, weil die „kulturelle Präsenz" griechischer Literatur durch den Rückgang dieser Fächer „mehr als gefährdet" sei. Das Bemerkenswerte an der Darstellung des Themas ›Antike Literatur im Deutschunterricht‹ in der Zeitschrift ›Der Deutschunterricht‹ besteht darin, daß das Thema nicht von Germanisten, sondern von Altphilologen behandelt worden ist. Offensichtlich halten diese es fachlich für vertretbar und sinnvoll, übersetzte griechische Autoren und Texte im Deutschunterricht mit Gewinn zu erarbeiten. Warum sollte dasselbe nicht auch für den Griechischunterricht selbst gelten? Warum sollte die „kulturelle Präsenz" der griechischen Literatur nicht durch ein großes Angebot an übersetzten Texten in einem griechischen Literaturunterricht garantiert werden können?

Aus welchem Grund gibt man sich im allgemeinen damit zufrieden, wenn griechische Kultur im Lateinunterricht, d. h. also auch nicht im originalsprachlichen Gewand, repräsentiert ist oder wenn der Schüler durch das Medium der lateinischen Literatur in die griechische Geisteswelt eingeführt wird, wie Niels Wilsing[420] und viele andere es immerhin für möglich halten? Wenn man sich dazu bereit finden kann, dann müßte man konsequent sein und diese Einführung auch durch das Medium der Muttersprache für denkbar halten.

Der zugegeben radikale Bruch mit dem bisherigen Griechischunterricht bedeutet gerade nicht den Verzicht auf wertvolle Inhalte, sondern er bietet erst die Möglichkeit, diese angemessen und in ungleich größerem Umfang als bisher zu erarbeiten. Unter diesem Gesichtspunkt seien die folgenden Beispiele für den Versuch einer Beschreibung des Lern- und Bildungspotentials betrachtet, das auch dem nicht originalsprachlich gebundenen Griechischunterricht nicht abzusprechen ist.

Wer noch zögert, sich auf das gedankliche Experiment eines „sprachlosen" griechischen Literaturunterrichts einzulassen, möge sich die Frage vorlegen, ob die im folgenden zu skizzierenden Konzeptionen und Zielvorstellungen durch einen anderthalb- bis zweijährigen Sprachunterricht zu verwirklichen sind, der allenfalls zu der Fähigkeit führt, unter einem gewaltigen Zeitaufwand und mit einem hohen Einsatz von Hilfen und Hilfsmitteln einige Seiten eines griechischen Textes mühselig zu übersetzen, oder ob nicht die gründliche und umfassende Lektüre und Interpretation einer

---

[419] Vgl. Weber (Nr. 209) Einführung.
[420] Die Praxis des Lateinunterrichts, Bd. 2, 20.

größeren Zahl übersetzter griechischer Werke in dieser Hinsicht ungleich bessere Möglichkeiten bieten.

Man sollte jedoch unbedingt daran festhalten, daß die fachliche Kompetenz des Lehrers für das Fach „Griechische Literatur" weiterhin durch das Studium der Bezugsdisziplinen des altsprachlichen Unterrichts (→ 2.1.) erworben wird. Das ist vor allem dann unerläßlich, wenn man bei der Textinterpretation den Kontakt zum Original nicht verlieren und in einer späteren Phase des Unterrichts – wie bereits angedeutet – eine Einführung in die griechische Sprache anbieten will. Allerdings müßte der Lehrer für dieses Fach in stärkerem Maße als bisher in Literaturwissenschaft und Literaturdidaktik ausgebildet werden. Auf diesem Wege erhielte er die für einen griechischen Literaturunterricht notwendigen Einsichten in die Vermittlungsmöglichkeiten von Literatur und in die Bedingungen und Ziele ästhetischer Erziehung und literarischer Bildung.[421]

3.4. Didaktische Perspektiven des griechischen Literaturunterrichts

Im folgenden seien einige didaktische Perspektiven des griechischen Literaturunterrichts skizziert, unter denen fachspezifische Funktionen sichtbar werden können.

3.4.1. Modelle des Seienden

Wolfgang Schadewaldt[422] sah die Bedeutung der griechischen Antike für uns heute nicht in ihrer Vorbildlichkeit, sondern in ihrer Fähigkeit zur Modellgestaltung:

In Gestaltungen der Kunst, des Wortes und des Gedankens haben die Griechen höchst instruktive Modelle des Seienden hingestellt: Modelle des Kosmos und fast aller Erscheinungsformen des Seins in der Natur, Modelle vom Menschen mit Leib und Seele, Denken, Staat, Schicksal, Modelle des Übersinnlichen und Göttlichen. Vor allem vermöge dieser ihm tief im Wesen liegenden Modellgestaltung hat das Griechentum so produktiv, traditionsbildend auf das spätere Europa gewirkt. Und diese zu sinngemäßer Fortgestaltung aufrufenden Modelle der Griechen eben sind es, die heute den Naturforscher so gut wie den Dichter zu den Griechen ziehen. Nicht „Regeln" gibt die Antike, sie gibt richtungweisende Impulse.

---

[421] Wunderlich (Nr. 231).
[422] Schadewaldt (Nr. 175, 176, 177).

Diese Impulse – so darf man ergänzen – wirken aber nicht nur nachweisbar auf das geistig-kulturelle Leben der Gegenwart im Sinne einer „Nach-" oder „Fortwirkung" der griechischen Antike – vor allem in der bildenden Kunst und in der Literatur. Sie sind zugleich als Denkanstöße für den Heranwachsenden pädagogisch fruchtbar zu machen. In diesem Sinne dienen die „höchst instruktiven Modelle des Seienden" der Weltorientierung und Horizonterweiterung des Heranwachsenden. Mit anderen Worten: Die Griechen sind für den Schulunterricht nicht nur aufgrund ihrer geistes- und kulturgeschichtlichen Bedeutung interessant; sie sind es auch aufgrund des Anregungspotentials, das ihre Werke und Leistungen für jeden einzelnen haben. Der Griechischunterricht schafft die Bedingungen dafür, daß die griechischen „Denk- und Formelemente" für den jungen Menschen den „Charakter von Fermenten und Lebenskeimen" erhalten, die in ihrer erhellenden Wirkung virulent werden sollen.

Die Kenntnis der Griechen dient also nicht nur der Vertiefung unseres „kulturellen Selbstverständnisses" und der „schöpferischen Fortgestaltung unserer Kultur in die Zukunft", sondern auch der Bildung und Selbstfindung des einzelnen durch die Auseinandersetzung mit den Fragen, die die Griechen gestellt, und den Bildern, die sie geschaffen haben.

Der Griechischunterricht hat seinen Zweck also nicht nur in der Vertiefung eines allgemeinen Kultur- und Geschichtsbewußtseins. Seine Leistung besteht vor allem darin, den einzelnen für elementare existentielle Fragen zu öffnen.

Die griechische Kultur und Literatur liefert eine „Fundamentalexplikation des ... Seins des Menschen". Ihre Funktion ist die „Dokumentation des Menschlichen und damit einer Überfülle von höchst aktuellen Lebenswerten".[423] In ihr werden „Grundsituationen des Menschlichen" entfaltet, was nicht zuletzt auch in der „brutalen heutigen Gegenwärtigkeit des griechischen Dramas" zum Ausdruck kommt. Wenn es richtig ist, daß die Griechen eine gültige „Fundamental-Anthropologie" entwickelt haben, dann kann die „Fundamental-Analyse" unserer heutigen Gegenwärtigkeit nicht an ihnen vorbeigehen.

Es geht im Griechischunterricht also nicht darum, „Heimweh nach Hellas" zu wecken. Hellas soll dem Heranwachsenden Erhellung über sich selbst verschaffen. Das Fach Griechisch ist als ganzes ein *Reflexionsfach* mit dem Ziel der Selbstaufklärung des Reflektierenden.

---

[423] Schadewaldt (Nr. 178), S. 71.

192 Das Problem der didaktischen Binnendifferenzierung

3.4.2. Texte als Denkmodelle

Eine konstruktive Kritik des Schadewaldtschen Modell-Begriffs hat vor kurzem Friedrich Maier[424] vorgelegt. Maier tritt zunächst einer unreflektierten Verwendung des Begriffs in Fachwissenschaft und Fachdidaktik entgegen.[425] Er fordert in diesem Zusammenhang eine grundsätzliche Klärung des Modell-Begriffes: nur dann dürfe man erwarten, daß die Aussagen der altsprachlichen Didaktik über den Modellcharakter der Antike auch außerhalb der Fachgrenzen Anerkennung fänden. In Anlehnung an die allgemeine Modelltheorie[426] legt Maier dar, daß antike Texte Modellcharakter haben können, wenn sie die folgenden Modellmerkmale aufweisen: Repräsentation (die Texte vergegenwärtigen eine Wirklichkeit, wie z. B. der Globus die Erdkugel, in einer analogen Abbildung), Reduktion (sie verkürzen diese auf wenige Grundstrukturen), Akzentuierung (sie heben bestimmte Bezüge und Gesetzmäßigkeiten hervor), Transparenz (sie machen eine Wirklichkeit durchschaubar), Perspektivität (sie geben eine bestimmte Sichtweise wieder), Produktivität (sie provozieren zu weitgehender Auseinandersetzung mit der dargestellten Wirklichkeit). – Im Gegensatz zu Schadewaldt und anderen stellt Maier fest, daß antike Texte, auch wenn sie als Modelle gelten können, keinesfalls Modelle *gegenwärtiger* Wirklichkeiten sind. Antike Autoren haben *unsere* Welt *nicht* modellartig abgebildet. „Die These ‚Antike-Modell der Gegenwart' ist deshalb im ganzen gesehen kaum ein tragfähiges Argument für die Alten Sprachen in der Schule" (S. 371). Dasselbe gilt für das Argument von der Antike als „Gegenmodell". Dennoch sind und bleiben antike Texte Modelle, aber verstanden als „Denkmodelle". In politischen Texten beispielsweise werden an politischen Sachverhalten „anthropologische Wirklichkeiten" gespiegelt: Je dichter und konzentrierter Triebkräfte, Gründe, Folgen, Erscheinungsformen, Gesetzmäßigkeiten politischen Denkens und Handelns dargestellt würden, je typisierender dabei die Darstellungsweise sei, um so stärker träten die „immer wiederkehrenden menschlichen Grundsituationen" (Helmut Flashar) hervor: der Mensch als Einzelwesen, im Verhältnis zu den anderen, zur Masse, zur Bürgergemeinschaft, zur Welt, zu Gott. Was darüber ausgesagt werde, sei zwar historisch gebunden, in die Kultur- und Gesellschaftssituation einer Epoche verwachsen, es weise aber auch über Raum und Zeit seiner Entstehung hinaus. Die Interpretation habe demnach die Aufgabe, sowohl die zeitgebundenen als auch die zeitunabhängigen Züge des jeweiligen Textes herauszuarbeiten (→ 2.1.3.).

[424] Maier (Nr. 131).
[425] Mayer (Nr. 137).
[426] H. Stachowiak: Allgemeine Modelltheorie, Wien/New York 1973.

Die zeitunabhängigen Elemente der mit den antiken Texten realisierten Denkmodelle – kurz: die anthropologisch-existentielle Dimension der Texte – lassen diese für den Lernenden zu pädagogisch wertvollen Denkmöglichkeiten werden, die zur Erweiterung seines eigenen Denkhorizonts führen können. Eine Voraussetzung für diese pädagogische Wirkung ist aber nicht nur die gründliche Auseinandersetzung mit den Texten, sondern auch die allmählich wachsende Erfahrung des Lernenden, daß die in den Texten aufgeworfenen Fragen seine eigenen Fragen sind. So kann es gelingen, daß der Schüler die Texte als „Interpretation von Realität" (Richard Kannicht) – und zwar seiner eigenen Realität – auffaßt und sich ihrer „provozierenden Kraft" (Friedrich Maier) stellt (→ 1.3.4.).

Hier erhebt sich allerdings die Frage, ob der intellektualistisch unterkühlte und abstrakte Begriff des „Denkmodells" („Texte ... sind ... Denkmodelle") ausreicht, um nicht nur die pädagogische Brauchbarkeit eines antiken Textes, sondern auch seine *Wirkung* auf den Heranwachsenden zu begründen. Beruht die „provozierende Kraft" z. B. einer griechischen Tragödie wirklich nur darauf, daß sie das „Denkmodell" einer anthropologischen Grundsituation darstellt? Ist es nicht vielmehr die *affektive* Potenz des Werkes, die den Leser rührt, mitreißt, beunruhigt, überwältigt, aus der Fassung bringt und dadurch aus seiner gewohnten und vertrauten Bahn wirft? Sind es nicht vor allem *außergewöhnliche* Situationen, Gestalten und Schicksale, die uns Durchschnittsmenschen faszinieren, in ihren Bann ziehen oder auch nur unterhalten? Aias, Achill, Odysseus, Ödipus, Sokrates – kann man die literarische Darstellung ihrer Schicksale als „Denkmodelle" bezeichnen? „Denkmodelle" – wofür? Auf die zuletzt formulierte Frage lassen sich gewiß viele kluge Antworten konstruieren, die geeignet sind, die Lektüre des Homerischen Epos, der Sophokleischen Tragödie oder des Platonischen Dialogs in einem zeitgerechten Curriculum zu legitimieren. Aber die curriculare Legitimation eines Textes mit Hilfe einer Modelltheorie ist noch längst keine Garantie für seine pädagogische Bedeutsamkeit, für seine „Appellativität" (Richard Kannicht) im praktischen Unterricht. Es scheint, daß man die Auseinandersetzung mit griechischen Texten im Unterricht nur *zum Teil* unter Berufung auf ihre Modellfunktion begründen kann. Griechische Texte können ihre pädagogische Potenz nur dann erfüllen, wenn sie nicht nur μαθήματα, sondern vor allem auch παθήματα erzeugen. Die Formel des Aischyleischen πάθει μάθος (Agamemnon 178) mag – auf den pädagogischen Schonraum übertragen – veranschaulichen, was gemeint ist. Griechische Texte bewegen und faszinieren den Leser, bevor sie ihm Einsichten vermitteln. Im curricularen Jargon gesprochen: sie stehen vorrangig im Dienst *affektiver* Ziele (→ 4.2.4.2.).

Unter diesem Gesichtspunkt erweist sich die didaktische Kategorie des

Denkmodells kaum als besonders hilfreich. Sollte man daher nicht lieber ganz auf diesen Begriff verzichten, zumal er einerseits der pädagogischen Valenz der Texte nicht voll gerecht wird und andererseits an Klarheit zu wünschen übrig läßt? So hat denn auch Heinrich Krefeld mit überzeugenden Argumenten vor der Verwendung des Modellbegriffs gewarnt[427]: Es scheine aufs Ganze gesehen doch problematisch zu sein, die interpretatorische Valenz aller Texte, die uns in der Literatur der Griechen und Römer vorlägen, an einen Begriff zu binden, welcher der in den Texten gestalteten fiktionalen Wirklichkeit nicht gerecht werde. Die Diaphorie zwischen Wirklichkeit und Text sei von völlig anderer Art als die zwischen Erdkugel und Globus-Modell. Text und Wirklichkeit verhielten sich zueinander nicht so wie Globus und Erdkugel. Denn viele antike Texte, selbst historisch-politische, repräsentierten die Wirklichkeit meist nicht; sie reduzierten sie ebensowenig auf wenige Grundstrukturen, sondern verfälschten sie sogar. – Poetisch-fiktionale Texte können zudem gar keine Modelle einer Wirklichkeit sein, da sie einer individuellen, subjektiven Weltdeutung Ausdruck verleihen. Nicht das Modellhafte oder Typische, sondern das Einzigartige, das Individuelle, das Außerordentliche, das Hervorragende scheint die didaktische Relevanz antiker Texte auszumachen. Gewiß geht es in den Texten um „anthropologische Wirklichkeiten" oder um „immer wiederkehrende menschliche Grundsituationen". Aber der eigentliche Gehalt der Texte besteht doch in der spezifischen Art und Weise der Reaktion und Reflexion auf diese „Grundsituationen". Das Modell erwiese sich nur unter der Bedingung als sinnvolle didaktische Kategorie, daß man es in dem Sinne verstände wie der *Maler* sein Modell. Dann könnte man die Wirklichkeit oder besser: die Grundstrukturen der Wirklichkeit, die der Autor aus seiner individuellen Sicht und Absicht in seinem Text reflektiert, als das Modell oder die Vorlage begreifen. Die „immer wiederkehrenden menschlichen Grundsituationen" wären die Modelle, nach denen der Autor seinen Text gestaltet wie der Maler sein Bild. Das für uns heute Faszinierende und didaktisch Produktive an den antiken Texten beruht auf der Einzigartigkeit und Überzeugungskraft, mit der die Autoren ihre Welt-Modelle, d. h. ihre *Welt-Vorlagen*, in Literatur verwandelt haben.

Texte sind also keine Denkmodelle, sondern Möglichkeiten, die Welt und die Wirklichkeit abzubilden, zu gestalten, zu begreifen usw. auf eine dem jeweiligen Textautor entsprechende Weise: einseitig, einmalig, tiefsinnig, oberflächlich, provozierend, beschränkt, verfälschend, idealisierend, verklärend, beunruhigend usw. Die Wirklichkeit – und sei es auch eine vordergründig fiktive wie z. B. die Welt des Odysseus – ist das Modell; die

---

[427] Krefeld (Nr. 117).

autorspezifische Abbildung ist der Text. Das Modell ist für den Autor Anlaß und Ausgangspunkt, nicht Ziel seines literarisch-künstlerischen Schaffens.

3.4.3. Das Ursprungskriterium

In dem bereits oben erwähnten Beiheft zu Ernst Ahrens' ›Lateinausbildung im Studienseminar‹ hebt Albert Klinz hervor, die fachspezifische Eigentümlichkeit griechischer Texte bestehe darin, daß sie im Gegensatz zu lateinischen Texten Einblicke in „Ursprünge" oder „Anfänge" vermittelten: Bei Platon seien es Einblicke in die Anfänge griechischen Philosophierens, bei Thukydides sei es der Beginn der europäischen Geschichtswissenschaft, bei den Tragikern seien es die Urformen des Tragischen, bei Homer die Ursprünge Europas im allgemeinen.[428]

Paul Friedländer, der seine Begründung für den altsprachlichen Unterricht auf eine Verbindung der humanistischen Idee der Vorbildlichkeit mit dem Wissen um die geschichtliche Wirklichkeit der antiken Kultur zu stützen und durch diesen Ausgleich zwischen Klassizismus und Historismus ein neues Verständnis der Antike zu entwickeln versuchte,[429] war der Ansicht, daß wir in den großen Werken der Antike Urschöpfungen, Urgestalten, Urphänomene des geistigen Daseins sehen könnten:

Das heißt zunächst folgendes: Es hat vor den Griechen keine europäische Philosophie, keine Logik oder Ethik gegeben, ebenso kein Epos, keine Tragödie oder Komödie, auch keine Physik, Geographie, Astronomie, Geometrie, Politik (als Wissenschaft oder bewußte Geisteshaltung) ... Größere Ursprungsnähe bedingt größere Einfachheit, die allerdings auch den Griechen nicht als Geschenk, sondern als mühsam erworbenes Gut zuteil ward ... Ursprungsnähe, Einfachheit, Daseinsfülle, Formgewalt: das etwa mögen die Merkmale sein, welche die griechische Schöpfung als Urphänomen konstituieren.

An diesen Urgestalten – so Friedländer – müsse der Geist gebildet werden. Das dürfe aber nicht als Rückwanderung in die Vergangenheit mißverstanden werden. Denn die großen Schöpfungen der Antike seien eben keine Vergangenheit. Sie seien zeitlos.

Günther Jachmann[430] bezeichnet die Griechen als „die ersten Menschen, insofern als mit ihnen das Individuum die Bühne des Völkerlebens betritt". Die Griechen hätten uns dazu angeregt,

---

[428] Vgl. Hoffmann (Nr. 84); Dörwald (Nr. 32).
[429] P. Friedländer: Die Idee des Gymnasiums, in: Das Gymnasium und die neue Zeit, Leipzig/Berlin 1919, abgedruckt bei Heusinger (Nr. 79) S. 209–216.
[430] Jachmann (Nr. 93) S. 28.

in die Welt zu blicken, nicht mit dem beutegierig-scharfen Auge des Raubtieres, um die Dinge mit den Pranken zu ergreifen, sondern mit dem wißbegierig-klaren Auge des Vernunftwesens, um sich durch Sinne und Geist eine Welt-Anschauung zu verschaffen. Freude und Interesse an Dingen, die man nicht besitze, habe niemand vor den Griechen empfunden. Von nun an gebe es den *geistigen* Besitz, und er umfasse die Welt. Mit der Ursprünglichkeit und Originalität griechischen Denkens wird von jeher für den Griechischunterricht argumentiert. Der Topos des πρῶτος εὑρετής ist seit der römischen Antike (vgl. z. B. Plinius, Epist. 8, 24) bis auf den heutigen Tag der Kern der didaktischen Argumentation für die Auseinandersetzung mit griechischen Autoren und Texten. Das Ursprungskriterium – wie man es nennen könnte – ist offensichtlich geeignet, auf spezifische Gegenstände des Griechischunterrichts aufmerksam zu machen. Das zeigt z. B. auch die 1972 von Otto Schönberger aufgestellte Lernzielmatrix für den Griechischunterricht: Die griechischen Autoren seien – im Sinne des Ursprungskriteriums – die „Archegeten der europäischen Literatur". Im Lateinischen habe man demgegenüber mehr abgeleitete Gebilde vor sich, sozusagen Werke eines „Ersten Humanismus". Was für die Literatur im allgemeinen gelte, treffe auf die Philosophie im besonderen zu: Der Unterschied zum Lateinischen liege in der spekulativen Art der griechischen Philosophen; der römische Philosoph sei zwar ebenso ernst wie der Hellene, doch fehle es ihm oft an spekulativer Kraft. Daraus ergibt sich für Schönberger, daß der Griechischunterricht „ein weitgehend philosophischer Unterricht" (S. 33) sei, der die Elemente philosophischen Denkens vermitteln müßte.[431]

Griechischunterricht – so Walter Freund[432] – zeige dem Heranwachsenden, indem er ihn geistig mit sich selbst konfrontiere, was wir als Europäer seien, in Ursprung, Möglichkeit, Gefährdung und daraus sich ergebender Verpflichtung.

Das Ursprungskriterium ist als fachdidaktisches Kennzeichen der Inhalte, die im Griechischunterricht behandelt werden, auch für einige Richtlinien und Lehrpläne maßgebend geworden. So läßt z. B. der bayerische „Curriculare Lehrplan für Griechisch in der Kollegstufe"[433] eine klare Orientierung am Ursprungskriterium erkennen. Das zeigen Themen wie z. B. philosophische Grundfragen, Ursprünge europäischer Dichtung,

---

[431] Vgl. Blättner (Nr. 17); Hoffmann (Nr. 84).
[432] Freund (Nr. 39).
[433] Amtsblatt d. Bayer. Staatsministeriums f. Unterricht u. Kultus vom 5. 12. 74, 1847 ff.

Erwachen des wissenschaftlichen Denkens oder des kritischen Bewußtseins bei den Griechen. Im Gegensatz dazu wird der Blick des Kollegiaten im Lateinunterricht auf die römische Kultur und ihr Fortwirken in Europa gerichtet. Daran wird eine didaktische Tendenz erkennbar, die dem Lateinunterricht die Vermittlung von Einsichten in die geschichtliche Wirkung, in das Weiterwirken antiken Denkens als spezifische Aufgabe zuweisen möchte. Das Wirkungskriterium, wie man es im Gegensatz zum Ursprungskriterium nennen kann, wird z. B. dann angelegt, wenn man im Lateinunterricht die „Ausstrahlungskraft" der römischen Kultur und ihre „Integration in unseren Kulturbereich", das „Weiterleben lateinischer Sprachformen in den romanischen Sprachen und im Englischen" oder das „Weiterwirken" der lateinischen Literatur berücksichtigt (→ 2.1.1.2.). Wenn der Lateinunterricht die „Einsicht in historische Kontinuität" oder ein „Bewußtsein vom Fortleben antiker Vorstellungen in der eigenen Umwelt" vermitteln oder die „historische Dimension der Latinität" und den „diachronen Aspekt" zur Geltung bringen soll, dann beweist dies ebenfalls, daß Ziele und Inhalte des Lateinunterrichts nach dem Wirkungskriterium ausgewählt werden.

Man kann zwar nicht behaupten, daß sich Griechisch- und Lateinunterricht konsequent nach den genannten Kriterien unterschieden. Es dürfte aber zutreffen, daß mit ihrer Hilfe fächerspezifische Schwerpunkte gesetzt werden können. Auch die fachwissenschaftlichen Bezugsdisziplinen des altsprachlichen Unterrichts scheinen dieser Differenzierung zu entsprechen, wenn z. B. Manfred Fuhrmann[434] darauf hinweist, daß die Gräzistik „von Hause aus ... das Fach der griechischen Klassik", die Latinistik „das Fach der europäischen Tradition" sei (→ 2.1.1.2.). Nach Richard Kannicht[435] ziehen die Griechen unser Interesse an ihren kulturellen Hervorbringungen in der Hauptsache unter anthropologischem Aspekt als die europäischen „Entdecker des Geistes" auf sich. Bruno Snell hat diese „Entdeckung des Geistes" thematisiert – in der Überzeugung, daß europäisches Denken bei den Griechen anhebe und seitdem als einzige Form des Denkens überhaupt zu gelten habe. Anders liegen die Dinge bei den Römern. Sie ziehen unser mögliches Interesse an ihren kulturellen Hervorbringungen in der Hauptsache „unter wirkungsgeschichtlicher Rücksicht" auf sich: „Einerseits als die bewußten Träger einer produktiven Rezeption der griechischen Kultur, andererseits aber und vor allem als die Begründer der europäischen Latinität" (R. Kannicht).

Die Konsequenzen, die sich aus dieser Unterscheidung für die wissen-

---

[434] Fuhrmann (Nr. 47) S. 43.
[435] Kannicht (Nr. 100) S. 383 f.

schaftliche und die didaktische Praxis ziehen lassen, sind deutlich: Im Griechischen können sich Forschung und Lehre wie bisher auf den Zeitraum konzentrieren, in dem „die Griechen sozusagen entdeckt haben, was für sie zu entdecken war" (R. Kannicht). Im Lateinischen ist es dagegen erforderlich,

das traditionelle Forschungs- und Lehrgebiet im Sinn der Fuhrmannschen Konzeption über die Spätantike hinaus auf das Mittelalter und den Beginn der Neuzeit auszudehnen und so die europäische Latinität als wirkungsgeschichtlichen Traditionszusammenhang zu thematisieren. (R. Kannicht)

Auf diese Weise ist bereits eine bündige Aussage nicht nur über die vorrangigen Inhalte, sondern auch über die leitenden Ziele des Unterrichts in den beiden Alten Sprachen getroffen: Griechischunterricht vermittelt primär Einsicht in Grundgegebenheiten und Möglichkeiten des Denkens, in Erscheinungsformen geistiger Existenz. Lateinunterricht vermittelt demgegenüber primär Einsicht in die geschichtliche Dimension des Denkens, in die Tradition des Geistes.

Eine ganz ähnliche Charakterisierung und Differenzierung findet man übrigens schon bei Friedrich Nietzsche (Wir Philologen Nr. 182):

Erziehung ist erst Lehre vom Notwendigen, dann vom Wechselnden und Veränderlichen. Man führt den Jüngling in die Natur, zeigt ihm überall das Walten von Gesetzen; dann die Gesetze der bürgerlichen Gesellschaft. Hier wird schon die Frage rege: mußte das so sein? Allmählich braucht er Geschichte, um zu hören, wie das so geworden ist. Aber damit lernt er, daß es auch anders werden kann. Wieviel Macht über die Dinge hat der Mensch? Das ist die Frage bei aller Erziehung. Um nun zu zeigen, wie ganz anders es sein kann, zeige man zum Beispiel die Griechen. Die Römer braucht man, um zu zeigen, wie es so wurde.

Mit anderen Worten: Griechischunterricht eröffnet Perspektiven auf das objektiv Mögliche und richtet den Blick auf die Zukunft, indem er mit den Ursprüngen vertraut macht. Lateinunterricht hebt die Genese des Wirklichen in das Bewußtsein und erschließt die Gegenwart als Resultat der Vergangenheit. Diese Einsichten ließen sich jedoch nur unter der Voraussetzung erreichen, daß der Schüler auch in die Lage versetzt würde, „Ursprünge" und „Wirkungen" in ihrem lebendigen Zusammenhang mit seiner Wirklichkeit zu begreifen. Er müßte diese Ursprünge und Wirkungen in seiner *eigenen* Welt als wirksam und lebendig erkennen und das Heutige und Lebende auf antike Voraussetzungen hin durchschauen können. Für die schulische Aufgabe würde das bedeuten – so Fritz Blättner[436] in seiner Kritik an Ernst Hoffmanns Entwurf[437] eines pädagogischen Humanismus –,

[436] Blättner (Nr. 16) S. 115.
[437] Hoffmann (Nr. 84).

daß die Erkenntnis der Ursprünge und Wirkungen nur dann gelingen
könnte, wenn sich diese im Lebenden und Werdenden nachweisen ließen:
in der heutigen Wissenschaft, Philosophie, Dichtung, in Gesellschaft,
Staat, Wirtschaft.

Damit erst wäre das Studium der Alten in der Persönlichkeitsformung wirklich
fruchtbar geworden. Aber wo geschieht das? Wo wird dem jungen Menschen dieses
Jahrhunderts die heutige Dichtung, die heutige Wissenschaft, Gesellschaft, politische Ordnung auf die Ursprünge hin in Bild und Gegenbild durchsichtig gemacht?

Blättner stellt mit Recht fest, daß dies „ein genauestes und liebevollstes Eingehen auf das heute Lebende und Fordernde verlangen" würde. „Wer leistet diese Kenntnis des Heutigen, in der die Kenntnis der Alten ja doch erst
fruchtbar werden kann?" Die Schule müsse die Kenntnisse vom Altertum
fruchtbar machen für das Leben der Menschen, die in zehn oder zwanzig
Jahren die Geschicke des Staates und der Wirtschaft lenken sollen.

Wer ihnen in den Aufgaben ihres Lebens die Gedanken und Gestaltungskräfte der Griechen und Römer sichtbar machen und ihnen damit den eigenen Auftrag klarer und reiner vor Augen stellen könnte, der wäre Erzieher
und Lehrer für das Leben, Bildner der Persönlichkeit, die sich im Leben
bildet und standhält. (Blättner, S. 115)

3.4.4. Die didaktische Valenz des Mythos

Es stellt sich nun die Frage, welcher konkrete *Inhalt* dem für die Profilierung des Griechischunterrichts postulierten Ursprungskriterium am besten
standhält und zugleich didaktisch besonders ergiebig ist.[438] Richard Harder[439] hat darauf hingewiesen, daß es wohl kein Volk gebe, in dessen seelischem Haushalt der *Mythos* so beherrschend ist wie bei den Griechen. Er
ist in allen literarischen Gattungen der Griechen gegenwärtig und bildet
dort den Hinter- oder Untergrund, den Gegenstand oder Anlaß, die Voraussetzung oder den Zweck der Darstellung. Die didaktische Brauchbarkeit des Mythos gründet sich dann auch auf den Reichtum an nichtliterarischen Dokumenten, wie sie z. B. in der Vasenmalerei, der Bildhauerei und
der Architektur vorliegen. Schließlich ist der Mythos wirklich repräsentativ
für griechische Weltanschauung und Weltdeutung, weil er kein elitäres
Produkt ist wie etwa Geschichtsschreibung oder Staatstheorie, Philosophie

---

[438] Die folgenden Ausführungen basieren auf dem am 10. 9. 1975 in Neustadt/Weinstr. gehaltenen Referat des Verf.: Nickel (Nr. 147).
[439] R. Harder: Die Eigenart der Griechen, Freiburg 1962, 124.

oder Naturwissenschaft. Er ist vielmehr in unterschiedlichen Erscheinungsformen Gemeingut des griechischen Menschen und unabhängig vom Entwicklungsstand seines Intellekts oder von seiner gesellschaftlichen Stellung. Der Mythos ist öffentlich, allenthalben zugänglich und sichtbar, im Kultischen gegenwärtig und handgreiflich, dem Kind nicht weniger vertraut als dem Erwachsenen. Für alle ist er ein gewaltiges Reservoir der Lebensorientierung, der Daseinsdeutung, des Trostes und der Besinnung.

Jacob Burckhardt eröffnet seine ›Griechische Kulturgeschichte‹ nicht von ungefähr mit einem ausführlichen Abschnitt über „die Griechen und ihren Mythus". Er zeigt, daß dieser „eine allgemeine Voraussetzung des griechischen Daseins" (S. 31 des Neudrucks: Darmstadt 1962) gewesen ist, „der große allgemeine geistige Lebensgrund der Nation" (S. 27). Für die Griechen war der Mythos die „ideale Grundlage ihres ganzen Daseins", die sie „mit höchster Anstrengung verteidigt und um jeden Preis mit den sachlichen Verhältnissen in Verbindung gesetzt" haben (S. 35). Darum waren die Griechen im Gegensatz zu den Römern wohl auch kein Volk mit einem ausgeprägten Geschichtsbewußtsein. Der Mythos blieb das „Allgegenwärtige", in ihm sahen die Griechen das Abbild ihrer selbst. Also muß auch der Schlüssel zum Verständnis des Griechentums der Mythos sein, in welchem die lebendige Wirklichkeit des griechischen Lebens ihren Ausdruck fand.[440] Inwieweit ist diese Bedeutung des griechischen Mythos auch für den heutigen Menschen – in dem von Fritz Blättner beschriebenen Sinne (→ 3.4.3) – relevant? Aus der Fülle möglicher Antworten seien einige ausgewählt.

In der altgriechischen Gottesverehrung – so Walter F. Otto – offenbare sich uns eine der größten Ideen der Menschheit, die religiöse Idee der Menschheit, die religiöse Idee des europäischen Geistes.

Die Gestalten, in denen diese Welt sich dem Griechen göttlich offenbart hat, bezeugen sie nicht ihre Wahrheit dadurch, daß sie noch heute leben, daß wir ihnen noch heute, wenn wir uns aus dem Zwang der Kleinlichkeit zum freien Schauen emporheben, immer wieder begegnen?[441]

Karl Kerényi sagt im Vorwort zu seinem Buch ›Die Heroen der Griechen‹ (1958): Was im griechischen Mythos faßbar werde, sei

ein Stück jener Geschichte, die wir, im Sinne einer unsere Fähigkeiten zur Erinnerung und zur Aufnahme bestimmenden, gemeinsamen Erbschaft, unsere Geschichte nennen dürfen. Auf Grund der Erfahrungen der Psychologie bezweifle ich, daß es

---

[440] Hölscher (Nr. 83) S. 75 f.
[441] W. F. Otto: Die Götter Griechenlands, Frankfurt ³1947, 17.

möglich wäre, solch ein Stück Geschichte völlig auszuschalten. Und als Historiker würde ich es für eine Verfälschung des Gesamtbildes der Menschheitsgeschichte halten, wenn man das Wissen darum unterdrücken wollte. (S. 7)

Ganz ähnlich hat es auch Egon Römisch [442] ausgedrückt: An den Gestalten des Mythos interessierten uns heute die in ihnen dargestellten Schicksale, von denen sie geprüft und geprägt worden seien. So gesehen, gehörten sie auch unserer Vorstellungswelt noch an, nicht als Mythen, doch als aussagekräftige Bilder, wie eben zur Welt des Menschen nicht nur das Wort gehöre, sondern auch das Bild. Römisch beruft sich in diesem Zusammenhang auf Käthe Hamburger [443], die die Lebenskraft der griechischen Tragödiengestalten damit erklärt, daß diese eben Zeichen für menschliche Grundsituationen seien. Wenn die Griechen z. B. in ihren Tragödiengestalten menschliche Grundsituationen reflektieren, dann haben wir einen mit ihnen gemeinsamen Problemhorizont. Ihre Probleme sind auch unsere Probleme. Folglich kann die Auseinandersetzung mit den Griechen zu einer Bewußtmachung von „Gegenwartsproblematik" [444] führen.

Käthe Hamburgers Ansatz wird allerdings aus dem Lager einer marxistisch-materialistischen Literaturwissenschaft als verfehlt zurückgewiesen.[445] Der Kern dieser Kritik ist die Überzeugung, daß Hamburger die *gesellschaftliche* Wirklichkeit, in der die Gestalten des Mythos ursprünglich gestanden haben, außer acht lasse. Der Mensch werde so zum isolierten Träger einer Existenzproblematik, die von Schuld, Vereinsamung, Glaubenszweifel und Tod bedingt sei.

Dieser Einwand richtet sich gegen jeden Versuch, den Mythos als eine Verbildlichung fundamental-anthropologischer Situationen zu deuten, die unabhängig von gesellschaftlich-historischen Gegebenheiten gültig zu sein beanspruchen. Er richtet sich generell gegen die vielfach beschworene Zeitlosigkeit und Zeitunabhängigkeit griechischer Existenzeinsichten oder Darstellungsmodelle. Selbstverständlich verdankt alles, was je von den Griechen ausgegangen ist, seine Existenz einer bestimmten, unverwechselbaren historischen Situation. Wenn griechische Gedanken scheinbar zeitlos sind, dann entsteht dieser Eindruck dadurch, daß es immer wieder Zeiten gegeben hat, die für diese Gedanken besonders aufgeschlossen waren. Die historischen Bedingungen, unter denen der griechische Mythos immer wieder als Mittel der Daseinsdeutung verstanden wurde, bedürfen zweifel-

---

[442] E. Römisch: Aspekte der Oberstufenlektüre im Lateinunterricht, in: AU 14, 5, 1971, 33–51, bes. 49 f.
[443] Von Sophokles zu Sartre, Stuttgart 1962.
[444] Seeck (Nr. 191).
[445] Vgl. P. Hack, in: Das Poetische (ed. suhrkamp).

los der Klärung. Man darf sich ja auch der Frage nicht entziehen, was den Menschen der Gegenwart veranlaßt, den Mythos als Bild und Deutungsmuster für sich selbst zu begreifen. Die Antwort auf diese Frage könnte die Einsicht beinhalten, daß der Mythos bei aller historischen Bedingtheit einen fundamental-anthropologischen Kern hat und einen Code, eine verschlüsselte Beschreibung,[446] eines spezifisch Menschlichen bildet. Die geschichtliche Bedingtheit *und* der anthropologische Gehalt scheinen den Mythos sowohl in seinem Ursprung als auch in seiner Wirkung auszumachen.

Unter diesem Gesichtspunkt kann der Mythos nicht mehr als eine primitive Form der Deutung des Menschen und der Welt verstanden werden. Er ist verschlüsselte *Aufklärung* und demnach auch nicht dem Logos unterlegen. Mythos und Logos sind zwar verschiedene, aber gleichwertige Zeichensysteme, die aufeinander angewiesen sind, um die existentiellen Möglichkeiten des Menschen zu erschließen und zu beschreiben.

Indem Sokrates das Gebot des γνῶθι σαυτόν befolgte, hat er den Drang zur Selbsterkenntnis mythisch verschlüsselt zum existentiellen Grundbedürfnis erklärt. Richard Harder[447] hat darauf hingewiesen, daß der mythische Urtrieb der Hellenen von Anfang an in Spannung zum Logos, der anderen griechischen Grundtendenz, gestanden habe. Es folge demnach auch kein Zeitalter des Logos auf eines des Mythos, sondern beide Kräfte wirkten nebeneinander. Exemplarisch sei Thukydides, dem ein typisch griechisches Geschick widerfahren sei: „Dieser schärfste aller Rationalisten, dieser erbarmungslose Kritiker und rücksichtslose Desillusionist verfällt am Ende doch selber der bekämpften Denkweise, sein Lobpreis des perikleischen Athen ist echt mythisch."

An diesem Falle wird ebenfalls ganz deutlich, daß Mythos und Logos zwei gewiß oft konkurrierende, aber auch sich gegenseitig ergänzende Zeichensysteme sind, die beide der Aufklärung dienen. „In mythischen Gestalten erfährt der Mensch ein Bild seiner Möglichkeiten, sieht er, wohin sein Wesen drängt, zu Adel und Gemeinheit, unter das gebietende Ethos und in die Gewalt des Natürlichen, zur Unbedingtheit und zum Bedingten."[448] So war es eben auch möglich, daß der Mythos z. B. von den Sophisten als Mittel der Argumentation benutzt wurde[449] und in der Philosophie

---

[446] Mythos als modus dicendi oder façon de parler: vgl. Barié (Nr. 8).
[447] R. Harder: Die Eigenart der Griechen, Freiburg 1962, 126f.
[448] K. Jaspers in: K. Hoffman (Hrsg.): Die Wirklichkeit des Mythos, München/Zürich 1965, 55.
[449] Vgl. R. Nickel: Die Wahl des Herakles in Xenophons Memorabilien II 1. Der Mythos als Argument, in: ALK-Informationen 4, 1980, 59–105.

als Vehikel der Wahrheitsfindung gedient hat. Es lohnt sich, darüber nachzudenken, ob nicht die Griechen und wir im Mythos eine gemeinsame Achse des Denkens und Handelns haben. Denn wie für jene, so ist für uns der Mythos nicht nur der Nährboden der kulturellen Selbstdarstellung und Selbstdeutung in den Werken der Literatur und Kunst, sondern er bestimmt als Zeichensystem auch unser tägliches Dasein. Gedeihen heute nicht Mythos und Logos ebenso eng beieinander wie bei den Griechen? Schaffen wir nicht immer wieder neue Mythen? Das gilt nicht nur für die Ideologien unserer Tage, die sehr leicht als mythische Ausdrucksformen zu entlarven sind.[450] Roland Barthes[451] hat „Mythen des Alltags" gesammelt und interpretiert.

Es scheint sogar ein Grundbedürfnis zu sein, historisches Geschehen und individuelle Erfahrung in Mythen zu kleiden; das ist eine Form der Vergangenheitsbewältigung, die den sich Erinnernden in der Glorie des Helden oder Dulders erstrahlen läßt und Erbauung und Trost gewährt. Die Erfahrung des Thukydides – τὰ πολλὰ ὑπὸ χρόνου ... ἐπὶ τὸ μυθῶδες ἐκνενικηκότα (1, 21, 1) – gilt nicht nur für die kollektive, sondern auch für die individuelle Vergangenheit. Aber der Mythos wirkt ebenso in die Zukunft, indem er neue Wirklichkeiten in Aussicht stellt und zeigt, was sein könnte; insofern ist er auch von eminent wichtiger politischer Bedeutung und gehört zum Kern der politischen Wirklichkeit.[452]

Für die Auseinandersetzung mit dem griechischen Mythos im Literaturunterricht bietet die fachdidaktische Literatur bereits zahlreiche Anregungen. Im Sinne der vorangegangenen Ausführungen sollte man diese Anregungen unter der Fragestellung aufgreifen und auswerten, inwieweit sie dazu dienen können, den Mythos als ein spezifisches Zeichensystem verständlich zu machen. Ein erster Ansatzpunkt ist die Rezeption mythologischer Stoffe und Elemente durch die Existenzphilosophie. Durch eine vergleichende Betrachtung von Aischylos' ›Orestie‹ und Sartres ›Fliegen‹ (→ 3.3) sind die Möglichkeiten der mythischen Mitteilung über bestimmte Grundbefindlichkeiten der menschlichen Existenz zu erschließen.[453] Der Mythos von Sisyphos (vgl. Odyssee 11, 593–600) ist ein Versuch, menschliches Sein als absurdes Sein im Sinne Albert Camus' zu begreifen. Das könnte z. B. unter der Fragestellung erfolgen, ob der antike Sisyphos bereits das Bewußtsein der Absurdität des Daseins versinnbildlicht und ob

---

[450] Vgl. C. Lévy-Strauss: Strukturale Anthropologie, Frankfurt 1967, 230.
[451] Mythen des Alltags, Frankfurt ³1974.
[452] Vgl. J. Hersch in: Hoffman, s. Anm. 448, 81.
[453] Vgl. H. Oppermann: Die Antike in Literatur und Kunst der Gegenwart, in: AU 2, 5, 1956, 40–76, bes. 47–58.

dieses Bewußtsein möglicherweise archetypisch verankert ist. Mit dem Stichwort „archetypisch" wird die Frage aufgeworfen, ob sich Mythen oder Mythenelemente auf Vorgänge in einem kollektiven Unbewußten beziehen, d. h. auf essentiell Unbewußtes.[454]

Paul Barié[455] stellt die mythenkritischen Kapitel am Anfang der ›Historien‹ Herodots (1, 1–5) in den Mittelpunkt einer Unterrichtseinheit, deren Ziel es ist, Herodots Verhältnis zum Mythos zu veranschaulichen. Der griechische Historiker will an der Geschichte die Fragwürdigkeit und Wandelbarkeit menschlichen Glückes und menschlicher Größe zeigen. Obwohl Herodot den Mythos durch radikale Reduktion auf das vermeintlich Faktische substantiell zerstöre, entdecke er doch die mögliche Wahrheit mythischer Ausdrucksweisen für ein diachronisches Bewußtsein. So erhält Herodots Geschichtsschreibung, die in ihrer historischen Aussage und in ihrer diachronischen Orientierung an sich eine Überwindung mythischen Denkens, d. h. der Benutzung mythischer Zeichen, impliziert, durchaus wieder einen mythischen, d. h. ahistorischen Akzent, indem sie das Geschehen deutet und archetypische Grundzüge menschlichen Daseins freilegt. Selbstverständlich bietet die *Tragödie* in besonderem Maße Gelegenheit, die existenzerhellende Funktion des Mythos zu zeigen. Denn sie ist ja die literarische Gattung, in der der Mythos als Zeichensystem seine höchste Vollendung erfahren hat. Die synkritische Interpretation des Mythos in der Tragödie und im modernen Drama[456] eröffnet zudem die Möglichkeit, am Problembewußtsein der Gegenwart und an der Daseinserfahrung des Heranwachsenden anzuknüpfen, um dessen Selbstverständnis zu erweitern, indem man ihn mit der Sprache des Mythos und ihrer existenzerhellenden Bedeutung vertraut macht. Der Schüler kann auf diesem Wege dazu angeleitet werden, die Botschaft des Mythos auf die eigene Lebenssituation zu übertragen.[457] Das von Paul Barié herausgegebene Heft 2 (1980) des ›Altsprachlichen Unterrichts‹ veranschaulicht mit seinen verschiedenen Beiträgen nicht nur die Funktion des Mythos als modus dicendi. Es stellt auch einen grundlegenden Beitrag zu einer Mythendidaktik dar, die den Kernbereich des griechischen Literaturunterrichts begründen hilft. Das Heft kann einen Eindruck von dem didaktischen Potential vermitteln, das der Griechischunterricht durch einen mythendidaktischen Ansatz erhielte.

---

[454] Vgl. C. G. Jung – K. Kerényi: Einführung in das Wesen der Mythologie, Zürich 1951.
[455] P. Barié: Fünf Kapitel Herodot – Beobachtungen zur Struktur des historischen Diskurses, in AU 14, 1, 1971, 5–36.
[456] E. Hermes: Von Anouilh zu Sophokles, in AU 7, 1, 1964, 69–75.
[457] Barié (Nr. 8) S. 5–25.

Der wohl wichtigste Gesichtspunkt dieses Ansatzes ist der zeit- und raumübergreifende Bogen, der sich mit Hilfe des Mythos von der Antike bis zur Gegenwart und umgekehrt schlagen läßt.[458] Barié hat die Stichworte gegeben: Der Mythos als kulturkritische Metapher, die Reklame und der entwendete Mythos, die klassische Mythologie und die moderne Literatur: Deformation und Neugestaltung, mythische Strukturen der modernen Welt.[459] Die weitreichende Entfaltung dieses didaktischen Potentials ist freilich nur in einem griechischen Literaturunterricht möglich, der es erlaubt, ein umfangreiches Textmaterial griechischer und nichtgriechischer Provenienz zu bewältigen. Der Erfolg eines derartigen Unterrichts steht in deutlicher Relation zur *Quantität* der gelesenen Texte. Hier tragen die fachdidaktischen Argumente zugunsten einer statarischen Lektüre oder eines mikroskopischen Lesens nicht mehr. Denn der Schüler kann mythische Namen wie Prometheus, Odysseus oder Herakles nur dann als „Metaphern für die condicio humana" (Barié) begreifen, wenn er über eine große Zahl von Texten einen Einblick in die im Zeichensystem des Mythos beschriebene „Kollektivpsychologie" der Griechen gewonnen hat. Alle Ziele einer „Didaktik des mythischen Phänomens" lassen sich nur durch intensive Auseinandersetzung mit möglichst vielen Texten erreichen.

Joachim Klowski[460] hat den Vorschlag, den „Mythos als eine Verbildlichung fundamental-anthropologischer Situationen"[461] in das Zentrum des Griechischunterrichts zu stellen, aufgegriffen und weitergeführt, um auf diese Weise ebenfalls einen fachspezifischen Inhalt von hoher didaktischer Valenz zu gewinnen. Klowski knüpft in kritischer Auseinandersetzung mit diesem Vorschlag an der Zielbeschreibung „Einsicht gewinnen in die Mythos-Logos-Dialektik, in das Verhältnis von Mythos und Philosophie, Mythos und Dichtung" an. Er macht sich die Auffassung zu eigen, daß die Dialektik von Mythos und Logos das Thema sei, unter das man den ganzen Griechischunterricht stellen sollte. Denn „daß die Dialektik von Mythos und Logos das Leitziel des Griechischunterrichts sein sollte, läßt sich sowohl vom Fach als auch vom Schüler her begründen". So sei es für das Gelingen des menschlichen Lebens erforderlich, das richtige Verhältnis zwischen Mythos und Logos herzustellen: Wir brauchten zur Lebens-

---

[458] Zur Breite der Mythenrezeption: M. Fuhrmann (Hrsg.): Terror und Spiel. Probleme der Mythenrezeption, München 1971.
[459] Vgl. auch U. Frings: Rezeptionsspielarten – Zur Mythenentwendung in Antike und Moderne, in AU 23, 2, 1980, 96–131.
[460] Klowski (Nr. 111 u. 112).
[461] Nickel (Nr. 147).

orientierung einerseits vom Logos nicht zu fundierende Bilder und Glaubensinhalte und andererseits den Logos als ein ordnendes, klärendes und kritisches Instrument, das auch den Bildern, den Mythen, kritisch zu Leibe rücke. Die Entwicklung des griechischen Denkens von Homer und den Tragikern über die Sophisten bis hin zu Sokrates, Platon und Aristoteles liefere „ein großartiges Modell", das in vielfältiger Weise die Dialektik von Mythos und Logos variiere.

Allerdings kann Klowski nicht überzeugend beweisen, daß die von ihm zur Behandlung des Themas vorgeschlagenen Texte in der Originalsprache gelesen werden müssen. Im Gegenteil – gerade die für die Verwirklichung dieser Konzeption so wichtigen Werke wie die Odyssee und Herodots Historien lassen sich als ganze Werke im Schulunterricht doch nur in Übersetzung lesen. Zumindest müssen „größere Partien"[462] erarbeitet werden, damit der Schüler überhaupt einen Einblick in die Welt und die Umwelt des Mythos gewinnen kann. Außerdem kann das Thema „Mythos" mit theoretischen Erörterungen, d. h. mit einem Reden über den Mythos und über verschiedene Deutungsmöglichkeiten, kaum angemessen behandelt werden. Der Mythos selbst muß stets aus seinen literarischen Kontexten heraus interpretiert werden,[463] in welchen und für welche er als Zeichensystem eine spezifische Rolle spielt. Es reicht nicht aus, etwa nur die mythische Erzählung unabhängig von ihrer literarischen Einbettung zur Kenntnis zu nehmen. Die Lektüre einiger originalsprachlicher Textfetzen wird dem Thema ebensowenig gerecht[464] wie das Kennenlernen einzelner Artikel aus einem mythologischen Lexikon.

Wenn man den Mythos als Bezugspunkt für eine didaktische Profilierung des Griechischunterrichts ansieht, dann muß man wohl oder übel die Beschränkung auf eine Originallektüre aufgeben, die aufgrund der heutigen Unterrichtsbedingungen dem Thema nicht gerecht werden kann. Denn offensichtlich ist die Originallektüre nicht das Verfahren, mit dem eine so weitgreifende didaktische Konzeption in der Unterrichtspraxis zu realisieren ist. Das ist das Dilemma, in das man mit jeder umfassenden didaktischen Konzeption gerät: Will man große Linien ziehen, so muß man ein umfangreiches Textmaterial erarbeiten und d. h. eine extensive Übersetzungslektüre betreiben.

[462] Klowski (Nr. 113).
[463] H. Dörrie: Der Mythos und seine Funktion in der griechischen Philosophie, Innsbruck 1972; ders.: Sinn und Funktion des Mythos in der griechischen und römischen Dichtung, Opladen 1978.
[464] Klowski (Nr. 112) S. 60 empfiehlt ebenfalls die Lektüre einer Tragödie in einer Übersetzung; auch für Odyssee und Herodot soll eine Übersetzung den „Überblick" schaffen.

4. DIE BESONDERE VERANTWORTUNG EINER DIDAKTIK DES ALTSPRACHLICHEN UNTERRICHTS

4.1. Didaktik und Gesellschaft

Die Wiedergewinnung der Antike und die Erneuerung des Studiums der antiken Autoren, ihrer Sprache und Texte im italienischen Humanismus diente vor allem *politisch-gesellschaftlichen* Zielen.[465]

Italienische Stadtbewohner (Bürger und Patrizier) entwinden sich dem theologisch gegründeten, feudalklerikalen Imperium und erbauen sich als Rechtfertigung, Sicherung und Erhöhung des eigenen Lebens und Willens ein Bild ihrer Väter aus den teils neu entdeckten, teils neu gedeuteten Resten der Alten auf. Damit entsteht ein entscheidend Neues. Im Mittelalter gab es keine „höhere Bildung". Jeder Stand hatte seine eigene Form, Wissenschaft gehörte nur zu der des Geistlichen. Im Stadtbürgertum aber entsteht nun „Bildung" als allgemeiner Anspruch, durch dessen Erfüllung man in dem nun beweglichen gesellschaftlichen Gefüge aufsteigen kann wie durch Reichtum ...[466]

Die Lehrer der studia humanitatis hatten das Ziel, den Heranwachsenden auf ein aktives Leben im Dienst der politischen Gemeinschaft vorzubereiten. Die Alten Sprachen galten als die vornehmsten Mitttel zur Erreichung dieses Zieles. Der Rückgriff auf Ciceros und Quintilians Idealbild des orator perfectus[467] zeigt unmißverständlich, daß die rhetorische Bildung als Voraussetzung für eine gesellschaftliche Führungsposition verstanden wurde: Der orator perfectus wurde begriffen als vir ille vere civilis et publicarum privatarumque rerum administrationi accomodatus, qui regere consiliis urbes, fundare legibus, emendare iudiciis possit (Quintilian, inst. orat. Proöm. 10). Rhetorische Bildung bereitete also auf die Erfüllung dieser öffentlichen Aufgaben vor und stattete den künftigen orator mit entsprechenden Führungsqualitäten aus. Die ciceronianisch-quintilianische Bestimmung der Redekunst als civilitas (Quintilian 2, 15, 33), d. h. als politische Wissenschaft, wird – um nur ein Beispiel zu nennen – von Pietro Paolo Vergerio, dem ersten humanistischen Pädagogen, in der Abhandlung ›De

---

[465] Grundlegend: Voigt (Nr. 207).
[466] Blättner (Nr. 15) S. 6.
[467] Vgl. R. Nickel: Bildung und Sprache. Quintilian und die Erziehungswissenschaft, Würzburg 1976.

ingenuis moribus et liberalibus studiis adolescentiae‹⁴⁶⁸ aufgegriffen. In dieser um 1400 entstandenen Schrift, die die Ideen des Florentiner Humanismus über Bildung und Erziehung widerspiegelt, wird Bildung durch Eloquenz als civilis scientia definiert. Vergerio will einen politischen Menschen heranbilden, der in sich die Einheit von optime dicere und optime facere verwirklicht und für den Moral und Politik untrennbar verbunden sind. Die civilis scientia ist ein Herrschaftswissen, das zum Erwerb von politischer Macht und Anerkennung führt. Die Überlegenheit im politischen Kampf, im Ringen um Macht ist ihr höchstes Ziel.

Der an der antiken Rhetorikausbildung anknüpfende italienische Humanismus war also zweifellos ein *politischer* Humanismus, der sich mit seiner Funktion für die Ausbildung einer politischen Führungsschicht, einer politisch und gesellschaftlich relevanten Bildungselite legitimieren ließ. Dieses offensichtlich ungebrochene Verhältnis zwischen Bildungsidee und politisch-gesellschaftlicher Wirklichkeit war eine tragfähige Basis für die Legitimation einer humanistischen Bildung, die auf die Bewältigung von „Lebenssituationen" – etwa in der Florentiner Gesellschaft – vorbereiten konnte.

Aber obwohl der Renaissance-Humanismus auch als Bildungsidee die Welt und das Bewußtsein des Menschen grundlegend verändert hat, eröffnete die Hinwendung zur Antike doch zugleich einen *Fluchtweg* aus der Gegenwart. Eine Antike, die als Leit- oder Vorbild begriffen wurde und auf diese Weise zweifellos starke Impulse für die Neugestaltung des täglichen Lebens gegeben hat, konnte leicht zu einem Gegenstand hingebungsvoller und kritikloser Verehrung werden und die Gegenwart nicht nur als unvollkommen und im Sinne des Vorbildes verbesserungswürdig, sondern auch als ungenügend oder gar hoffnungslos verkommen erscheinen lassen. Die Versenkung in eine idealisierte Antike konnte zu einem Verlust der Gegenwart führen. Eine derartige Entwicklung ist für eine Bildungsidee verhängnisvoll. Es ist sicher verfehlt, dem Neuhumanismus Humboldtscher Prägung den Vorwurf dieser Realitätsferne zu machen. Für Humboldt selbst war die humanistische Bildungsidee stets Bezugspunkt einer angemessenen Qualifikation für die Übernahme gesellschaftlich bedeutsamer Berufsrollen. Denn Bildung zum Qualifikationsmerkmal für gesellschaftliche Führungspositionen zu erklären und diese Funktion der Bildung durch ein entsprechendes Prüfungswesen abzusichern, das standesbedingte Privilegien nicht mehr gelten ließ, gehört zweifellos zu den bedeutendsten sozialen Errungenschaften der neuhumanistischen Epoche.

---

[468] Text bei E. Garin: Geschichte und Dokumente abendländischer Pädagogik, Bd. 2, Reinbek 1966, 192 ff.

Didaktik und Gesellschaft

Insofern hat die humanistische Bildungsidee ohne Zweifel einen echten Beitrag zum „Fortschritt der Gesellschaft" leisten können, wie er von einer modernen und sich als fortschrittlich verstehenden soziologischen Erziehungswissenschaft als ihr eigentlicher Zweck angesehen wird.[469] Man darf dabei jedoch nicht übersehen, daß das humanistische Bildungswesen, nachdem es einmal zu diesem gesellschaftlichen Fortschritt beigetragen hatte, schon seit Humboldt von einer pädagogischen Grundidee bestimmt war, die eine antigesellschaftliche Tendenz aufweist: von der Idee einer Bildung der autonomen Persönlichkeit, des selbständigen Individuums.[470] Es ist zwar ein humanistischer Grundgedanke, daß grundsätzlich *jedes* Individuum ein Recht auf Bildung und Entfaltung seiner Individualität hat (→ 4.2.4.1.), in der es sich entfalten kann, ohne fremden Zwecken ausgeliefert zu sein. Tatsächlich aber war diese Individualität nur unter der Bedingung zu entfalten, daß der einzelne über eine wirtschaftliche *Unabhängigkeit* verfügte, die ihm eine von materiellen Sorgen freie Selbstgestaltung des Lebens ermöglichte.[471] Unter diesem Gesichtspunkt war die Bildung des Individuums auch als *zweckfrei* zu verstehen, weil sie in keinem Funktionszusammenhang mit der elementaren Lebensversorgung, mit der Bewältigung der „Lebensnot" (Nietzsche) zu stehen brauchte. Ihre Verwirklichung war deshalb auch ohne weiteres als ein Dialog mit den großen Denkern der Antike zu begreifen, die ebenfalls aufgrund ihrer materiellen Unabhängigkeit in der Lage waren, Lebensformen zu kultivieren, die die Möglichkeit zu anspruchsvoller, sinnerfüllter Selbstverwirklichung boten.

Daraus erklärt sich auch die vielen humanistisch Gebildeten oft mit Recht vorgeworfene Ignoranz gegenüber der konkreten gesellschaftlich-politischen Umwelt und ihren Umwälzungen im Verlaufe des 19. und 20. Jahrhunderts (→ 1.3.1.). Die meisten Vertreter und Verfechter der humanistischen Bildungsidee lassen in ihren Vorstellungen über den altsprachlichen Unterricht kaum erkennen, daß sie von den fundamentalen wirtschaftlichen und gesellschaftlichen Veränderungen ihrer jeweiligen Gegenwart Notiz genommen hätten.

Die mit der fortschreitenden Industrialisierung immer gewichtiger werdende Welt der Technik, der Produktion, der Arbeit wurde daher immer zu einer Gegenwelt des Niederen, nicht eigentlich Humanen, vielleicht sogar Unhumanen. Die neuhumanistische Bildungsidee hat sich also nicht in dem Sinne verändert, daß sie die neuen, mit der Industrialisierung dringlich werdenden Lebensaufgaben als humane in sich aufgenommen hat.[472]

[469] Werder (Nr. 211).
[470] Westphalen (Nr. 218) S. 21.
[471] Patzer, s. Anm. 359.
[472] Patzer, s. Anm. 359, 47 Vgl. auch Litt (Nr. 124).

Dennoch gelingt es dem altsprachlichen Unterricht, die Erschütterungen zweier Weltkriege zu überstehen und sich bis heute in einem bemerkenswerten Umfang zu konsolidieren. Die Gründe und Ursachen dieses Beharrungsvermögens zu ermitteln, wäre eine reizvolle Aufgabe der didaktischen Forschung. Hier seien nur einige Stichworte gegeben.

1. Die Werke der Antike, seien sie nun literarischer oder nichtliterarischer Natur, üben auf die Menschen späterer Zeiten eine starke Faszination aus. Sie werden unter verschiedenen Gesichtspunkten immer wieder rezipiert, konserviert, verwandelt, weitergegeben – und zwar ganz unabhängig von einer bestimmten Bildungskonzeption. Die Erinnerung an die Antike ist ein gesellschaftliches und kulturelles Faktum; dabei ist es zunächst uninteressant, inwieweit die Schule zu dieser Erinnerung beiträgt (→ 4.2.2.). Wer die umfangreiche Produktion von Übersetzungen oder zweisprachigen Ausgaben in verschiedenen Verlagen überblickt, muß zu der Überzeugung kommen, daß die lesende Bevölkerung ein bemerkenswert großes Interesse an der antiken Literatur hat. Offensichtlich sind die Käufer dieser Übersetzungen der Auffassung, daß ihnen die Lektüre antiker Texte Unterhaltung, Anregung und Nutzen bringt. Entsprechendes gilt für die große Zahl von Publikationen zur griechischen und römischen Kulturwelt, die als auflagenstarke Taschenbücherproduktionen den Bedürfnissen eines großen Leserkreises entgegenkommen. Das starke öffentliche Interesse an Museen und Ausgrabungsstätten beweist ebenfalls, daß die Pflege der Erinnerung an die Antike einem weit verbreiteten Bedürfnis entspricht.

2. Sobald über Bildung gesprochen wird, kommt auch die traditionelle humanistische Bildung ins Gespräch – und zwar als Ausprägung einer entweder vorbildlichen und zeitlosen oder überholten und überwundenen Bildungskonzeption. Solange Bildung, welcher Art und Zielsetzung auch immer, auf bestimmte Gegenstände und Inhalte angewiesen ist, kommen auch die Alten Sprachen ins Spiel. Die Polemik gegen den altsprachlichen Unterricht ist ein Lebenselixier der Fachdidaktik. Das gilt – um Beispiele aus jüngerer Zeit zu nennen – ebenso für Robinsohns Vorwürfe wie für Affemanns[473] Einwände gegen den altsprachlichen Unterricht, der angeblich dem „Lernziel Leben" nicht gerecht wird.

3. Es gibt eine humanistische Bildungstradition, die von Generation zu Generation weitergetragen wird. Immer wieder finden sich Menschen, die vom Wert einer humanistischen Bildung (→ 4.2.4.1.) überzeugt sind und aus dieser Überzeugung am altsprachlichen Unterricht festhalten wollen.

---

[473] Affemann (Nr. 1); F. Maier: Lehrplan Latein: Direktive oder Unterrichtshilfe? Zum lateinischen Lektüreunterricht in der Mittelstufe, in: Anregung 23, 1977, 367–377; Mayer (Nr. 139).

Diese Überzeugten sind keinesfalls nur Altphilologen, und die Ursachen ihrer Sympathie sind ebenso vielfältig wie die Argumente, mit denen sie sich dann und wann an die Öffentlichkeit wenden – nicht immer zum Nutzen der Sache, um die es geht.

4. Die Anziehungskraft der humanistischen Bildungsidee dürfte auch darauf beruhen, daß man ihr eine elitäre Konzeption unterstellt, an der trotz aller Versuche einer didaktischen Weiterentwicklung beharrlich festgehalten wird. Diese Bildungsidee hat trotz ihrer scheinbaren Wirklichkeitsferne für viele ihrer Anhänger und Förderer eine utopische Funktion. Denn sie spiegelt eine erstrebenswerte Existenzform der wirtschaftlichen Unabhängigkeit und geistigen Freiheit auf der Grundlage von sozialer Sicherheit, materiellem Wohlstand, Mobilität und einem Höchstmaß an frei verfügbarer Lebenszeit wider. Humanistische Bildung bedeutet eine Art von Antizipation einer wünschenswerten und unter heutigen Bedingungen durchaus nicht ganz unmöglichen Lebenssituation. Humanistische Bildung und Wohlstandsgesellschaft werden als voll kommensurabel betrachtet.

5. Die Didaktik des altsprachlichen Unterrichts hat es gerade in kritischen Zeiten immer wieder verstanden, im rechten Augenblick auf die jeweils aktuelle politisch-gesellschaftliche Lage durch Anpassung zu reagieren: so z. B. in den zwanziger Jahren auf die reformpädagogische Tendenz des Gymnasialunterrichts (→ 1.3.1.), in den dreißiger Jahren auf die nationalsozialistische Bildungsideologie, in der Zeit des Wiederaufbaus nach 1945 auf die restaurativen Strömungen der deutschen Nachkriegspädagogik, in den sechziger und siebziger Jahren auf Reformismus und Curriculumtheorie (→ 2.3.2.) und schließlich auf die sogenannte Tendenzwende nach Abflauen des Reformeifers. – In allen diesen Phasen ist es der Didaktik mit Hilfe einer geschickten Adaptationsstrategie gelungen, den altsprachlichen Unterricht im Bildungsangebot der Schule zu erhalten. Die Didaktik hat sich auf diese Weise einen gesellschaftlichen Rückhalt sichern können, der dem altsprachlichen Unterricht mehr als nur ein Existenzminimum garantiert. Vor diesem Hintergrund erweist sich die angebliche Lebensferne (s. o.) der humanistischen Bildungsidee keinesfalls als ein Hindernis für das Überleben.

6. Anpassung bedeutet allerdings auch, daß die Didaktik des altsprachlichen Unterrichts seit anderthalb Jahrhunderten eine weitestgehend konservative Bildungspolitik vertreten und unterstützt hat. Die Didaktik hat bewußt darauf verzichtet, die umstrittene These von der fortschrittsfördernden Funktion der Bildung und Erziehung anzuerkennen. Sie hat sich nicht dazu bereit gefunden, die Veränderung der Gesellschaft[474] in ihr Bil-

---

[474] Werder (Nr. 211).

dungsprogramm aufzunehmen. Sie hat – im Gegenteil – immer wieder zur Stabilisierung des jeweils herrschenden gesellschaftlichen und politischen Systems beigetragen. Konservative politische Kräfte konnten in ihr also einen zuverlässigen Verbündeten sehen.

7. Ein elementares pädagogisches Sicherheitsbedürfnis ist häufig ein Grund dafür, daß man an Überzeugungen und Erfahrungen von langer Dauer festhält, gewachsenen und bewährten Institutionen vertraut. Was alt ist, was Tradition hat, findet auch in Zeiten, die das Junge, das Neue zu vergöttern scheinen, Respekt. Das ist z. B. dann der Fall, wenn sich „Fortschritt" als fragwürdig erweist, wenn Reformen keine sichtbaren Verbesserungen bringen. Dazu kommt die Überzeugung vieler Eltern, daß im altsprachlichen Unterricht etwas „geleistet" werde. Die Kinder würden dazu angehalten, etwas zu lernen und sogar das Lernen zu lernen. Denn Latein und Griechisch verstehen sich trotz erheblicher Einbuße an Unterrichtsstunden immer noch als „anspruchsvolle" Fächer,[475] und sie sind wohl auch in der Lage, ihre sachbezogenen Ansprüche geltend zu machen, ohne überzogene Forderungen zu erheben und als unangemessen schwierige Fächer zu erscheinen.

8. Die Didaktik des altsprachlichen Unterrichts – und das ist der wohl bemerkenswerteste Grund für sein Überleben – hat ihren traditionellen und zeitweilig einseitig betonten individualistischen Bildungsbegriff an die allgemeine pädagogische Entwicklung angepaßt und durch eine verstärkte Berücksichtigung gesellschaftsbezogener Bildungsziele erweitert. Bildung bedeutet demnach nicht mehr nur Entfaltung aller Kräfte des Individuums um seiner selbst willen; Bildung bedeutet zugleich soziale Verantwortungsfähigkeit, Fähigkeit und Bereitschaft zum sozialen, politischen Engagement und zur Ausfüllung bestimmter beruflicher Funktionen in der modernen Arbeitswelt (→ 4.2.4.). Dieser Bildungsbegriff liegt im übrigen auch der ›Vereinbarung der Kultusminister zur Neugestaltung der gymnasialen Oberstufe in der Sekundarstufe II‹ vom 7.7.1972 zugrunde.[476] Denn hier werden als allgemeine Ziele der gymnasialen Oberstufe die Selbstverwirklichung in sozialer Verantwortung, die wissenschaftspropädeutische Grundbildung, die Studierfähigkeit und auch – wenigstens in Ansätzen – die Berufsfähigkeit genannt. Ein besonderes Gewicht wird der „Persönlichkeitsbildung" gegeben; zu dieser „gehört vor allem die Befähigung zur persönlichen Lebensgestaltung und zur verantwortlichen Mitgestaltung des öffentlichen Lebens" (Abs. 1.2.3.). Diese Bestimmung der „Persön-

---

[475] Westphalen (Nr. 219).
[476] Westphalen (Nr. 218): Die Vereinbarung sei als ein Instrument zur pädagogischen Erneuerung der gymnasialen Oberstufe zu nutzen.

lichkeitsbildung" entspricht der oben skizzierten Verknüpfung individualistischer und gesellschaftsbezogener Bildungsvorstellungen.

9. Mitunter wird an den Universitäten die Auffassung vertreten, daß die Absolventen eines altsprachlichen Gymnasiums ein Hochschulstudium mit besseren Ausgangsbedingungen beginnen und auch später vielfach selbständiger und erfolgreicher studieren.[477] Das kann selbstverständlich auch soziologisch beschreibbare fachuntypische Ursachen haben. Dennoch behaupten nicht wenige Hochschullehrer, daß das Lernen der Alten Sprachen und ein langer Umgang mit altsprachlichen Texten zu bewußtem und kontrolliertem Denken erziehe, daß im Sprachunterricht hermeneutische Grundfertigkeiten eingeübt würden und daß der Zwang zur Überprüfung der Kompatibilität von Aussagen beim Übersetzen aus den Alten Sprachen den Sinn für logische Beziehungen schule (→ 2.2.1.). Es läßt sich also insgesamt gesehen feststellen, daß zentrale fachdidaktische Lernzielansprüche eingelöst werden. Der im Auftrag des Bundesministers für Bildung und Wissenschaft vom Institut für Test- und Begabungsforschung der Studienstiftung des deutschen Volkes entwickelte und 1973/74 mit 9000 Schülern der 13. Klasse durchgeführte ›Test der akademischen Befähigung‹ (TAB) hat zudem ergeben, daß die Absolventen des altsprachlichen Gymnasiums im Verbalteil die Spitzenstellung einnehmen und insgesamt eindeutig die beste Studierfähigkeit aufweisen.[478]

10. Man sollte sich darüber im klaren sein, daß die Mehrzahl der Eltern, die ihre Kinder dazu veranlassen, die Alten Sprachen zu lernen, und damit zum Fortbestehen des altsprachlichen Unterrichts beitragen, mit der Brauchbarkeit vor allem von Lateinkenntnissen für ein späteres Studium zu argumentieren pflegen. Dem altsprachlichen Unterricht und vor allem dem Lateinunterricht wird insofern eine gesellschaftliche Relevanz zuerkannt, als er durch die Vermittlung von Sprachkenntnissen auf Spezialstudien im Bereich bestimmter akademischer Disziplinen vorbereitet.[479] Wenn man Latein „für das Studium braucht", dann braucht man auch Lateinunterricht, Lateinlehrer und entsprechende Einrichtungen für die Lehrerausbildung. Die Diskussion um die Frage der Notwendigkeit von Lateinkenntnissen für bestimmte akademische Studienfächer zeigt allerdings auch, daß der altsprachliche Unterricht selbst von vielen Altphilologen nur noch als ein Propädeutikum für eine kleine Gruppe von Universitätsfächern verstanden wird. Unter diesem Gesichtspunkt dient altsprachlicher Unterricht

---

[477] Bardt (Nr. 5).
[478] Hansen (Nr. 66).
[479] E. Oberg: Relevanz des Lateinischen für andere Studienfächer. Lateinkurse an der Universität, in: MDAV 16, 1, 1973, 6–8.

also nicht mehr einer allgemeinen Menschenbildung, sondern unzweifelhaft der Vorbereitung einer wissenschaftlichen Arbeit, die von Spezialisten auf eng begrenzten Gebieten innerhalb ihres jeweiligen Faches zu leisten ist, wie z. B. in bestimmten Bereichen der Romanistik oder Germanistik. Der Bildungstyp, den der altsprachliche Unterricht in dieser Hinsicht hervorbringt, ist also der Typ des Spezialisten, der die besten Voraussetzungen z. B. für die Lektüre lateinischer Quellentexte mitbringt.

11. Ein an der Schule gut frequentierter und wohlfunktionierender altsprachlicher Unterricht liegt nicht zuletzt auch im Interesse vieler Schüler, die gern Latein und Griechisch lernen und dem altsprachlichen Unterricht große Sympathie entgegenbringen.[480]

Mit dieser gewiß weder erschöpfenden noch besonders anspruchsvollen Liste ist die gesellschaftliche Relevanz zumindest des Lateinunterrichts erwiesen. Der Unterricht ist also ökonomisch zu rechtfertigen. Er hat eine klar erkennbare Funktion. Indem er auf ein akademisches Studium vorbereiten hilft, hat er zugleich eine gesellschaftspolitische Bedeutung; er trägt dazu bei, daß der Heranwachsende einen bestimmten gesellschaftlichen Status erhält und eine bestimmte berufliche Rolle übernehmen kann.

Eine derartige Begründung des altsprachlichen Unterrichts kann einen Ausgangspunkt für eine tiefergehende Erörterung der bildungs- und gesellschaftspolitischen Legitimation darstellen, mit der der altsprachliche Unterricht nicht nur in seiner notwendigen berufsvorbereitenden Funktion, sondern auch in seiner darüber hinausweisenden bildungspolitischen Rolle beschrieben werden kann.

Dabei darf man allerdings nicht übersehen, daß der altsprachliche Unterricht mit ganz verschiedenen Argumenten und Mitteln auch heftig *bekämpft* wird. Das Bild, das sich die interessierte Öffentlichkeit vom altsprachlichen Unterricht macht, läßt sich als ein bunter Strauß von sachlich zutreffenden Informationen, von Mißverständnissen und Vorurteilen beschreiben. Die eingefleischte Überzeugung, daß derjenige, der sich mit der Sprache und Literatur einer längst vergangenen und damit im Fortschritt der Zeiten angeblich erledigten Epoche beschäftigt, den Anforderungen und dem Ernst des täglichen Lebens in einer hochspezialisierten Industriegesellschaft nicht gerecht werden könne, ließe sich mit didaktischen Argumenten, selbst wenn sie gehört würden, nicht aus der Welt schaffen. Ebensowenig ist der Gleichgültigkeit gegenüber einer für die Gegenwart angeblich irrelevanten Vergangenheit didaktisch zu begegnen. Denn wie der

---

[480] H.-Th. Johann: Latein unerwünscht? – Ergebnisse einer Schülerbefragung, in: MDAV 16, 1, 1973, 14–21; vgl. auch Zeit-Magazin Nr. 18 vom 25. 4. 1980.

Didaktik und Gesellschaft 215

Glaube an den Fortschritt keinen Raum für ein Nachdenken über seine geschichtlichen Voraussetzungen bietet, so verstellt auch die wachsende Angst vor der Zukunft den Blick für die Vergangenheit. Fortschrittsglaube und Zukunftsangst sind wohl die entscheidenden Ursachen und Triebkräfte für die Abkehr von traditionellen Bildungseinrichtungen und -inhalten. Man fürchtet, den Fortschritt zu hemmen und die Zukunft aus dem Griff zu verlieren, wenn man die jeweils heranwachsende Generation zu lange und zu intensiv beim Studium der Vergangenheit verweilen läßt. Überspitzt formuliert bedeutet dies: Aus Angst vor einer ungewissen, aber alle Kräfte fordernden Zukunft glaubt man sich einen auf eine weit zurückliegende Vergangenheit fixierten altsprachlichen Unterricht nicht mehr leisten zu können. Anders ausgedrückt: Die moderne Arbeitswelt kann sich aus ökonomischen Gründen eine nicht auf unmittelbare Funktionsfähigkeit des Heranwachsenden zielende Bildung nicht mehr leisten.

Von erheblicher Bedeutung scheint auch der *gesellschaftspolitische* Gesichtspunkt zu sein, unter dem heute die Rolle der Schule betrachtet wird. Der altsprachliche Unterricht ist in das Schußfeld derer geraten, die in der Bildungsinstitution des Gymnasiums ein Hindernis für die Verwirklichung gesellschaftlicher Mobilität und Chancengleichheit sehen. Er wird in dieser Hinsicht also weniger aufgrund seiner Inhalte als aufgrund seiner traditionellen Verknüpfung mit der Bildungsidee des *Gymnasiums* in Frage gestellt.

Hinzu kommt ein weiterer und in der Geschichte besonders des Lateinunterrichts vielfach wiederholter Vorwurf eines dem Kind und Heranwachsenden unzumutbaren einseitigen Intellektualismus des Lernens durch einen Grammatizismus und Formalismus, der die Persönlichkeitsentfaltung und die Entwicklung einer freien geistigen Selbsttätigkeit des Individuums behindere. Dieser Einwand wurde bereits von der Reformpädagogik zu Beginn unseres Jahrhunderts und von deren Vorläufern mit Entschiedenheit erhoben (→ 1.3.1.). Er hat sich aber, wenn auch unbegründet, bis zum heutigen Tag erhalten und in der öffentlichen Meinung festgesetzt.

Clemenz Menze [481] hat eine Reihe weiterer Behauptungen zusammengestellt, die gegen die humanistische Bildung immer wieder erhoben werden: Sie pflege ein ästhetisch-literarisches Elysium, in dem fern der gesellschaftlichen Realität eine aristokratisch-elitäre Oberschicht, ausgerichtet auf eine idealisierte griechische Welt, das Mußeideal platonisch-aristotelischer Prägung nachlebe. Im Rückzug auf die eigene Innerlichkeit und versunken in den Anblick der ewig seienden Wesenheiten, der Ideen, entfalle jeder

---

[481] Menze (Nr. 140); Litt (Nr. 124).

ethisch relevanter Bezug zum Mitmenschen und somit auch die soziale Dimension, in der allein Verantwortung, jener zentrale Begriff der modernen Bildungsdiskussion, möglich sei. Die autonome Individualität, jenseits der konkreten Nöte in Wirtschaft und Gesellschaft, erfülle sich in dem Streben nach persönlicher Selbstvollendung, mediatisiere das Ganze der Welt zu einem Instrument ihrer eigenen Selbstvervollkommnung, gefalle sich in einem zwar zuhöchst verfeinerten, aber völlig egoistischen Genuß, der jegliche Tathandlung, das Eingreifen in die Wirklichkeit und das Gestalten der Welt ausschließe, und klammere konsequent den Beruf, die bürgerliche Verpflichtung des Menschen, aus ihren Überlegungen aus. Im Außerachtlassen des gesellschaftlichen Lebens, in der Gleichgültigkeit gegenüber dem wirtschaftlichen und technischen Fortschritt würden Arbeit und Beruf zugunsten der Veredelung und Vergeistigung des Menschen durch Philosophie, Kunst und Sprache ausgeschlossen. Darüber hinaus begreife der Humanismus Bildung als ein Produzieren idealisierter Menschlichkeit nach einem vorgegebenen Bild.

Kurz, das humanistische Bildungsdenken ist dieser Kritik zufolge weder modern noch zweckmäßig, weder real noch wirtschaftlich, ist apolitisch und individualistisch und bezeichnet die absolute Gegenposition zu dem modernen, in Arbeit und Beruf zentrierten Bildungsverständnis. (Menze, S. 418)

Auch diesen Vorurteilen, an denen sicher manches richtig ist, kann man argumentativ kaum begegnen. Clemenz Menze hat allerdings selbst darauf hingewiesen, daß sich die gängige Kritik am humanistischen Bildungsverständnis unserer Zeit nicht auf die humanistische Bildungstheorie selbst stützen könne. Sie beziehe sich vor allem auf die Rezeption neuhumanistischen Bildungsdenkens in der zweiten Hälfte des 19. Jahrhunderts. Was als Wirklichkeitsferne, Ästhetizismus, Individualismus, Apolitismus und Verantwortungslosigkeit kritisiert werde, treffe nicht das humanistische Bildungsideal der deutschen Klassik, sondern die „Konservierung der bürgerlichen Bildungsideologie" in Gestalt eines „biedermeierlichen Klassizismus". Die verfälschende Rezeption des neuhumanistischen Bildungsdenkens in der Form eines „epigonenhaften Klassizismus" lasse sich bildungssoziologisch aus den Bedürfnissen und Ansprüchen eines von der Industriegesellschaft entmachteten Bürgertums erklären. Bildung sei zu einem Instrument stilisiert worden, mit dem ein nicht realisierbarer Machtanspruch habe durchgesetzt und legitimiert werden sollen.

Eine weitere Ursache für den Verlust der ursprünglichen humanistischen Bildungsidee ist in der Tatsache zu sehen, daß die philosophischen Voraussetzungen, die z. B. Humboldts Bildungsdenken in Gestalt der Leibnizschen Metaphysik bestimmt haben und für das Verständnis seiner Bil-

dungsidee von größter Bedeutung waren (Menze), schon im Laufe des
19. Jahrhunderts in Vergessenheit geraten sind (→ 4.2.4.).
Aber selbst wenn es gelänge, die ursprünglich humanistische Bildungsidee in gleichsam originaler und reiner Form zu rekonstruieren, blieben doch die Erscheinungsformen ihrer Entstellung und Verfälschung ein bildungsgeschichtliches Erbe, das die Fachdidaktik zu verarbeiten und zu bewältigen hat.

Demnach dürften sich einer öffentlichkeitsorientierten Fachdidaktik einige wichtige Aufgaben stellen, die zu lösen sind, um die gesellschaftliche Bedeutung des altsprachlichen Unterrichts über die oben genannten Stichworte hinaus (→ S. 210—214) sichtbar werden zu lassen.

1. Zunächst ist mit Hilfe einer gründlichen Erforschung der Unterrichtswirklichkeit (→ 2.2.2.) nachzuweisen,[482] daß man im altsprachlichen Unterricht *mehr lernt* als Alte Sprachen. Das muß vor allem denjenigen klargemacht werden, die meinen, im Blick auf das Ergebnis lohne sich der investierte Arbeitseinsatz im altsprachlichen Unterricht nicht: Im altsprachlichen Unterricht ständen Aufwand und Ertrag in einem ganz ungünstigen Verhältnis. Gemessen an den anderen Bildungsnotwendigkeiten sei es nicht vertretbar, so viel Energie in das Lernen von Latein zu investieren, damit der Schüler am Ende der Schulzeit Livius und andere im Original lesen könne.[483] Eventuelle andere Lernziele könnten „mit einem wesentlich besseren Wirkungsgrad" auch in allen anderen Schulfächern erreicht werden. Diese unbewiesene Behauptung, die selbst bei wohlmeinenden Kritikern des altsprachlichen Unterrichts weit verbreitet ist und noch dadurch verstärkt wird, daß man die meisten Lernziele wohl auch ohne Originallektüre erreichen könne, stellt die Didaktik vor ein ernstes Problem: Sie muß Nichtfachleuten klarmachen, daß der eigentliche Sinn des altsprachlichen Unterrichts, der das Lernen der Alten Sprachen zum Ziel hat,[484] in der Auseinandersetzung mit *Originaltexten* besteht. Aber schon die meisten Fachlehrer, die doch eigentlich um eine Begründung nicht verlegen sein dürften, scheitern an der überzeugenden Legitimierung der Originallektüre und sind damit nicht in der Lage, diesen Kern- und Zielpunkt der unterrichtlichen Arbeit zu behaupten. Gewiß läßt sich diese Legitimierung nicht auf eine griffige Formel bringen. Sie ist nur über den Umweg sprachphilosophischer Reflexion zu erbringen: Ein Ansatzpunkt ist die Relativitätshypothese, die von Wilhelm von Humboldt zur Klärung des

---

[482] Schulz-Vanheyden (Nr. 190) S. 389.
[483] Affemann (Nr. 1).
[484] Daß jedoch ein „griechischloser" Griechischunterricht unter bestimmten Umständen sinnvoll sein kann, ist → 3.3. gezeigt worden.

Verhältnisses von Sprache, Denken und Wirklichkeit aufgestellt und in neuerer Zeit von Edward Sapir[485] und dessen Schüler Benjamin Lee Whorf[486] weiterentwickelt worden ist.

Wilhelm von Humboldt hatte die Auffassung vertreten, daß in verschiedenen Sprachen verschiedene „Weltansichten" zum Ausdruck kämen.[487] Der locus classicus des Humboldtschen Sprachrelativismus lautet folgendermaßen[488]:

Weltansicht aber ist Sprache nicht bloß, weil sie, da jeder Begriff soll durch sie erfaßt werden können, dem Umfange der Welt gleichkommen muß, sondern auch deswegen, weil erst die Verwandlung, die sie mit den Gegenständen vornimmt, den Geist zur Einsicht des von dem Begriff der Welt unzertrennlichen Zusammenhanges fähig macht. Der Mensch lebt auch hauptsächlich mit den Gegenständen, so wie sie ihm die Sprache zuführt, und da Empfinden und Handeln in ihm von seinen Vorstellungen abhängt, sogar ausschließlich so. Durch denselben Act, vermöge welches der Mensch die Sprache aus sich heraus spinnt, spinnt er sich in dieselbe ein, und jede Sprache zieht um die Nation, welcher sie angehört, einen Kreis, aus dem es nur insofern hinauszugehen möglich ist, als man zugleich in den Kreis einer anderen Sprache hinübertritt. Die Erlernung einer fremden Sprache, auf die richtige Art benutzt, ist daher die Gewinnung eines neuen Standpunkts in der bisherigen Weltansicht, da jede das ganze Gewebe der Begriffe und der Vorstellungsweise eines Theils der Menschheit enthält.

Es müßte gelingen, diese Relativitätshypothese[489] etwa in der Form, die sie bei B. L. Whorf erhalten hat, in die öffentliche Diskussion über Sinn und Zweck des schulischen Fremdsprachenunterrichts einzubringen: Menschen, die Sprachen mit sehr verschiedenen Grammatiken benutzen, werden durch diese zu typisch verschiedenen Beobachtungen und verschiedenen Bewertungen äußerlich ähnlicher Beobachtungen geführt. Sie sind da-

---

[485] E. Sapir: The Status of Linguistics as a Science, in: Language 5, 1929, 207–214.

[486] B. L. Whorf: Sprache, Denken, Wirklichkeit, Reinbek 1963; dazu auch H. Gipper: Gibt es ein sprachliches Relativitätsprinzip? Untersuchungen zur Sapir-Whorf-Hypothese, Frankfurt 1972.

[487] W. von Humboldt: Über den Nationalcharakter der Sprachen, in: Werke in fünf Bänden, Bd. 3, hrsg. von A. Flitner u. A. Giel, Darmstadt 1961, 64 bis 81.

[488] Ges. Schriften, Ausg. d. Preuß. Akad. d. Wiss., bes. v. A. Leitzmann, Bd. 5, 387f.

[489] Vgl. u. a. Luther (Nr. 126) S. 83–202; Keulen (Nr. 102); H. Janssen – H. Stammerjohann (Hrsg.): Handbuch der Linguistik, München 1975, s. v. Linguistische Relativitätshypothese; F. von Kutschera: Sprachphilosophie, München ²1975, 289–344.

her als Beobachter nicht äquivalent, sondern gelangen zu verschiedenen Ansichten von der Welt. Jede Sprache determiniert die Art und Weise, wie Welt und Wirklichkeit gesehen werden; jede Sprache bietet eine spezifische Perspektive der Welt; Menschen verschiedener Sprachen leben in ebenso verschiedenen "worlds of reality". Auf diese Weise ließe sich die Auseinandersetzung mit altsprachlichen Originaltexten begründen. Denn im Sinne der Hypothese kann eine Übersetzung eine dem Original nur annähernd gleiche Weltansicht widerspiegeln. Die Originallektüre läßt sich aber nicht nur mit sprachphilosophischen, sondern auch mit pädagogischen Argumenten begründen: Ihr Wert besteht in ihrer *Schwierigkeit*. Denn der fremdsprachliche Text leistet dem Leser einen anstrengenden Widerstand, der nur unter Aufbietung aller Kräfte des Kopfes und Herzens zu überwinden ist.[489a]

2. Aber selbst wenn es der Didaktik gelänge, mit Hilfe einer derartigen Argumentation die Originallektüre und den damit verbundenen Lernaufwand des Schülers zu rechtfertigen, könnte der Einwand erneuert werden, daß der über die Originallektüre zu gewinnende Zugang zur antiken Literatur und Kultur nur in eine „Hinterwelt" führe, die von der Wirklichkeit ablenke und aus der unserer Gesellschaft nur Schaden erwachse.[490] Gewiß ist derjenige, der Homer im Urtext lesen kann, noch kein „Humanist". Aber die Feststellung dieser Banalität ist kein Argument gegen die Vermittlung dieser Fähigkeit in einem modernen Schulunterricht. Wozu ist es heute nützlich, Homer im Urtext lesen zu können? Gibt es für den jungen Menschen unserer Tage nichts Wichtigeres zu lernen, wenn er sein Leben und die Probleme der Zukunft bewältigen helfen will? Und dann folgt ein beeindruckender Katalog ungelöster Weltprobleme: Zerstörung der Natur, Hunger, Arbeitslosigkeit, versiegende Energiequellen, Aufzehrung der Bodenschätze, Bedrohung des Weltfriedens, Nord-Süd-Gefälle usw. Wo bleibt da noch Raum für Homer?

Die völlige Beherrschung und Reglementierung unseres Denkens und Handelns durch wirtschaftliche Zwänge läßt nach allgemeiner Auffassung keinen Raum für den Luxus eines Griechisch- und Lateinunterrichts. Denn unter den ökonomisch-politischen Bedingungen der industriellen Revolution, die seit dem Ende des Zweiten Weltkrieges zu einer wirtschaftlichen Expansion gewaltigen Ausmaßes geführt hat, ist es zwangsläufig die dringendste Aufgabe aller Bildungsinstitutionen, die Entwicklung der Produk-

---

[489a] O. Seel: Über die griechische Tragödie oder Vom Sinn des Griechischunterrichts, Erlangen 1953, 12 f.
[490] Vgl. die Anklage gegen die „Hinterwelt" bei Steinbuch (Nr. 198) bes. S. 20–39.

tivkräfte bis zur Ausschöpfung aller Reserven voranzutreiben. Das für existentiell notwendig erklärte Wachstum der Wirtschaft erfordert eine maximale Funktionalität und Produktivität aller verfügbaren Kräfte. Da die ökonomische Basis der Wohlstandsgesellschaft nur durch die Erhaltung vorhandener Herrrschaftsstrukturen gesichert erscheint, wird von der institutionalisierten Bildung mit immer stärkerem Nachdruck gefordert, durch eine möglichst zuverlässige Ausschaltung aller Störungen der Produktivitätseffizienz zur Konsolidierung dieser Herrschaftsstrukturen beizutragen. Die Schule soll Kenntnisse und Fertigkeiten vermitteln, die den Menschen zum Funktionieren in der Produktions- und Konsumgesellschaft befähigen. „Es geht darum, den letzten Ballast eines Wissens über Bord zu werfen, das sich nicht in direkte Praxis übersetzen, in Profit ummünzen läßt."[491] Im Zuge der totalen Anpassung an die Wünsche, Aufträge und Erfordernisse der Gesellschaft soll alles gelernt werden, was der Gesellschaft verwertbar erscheint – aber *nur* das. Dabei wird der zentrale Bezugspunkt, der Begriff des gesellschaftlichen Bedürfnisses, nicht in Frage gestellt, sondern als selbstverständlich vorausgesetzt. Die mit der Anerkennung einer gesellschaftlichen Autokratie bewiesene Irrationalität ist die wichtigste Voraussetzung einer mit allem Nachdruck geforderten Operationalisierung und Kontrolle schulischer Lernziele, die als Qualifikationen zur Bewältigung von Lebenssituationen propagiert werden (→ 2.3.2.), in Wirklichkeit aber als Voraussetzungen optimalen ökonomisch-technischen Funktionierens in der Gesellschaft gemeint sind. Die auf diesem Wege stattfindende Auslese einer Funktionselite erfolgt mit Hilfe „gesellschaftlich relevanter" Inhalte und Curricula, die reibungslos in den Produktionsprozeß überleiten.

Daraus erklärt sich im wesentlichen die Polemik gegen die herkömmliche sprachlich-literarische Bildung; sie gilt als dysfunktional und wird daher als überflüssig abgetan, es sei denn, man entdeckte ihren Funktionswert bei der Suche nach einer Lösung des drängenden Problems einer Freizeitgestaltung, die der geistig-seelischen Rekreation dient und die sich verschleißende Funktionstüchtigkeit wiederherstellen hilft.

Altsprachlicher Unterricht im Dienst einer *Freizeitpädagogik*? Ein letzter Versuch der Didaktik, den Ansprüchen der Gesellschaft gerecht zu werden? Alte Sprachen als Konsumartikel der Freizeitindustrie? Man sollte diese Fragen in der Bemühung um die Gunst der öffentlichen Meinung nicht achtlos oder überheblich beiseite schieben. Denn wenn über diese Möglichkeiten ein Konsens zu erzielen wäre, dann hätte der altsprachliche Unterricht eine zwar schmale, aber doch wenigstens allgemein akzeptierte

---

[491] Heydorn (Nr. 80) S. 81.

Existenzgrundlage, auf der sich erweisen kann, ob seine vielbeschworene „Multivalenz" auch auf anderen Ebenen zum Tragen kommt.

Aber warum sollte es nicht angehen, auch in der *Dysfunktionalität* einen pädagogischen Wert zu sehen? Warum sollte es in der Schule nicht auch Unterrichtsfächer geben, deren spezifische Stärke darin besteht, literarische Werke um ihrer selbst willen erschließen zu helfen? Griechischunterricht als curricularer Freiraum?

Könnte es in der heutigen Situation nicht eher Aufgabe des Griechisch-Unterrichts sein, anstatt letzten Endes das gleiche zu tun wie alle anderen und dadurch zur langen Weile beizutragen, ein „unangepaßtes Kontrastprogramm" anzubieten, wie es J. Klowski jüngst glücklich formuliert hat, mit dem Pfund seiner Autoren, den great books, zu wuchern und nicht irgendwelchen noch so existentiellen Themen eine Vielzahl verschiedenster Texte zuzuordnen, sondern umgekehrt bei der wegen der unvermeidlichen Auswahl anzustrebenden themenorientierten oder thematisierten (K. H. Sondermann) Autorenlektüre eine „textadäquate" Motivation im Auge zu haben?[492] (→ 1.3.4.)

3. Eine besonders verhängnisvolle Beeinflussung der öffentlichen Meinung zuungunsten des altsprachlichen Unterrichts erfolgt auch von seiten der gegenwärtigen Pädagogik, die sich selbst als „kritische Erziehungswissenschaft" definiert und aus gesellschaftspolitischen Gründen eine „Entrümpelung" des traditionellen Lernangebots anstrebt. In diesem Zusammenhang wird meist pauschal behauptet, den traditionellen Bildungsinhalten entspreche der gegenwärtige Sozialraum einfach nicht mehr, so daß die ausschließlich traditionsdefinierten Lehrangebote einerseits den Bezug zur Realität entbehrten und andererseits eine desintegrative und fehlorientierende Funktion ausübten, die überall dort unausweichlich sei, wo eine unsoziologische Pädagogik herrsche und eine einseitig bildungstheoretische Didaktik ein apolitisches Bewußtsein fixiere, das unfähig sei, die konkreten Aufgaben und Konflikte der Alltagswelt zu sehen und zu bewältigen.[493]

Auf einen derartigen Vorwurf muß die Didaktik mit dem Nachweis der Tatsache reagieren, daß die „traditionellen Bildungsinhalte", soweit damit die Inhalte des altsprachlichen Unterrichts gemeint sind, dem gegenwärtigen Sozialraum durchaus entsprechen und in diesem eine spezifische Bedeutung haben (→ 4.2.).

4. Die Diffamierung der traditionellen Ziele des altsprachlichen Unterrichts als „exklusive Transferbehauptungen" (S. B. Robinsohn) bedarf der begründeten didaktischen Entgegnung, die sich vor allem auch auf lern- und denkpsychologische Befunde (→ 2.2.1.) stützen muß. Kein

---

[492] Wimmer (Nr. 223) S. 231.
[493] Halbfas (Nr. 65) S. 267.

ernst zu nehmender Vertreter des altsprachlichen Unterrichts behauptet heute noch, daß sich eine Lernübertragung gleichsam automatisch vollziehe.⁴⁹⁴

5. Ein weiterer Einwand gegen den altsprachlichen Unterricht lautet: Die humanistisch Gebildeten hätten – jedenfalls in Deutschland – angesichts der nationalsozialistischen Barbarei versagt.⁴⁹⁵ Man gebraucht dieses Argument, um zu beweisen, daß die Idee der humanistischen Bildung in der konkreten historischen Situation unwirksam gewesen sei. Das ist insgesamt gesehen wohl nicht einfach zu bestreiten. Zumindest hat sich erwiesen, daß diese Bildungsidee eine verhängnisvolle Entwicklung nicht aufhalten konnte. Es ist auch bekannt, daß zahlreiche Angehörige der nationalsozialistischen Führungsschicht ihre Schulbildung auf dem humanistischen Gymnasium erworben haben. Es ist schließlich auch nicht abzustreiten, daß eine große Gruppe von Philologen in Universität und Schule mit dem NS-Regime kooperiert hat und eine entsprechende Gesinnung durch einschlägige Publikationen nachzuweisen versuchte – aus welchen (taktischen) Gründen auch immer. Daraus jedoch eine endgültige Verurteilung der Alten Sprachen ableiten zu wollen, ist absurd. Die Unüberschaubarkeit der Faktoren, die eine komplexe geschichtliche Situation bedingen, läßt eine isolierte Bewertung *eines* Faktors nicht zu. Man kann jedoch Konsequenzen für die Zukunft ziehen: Vermeidung von Anpassung um jeden Preis,⁴⁹⁶ Vorsicht vor ideologischer Verengung, Bereitschaft zur Selbstkritik, Offenheit für Veränderungen, rational begründete Bewahrung von Bewährtem.

Die Fachdidaktik bleibt aber schon aufgrund ihres wirkungsgeschichtlichen Bewußtseins und der damit verbundenen Überzeugung von der Notwendigkeit einer historischen Orientierung dazu verpflichtet, die Geschichte des altsprachlichen Unterrichts gründlich zu erforschen und die Ergebnisse dieser Forschung der interessierten Öffentlichkeit vorzulegen. Der wichtigste Grund für die Beschäftigung mit der Geschichte des altsprachlichen Unterrichts etwa in der Nachkriegszeit, der Hitlerzeit, der Epoche der Weimarer Republik⁴⁹⁷ und der Zeit vor dem Ersten Weltkrieg ist eben der Umstand, daß Karl Steinbuchs Polemik nicht allein steht. So polemisiert z. B. auch Fritz Blättner⁴⁹⁸, der als Kenner der humanistischen Bildungsidee ernst genommen werden muß, gegen ein „weltloses enthusia-

---

⁴⁹⁴ Frings – Keulen – Nickel (Nr. 41) s. v. Transfer.
⁴⁹⁵ Steinbuch (Nr. 198) S. 20–39.
⁴⁹⁶ Heitsch (Nr. 75).
⁴⁹⁷ Vgl. für die Zeit nach dem Ersten Weltkrieg E. Norden: Die Bildungswerte der lateinischen Literatur und Sprache auf dem humanistischen Gymnasium, Berlin 1920.
⁴⁹⁸ Blättner (Nr. 17).

stisches Bildungsdenken", das das humanistische Gymnasium humboldtscher Prägung beherrscht habe. Der hier gepflegte „idealistische" Geist habe zur „Barbarei des Nationalsozialismus und in die Katastrophe geführt" (S. 21). Es sei der humanistischen Erziehung zwar gelungen, „die Liebe zur Idee, zum Absoluten zu erwecken, aber es gelang ihr nicht, sie ins Leben zu lenken, sie in der Vertiefung des Lebens fruchtbar werden zu lassen". Die Gebildeten hätten ihr Ideengärtchen abseits vom Leben gepflegt, das Leben aber der Gier, der Gemeinheit und der Routine überlassen; ja, man habe beobachten können, daß die Unbedingtheit der Hingabe, die man an den Ideen eingeübt habe, auf die Macht, auf die Realpolitik und die Notwendigkeiten übertragen worden sei. So seien „die Machtvergötzung, der Führerkult und ähnliche Krankheiten" (S. 371) entstanden.

Es hilft leider nicht weiter, wenn man darauf hinweist, daß F. Blättner schon in seiner 1937 erschienenen Schrift[499] über den Humanismus im deutschen Bildungswesen das humanistische Gymnasium zu verunglimpfen versucht – allerdings mit ganz anderen Argumenten: „Wollen und erstreben wir aber die Einheit und Gemeinschaft des Volkes, so darf der eine Teil dieses Volkes nicht in einer ,Bildung' seine Form finden, die dem anderen, dem größeren Teil unverständlich und unzugänglich ist" (S. 11). Blättner bekämpft also 1937 das humanistische Gymnasium als eine Bildungsinstitution, die die völkische Einheit störe oder unmöglich mache. Nach dem Zusammenbruch des Nationalsozialismus erklärt er dieselbe Institution für lebensfern, die – am Leben vorbei – dem Nationalsozialismus den Weg bereitet habe. Dieser offenkundige Widerspruch[500] muß schon dazu provozieren, das Quellenmaterial (in Form von altphilologisch-fachdidaktischen Publikationen) aus der NS-Zeit zu untersuchen. Darüber hinaus geben aber auch Saul B. Robinsohns Auslassungen über das Thema ›Alte Sprachen und Nationalsozialismus‹ Anlaß genug, die Quellen zu studieren, um möglicherweise das Bild des altsprachlichen Unterrichts, das in der Öffentlichkeit kursiert, zu korrigieren. Robinsohn hatte 1967 festgestellt,[501] daß der im altsprachlichen Unterricht übliche Umgang mit der Antike „den an ihm Gebildeten vor den Anforderungen der modernen Welt versagen läßt" (S. 19). Er beruft sich für diese Behauptung u. a. auf eine von der Zeitschrift ›Wort und Wahrheit‹ (19, 1 u. 2, 1964) vorgenommene Enquête über die ›Rolle des griechisch-lateinischen Geisteserbes in der Bildungsgesellschaft von morgen‹. Die „enthüllende" Funktion dieser Enquête zeige sich darin, daß die befragten Personen nicht nur unbegründete Äußerungen kulturpes-

---

[499] Blättner (Nr. 15).
[500] Vgl. Wimmer (Nr. 223) S. 216.
[501] Robinsohn (Nr. 167).

simistischer Stimmung gegeben, sondern sich auch unreflektiert auf den Modellcharakter der klassischen Welt berufen hätten. Nachdem diese Vorwürfe durch engagierte Vertreter des altsprachlichen Unterrichts zurückgewiesen worden waren,[502] reagierte Robinsohn im Vorwort zu einer neuen Auflage seines Buches mit einer noch schwerer verifizierbaren Bemerkung: Zunächst räumt er ein, daß eine „humanistisch orientierte Selektion" auch in der Welt der klassischen Antike „wichtige Elemente eines neuen Curriculum" finden könne; darauf aber neutralisiert er sein Zugeständnis mit folgender Behauptung:

In diesem Zusammenhang scheint es mir bemerkenswert, daß mein Argument vom Versagen der klassisch-humanistischen Bildung nicht verstanden oder vielleicht ignoriert wurde. Es ging um das Versagen auch der ‚humanistisch' Gebildeten vor der nationalsozialistischen Barbarei. (S. XIX)

6. Da dies nicht die einzigen Stimmen sind, die die öffentliche Meinung mit dem Argument vom politischen Versagertum des humanistischen Gymnasiums gegen den altsprachlichen Unterricht zu beeinflussen suchen, muß die Fachdidaktik mit gut fundierten, historisch gesicherten Antworten das Gespräch aufnehmen. Man darf jedoch nicht vergessen, daß die Gegner mit einer ebenso einfachen wie wirksamen Waffe kämpfen: Robinsohn hat dem humanistischen Gymnasium die Fähigkeit abgesprochen, die Grundlagen für eine angemessene Bewältigung echter *„Lebenssituationen"* zu schaffen. Dieses Argument wird bereits seit fast anderthalb Jahrhunderten permanent wiederholt, ohne dadurch eine höhere Berechtigung zu gewinnen.[503] Nach Blättner (1960) hat das humanistische Gymnasium vor dem „Leben" versagt. Für den NS-Ideologen Alfred Rosenberg[504] war es übrigens auch schon das „blutlos-humanistische" Gedankensystem, „welches durch Fernblicke in die Vergangenheit und schematische Gedächtnisschulung den echten Auftrieb des Lebens drosselte". Dieses sehr öffentlichkeitswirksame Schlagwort von der Lebensferne oder Lebensfeindlichkeit ist dann besonders schwer zu parieren, wenn es sich mit dem Vorwurf des elitären Hochmutes verbindet, der die Einheit der Gesellschaft oder Volksgemeinschaft gefährde, indem er – im humanistischen Gymnasium institutionalisiert und gepflegt – die Chancengleichheit aller und die horizontale Durchlässigkeit des Schulwesens behindere (s. o.).

Immerhin ist es Josef A. Mayer auf überzeugende Weise gelungen, den Lebensbegriff und das aus diesem abgeleitete Prinzip der Lebensnähe als ein

---

[502] Schönberger (Nr. 186).
[503] Zednik (Nr. 232).
[504] Der Mythus des 20. Jahrhunderts, München 1941, 624–629.

unbrauchbares Kriterium für die Auswahl von Bildungsinhalten zu erweisen.[505] Aufgrund ihrer „Leerformelhaftigkeit" seien Wort und Begriff „Leben" nicht geeignet, die Grundlage einer Legitimation von Auswahlentscheidungen im Bildungsbereich abzugeben. Damit übersieht Mayer allerdings nicht, daß die Vertreter des Prinzips der Lebensnähe die durchaus legitime Forderung aufstellen, daß die Schule auch das im praktischen und alltäglichen Leben unmittelbar Nützliche und Brauchbare berücksichtigen solle. Mayer wendet sich aber mit Recht gegen die z. B. von Rudolf Affemann für notwendig gehaltene Konsequenz, daß das Sinnhaft-Zweckfreie dem Zweckhaft-Nützlichen geopfert wird. Denn mit der Verdrängung des Sinnhaft-Zweckfreien zugunsten des Zweckhaft-Nützlichen würde einer ungeheuren Stoffüberhäufung der Weg gebahnt. Wer könnte dann noch entscheiden, nachdem das Zweckhaft-Nützliche zum beherrschenden Prinzip geworden ist, welche „lebensnahen" Inhalte vor dem Schultor zu bleiben hätten, wo doch alle gleichermaßen den Eintritt in die Schule beanspruchen dürften? Das konsequent angewandte Prinzip der Lebensnähe – so Mayer – müßte die Stoffüberfülle potenzieren und den Gesamtlehrplan durch uferlose Ausweitung sprengen: Die hereinbrechende Fülle der angeblich lebensnotwendigen Gegenstände schaffte eine Chaos, dessen man dann nur Herr werde durch diktatorische Beschränkung auf das, was der dann Herrschende für lebensnotwendig hielte.

4.2. Die fachspezifischen Aufgaben des altsprachlichen Unterrichts und seiner Didaktik

Didaktische Reflexion und „Aufbereitung" fachwissenschaftlicher Inhalte für den Schulunterricht erwachsen aus dem Bewußtsein von der Verantwortung der jeweils älteren für die Erziehung und Bildung der jeweils jüngeren Generation. Die Didaktik bemüht sich also um die Erfüllung eines pädagogischen „Generationenvertrages". Worin diese Verantwortung vor allem zum Ausdruck kommt, das sei unter den folgenden Stichworten dargestellt.

4.2.1. Vermittlung

1. Für die Didaktik des altsprachlichen Unterrichts bedeutet Vermittlung die Weckung des Bewußtseins von den Beziehungen zwischen Antike und

---
[505] Mayer (Nr. 139).

Gegenwart.[506] Sie nimmt damit über ihren engeren unterrichtsbezogenen Auftrag hinaus eine Aufgabe wahr, mit der sie eindeutig zu erkennen gibt, keine zweckfreie, esoterische Wissenschaft zu sein. Sie wird vielmehr der kulturerschließenden Funktion gerecht, die Friedrich Maier[507] für alle Geisteswissenschaften gefordert hat: Diese müßten „ihre Stoffe" aus der Vergangenheit herausholen, der Gegenwart zeigen und erhellen und für die Zukunft erhalten. Sie schafften ja den lebenden Menschen die Voraussetzung, ihre Kultur kennenzulernen, zu begreifen und somit letztlich sich selbst von der kulturellen Vergangenheit her zu verstehen.

Damit entlastet und unterstützt die Didaktik letztlich auch ihre fachwissenschaftlichen Bezugsdisziplinen (→ 2.1.2), die zu dieser Vermittlung zwischen wissenschaftlichen Inhalten und Öffentlichkeit selbstverständlich ebenso bereit sein müssen. Die Didaktik begründet ihre Vermittlungsaufgabe mit der anthropologischen These, daß *Geschichtlichkeit* ein Grundzug der condicio humana ist: Der Mensch ist ein animal historicum, das in seiner Gegenwart aus der Vergangenheit lebt und ohne die geistige Bewältigung des Früheren nicht zu seinem Selbstverständnis vorzudringen vermag.[508]

Doch mit der Anerkennung der Geschichtlichkeit als eines Wesenszuges menschlicher Existenz ist noch nicht geklärt, durch *welche* Wirkungen geschichtlicher Vergangenheit unsere Gegenwart so entscheidend und unwiderlegbar determiniert ist, daß ihre Erkenntnis unerläßlich bleibt. Welches sind die „kulturellen Hervorbringungen", in denen eine für uns heute noch relevante Wirklichkeitsbewältigung, Wirklichkeitserfahrung oder Wirklichkeitsdeutung „mehr als nur ephemeren Ausdruck gefunden hat" und „objektiv ein Kontinuum wirkungsgeschichtlich vermittelter Tradition" bildet, „aus der sich keine Gegenwart mit der Aussicht auf genuine Freiheit herauskatapultieren kann"?[509] Eine schlüssige Beantwortung dieser Fragen gäbe Auskunft über die spezifische Leistung des altsprachlichen Unterrichts im Rahmen einer geschichtlichen Bildung.

Ein Beispiel für die vielen Versuche, die Relevanz der Antike für die geschichtliche Bewußtseinsbildung des heutigen Menschen nachzuweisen, ist der von Karl Büchner herausgegebene und bereits erwähnte (→ 1.3.3.) Sammelband ›Latein und Europa. Traditionen und Renaissancen‹ (1978). Ausgangspunkt für die Klärung der Relevanz-Frage ist die gegenwärtige Kultur. Inwieweit ist sie als Produkt einer Tradition römisch-antiken

[506] Barié (Nr. 7).
[507] Maier (Nr. 132).
[508] Gegenschatz (Nr. 52).
[509] Kannicht (Nr. 100) S. 356.

Weltverstehens zu deuten? Endpunkt ist der Nachweis, daß die Kenntnis dieser Tradition für die Vertiefung des modernen europäischen Bewußtseins und Selbstverständnisses unerläßlich sei. Die intensive Auseinandersetzung mit den verschiedenen Beiträgen des Bandes konfrontiert den Leser allerdings mit einer schmerzlichen Einsicht: Er muß begreifen, daß stichhaltige Aussagen über Wirkung und Bedeutung der Antike nur aufgrund intimster Kenntnis ihrer Vermittlungsgeschichte möglich sind (→ 2.1.1.2.). Wenn z. B. bewiesen werden soll, daß die spezifische Methodik römischen Philosophierens in der Geschichte der Philosophie bis heute wirke, dann setzt die Beweisführung eine große Vertrautheit mit der gesamten abendländischen Philosophiegeschichte voraus. Ebenso verlangt die pauschale Behauptung, die europäische Literatur sei als das Ergebnis eines „außerordentlich vielgestaltigen Dialogs mit der Antike" (S. 243) zu verstehen, eine umfassende Begründung, die nur das Ergebnis einer universalen Forschungsarbeit sein kann.

Die Schwäche jeder didaktischen Argumentation zugunsten der von ihr bevorzugten Auswahl geschichtlich bedeutsamer Gegenstände beruht aber nicht nur auf mangelhafter Kenntnis der Vermittlungsgeschichte, sondern auch auf einem völlig unzureichenden Wissen über die *Gegenwart*. Das ist der entscheidende Grund dafür, daß Aussagen über die geschichtliche Relevanz der Antike nur allzuleicht als unseriös entlarvt werden können. Möglicherweise erwächst der Versuch, didaktische Auswahlentscheidungen nicht mit der *geschichtlichen*, sondern der *existentiellen* Bedeutung ihrer Gegenstände zu begründen, aus der Einsicht, daß eine stringente Beweisführung zugunsten geschichtlicher Bedeutsamkeit so überaus schwierig ist.

2. Selbstverständlich setzen auch Aussagen über die existentielle Bedeutung der Antike eine tiefgehende Kenntnis der Gegenwart und eine prognostische Begabung voraus. Wenn mangelhafte Vertrautheit mit der Gegenwart eine wirklich legitimierbare Auswahl des *geschichtlich* Bedeutsamen behindert, dann gilt dies gleichermaßen für die Auswahl des *existentiell* Bedeutsamen. Wenn nun die Didaktik trotzdem die Verantwortung für eine Vermittlung zwischen Antike und Gegenwart zu übernehmen wagt und diese ja auch durch bestimmte Auswahlentscheidungen zum Ausdruck bringt, dann muß sie sich der Zufälligkeit, Willkür und mangelhaften Begründbarkeit ihrer Entscheidungen bewußt bleiben. So sind auch alle folgenden Aussagen über die Möglichkeit der Didaktik, ihrer Verantwortung für den altsprachlichen Unterricht und seine Wirkung gerecht zu werden, hypothetisch, indem sie sich den Bedingungen des „Wenn-dann-Schemas" fügen.

Nur unter diesem Vorbehalt kann z. B. auch die folgende Feststellung von Ernst Gegenschatz eine Basis für die Erfüllung der didaktischen Vermittlungsaufgabe sein:

Das Altertum hat . . . alle diejenigen Fragen gestellt, in deren Beantwortung die europäische Geistesgeschichte und damit auch unsere Gegenwart verhaftet sind. Die Antworten wechseln, die Fragen sind dieselben geblieben; ja es ließe sich geradezu so ausdrücken: Geschichtlich sind die Antworten, die im Lauf der letzten zwei Jahrtausende gegeben wurden, die Fragen selbst aber sind zu einem übergeschichtlichen Faktum geworden, mögen sie auch aus ganz bestimmten geschichtlichen Situationen heraus zuerst gestellt worden sein. Dieses Spezifikum der Fragestellung ist es, das wir für die Antike in Anspruch nehmen dürfen, ohne daß einer andern Epoche des Abendlandes dadurch auch nur das Geringste an ihrer Würde genommen sein soll.[510]

Ähnlich formuliert es auch Richard Kannicht[511]: Indem die Griechen mit dem Naturtalent ihres intellektuellen Elans und ihrer kritischen Phantasie auf die rationale Bewältigung der Welt ausgegangen seien, indem sie vor allem in der Kunst und in der Philosophie die Medien entdeckt hätten, in denen die Realität der Welt und des Lebens darstellbar und begreifbar geworden sei, hätten sie unwiderruflich dasjenige Geschäft begonnen, das uns seither als Schicksal und als Chance zugleich aufgegeben sei; indem *sie* angefangen hätten zu fragen, hätten sie angefangen, *unsere* Fragen zu stellen; und indem *sie* Lösungsversuch um Lösungsversuch in Angriff genommen hätten, hätten sie die Fluchtpunkte markiert, in deren Richtung noch *unsere* Lösungsversuche unternommen würden.

Der apodiktische Charakter dieser Aussagen darf nicht darüber hinwegtäuschen, daß sie sich nur auf eine Fülle schwer beweisbarer Annahmen stützen und vielleicht gerade deshalb so überzeugend scheinen. Es ist das Elend der Didaktik, auf derartigen Beschwörungsformeln aufbauen zu müssen.

3. Auch Friedrich Maiers oben bereits (→ 3.4.2.) kritisierten Ausführungen über den Modellbegriff in der altsprachlichen Didaktik[512] müssen sich auf ein Bündel nicht bewiesener Vorannahmen stützen. Selbst wenn es zuträfe, daß Griechen und Römer über die besonders ausgeprägte Fähigkeit verfügten, in Form von Texten Denkmodelle zu entwickeln, die für die rationale Bewältigung der Welt geeignet waren, so ergibt sich daraus noch nicht die didaktische Relevanz der Modelle für den heutigen Schüler. Grundsätzlich wäre zu fragen, ob antike Texte tatsächlich an den von Maier aufgeführten Modell-Kriterien zu messen sind und ob die Wirklichkeit, auf

---

[510] Gegenschatz (Nr. 52) S. 321.
[511] Kannicht (Nr. 100) S. 373.
[512] Maier (Nr. 131).

die sie Bezug nehmen, heute noch so bedeutsam ist, daß sie zum Gegenstand unterrichtlicher Auseinandersetzung erhoben werden sollte. Erst wenn diese Fragen überzeugend bejaht werden könnten, wäre es zu verantworten, daß die Didaktik die in Frage kommenden Texte in den Unterricht einbrächte. Erst dann wäre sie berechtigt, die Bedingungen dafür zu schaffen, daß der Schüler die antiken Denkmodelle nachdenkt und nachvollzieht, und erst dann dürfte sie auf diese Weise zwischen antikem Denken und dem Bewußtsein des heutigen Schülers vermitteln. Es sei dabei bedacht, daß mit dieser Überlegung die didaktische Eignung antiker Texte nicht bestritten, sondern eben nur in Frage gestellt wird. Diese *Frag-Würdigkeit* der Texte ist geradezu die Bedingung dafür, daß sie didaktisch interessant sind. Allerdings würde eine Vermittlung nur dadurch pädagogisch sinnvoll, daß der Schüler die bei der Auseinandersetzung mit den antiken Denkmodellen gewonnenen Einsichten auf seine eigene Situation beziehen und übertragen könnte. In der Möglichkeit dieses Transfers (→ 2.2.1.) läge auch der besondere Wert einer Beschäftigung mit antiken Denkmodellen.

4. Die Möglichkeit dieses Transfers von Einsichten, die an antiken Texten gewonnen werden, auf die jeweils aktuelle, persönliche Situation des Lernenden ist seit langem ein starkes Argument einer vermittelnden Didaktik. Aber selbst wenn es keine lernpsychologischen Vorbehalte gegenüber diesem Transfer gäbe, bliebe doch immer noch die Frage, ob der Schüler[513] wirklich fähig und bereit ist, den Transfer auch zu vollziehen. Haben die textgewordenen Modelle antiker Denker wirklich den erhofften Appellwert, so daß es zu einer echten Kommunikation zwischen Autor und Schüler kommen kann? Eine Didaktik, die vom Gelingen des Transfers und damit zugleich von der Erfüllung ihrer Vermittlungsaufgabe überzeugt ist, wird diese Frage ohne weiteres bejahen und dann etwa folgende Erwartung artikulieren können: Im altsprachlichen Unterricht werden Lernbedingungen hergestellt, durch die der Schüler mit ihm zunächst *fremden* Vorstellungen konfrontiert wird. Er wird dazu angeleitet, dieses Fremde in den eigenen sozialen, kulturellen und historisch-politischen Bezugsrahmen einzuordnen und sich auf diesem Wege gegenüber fremdem Sein verstehend zu öffnen.

Da das Fremdartige der antiken Welt große Verstehensprobleme aufwirft, ist die Entwicklung einer ausgeprägten Interpretationsfähigkeit erforderlich (→ 2.1.3.). Die Übung des Verstehens und Interpretierens soll aber nicht nur dem Verständnis antiker Texte dienen; sie soll zugleich auf das Erschließen und Verstehen fremder Denk- und Anschauungsformen im

[513] Hohnen (Nr. 87).

allgemeinen transferiert werden können. Auf diese Weise soll der altsprachliche Unterricht zu einem Erfahrungsfeld im Umgang mit dem Fremden werden und die Fähigkeit vermitteln, sich mit fremden Meinungen argumentativ auseinanderzusetzen. Wenn dies gelänge, dann leistete der Unterricht letztlich sogar einen wichtigen Beitrag zu einem „planetarischen Humanismus"[514], der vor allem auf Toleranz beruht. Denn Verstehen von Fremdstrukturen ist nicht nur eine wichtige Vorbedingung bewußten Handelns, das sich an alternativen Denkmodellen und abweichenden Verhaltensmustern orientiert; Toleranz, die humanistische Kardinaltugend, wird nur dort Wirklichkeit, wo das eigene Ego- und Ethnozentrum durch die Erfahrung fremder Horizonte relativiert wird.[515] (→ 4.1.)

Daß dieser Vorgang auch von ehemaligen Schülern eines humanistischen Gymnasiums so verstanden werden kann, möge ein biographisches Zeugnis aus berufenem Munde veranschaulichen.[516]

In meinem Geburtsland Österreich . . . hatte das auf die Jesuitenschule und die josephinische Aufklärung zurückgehende humanistische Gymnasium seinen Zöglingen den weltbürgerlichen Sinn als character indelebilis eingeprägt: sie lebten von vornherein in dem Als-ob der römisch-griechischen Kultur und Sprache; literarischsprachliche wie moralische und ästhetische Erziehung kam über den Umweg des Fremden. Unser moralischer Erzieher war nicht Christus oder Moses (und gewiß weder Andreas Hofer noch Vater Radetzky), sondern Sokrates; der deutsche Konjunktiv wurde am lateinischen klar. Unser geistiges Leben war ein solches der Beziehungen, die Anspielung zielte vom Fremden aufs Eigene, nicht umgekehrt.

Es sollte jedoch nicht verschwiegen werden, daß Leo Spitzer diesen Umweg über das Fremde nicht kritiklos lobt. Er erklärt die auf das Fremde kaprizierte humanistische Gymnasialbildung als „ein Rückzugsphänomen des alten Österreich", das sich als ein Verzicht auf gültige nationale Vorbilder in einer Welt „ohne Eigenschaften" darstellte. Die „Bewunderung überlegener Fremdkultur" erklärt sich Leo Spitzer also aus dem Bewußtsein des Mangels an Eigenem.

Man sollte diesen Gedanken nicht ganz verdrängen, wenn man das Verstehen und Übersetzen altsprachlicher Texte als eine Methode definiert, mit deren Hilfe die Fähigkeit erworben wird, andere Ich-Wesen zu verstehen[517] und in einen *Dialog* mit ihnen einzutreten. Die Bereitschaft zum Dialog schließt aber eigentlich das von Spitzer empfundene Minderwertig-

---

[514] Vgl. Grousset, R.: Orient und Okzident im geistigen Austausch, Stuttgart 1955.
[515] Barié (Nr. 6) S. 13.
[516] Spitzer (Nr. 194) S. 579.
[517] Vgl. Hermes (Nr. 78).

keitsgefühl aus. Dieser Dialog wird übrigens von Walter Rüegg[518] als spezifisch humanistisch definiert. Denn Humanismus ist für Rüegg die Praxis des Dialogs, der sich durch Offenheit gegenüber fremdem Sein und durch Übersetzen und Verstehen des Fremden auszeichnet.

Eine Didaktik, die diesen humanistischen Dialog ermöglicht, vermittelt also zwischen der Antike als dem „nächsten Fremden" (Uvo Hölscher) und dem heutigen Schüler. Sollte die Vermittlung in diesem Sinne wirklich gelingen, so würde die Antike nicht als idealer Kosmos verabsolutiert und vorbehaltlos verehrt (→ 1.3.4.). Die antiken Autoren würden vielmehr „als fremd gewordene ‚Väter' unserer sprachlich-begrifflichen Existenz" kritisch zur Rede gestellt.[519]

Den spezifischen Bedingungen des altsprachlichen Unterrichts entsprechend ist das Verstehen des Fremden vor allem ein literarisches Verstehen,[520] d. h. ein Verstehen literarischer Texte (→ 2.1.3.), das von verschiedenen Voraussetzungen und Bedingungen abhängig ist, die im Rahmen einer philologischen Hermeneutik zu beschreiben und von der Fachdidaktik zu nutzen und zu steuern sind. Diese Voraussetzungen konstituieren die Rezeptionssituation des Schülers, die von einem vielschichtigen Vorverständnis geprägt ist. Die Didaktik steuert den Verstehensvorgang, indem sie an dieses Vorverständnis anknüpft und damit zwischen dem Schüler und dem literarischen Text vermittelt, um Verstehen zu ermöglichen oder zu erleichtern. Nur wenn diese Vermittlung gelingt, ist das Verstandene vom Schüler auch anzuwenden (zu applizieren), und es kann sein Bewußtsein verändern und erweitern oder sein künftiges Verhalten bestimmen. Man darf aber nicht vergessen, daß noch so gute Strategien der Vermittlung zu allererst – wie bereits angedeutet – auf die Bereitschaft des Schülers angewiesen sind, sich auf diese Vermittlungsbemühungen überhaupt einzulassen. Damit ist die ganz banale Tatsache angesprochen, daß es der Entscheidungsfreiheit des Schülers überlassen ist, altsprachlichen Unterricht anzunehmen oder abzulehnen. Die selbstverständliche Bedingung literarischer Rezeption besteht ganz einfach darin, daß der Schüler einen Latein- oder Griechischunterricht auf sich nimmt. Vermittlung beginnt also mit *Werbung*, mit der Weckung von Interesse, mit der Gewinnung gutwilliger Interessenten. Das Problem der Didaktik ist unter diesem Gesichtspunkt weniger der Unterricht selbst als das Zustandekommen des Unterrichts oder anders ausgedrückt: weniger die Motivation *im* als vielmehr *zum* Unterricht.

[518] Rüegg (Nr. 171).
[519] Rüegg, in: Steffen (Nr. 197) S. 38.
[520] O. Hoppe (Hrsg.): Kritik und Didaktik des literarischen Verstehens, Kronberg i. Ts. 1976.

Erst wenn dieses Problem gelöst ist, wird es möglich, daß die Didaktik ihre Vermittlungsaufgabe erfüllt, und zwar
- als Bewußtmachung der geschichtlichen Bedingtheit der Gegenwart,
- als Einbringung der existentiellen Grundfragen der Antike in den Horizont des heutigen Menschen,
- als Anleitung zum Nachvollziehen und Verstehen antiker Texte und
- als Befähigung zum Dialog mit der Antike als dem „nächsten Fremden".

4.2.2. Bewahrung und Erinnerung

1. Bewahrung bedeutet zunächst nur Erhaltung eines Vorhandenen und Gegebenen. Der altsprachliche Unterricht als ganzer ist vorhanden; er soll nicht erst geschaffen oder erfunden werden. Wenn es der Didaktik gelingt, diesen Zustand zu erhalten, dann wird sie ihrer Verantwortung für die Bewahrung des Vorhandenen gerecht. Das gilt auch für die Erinnerung an die Geschichte des altsprachlichen Unterrichts (→ 1.3.1 → 3.1.) und der ihn tragenden Bildungsideen und -vorstellungen (→ 4.2.4.). Sie müssen weiterhin Gegenstand der didaktischen Reflexion bleiben, damit das in ihnen steckende Anregungspotential nicht verlorengeht (→ 1.1.) und das wirkungsgeschichtliche Bewußtsein der Didaktik sich weiter vertiefen kann.

2. In einem ganz anderen Sinne bedeutet Bewahrung die Erinnerung an die antiken Schriftsteller und ihre Werke und überhaupt an die antike Welt, soweit sie uns erschließbar ist. Die Überzeugung von der Notwendigkeit, die Werke einer vergangenen Zeit zu bewahren, war das wichtigste Motiv auch der Philologie von Anfang an (→ 2.1.1.1.):

Eine Welt herrlichster Erscheinungen hinter sich zu haben, in einer verwandelten Welt dem Einst gegenüberzustehen, war ein ganz neues Gefühl; aus ihm erwuchs manchem auch eine neue Verpflichtung, sich zu wehren gegen die Vergänglichkeit des Besten, was die Alten, οἱ παλαιοί, gedacht und gedichtet hatten. Dies war die Geburtsstunde der Philologie. [521]

Im Grunde habe die Philologie – und damit auch der altsprachliche Unterricht – die gleiche Aufgabe wie in den Anfängen, meint Rudolf Pfeiffer: „In immer neuem Ansatz für die jeweils Lebenden das als schön und wahr erkannte Alte zu bewahren und verständlich und fruchtbar zu machen" (S. 22). Die Erinnerung an die Werke ist zugleich die Pflege des Bewußtseins von der „elementaren Urbildlichkeit" [522] des antiken Geistes, von sei-

---

[521] Pfeiffer (Nr. 157) S. 4.
[522] H. Friedrich: Abendländischer Humanismus, in: Gymnasium 74, 1967, 1–13.

ner „Nicht-Überholbarkeit", von der „urbildhaften Existenz des Menschen im antiken Wort (→ 1.3.4 → 3.4.3.). Damit erweist sich die Erinnerung, die Hartmut von Hentig [523] als „Humanismus" (→ 4.2.4.) oder humanistisches Verhalten bezeichnet, als

eine Methode der Selbstorientierung des Menschen, die ihm anhand der Überlieferung immer wieder die Vor-Urteile sichtbar macht, unter denen die Gegenwart steht, und die damit immer wieder die Freiheit schafft, sich zu ihnen zu bekennen oder sich von ihnen zu lösen.

Wenn die Didaktik sich dafür einsetzt, daß die Autoren den Schülern nahegebracht und die Schüler an deren Werke herangeführt werden, dann bewahrt sie die Erinnerung an diese. Unter diesem Gesichtspunkt behält der Satz „Dienen sollen wir den großen Schriftstellern" [524] auch für die heutige Didaktik seine Gültigkeit. Allerdings ist dieser Dienst auch in seiner Rückwirkung auf den Lernenden zu sehen und zu fördern. Historisches Wissen soll stets dem „Lebensinteresse" dienen. Denn Unterricht darf niemals allein um einer *Sache* willen stattfinden; sein Ziel bleiben Bildung und Erziehung des *Heranwachsenden*. Diese Determinanten kommen insofern zu der ihnen angemessenen Geltung, als die Fähigkeit und Bereitschaft zum Dienst an der Sache ein durchaus legitimes Bildungs- und Erziehungsziel des altsprachlichen Unterrichts ist.

3. Wie dies zu verstehen ist, wurde bereits oben (→ 1.3.4.) im Zusammenhang mit der didaktischen Funktion des Klassischen dargelegt: Die lernende Auseinandersetzung mit dem – potentiell – klassischen Werk soll zu einer Aktualisierung des Klassischen im Bewußtsein des Lernenden führen. Dieser eignet sich das Klassische in einem kreativen Rezeptionsakt bewußt an. Indem die Didaktik diesen Aneignungsvorgang fördert, unterstützt sie nicht nur die Bewahrung der Erinnerung an einen kulturell bedeutsamen Gegenstand; sie trägt auch zur Daseinserweiterung und -bereicherung des Heranwachsenden bei, der die Sache, den Lerngegenstand, für sich als klassisch, d. h. vorbildlich, wegweisend, verbindlich annimmt und aufnimmt. Bewahrung und Erinnerung dienen also der Sache *und* dem Menschen. Das ist vor allem dann der Fall, wenn es gelingt, dem Schüler klarzumachen, daß *seine* individuelle lernende Auseinandersetzung mit den Alten Sprachen, mit griechischer und lateinischer Literatur, einen wesentlichen Beitrag zur Bewahrung und Erinnerung der Antike in unserer Zeit und für die Zukunft darstellt. Denn jeder Schüler, der Latein und Griechisch lernt, erfüllt eine für die Kultur der Gegenwart und Zukunft wichtige Funktion: Er setzt sich

[523] Hentig (Nr. 76) S. 48.
[524] E. Bruhn: Altsprachlicher Unterricht, Leipzig 1930, 14.

mit seiner Leistung dafür ein, daß die Antike dem Bewußtsein der Gesellschaft nicht verlorengeht. Latein und Griechisch zu lernen, ist also kein privater Luxus, sondern die Erfüllung einer Verpflichtung gegenüber der gegenwärtigen und zukünftigen Gesellschaft. „Das mag heute schwer zu begreifen sein, in einer Zeit, die keine Eichen mehr pflanzt, weil sie zu langsam wachsen, also zu wenig direkten Nutzen bringen. Pflanzen wir weiterhin Eichen – lernen wir Latein."[525] Der Lehrer sollte die motivierende Wirkung nicht unterschätzen, die von der Einsicht in *diese* Funktion des Lernens von Latein und Griechisch ausgeht. Leider wird das Motivationspotential, das mit der Erkenntnis der gesellschaftlichen und kulturellen Bedeutung des Lernens gegeben ist, in der Regel ungenutzt gelassen, obwohl doch nicht zu bestreiten ist, daß Lernen – wie Lehren – zur Erhaltung kultureller Kontinuität und gesellschaftlicher Verständigung erheblich beiträgt. Die Auseinandersetzung mit Kulturgütern führt unter diesem Aspekt zu einer re-produktiven Aneignung und – wenigstens tendentiell – zur schöpferischen Fortführung des Kulturprozesses.[526]

In diesem Sinne dient die Bewahrung der kulturellen und hier insbesondere der literarisch-kulturellen „Spurensicherung", d.h. der Wahrnehmung der antiken „Spuren", die die Autoren späterer Generationen weitergezogen haben.

Jene Form menschlichen Daseins, die wir „Kultur" zu nennen pflegen, ist nämlich immer und nur dort entstanden, wo Menschen lernten, Wissen so aufzubewahren, daß es an folgende Generationen weitergegeben und fortschreitend akkumuliert werden kann ... Erst durch die Anhäufung des Wissens von Generationen wurde es möglich, in kontinuierlichem Fortgang eine Zivilisation so aufzubauen, daß jeder neue Schritt aus dem anderen hervorging ... Das gilt besonders für die wissenschaftlich-technische Zivilisation. Die atemberaubende Beschleunigung ihres Prozesses, also alles, was man bisher „Fortschritt" nennt, ist ausschließlich dem Umstand zu verdanken, daß Wissenschaft über Jahrtausende hinweg Erfahrungen und Erkenntnisse aufgespeichert und dadurch eine sich fortsetzende Stufenfolge neuer Erkenntnisse ermöglicht hat. Die Reichweite und Dauer des geschichtlichen Fortschritts steht in einer genauen Proportion zu Tiefe und Umfang des angesammelten Wissens der Generationen, also zum kollektiven Gedächtnis einer Gesellschaft. Das ist zwar nicht der einzige, aber der wichtigste Grund dafür, daß alle bisherigen Hochkulturen Bildung als Tradition verstanden haben und diese Tradition selbst dann durchhielten, wenn ihre Gehalte der Mentalität und den Interessen der jeweils herrschenden Schicht scharf widersprachen ... Was für den Fortschritt gilt, das gilt für alle Formen der Antizipation von Zukunft: die Fähigkeit zum Vorgriff auf Zukunft ... steht in einer genauen, wenn auch schwer durchschaubaren Relation zur Fähig-

---

[525] Steinthal (Nr. 200).
[526] Ballauff (Nr. 4) bes. S. 23 f.

keit, Vergangenheit zu erinnern. Je geschichtsloser das Bewußtsein einer Gesellschaft ist, desto mehr muß sie die Fähigkeit verlieren, ihre eigene Zukunft zu gestalten.[527] Wenn Geschichte nicht verwechselt werde mit bloß Gewesenem, wenn sie aktiviertes Gedächtnis, eingeholte Vergangenheit sei, wenn Geschichte betreiben heiße, eine Sache aus ihren Voraussetzungen und in ihren Folgen zu verstehen, wenn Geschichte als Unterbau der jeweiligen Gegenwart verstanden werde, als Chance, aus Vergangenem das Gegenwärtige zu begreifen und das Künftige zu vermuten, dann sei Geschichte die redlichste Schutzwehr gegen die Verführung durch plakative Illusion und penetrante Ideologie, gegen die Suggestion der heillosen Heilsversprechung. Peter Wapnewski[528] beruft sich auf den ›Kurzgefaßten Lebenslauf‹ (1925) von Hermann Hesse:

Ich wurde geboren gegen Ende der Neuzeit, kurz vor der beginnenden Wiederkehr des Mittelalters, im Zeichen des Schützen und von Jupiter freundlich bestrahlt . . . Doch merkte ich freilich nach einer Weile, daß im Geistigen ein Leben in der bloßen Gegenwart, im Neuen und Neuesten unerträglich und unsinnig, daß die beständige Beziehung zum Gewesenen, zur Geschichte, zum Alten und Uralten ein geistiges Leben überhaupt erst ermöglicht.

4. Dieses „geistige Leben", von dem Hermann Hesse sprach, ist ein Leben der Verständigung auf der Grundlage der kulturellen Tradition oder im Medium kultureller Tradition. Unter diesem Gesichtspunkt gewinnt die Bewahrung der Erinnerung auch eine kaum zu überschätzende politische Bedeutung[529] für die Zukunft: Es werde – so Karl Büchner – kein wirklich politisches Europa geben, wenn ihm nicht die Erinnerung bis dahin zurückreiche, wo Begriffe wie Republik, Religion, Pietät, Autorität, Toleranz, Humanität, Disziplin, Natur, Funktion, Liberalität, Staat, Justiz, Person und Individuum ihren Entstehungsgrund hätten. Nicht nur wahre Kultur, die ohne Gedächtnis nicht gedacht werden könne, sondern die Möglichkeit des Einverständnisses und der Einigung, die ja nie auf nur machtpolitischen oder wirtschaftlichen Faktoren beruhten, wären beschnitten, wenn man im Ringen um die lateinische Sprachwelt nicht mehr selbst an der Entstehung dieser Begriffe Anteil nehmen könnte und der Faden des Gesprächs über sie abrisse.

5. Es ist ein didaktisches Prinzip des altsprachlichen Unterrichts, daß die Bewahrung geschichtlicher Erinnerung stets im Dienst der Aufklärung der gegenwärtigen und der Planung der zukünftigen Welt steht. Der Lernende

[527] Picht, in: Steffen (Nr. 197) S. 96f.
[528] Wapnewski, in: Die Zeit, Nr. 29, 8.7.77.
[529] Büchner (Nr. 20) S. 7; Büchner (Nr. 21).

wird aber nicht nur dazu angeleitet, den sachlichen Gehalt der Tradition zu erfassen, um sie auf seine eigene Situation und in seinem Interesse anzuwenden.[530] Er soll auch die Fähigkeit erwerben zum Gespräch und zur Verständigung auf der Grundlage einer möglichst weitgreifenden und tiefgehenden Erinnerung an Gemeinsames, an gemeinsame Ursprünge.

6. Der Schüler darf in fachdidaktischen Überlegungen nicht nur als „eine idealtypische Größe" auftauchen, sondern er muß stets auch als „ein eventuell lernwilliger, aber auch recht hilfsbedürftiger und über die Grenzen seines Leistungsvermögens in wesentlichen Punkten nie hinausgelangender Partner der unterrichtlichen Interaktion nüchtern und ehrlich einkalkuliert" werden.[531] Im Blick auf die Motivation (→ 2.2.1.) und das Fassungsvermögen des Durchschnittsschülers ist daher die selbstkritische Frage zu stellen, ob das soeben angedeutete Geschichtsbewußtsein überhaupt durch schulischen Unterricht zu vermitteln ist oder ob es nicht vielmehr einen langen Reifungsprozeß voraussetzt, der im altsprachlichen Unterricht allenfalls angebahnt werden kann. Friedrich Walsdorff[532] hat sicher recht, wenn er feststellt, daß das Wissen um die geschichtliche Verwurzelung des Abendlandes in der Antike noch nicht das Gefühl der Verpflichtung zur Bewahrung des humanistischen Erbes wecke. Echter Sinn für Tradition – so Paul Hohnen[533] – könne durch die Vorstellung einer fortlaufenden Kette des Überliefertwerdens pädagogisch nicht vermittelt werden, sondern nur dadurch, daß Antikes von Fall zu Fall sich als gegenwärtig erweise, Gegenwartsfragen stelle und beantworte. Hier geht es also nicht mehr nur um die zentrale Frage nach dem Fassungsvermögen des Schülers. Paul Hohnen bezweifelt, ob es pädagogisch überhaupt sinnvoll ist, über das Kennenlernen der von der Antike ausgehenden Tradition ein Geschichtsbewußtsein wecken zu wollen, wie es die Didaktik unter dem Einfluß ihrer literaturwissenschaftlich-rezeptionsästhetisch orientierten fachwissenschaftlichen Bezugsdisziplin (→ 2.1.1.2.) anstrebt. Das Hauptargument, das Hohnen bereits 1957 gegen diesen Ansatz vorgebracht hat, ist der Hinweis darauf, daß das mühevolle Lesen der antiken Texte eigentlich überflüssig sei, wenn man die Grundwerte der Antike in ihrer späteren Tradition aufgehoben sehe und – in gewandelter Form zwar – in der Geschichte der europäischen Literatur zu entdecken suche. Im Unterricht müsse es statt dessen um den „Ursprungswert der Antike" (→ 3.4.3.) gehen, nicht um ihre Vermittlung.

[530] Vgl. J. Habermas: Erkenntnis und Interesse, Frankfurt 1968.
[531] Hohnen (Nr. 87) S. 330.
[532] Walsdorff (Nr. 208) bes. S. 207.
[533] Hohnen (Nr. 86) bes. 420.

Da zur Zeit noch ungeklärt ist, ob der altsprachliche Unterricht seine Gegenstände unter dem Aspekt der Vermittlung oder der Erinnerung wirksamer und nachhaltiger zur Geltung bringen kann, empfiehlt es sich, zunächst beide Gesichtspunkte in ein ausgewogenes Verhältnis zueinander zu bringen. Die fachbezogene Unterrichtsforschung (→ 2.2.2.) muß aber zu ermitteln versuchen, wodurch die pädagogische Valenz des altsprachlichen Unterrichts besser freizusetzen ist: durch die Erinnerung und Bewußtmachung der „exemplarischen Wesenswahrheit" (Paul Hohnen) antiker Texte oder durch eine Fahrt auf dem Strom ihrer Überlieferung und Vermittlung bis zur Gegenwart.

4.2.3. Aufklärung

Indem sich die Didaktik der Aufgabe stellt, bestimmte Sachgehalte in ihrer Funktion für den Individuations- und Sozialisationsprozeß des Heranwachsenden zu untersuchen, findet sie den Anschluß an eine aufklärerische Tradition, die seit Kants Definition der Aufklärung als „Ausgang des Menschen aus seiner selbstverschuldeten Unmündigkeit" von einer spezifisch pädagogischen Zielsetzung getragen ist. Didaktik als Aufklärung[534] kann demnach als eine Bemühung verstanden werden, „die das Was und Wie aller Lernprozesse auf ihre Bedingungen, Implikationen und Konsequenzen für die (im weitesten Sinne des Begriffs politische) Emanzipation des Menschen untersucht" (Halbfas, S. 263).

Die gesellschaftliche Bedeutung einer so verstandenen didaktischen Forschung besteht darin, über ihren Einfluß auf den Schulunterricht dazu beizutragen, die geistigen, moralischen, ökonomischen und politischen Herrschaftsformen und die Mittel der Herrschaftsausübung auf ihre Voraussetzungen und Folgen hin durchschaubar zu machen und so dem Individuum zu Selbstbestimmung und Verantwortungsfähigkeit in der Gesellschaft zu verhelfen.

Mit dieser aufklärerischen und emanzipierenden Funktion unterstützt die Didaktik die Schule in ihrer grundlegenden Aufgabe,

sowohl eine Instanz *für* als auch *gegen* die Gesellschaft zu sein. Denn die Schule muß einerseits ein Modell sein, *an* dem der Schüler lernen kann, was Gesellschaft ist..., und andererseits muß sie diese Gesellschaft in ihrem faktischen Bestand kritisch beurteilen lehren: wie man in ihr zur Selbstidentität gelangt, gerade *gegen* den Anspruch sich aufdrängender Sachzwänge und gegen das vom System an allen Zipfeln reglementierte „öffentliche Bewußtsein". (Halbfas, S. 265)

---

[534] Halbfas (Nr. 65).

Die Didaktik des altsprachlichen Unterrichts ist in besonderem Maße geeignet, diese Aufklärung zu leisten. Denn schon aufgrund ihres sachlichen Substrats und der aus diesem ausgewählten Unterrichtsinhalte und -ziele trägt sie zur unterrichtlichen Vermittlung von Qualifikationen bei, die zwar zur Bewältigung aktueller „Lebenssituationen", aber auch zu einer kritischen *Distanz* befähigen. Die Beschäftigung mit einer Kultur vor Christentum und moderner Demokratie, vor technologischer Naturwissenschaft und Psychologie, mit einer vorindustriellen Gesellschaftsform, mit einer Welt, in der die Natur noch nicht grenzenlos ausgebeutet und beschädigt war, gibt „neue" Aufschlüsse über menschliches Verhalten und Erleben und erzeugt ein Bewußtsein von der Relativität historischer Situationen einschließlich der jeweils gegenwärtigen.[535] In der Konfrontation mit antikem Denken wird das Phänomen der Historizität auch der Gegenwart erfaßbar. Das Bewußtsein wird erweitert um die Einsicht in die Dimension der historischen Bedingtheit und des geschichtlichen Wandels. Hierdurch wird eine kritische Reflexion über Voraussetzungen, Bedingungen und Ziele des eigenen und des zeitgenössischen Denkens und Handelns angeregt.

Die Didaktik, die bei ihren Auswahlentscheidungen gerade die Andersartigkeit, die Allomorphie, der antiken Welt zur Geltung bringt, schafft die Voraussetzungen dafür, daß der Unterricht in ein *Vorbehaltsverhältnis* zur Gegenwart einübt. Der altsprachliche Unterricht kann damit eine subversive, gegenwartskritische und gesellschaftsverändernde Funktion bekommen; er verhindert eine Fixierung auf die Gegenwart, eine gegenwartsbezogene Beschränktheit, indem er die geschichtliche Dimension erschließt und Geschichte als ein Repertoire verfügbar macht, aus dem ethische Normen, Denk- und Verhaltensstile in ihren Bedingungen durchschaubar gemacht und aufgeklärt werden. Mit dieser aufklärerischen Dynamik erzieht der Unterricht zum Widerspruch, zur Verweigerung lückenloser, bedenkenloser Anpassung und Domestizierung. Er erzeugt eine „antagonistische Potenz"[536], mit der sich der Mensch als Aufgeklärter der totalen Funktionalität entziehen kann.

Didaktik als Aufklärung – das bedeutet also die Konzeption eines altsprachlichen Unterrichts, der mit seinen spezifischen Inhalten und Zielen die Gegebenheiten der Gegenwart in Frage stellen hilft und durch die Einübung in unzeitgemäßes Denken Perspektiven für die Zukunft eröffnet.

Aufklärung bedeutet aber auch Rütteln am Gewissen der Gesellschaft, die sich zu wenig nach den Maßstäben des menschlichen Befindens und zu

---

[535] Vgl. Cancik (Nr. 24).
[536] Jens (Nr. 98).

sehr nach dem Prinzip der ökonomisch-technischen Perfektionierung eingerichtet hat. Das Bewußtsein von der Untragbarkeit dieser Situation ist latent vorhanden, und zwar als schlechtes Gewissen. Denn nur dieses erklärt letztlich den großen Einsatz, mit der die Curriculumforschung mit Billigung und Unterstützung des Staates und der öffentlichen Meinung nach Unterrichtszielen sucht, die als Leitideen für Bildung und Erziehung der heranwachsenden Generation dienen können. In die Formulierung dieser Ziele geht das Wissen der Verantwortlichen um die eigenen Defizite und Nöte ein. Der junge Mensch soll in der Schule Fähigkeiten zur Bewältigung von Situationen erwerben, in denen wir selbst uns immer wieder scheitern sehen.

Hier muß auch die Didaktik des altsprachlichen Unterrichts ansetzen und dazu beitragen, das schlechte Gewissen in die Bereitschaft zum Umdenken zu verwandeln:

Wir müssen also den Kindern helfen, daß sie nicht erst soviel von Menschlichkeit preisgeben, wie wir Älteren bereits verlernt haben. Aber wir können sie darin nur unterstützen, wenn wir den Mut finden, unsere eigene Fehleinstellung zu revidieren und umzulernen. Und was Menschlichkeit anbetrifft, sind wir es, die in der Kommunikation mit den Kindern an diesen registrieren können, was wir im Übermaße in uns unterdrückt haben. Nämlich Spontaneität, Direktheit, Echtheit, Offenheit, Phantasie. Hier liegen die Kriterien für eine Vermenschlichung unseres Zusammenlebens, die uns diejenigen mahnend vorhalten, die wir erziehen wollen und müssen.[537]

Damit wird die Arbeit mit den Kindern in der Unterrichtspraxis des Alltags erneut als eine wichtige Quelle des Erfahrungswissens bestätigt, aus dem die Didaktik ihre Entscheidungsfähigkeit gewinnt, um ihre Verantwortung zur Aufklärung tragen zu können.

Aufklärung ist aber auch intra muros eine dringende Aufgabe der Fachdidaktik, damit sich unter den Vertretern und Verfechtern des altsprachlichen Unterrichts „eine gedankliche Potenz entwickelt, die in einem zu erwartenden Bildungsgespräch der Gesellschaft mit Erfolg eingebracht werden kann"[538]. Es geht nicht an, daß Latein- und Griechischlehrer ihre Fächer mit unreflektierten Parolen und Schlagworten nach außen hin vertreten, selbst wenn Begriffe wie „Humanismus" oder „humanistische Bildung" in der Öffentlichkeit mitunter wieder einen guten Klang haben. Um so mehr ist die Didaktik verpflichtet, im Sinne ihrer Verantwortung für

---

[537] H.-E. Richter: Was sollen unsere Kinder lernen?, in: Die Zeit, Nr. 28, 6.7.79, 34.
[538] K. Westphalen: Münchner Gesprächskreis Alte Sprachen, in: DASIU 26, 2, 1979, 2–5, zit. 3.

Aufklärung, derartige Begriffe mit Inhalt zu füllen, dauernd in Frage zu stellen und auf ihre Tragfähigkeit hin zu prüfen. Das ist ein unerläßlicher Bestandteil didaktischer Forschung. Denn nur auf einer ständig reflektierten und überprüften Basis kann der Lehrer der Alten Sprachen in der bildungstheoretischen und -politischen Diskussion Stellung beziehen, um seine Sache zu verfechten. Es sollte ausgeschlossen sein, daß der Altphilologe auf die Frage nach Inhalt und Bedeutung humanistischer Bildung die Antwort verweigern oder sich auf leere Phrasen zurückziehen muß. Didaktische Aufklärung soll diese Verlegenheit aufheben und die Fachvertreter mit Argumenten ausrüsten.

4.2.4. Bildung und Erziehung

Die Didaktik kann ihrer Verantwortung für Bildung und Erziehung nur dann gerecht werden, wenn sie einen klaren Begriff vom Gegenstand ihrer Verantwortlichkeit hat. Da es aber in einer offenen Gesellschaft vielfältige und ständiger Veränderung ausgesetzte Auffassungen vom Wesen der Bildung und Erziehung gibt, ist es keine leichte Aufgabe, einen Bildungs- und Erziehungsbegriff zu definieren, den die Didaktik des altsprachlichen Unterrichts nicht nur als wegweisend und verbindlich akzeptieren, sondern auch mit den Möglichkeiten ihrer Unterrichtsfächer in Einklang bringen kann. Um diese Aufgabe zu erfüllen, muß die Didaktik unter Berücksichtigung der laufenden und der bisherigen Diskussion eine permanente Grundlagenforschung betreiben (→ 1.1.). Das Forschungsgebiet ist – wie bereits angedeutet – äußerst umfangreich. Im Grunde genommen gehören alle von den gegenwärtigen und zukünftigen Lebensbedingungen handelnden Aussagen zum Material der didaktischen Forschung, die eine bestimmte Definition von Bildung und Erziehung nach Maßgabe ihres wirkungsgeschichtlichen Bewußtseins verantworten will. Eine Bearbeitung dieses Materials würde ins Uferlose führen, wenn man nicht eine mehr oder weniger willkürliche Reduktion vornähme. Man beschränkt sich entweder auf ganz wenige Publikationen renommierter zeitgenössischer Autoren, erklärt sie für exemplarisch und beruft sich auf ihre angeblich epochale Bedeutung, oder man greift auf traditionelle Bildungsdefinitionen zurück und versucht, sie so zu deuten, daß sie mit gegenwärtigen Tendenzen in Einklang zu bringen sind. Im folgenden wird versucht, mit Hilfe sowohl eines traditionalistischen wie eines zeitgenössisch-selektiven Ansatzes einen Bildungs- und Erziehungsbegriff zu definieren, für den die Didaktik des altsprachlichen Unterrichts die Verantwortung übernehmen könnte.

4.2.4.1. Der traditionalistische Ansatz

Altsprachlicher Unterricht wird traditionsgemäß als eine Organisationsform verstanden, in der eine humanistische Bildung vermittelt wird. Was aber ist humanistische Bildung?[539] Ein Blick in jüngst erschienene Handbücher und Monographien zum altsprachlichen Unterricht läßt leider keine große Bereitschaft zur Auseinandersetzung mit dieser Frage erkennen. Man gewinnt statt dessen den Eindruck, daß der Begriff auch von Fachleuten als Idee einer überholten und überwundenen historischen Epoche behandelt wird. Aber ist die humanistische Bildungsidee nicht mehr diskussionswürdig? Sollte der Begriff wirklich verbraucht sein?

Wenn sich die Didaktik des altsprachlichen Unterrichts als eine Forschungsdisziplin versteht, die sich im wesentlichen historisch-hermeneutischer Methoden bedient (→ 1.2.), um zu ihren Erkenntnissen zu gelangen, dann kann sie auf eine Auseinandersetzung mit der Geschichte der humanistischen Bildungsidee nicht verzichten.[540] Denn nur auf diesem Wege läßt sich klären, ob und inwieweit Inhalte und Ziele humanistischer Bildung ein auch für die gegenwärtige Bemühung um einen angemessenen Bildungsbegriff interessantes Anregungspotential darstellen.

Eine Erörterung der humanistischen Bildungsidee wird jedoch vor allem dadurch erheblich erschwert, daß ihre Prinzipien im Laufe ihrer Geschichte sowohl von ihren Gegnern als auch von ihren Verfechtern immer wieder mißverstanden oder mißdeutet worden sind. So lassen sich die meisten Einwände gegen das humanistische Bildungsdenken[541] dadurch erklären (→ 4.1.), daß sie nicht auf die ursprünglich humanistische Bildung zielen, sondern auf die bürgerliche Bildungsideologie, die sich in der zweiten Hälfte des 19. Jahrhunderts als epigonale Spätform des klassischen deutschen Bildungsverständnisses zu entwickeln begann. Wenn man dagegen berücksichtigt, daß Humboldts Bildungsdenken stark von Leibniz' Metaphysik und Monadologie bestimmt war (Clemenz Menze), dann wird z. B. deutlich, in welchem Sinne der Kernbegriff der Humboldtschen Bildungstheorie, die *Selbstbildung*, zu verstehen ist. Das Streben nach Selbstbildung ist nicht etwa Ausdruck einer totalen Ich-Bezogenheit, die mit der Abwertung des Mitmenschlichen verbunden wäre. Die anthropologische Grundlage der Selbstbildung ist die Überzeugung, daß das Gesetz, nach dem der

---

[539] Lefèvre (Nr. 123).
[540] Vgl. W. Rüegg: Die Humanismusdiskussion, in: Oppermann (Nr. 152) S. 310–321; Vogt (Nr. 206); F. Schnabel: Das humanistische Bildungsgut im Wandel von Staat und Gesellschaft, München 1956; Friedrich, s. Anm. 522.
[541] Menze (Nr. 140).

Mensch sich entfaltet, im Menschen selbst angelegt ist, und daß die Welt, die ihn umgibt, das Medium dieser Entfaltung ist. Das ist auch der Sinn der griechischen Maxime „Werde, der du bist", mit der Bildung bereits als Selbstbildung zur Pflicht gemacht wird – und zwar als Erfüllung der Aufgabe, die dem Menschen als Teilhaber am göttlichen Logos sowie als Glied des von diesem erfüllten Universums vorgezeichnet ist.[542] Das aber heißt, daß der Mensch nur Zweck seiner selbst ist und nicht fremden Zwecken ausgeliefert ist. Es besteht also zwischen Menschen kein Verhältnis gegenseitiger Abhängigkeit. Ein Mensch ist nicht das Mittel eines anderen. Dennoch ist er auch ein gesellschaftliches Wesen, das Gemeinschaften bildet. Aber „der bildende Nutzen solcher Verbindungen beruht immer auf dem Grade, in welchem sich die Selbständigkeit der Verbundenen zugleich mit der Innigkeit der Verbindung erhält"[543]. Alle Formen menschlichen Zusammenlebens müssen jedem einzelnen ein Höchstmaß von Freiheit bieten, „sich aus sich selbst, in seiner Eigentümlichkeit, zu entwickeln" (Humboldt, S. 69). Denn: „das höchste Ideal des Zusammenexistierens menschlicher Wesen wäre mir dasjenige, in dem jedes nur aus sich selbst, und um seiner selbst willen sich entwickelte" (S. 67).

Der Mensch ist demnach verpflichtet, die ihm innewohnende Idee zu verwirklichen und zu entfalten. Dadurch trägt er zum Ideal der „Menschheit" als solcher bei. Indem jeder einzelne sich bildet und seiner Idee gemäß entwickelt, hilft er die Idee der „Menschheit" verwirklichen.

Wenn er in der Überbetonung des sozialen Bezuges sein Selbst opfert, handelt er nicht nur sich selbst, sondern auch der Menschheit gegenüber verantwortungslos, weil er sich selbst nicht zur Entfaltung bringt und dadurch ein Grundzug menschlichen Seins nicht sichtbar wird.[544]

Menze weist mit Recht darauf hin, daß gerade die Verantwortung gegenüber der Gemeinschaft der Menschen der Grund für diese Bildungskonzeption ist. Selbstbildung und Selbstvollendung sind Verpflichtung, da sie Bedingung für die Gesellschaftsfähigkeit des Menschen und seine ihm eigentümliche „Menschheit" sind.

In der griechischen Antike hat Humboldt das Material gefunden, das ihm Anhaltspunkt für die Bestimmung des menschlichen Lebens, der „Menschheit", bieten konnte (→3.1.). Die Antike war für Humboldt ein anthropologischer Orientierungsrahmen. Außerdem bot sie ihm die Möglichkeit zur inneren Distanz gegenüber der ihn unmittelbar

[542] Jachmann (Nr. 93) bes. S. 34.
[543] Humboldt (Nr. 89) S. 65.
[544] Menze (Nr. 140) S. 420.

umgebenden Welt mit ihrem Anspruch auf totale Beherrschung des Individuums.

Die Antwort auf die Frage, inwieweit Humboldts Idee der Selbstbildung den Ansprüchen und Verpflichtungen des heutigen Menschen gerecht zu werden vermag, bleibt weiterhin offen. Die Achtung vor dem Eigenrecht des Individuums, die Toleranz, die Selbstbestimmung, die Überzeugung von der Möglichkeit, daß die Bildung des einzelnen zur Besserung der menschlichen Dinge beiträgt, sind heute allgemein anerkannte Grundwerte. Die anthropologische These, daß der Mensch zur Entfaltung seines ihm eigenen Wesens der Bildung seiner Kräfte und Vermögen bedarf, daß die Menschheit als ganze ihre höchste Vollkommenheit erreicht, wenn alle einzelnen ein Höchstmaß an Bildung erreicht haben, und daß deshalb die unabdingbare Verpflichtung zur Selbstbildung besteht, ist die Kernaussage einer konstruktiven Utopie, die auch für heutiges Bildungsdenken maßgebend sein kann.

Harald Patzer hatte 1948 den Versuch einer neuen Deutung des Humanismus und der humanistischen Bildung unternommen. Aus Patzers Abhandlung[545] seien hier nur einige Gedanken herausgehoben, die zeigen sollen, wie fruchtbar eine Fortsetzung der Auseinandersetzung mit diesem Thema für die künftige Fachdidaktik sein dürfte.

Das Medium humanistischer Bildung ist der *literarische Text*. Das bedeutet aber nicht, daß der Text als solcher bereits eine unmittelbare, direkte Bildungswirkung auf den Leser ausübt, indem er dessen Bildung, dessen Menschlichwerden hervorbringt. Diese bereits von Petrarca und dem Renaissancehumanismus[546] vertretene Auffassung hatte zwar eine „schier entwaffnende historische Mächtigkeit". Sie beruhte aber auf der falschen Überzeugung, daß ein antiker Text die unmittelbare Lebensäußerung einer übermächtigen Persönlichkeit sei, die den nachgeborenen Leser einfach anrühren und vermenschlichend bilden müsse. Das trifft auf sehr viele antike Texte ganz einfach nicht zu. So sind z. B. Homer oder Sophokles in diesem Sinne humanistisch überhaupt nicht faßbar.

Echter Humanismus erwächst demgegenüber aus einem *Interesse* an Texten, das diese begreift „als Gefäße eines gelungenen Bemühens um diejenige allgemeine Erkenntnis, die dem Menschen als Menschen notwendig ist" (Patzer, S. 277 f.). Dieses Interesse an dem für den Menschen notwendigen Erkenntnisgehalt literarischer Texte ist nicht nur das eigentlich humanistische Motiv der Philologie (→ 2.1.1.1.), sondern auch Grundlage und Kern humanistischer Bildung im altsprachlichen Unterricht.

[545] Patzer (Nr. 154).
[546] Vgl. W. Rüegg: Cicero und der Humanismus, Zürich 1946.

Wenn nun das Medium humanistischer Bildung der altsprachliche Text ist, den es zu erschließen gilt, dann ereignet sich diese Bildung als ein Prozeß des methodischen Verstehens, Interpretierens (→ 2.1.3.) und Übersetzens. Es sind dies Verfahrensweisen des Erkenntnisgewinns, die nicht nur ein Höchstmaß an Einfühlungsvermögen in eine zunächst fremde Vorstellungswelt verlangen (→ 4.2.1.), sondern auch eine selbstkritische Revision eigener Meinungen und Urteile zur Folge haben. Der Prozeß dieser Bildung ist also ein Vorgang sowohl der Befreiung aus unreflektierten Denkgewohnheiten als auch der Erwerb neuer Perspektiven. In diesem Sinne bezeichnet Paul Barié [547] den altsprachlichen Unterricht treffend als „hermeneutisches Pilotfach", wobei er Hermeneutik versteht als die Kunst, Texte methodisch und sachgerecht auszulegen, sie verstehbar zu machen, indem ihre Fremdheit aufgrund der historischen Distanz und der sprachlichen und kontextuellen Schwierigkeiten überwunden werde.

Die humanistische Bildung – verstanden als Bildung durch Auseinandersetzung mit der Sprache und den Texten lateinischer und griechischer Autoren – vollzieht sich immer in deutlicher *Distanz* zur Realität des Alltagslebens. Darin aber besteht ihr besonderer Wert. Im Rahmen seiner Überlegungen zur Bedeutung des Klassischen (→ 1.3.4.) in der Erziehung hatte bereits Eduard Spranger [548] mit aller Klarheit die vorübergehende Entfernung von der Unmittelbarkeit des täglichen Lebens zur unabdingbaren Voraussetzung eines fruchtbaren Bildungsprozesses erklärt. Es könne nicht die höchste Aufgabe der Erziehung sein, genau auf die besondere Situation vorzubereiten, die durch die jeweilige historische Kultur gegeben sei. Das sei zwar der Sinn des endlosen Geschreis nach „Schulreform": Anpassung an den jeweils letzten Zustand, unmittelbare praktische Vorbereitung für das Leben von heute (→ 2.3.2.). Aber ein solcher Bildungsgedanke verdiene den Namen der Bildung nicht. Wenn im jüngeren Menschen nicht ein *Überschuß* über das, was er unmittelbar brauchen und verbrauchen könne, erweckt werde, so verzehre er sich im Getriebe des Tages. Das bloß praktisch Erforderliche könne jederzeit nebenbei angeeignet werden. Die echte Bildung müsse gegenüber allen besonderen und einzelnen Aufgaben des Daseins innerlich frei und souverän machen. Sie müsse immer „humanistisch", d. h. auf die Totalität der Menschenkräfte gerichtet sein und jenen idealen Überschuß über die Forderungen des Tages erzeugen, der allein zur freien, ethischen Lebensgestaltung führe.

Es kann jemand weit abseits vom Heute gebildet sein und doch vermöge der Totalität seiner Menschenkräfte in dem Augenblick, wo er diesem Heute gegenübertritt, die

---

[547] Barié (Nr. 7) bes. S. 7.
[548] Spranger (Nr. 195) bes. S. 325.

höchste freie Anpassungsfähigkeit beweisen. Wer aber nichts kann und ist, als was die besondere Situation von ihm fordert, der bleibt der Sklave des Lebens, statt ihm zu gebieten und es mit einem höheren Gehalt zu durchseelen. (Spranger, S. 325) Bildung – so H. J. Heydorn – bedürfe des *Entrücktseins* von der Unmittelbarkeit des Lebens, damit der Mensch ein Selbstbewußtsein gewinne und für diese Unmittelbarkeit im Sinne einer eigenen, kritischen Artikulation handlungsfähig werde. Die Möglichkeit einer Entfernung von der Unmittelbarkeit werde zur Voraussetzung des bewußten Handelns. Vorübergehend trete der Mensch in eine unbekanntere Landschaft, um aus ihr gestärkt in die eigene wieder einzutreten.[549]

Das ist der Kern der humanistischen Bildung: „Über die Gestalt eines Fremden kommen wir zu uns selbst, um mit Hegel zu reden, durch den Umweg des Geistes" (Heydorn, S. 187).

Der Stoff, an dem sich der Prozeß der geistigen Befreiung vollziehe, verlange schon früh eine höchste Entwicklung der Abstraktionsfähigkeit, er übe diese Fähigkeit über die Vielzahl grammatischer Variationen, um Bewußtheit zu erzeugen, Welt durch die Sprache zum Objekt zu machen. Die Fähigkeit zur Abstraktion löse von der Determinierung, die die reine Anschauung über uns verhänge; Abstraktionsfähigkeit sei gleichbedeutend mit der Fähigkeit zur Freiheit. Aus diesem Grunde habe die Herrschaft vergangener Zeiten das abstrakte Denken aus der Unterrichtung breiter Volkskreise ausgeschlossen; sie habe zu Recht darin eine politische Gefahr erkannt. Noch die Stiehlschen Regulative des Jahres 1854 hatten grammatische Übungen an Volksschulen verboten, weil sie als potentiell subversiv erkannt worden seien. Altsprachliche Bildung ziele jedoch entscheidend auf diese Fähigkeit zur Abstraktion, durch die Sprache würden alle Kategorien an die Hand gegeben, die den Schlüssel der gesellschaftlichen Welt bildeten.[550]

Bildung werde zur Selbstverteidigung des Menschen, indem sie durch die freie Entwicklung der Abstraktionsfähigkeit die Möglichkeit eines inhaltlich bestimmten Selbstbewußtseins gegenüber einer ungeheuren gesellschaftlichen Fremdbestimmung absichere. Die altsprachliche Bildung biete das Handwerkszeug, durch das eine fremde Welt schließlich heimisch werden könne. Diese fremde Welt sei aber nicht die Welt der Antike; es sei die Fremdheit unserer eigenen, ihre ungeheure Abstraktion als Zeichen ihres naturwissenschaftlichen Ursprungs, die in den Menschen heimgeholt werden solle, damit er Welt zum Besitz machen könne (Heydorn, S. 189f.).

[549] Heydorn (Nr. 81) bes. S. 183.
[550] Heydorn (Nr. 81) S. 187; vgl. Hentig (Nr. 76) S. 10–201: Humanismus als Methode.

Aus dieser Beschreibung lassen sich Aussagen über das ideale Endverhalten, über das Resultat des Bildungsprozesses ableiten: Es ist die Harmonisierung eigener mit fremden Denkmöglichkeiten, die Synthese eigener und fremder Urteile, das Verstehen als Erkenntnisgewinn. In diesem Sinne bringe der Unterricht – wie Theodor Ballauff betont [551] – den Lernenden in einen neuen Bezug zum Seienden im Ganzen; der Schüler gewinne ein anderes Verhältnis zu den Dingen. Er befinde sich immer schon in einer bestimmten Lage, Situation oder Position und damit in einer bestimmten Konstellation des Ganzen. Daß aber diese Lage in ihren Gaben und Aufgaben ans Licht des Denkens trete, das sei Sache des Unterrichts. Nun stelle sich vieles anders dar als vorher, nun sehe man manches mit anderen Augen.

Hätte der Bildungsprozeß hiermit sein Ziel erreicht, dann wäre freilich nicht auszuschließen, daß dieses Resultat als individualistisch oder egozentrisch abgetan würde. Es bedarf daher noch eines *Transferaktes*, damit sich die Fähigkeit zum Verstehen eines Textes und seiner Welt und die sich daraus ergebende individuelle Horizonterweiterung oder -veränderung auch als Fähigkeit zum Verstehen des Fremden in der konkreten sozialen Umwelt bewähren könne. Aber es gehört zu den ungelösten Grundfragen der fachdidaktischen Reflexion, ob, inwieweit und auf welche Weise sich Textverstehen in mitmenschlich gerichtetes, soziales Verstehen umsetzen läßt. Dennoch bleibt es legitim, das Gelingen dieses Transfers zum Ziel des humanistischen Bildungsprozesses zu erklären und das ideale Endverhalten als die Fähigkeit zum Ausgleich zwischen individuellem Sein und gesellschaftlicher Funktion, zwischen menschlicher Würde und sozialer Disziplin [552] zu bestimmen. Unter diesem Gesichtspunkt wäre dann Bildung nichts anderes als „mitmenschlich gerichtetes Selbstverständnis". Denn sich als Selbst zu verstehen – so W. Rüegg [553] –, setze zugleich Distanz und Offenheit gegenüber dem und den anderen voraus. Distanz in der Formung der eigenen Antriebe, Regungen, Vorstellungen und Bestrebungen durch bewußte Auseinandersetzung mit allem Vorgegebenen stelle sich, das Objekt und die Beziehung zu ihm in Frage. Die Offenheit in der Anerkennung des anderen als Gegenstand und Gegenüber eines Selbst ermögliche erst soziales Handeln als ein sinnhaft auf das Verhalten anderer bezogenes, kurz: mitmenschlich gerichtetes Handeln.

Es stellt sich angesichts dieser Zielbeschreibung die Frage, ob eine so verstandene humanistische Bildung den Anspruch haben kann, eine „allge-

---

[551] Ballauff (Nr. 4) S. 27.
[552] Molnar (Nr. 143) bes. S. 37–45.
[553] Rüegg, in: Steffen (Nr. 197) S. 31.

Fachspezifische Aufgaben 247

meine" Bildung zu sein. Bezieht sich die humanistische Bildung auf Gegenstände und Verhaltensweisen, die eine Verallgemeinerung sinnvoll oder gar notwendig erscheinen lassen,[554] weil sie von allgemeiner, den Bereich des Individuums überschreitender Bedeutung sind? Aus dem vorher Gesagten ergibt sich, daß humanistische Bildung in diesem Sinne Allgemeinbildung ist. Sie ist aber auch noch in einem anderen Sinne allgemein: Sie ist prinzipiell unbegrenzt, da das Fremde als ihr Bezugspunkt ohne Grenzen ist. Schließlich ist sie auch noch insofern „allgemein", als sie eine allgemeine Verständigung zwischen den einzelnen Gliedern der Gesellschaft ermöglicht (→ 1.3.2.). Denn sie umfaßt die Fähigkeit zur Verständigung in grundlegenden Bereichen der menschlichen Existenz.[555] – Es bedarf keiner besonderen Erwähnung, daß es zwei ganz verschiedene Dinge sind, Bildung als *Prozeß* zu planen und zu organisieren und Bildung als ideales *Endverhalten* nachweislich zu verwirklichen. Die Schaffung optimaler Bedingungen für die Entfaltung eines Bildungsprozesses dürfte durchaus in der Reichweite der Fachdidaktik liegen. Was aber das Resultat angeht, so sind die Möglichkeiten der Didaktik mit seiner Verbalisierung erschöpft. Sie muß sich darauf beschränken, durch Anleitung zur gründlichen Auseinandersetzung mit antiken Texten dem Lernenden Perspektiven zu eröffnen, die ihm seine eigene Situation bewußt machen und ihm wenigstens *zeigen*, daß seine Selbstfindung eine Synthese von Eigenem und Fremden, einen Ausgleich zwischen Selbst- und Fremdbestimmung, von Freiheit und Anpassung erforderlich macht.

Es läßt sich vielleicht auch noch zeigen, daß diese Synthese nicht nur auf Aneignung, sondern auch auf – allerdings wohlbegründeter – Ablehnung des Fremden, der Fremdbestimmung und der Anpassung beruht. Selbstfindung bedeutet ja auch Distanzierung und Befreiung von Bevormundung und Herrschaft. Bildung ist durchaus ambivalent, indem sie darauf zielt, Herrschaft – und d. h. vor allem das Gegebene, allgemein Akzeptierte und Unterwerfung Fordernde – nicht nur zu konsolidieren, sondern auch zu paralysieren, Herrschaft nicht nur zu stützen, sondern auch zu stürzen.[556]

Der bisher beschriebene humanistische Bildungsbegriff kann unter dem Gesichtspunkt des *Resultats* auch von anderen Unterrichtsfächern beansprucht werden. Betrachtet man diese Bildung jedoch unter dem Gesichtspunkt ihres auf bestimmte Medien bezogenen *Prozesses*, so ist der altsprach-

---

[554] H. von Hentig: Spielraum und Ernstfall. Ges. Aufsätze zu einer Pädagogik der Selbstbestimmung, Stuttgart 1969, 309–343.
[555] Fuhrmann (Nr. 50).
[556] Heydorn (Nr. 80).

liche Unterricht ihr spezifischer Ort. Damit wird der Anspruch auf einen Bildungsbegriff bekräftigt, mit dem sich der altsprachliche Unterricht seit dem Beginn des 19. Jahrhundert identifiziert hat. Er geht auf Friedrich I. Niethammer[557] zurück, der mit „Humanismus" zunächst allerdings nur die fachspezifische Bildungskonzeption des altsprachlichen Unterrichts gemeint hat. Niethammer kannte noch nicht den erheblich weitergreifenden Humanismus-Begriff, der erst von Georg Voigt[558] zu einer Kategorie des historischen Selbstverständnisses erklärt worden ist. Voigt versteht unter Humanismus eine Epoche, eine Tendenz, in der die modernen Völker sich nach dem Beispiel der Griechen und Römer zur Humanität emporgearbeitet haben. Es ist sicher bemerkenswert, daß man erst in einer Zeit, als man die Allgemeingültigkeit und Vorbildlichkeit der Antike aufgrund der Ergebnisse der historischen Forschung nicht mehr anerkennen konnte, der gleichwohl fortdauernden Auseinandersetzung mit den Alten einen Namen gab, um „den ‚Humanismus' als etwas in der Geschichte Geschehenes und im eigenen Leben Fortwirkendes zu begreifen, ihn zu einer Kategorie des historischen Selbstverständnisses zu erheben"[559]. Vor diesem Hintergrund bedeutet ein „pädagogischer Humanismus", wie ihn z. B. Ernst Hoffmann[560] beschrieben hat, wieder eine Verengung, einen Rückzug auf den Bereich der Bildung und Erziehung, und das oben skizzierte Humanismus-Verständnis, für das Harald Patzer eintritt, zielt auf eine noch weitergehende Eingrenzung. Denn Patzer hat den Humanismusbegriff wieder inhaltlich präzisiert und auf das Medium der griechischen und lateinischen Texte reduziert. Aber trotz seiner Reduktion auf die Alten Sprachen ist der fachspezifische Humanismus des altsprachlichen Unterrichts von dem umfassenden Begriff einer geistesgeschichtlichen Epoche, einer literarischen Bewegung, einer Bildungsidee, eines philosophisch-ethischen Anspruchs, einer politisch-gesellschaftlichen Zielvorstellung historisch nicht mehr zu trennen.[561]

Da alle Humanismen der Gegenwart in der Sorge um die Bestimmung des Menschen ihren eigentlichen Bezugspunkt haben, besteht – so Manfred Fuhrmann[562] – für den Anhänger des „primären Humanismus" kein zu-

---

[557] Vgl. Lefèvre (Nr. 123) S. 104.
[558] Voigt (Nr. 207). Zur Begriffsgeschichte von „Humanismus": Blättner (Nr. 16).
[559] Blättner (Nr. 16) S. 112.
[560] Hoffmann (Nr. 84).
[561] Zur Spannbreite des Begriffs: Oppermann (Nr. 152); vgl. auch H. Blankertz: Humanität–Humanismus–Neuhumanismus, in: Ch. Wulf (Hrsg.): Wörterbuch der Erziehung, München/Zürich ⁴1978, 297–301.
[562] Fuhrmann (Nr. 46).

länglicher Grund, die jüngeren und möglicherweise weitergreifenden Humanismen schlechtweg zu ignorieren. Da einzig der „primäre Humanismus" durch seine Bindung an die Alten Sprachen über ein festes stoffliches Fundament verfüge, sollte der Anhänger dieses Humanismus bestrebt sein, jenes Fundament für alle Erscheinungsformen des Humanismus fruchtbar zu machen. In dem Maße – so M. Fuhrmann –, in dem der Anhänger des primären Humanismus an ein stoffliches Substrat, an die mühsame Vermittlung der Alten Sprachen gebunden sei, in dem Maße habe er die Pflicht, das in diesem Substrat schlummernde humanistische Potential jeweils voll zu aktualisieren.

Indem die Didaktik an dem Begriff des primären Humanismus festhält, versteht sie also unter humanistischer Bildung nicht mehr und nicht weniger als die fachspezifische Bildung des altsprachlichen Unterrichts – allerdings im Rahmen allgemeiner, zeitgemäßer Bildungsmöglichkeiten und -anforderungen. Demnach ist die humanistische Bildung nur als *eine* Möglichkeit von Bildung anzusehen, die sich von anderen lediglich durch ihr eindeutig bestimmtes Medium unterscheidet.

Wenn die Fachdidaktik eine humanistische Bildung im altsprachlichen Unterricht zu ihrem Programm erhebt und in ihr ein fachspezifisches Verfahren der Bildung verkörpert sieht, dann bekennt sie sich lediglich zu einer Bildungstradition, die sie nach Maßgabe ihres wirkungsgeschichtlichen Bewußtseins in zeitgerechter Form fortzuführen gedenkt. Zeitgerechtigkeit bedeutet den endgültigen Abschied von unerreichbaren Zielvorstellungen, aber gleichwohl die Überzeugung von der Effektivität eines fachspezifischen und inhaltlich konkretisierten Bildungsprozesses. Eine dem primären Humanismus verpflichtete prozessuale Bildung ist *keine* allumfassende Bildung. Die Interpretation griechischer und lateinischer Texte *allein* kann den Heranwachsenden nicht auf die Bewältigung der vielfältigen Aufgaben unserer Zeit vorbereiten. Der heutige Mensch muß über eine Fülle von Qualifikationen verfügen, die er niemals durch das Lernen von Griechisch und Latein erreichen kann. Unsere gegenwärtige Welt unterscheidet sich in so vielfältiger Weise von der Antike, daß sich die Erschließung von Zusammenhängen mit dieser nur auf einen eng begrenzten, wenn auch nicht unwichtigen Wirklichkeitsausschnitt bezieht. Der humanistisch Gebildete ist nicht der in bezug auf unsere Zeit *umfassend* Gebildete. Er hat zwar eine besondere Bildung erfahren, die aber nur in organischer Verbindung mit *anderen* Bildungsmöglichkeiten und -inhalten ihre Wirkung im Sinne einer Lebenshilfe haben kann. Man muß heute davon ausgehen, daß eine humanistische Bildung durch die Alten Sprachen nur in dem Maße hilfreich ist, wie es gelingt, sie mit *anderen* Bildungsmöglichkeiten zu verknüpfen. Humanistische Bildung ist auf diese angewiesen. Sie kann – bildlich gesprochen – nicht auf eigenen Beinen stehen. Ihr Bildungswert, ihre vielfach beschworene Multivalenz, kann nur auf der Grundlage und im Rahmen einer erheblich weitergreifenden, die moderne Welt in ihren Eigentümlichkeiten umfassenden Bildung aktualisiert werden. Sie gewinnt ihren Sinn erst durch ihre Einbettung in eine den Bedürfnissen und Aufgaben der Gegenwart entsprechende *humane* Bildung.

Weil aber eine spezifisch humanistische Bildung aufgrund ihres Mediums nur im Rahmen eines altsprachlichen Unterrichts organisiert werden kann, ist die Fachdidaktik dazu verpflichtet, das Interesse der Gesellschaft an dieser Organisationsform zu erhalten und zu stärken (→ 4.1.). Sie kann dieser Verpflichtung und der sich daraus ergebenden Verantwortung dadurch gerecht werden, daß sie über ein bildungsgeschichtliches Erfahrungspotential verfügt, das ihr eine realistische Einschätzung ihrer Möglichkeiten erlaubt. Die lange Erfahrung mit altsprachlichem Unterricht garantiert die Fortentwicklung einer wirklichkeitsgerechten Bildungskonzeption und verhindert ein Abgleiten in Bildungsprogramme, die sich an unrealistischen Gesellschaftsutopien orientieren. Die Didaktik des altsprachlichen Unterrichts läuft aufgrund ihres wirkungsgeschichtlichen Bewußtseins wohl kaum Gefahr, zu einer utopischen Sozialtechnik ohne praktische Bedeutung zu verkümmern.[563] Indem die Didaktik eine in der Praxis bewährte Bildungstradition weiterführt, ständig fortentwickelt und in einen zeitgerechten Schulunterricht einbringt, bleibt sie auch in Zukunft eine unersetzliche Partnerin in einer sachlich geführten Bildungsdikussion.[564]

In dieser fächerübergreifenden Bildungsdiskussion muß die Didaktik der Alten Sprachen eine klare Position beziehen: Aus ihrer Verantwortung für eine humanistische Bildung muß sie dafür eintreten, daß Bildungspolitik nicht gleichsam wie in einem Kurzschlußverfahren mit Gesellschaftspolitik und Bildungsplanung mit Wirtschaftsplanung gleichgesetzt werden.[565] Obwohl die Fachdidaktik die gesellschaftliche Bedingtheit von Bildung und Erziehung nicht verleugnen kann, muß sie dagegen gefeit bleiben, ihre Möglichkeiten zu einer Veränderung der Gesellschaft zu überschätzen. Aufgrund ihres wirkungsgeschichtlichen Bewußtseins betrachtet sie den Optimismus der soziologischen Erziehungswissenschaft[566] mit der gebotenen Skepsis. Die Geschichte des altsprachlichen Unterrichts (→ 1.3.1

---

[563] Vgl. die Argumente gegen eine utopische Sozialtechnik bei K. Popper: Die offene Gesellschaft und ihre Feinde, Bd. 1, Bern 1957, 213–227.
[564] Man muß fragen, ob es überhaupt einen ebenbürtigen Ersatz für den altsprachlichen Unterricht gibt. Vgl. Wittenberg (Nr. 224).
[565] Wollenweber (Nr. 229).
[566] Werder (Nr. 211).

Fachspezifische Aufgaben 251

→ 3.1.) zeigt nur zu deutlich, daß es wohl eher die außerpädagogischen Verhältnisse sind, die das Bildungsdenken verändern, und daß der umgekehrte Vorgang die seltene Ausnahme bleibt. Das Bildungsdenken hat allenfalls eine – in einem durchaus positiven Wortsinne – *retardierende* Funktion.[567] Es *reagiert* auf die Veränderung außerpädagogischer Verhältnisse, indem es unter Beachtung der pädagogischen Verantwortung Bildung und Erziehung auf diese einzustellen versucht. Das bedeutet jedoch keine bedingungslose Unterwerfung unter die außerpädagogischen Verhältnisse, sondern bei aller unausweichlichen Anpassung die Bewahrung der Widerspruchsbereitschaft.

4.2.4.2. Der zeitgenössisch-selektive Ansatz

Auf der Suche nach weiterer Aufhellung, Präzisierung und Rechtfertigung eines maßgebenden Bildungsbegriffes kann sich die Didaktik auch des zeitgenössisch-selektiven Ansatzes bedienen und sich z. B. auf anthropologisch-psychologische Analysen stützen, die die Situation des heutigen Menschen aufzuhellen geeignet sind. Als Beispiel sei das Buch von Alexander Mitscherlich ›Auf dem Weg zur vaterlosen Gesellschaft‹ (München, Neuausgabe 1973, bes. 22–52) ausgewählt. Das weit verbreitete Werk bietet eine tiefgreifende Existenzanalyse des modernen Menschen und ein beachtenswertes Programm zur Bewältigung und Humanisierung dieser Existenz. Aus den Ergebnissen sozialpsychologischer und psychoanalytischer Forschung werden praktische Konsequenzen für ein wirklichkeitsgerechtes Bildungs- und Erziehungsprogramm gezogen. Aus der psychoanalytisch-sozialpsychologischen Diagnose werden Therapiemöglichkeiten abgeleitet, die in die didaktische Bemühung um die Definition eines maßgebenden Bildungsbegriffes einbezogen werden können. Schließlich bringt der Autor selbst – und damit ist die didaktische Rezeption seiner Mitteilungen legitimiert – seine Hoffnung zum Ausdruck, daß seine Anregungen nicht zuletzt auch im pädagogischen Bereich aufgegriffen und umgesetzt werden.

Wenn man berücksichtigt, daß die didaktische Forschung zu ihren Erkenntnissen sowohl durch historisch-hermeneutische als auch durch empirische Untersuchungen gelangt (→ 1.2.), dann muß sich diese methodische Grundentscheidung gerade bei der Definition ihres Begriffes von Bildung und Erziehung bewähren. Während der traditionalistische Ansatz (→ 4.2.4.1.) die Anwendung von überwiegend *historisch-hermeneutischen*

[567] Vgl. S. Bernfeld: Sisyphos oder die Grenzen der Erziehung, Frankfurt 1967.

Methoden erforderlich machte, berücksichtigt der zeitgenössisch-selektive Ansatz am Beispiel Mitscherlich weitgehend *empirische* Befunde aus dem Bereich der psychologischen Forschung. Daß man mit beiden Ansätzen zu Ergebnissen gelangt, die nicht im Widerspruch zueinander stehen, sondern sich gegenseitig ergänzen, bestätigt die Tragfähigkeit der didaktischen Forschungskonzeption. – Die Auswahl gerade der Mitscherlichschen Publikation ist nicht zuletzt auch damit zu begründen, daß sie das wiedererwachende Bewußtsein für die Notwendigkeit einer Pflege der *affektiven* Komponente des Unterrichts[568] und den Sinn für das *Erzieherische* zu stärken und zu erweitern geeignet ist. Auch daran wird erkennbar, daß eine Verknüpfung des traditionalistischen mit dem zeitgenössisch-selektiven Ansatz zu einer erheblichen Vertiefung des wirkungsgeschichtlichen Bewußtseins der Fachdidaktik zu führen vermag.

Nach Mitscherlich ist die Situation, in der sich der heutige Mensch befindet, gekennzeichnet von der Gefahr einer „immer vollständigeren Destruktion der menschlichen Errungenschaften und des Lebens überhaupt". Den menschlichen Ordnungsformen ist die Tendenz zum Umschlag vom sinnvollen in wahnhaftes Handeln immanent. Denn „das Ausmaß von paranoischer Realitätsverkennung, welches das politische Bewußtsein der Gegenwart durchsetzt, ist kaum zu überschätzen" (S. 23).

Eine wesentliche Voraussetzung zur Überwindung dieser Gefahr ist eine Bildung, die den Menschen dazu befähigt, den Täuschungen über die Welt, über die anderen und über sich selbst zu entgehen. Zur realitätsgerechten Bewältigung neuer Situationen, für die entweder die geschichtliche Vorerfahrung fehlt oder die nicht nach tradierten Lösungsmöglichkeiten behandelt werden dürfen, wenn nicht unabsehbare Katastrophen die Folge sein sollen, ist die Erweiterung unserer kritischen Bewußtseinsleistungen erforderlich; diese müsse zur Eigenverantwortung in Erfahrungsbereichen befähigen, die ansonsten unkontrollierten Autoritäten überlassen würden. Die kritisch-rationale Distanz gegenüber den Ansprüchen, Grenzziehungen, Zwängen und Wertmarkierungen der sozialen Umwelt und des inneren Affektdruckes setzt jedoch eine reflektierte, konstruktive Anpassung an die jeweilige Situation, d. h. die Findung eines Standpunktes, einer stabilen Identität, voraus, die aber für neue Erfahrungen aufgeschlossen bleiben muß. Die stabile und dennoch veränderungsfähige Identität ist die entscheidende Voraussetzung bewußtseinskontrollierter, d. h. humaner Existenz, der die Bewältigung der subjektiven Eigenwelt und der sozialen Umwelt gelingt und die sich nicht in regressiv-infantiler, unkontrollierter Anpassung an eine scheinbar definitiv gegebene und zu erleidende Welt

---

[568] Krefeld (Nr. 115).

Fachspezifische Aufgaben 253

selbst auflöst. In diesem Sinne ist Bildung die Fähigkeit und Bereitschaft zur bewußten Durchdringung der inneren und äußeren Lebensbedingungen mit konstruktiven Ordnungsgedanken, um Orientierungslosigkeit, Krankheit, Selbstaufgabe und Selbstzerstörung aufzuhalten. Damit wird Bildung zu einer Methode der Selbstvergewisserung, zu einem Mittel der Emanzipation aus Zuständen erklärt, die uns mit sich zu schleifen und krank zu machen begonnen haben. Der Weg dieser Bildung ist im Grunde nichts anderes als ein Verfremdungsprozeß, in dem das Gegebene in seiner Fragwürdigkeit bewußt gemacht wird, um begriffen und bewältigt zu werden.

Diese Bildung ist als Prozeß nie abgeschlossen:
Der Gebildete ist als ein Mensch zu charakterisieren, der seine jugendliche Ansprechbarkeit auf Neues und Unbekanntes behalten hat. Er ist auf der Suche nach Wissen und nach Methoden, Erfahrung zu prüfen. Was er über die Welt und den Menschen, seine Geschichte erfährt, soll ihn der Wahrheit über sich selbst nähern. (Mitscherlich, S. 25)

Bildung ist also seine „Suchbewegung", ein „Begehren", ein „Wissensdurst", aber kein endgültiges, der Befragung unzugängliches Wissen.

Zur weiteren Erläuterung dieses prozessual-dynamischen Bildungsbegriffes unterscheidet Mitscherlich drei Bildungsaspekte: 1. Sachbildung, 2. Affektbildung und 3. Sozialbildung.

Zu 1.: Von der Sachbildung ist die bloße Sachkenntnis abzuheben, die zwar Berufstauglichkeit begründen, aber ohne Beziehung zur Selbstwahrnehmung und ohne gestaltenden Einfluß auf das soziale Verhalten bleiben kann. Sachkenntnis wird erst dann Sachbildung, wenn sie nicht überwiegend pragmatisch der Existenzsicherung, sondern auch der Wahrheitssuche dient. Das aber hängt vor allem vom Überdauern der Neugierhaltung, von der Entwicklung der Gefühlsfähigkeit und von der Fähigkeit ab, über die momentanen Anforderungen der Karriere hinaus den Blick offen zu halten und Interesse zu verspüren. Diese – gelungene – Sachbildung ist ein Beitrag zur Bewußtseinserweiterung und Sinnorientierung.

Zu 2.: Unter Affektbildung ist die Kultivierung der Affekte, die gruppen- und kulturspezifische Triebkontrolle zu verstehen; wer Affektbildung besitzt, ist in der Lage, Konflikte zwischen den Triebregungen und den sozialen Normen zu mildern und eine innere Toleranz für den Umgang mit diesen Konflikten zu entwickeln. In diesem Sinne gebildet ist ein Mensch, „der in affekterregenden Lebenslagen über eine einigermaßen beständige Selbstsicherheit im Umgang mit den eigenen Triebregungen verfügt" (S. 47). Eine gelungene Affektbildung gründet sich also auf die Fähigkeit, egoistische Triebregungen nicht zu verleugnen und zu verdrängen, sondern so zu kontrollieren, daß sie in ihrer Wirksamkeit für das Handeln bewußt bleiben und nicht durch die Erfindung anderer – altruistisch scheinender – Handlungsmotive verdeckt werden. Auf diese Weise wird z. B. verhindert, daß Handlungen, die in Wirklichkeit der Triebbefriedigung dienen, mit rationalisierenden, d. h. beschönigenden, Scheinbegründungen versehen werden. Demnach steht auch die Affektbildung im Dienst der Selbstaufklärung und Selbstformung. „Der Grad unserer Selbsteinsicht ist um so höher, je weniger es unseren Affekten gelingt, am Ich vorbeizulaufen und damit direkten Einfluß auf Urteilsbildung und Handlung zu gewinnen" (S. 93).

Zu 3.: Mit Sozialbildung ist die Fähigkeit gemeint, „die Andersartigkeit der mit uns lebenden Menschen kritisch aufnehmen, anerkennen und uns auf ein gemeinsames Leben mit ihnen einstellen zu können" (S. 27). Das bedeutet einerseits Anpassung an das System von Werten und Vorurteilen unserer Gesellschaft, andererseits aber auch Selbstverantwortung und vor allem ein kritisches Bewußtsein, das die Realität und Vergänglichkeit menschlicher Ordnungen nicht übersieht.

Diese drei Bildungsaspekte stimmen darin überein, daß sie Qualifikationen erkennbar werden lassen, die der Bewußtseinserweiterung und Denkfreiheit dienen, die Orientierung in der Mitwelt erleichtern, die Abwehr des Konformitätszwanges unterstützen, die Fähigkeit zur Affektkontrolle fördern und zu einer geglückten Identität verhelfen. Damit ist die Voraussetzung für die Stabilität des sozialen Verhaltens und der Selbsteinsicht geschaffen und zugleich die Fähigkeit gegeben, sich durch Integration neuer Erfahrungen wandeln zu können.

Zur Verwirklichung einer derartigen Bildung ist nach Mitscherlich eine *Erziehung* notwendig, die sich als Führung zur Selbständigkeit begreift und in sich selbst eine dialektische Funktion erfüllt: „Sie muß in die Gesellschaft einüben und gegen sie immunisieren, wo diese zwingen will, Stereotypen des Denkens und Handelns zu folgen statt kritischer Einsicht" (S. 27).

Der didaktische Wert der Ausführungen Mitscherlichs besteht vor allem darin, daß sein dynamischer Bildungsbegriff einerseits auf einer Einheit von kognitiven, affektiven und sozialen Komponenten beruht und andererseits eine prinzipiell aufklärerische Funktion hat, die die Bewußtmachung und Kontrolle der Affekte in ihren vielfältigen Auswirkungen zum Ziel hat. Selbstverständlich lassen sich auch aus gründlichen empirisch-sozialpsychologischen Analysen nicht ohne weiteres praxisbezogene Unterrichtsziele ableiten. Sie können aber als Argumentationshilfe in das wirkungsgeschichtliche Bewußtsein der Didaktik eingebracht werden. Ein Beispiel:

Geprüftes Urteil, Sicherheit in der Beurteilung der Wertvorstellungen der eigenen Kultur, weiter Horizont für das, was in anderen Kulturen hohe Achtung erfährt, das sind Eigenschaften der Reife, einer Bildung, in welcher die Affekte im Wahrnehmen zurücktreten können und dadurch unser Bild von der Welt nicht im Augenblick des Wahrnehmens bereits stören und verzerren. (Mitscherlich, S. 44)

Im Sinne dieses Satzes erfüllt Bildung ihre Funktion in der Beherrschung verunklärender Affekte bei der Wahrnehmung der Welt. Affektbeherrschung wird möglich durch einen „weiten Horizont", d. h. durch ein möglichst vorurteilsfreies, über die eigenen Grenzen blickendes Bewußtsein. Dieses entsteht durch Offenheit für das Fremde, für fremde Weltorientierung, durch Weltoffenheit. Folglich müssen für den Heranwachsenden schulische Lernbedingungen geschaffen werden, die ihn zum Verstehen des Fremden anleiten (→ 4.2.1.). Der Lernende muß immer wieder Gelegenheit erhalten, das Verstehen fremder Strukturen und Ich-Wesen zu üben, um sein Selbstverstehen, seine Selbstbildung (→ 4.2.4.1.), so weit wie möglich gegen eine Beeinträchtigung durch Affekte und Vorurteile zu schützen.

Eine weitere unterrichtsbezogene Konkretisierung des Mitscherlichschen Bildungsbegriffes läßt sich an der Affektbildung demonstrieren. Mitscherlich hatte diese in den Mittelpunkt seiner Bildungskonzeption gestellt und darunter die Fähigkeit zur – intellektuellen – Kontrolle der Affekte verstanden. Die Forderung nach „affektiven Lernzielen" im altsprachlichen Unterricht läßt sich ohne weiteres mit dem Mitscherlichschen Ansatz verknüpfen. Denn selbstverständlich wollen die Verfechter affektiver Lernziele nicht etwa einer hemmungslosen Triebbefriedigung im altsprachlichen Unterricht den Weg bereiten. Sie sind vielmehr der Überzeugung, daß die Förderung bestimmter Affekte nicht nur dem motivierten Lernen (→ 2.2.1.) dient, sondern auch die bisherige – kognitive – Lernzielskala um wichtige Bereiche erweitert (→ 1.3.2.).

Von besonderem Interesse ist freilich die Begründung, mit der die affektive Lernzielkomponente gerechtfertigt wird: Die Fähigkeit zu analytischem, synthetischem und intuitivem Denken sei durch die bewußte Pflege der affektiven Komponente des Lernens ständig zu ergänzen, weil der Unterricht seine *erzieherischen* Aufgaben nicht preisgeben dürfe.[569]

Mit diesem Plädoyer für das Erzieherische im altsprachlichen Unterricht wird die Konzeption eines überwiegend, wenn nicht gar ausschließlich wissenschaftsorientierten Lernens zurückgenommen. Die Wertschätzung der Erziehung als Mittel zur Erreichung affektiver Lernziele ist nicht nur das Ergebnis einer wieder einmal gelungenen Anpassung an eine allgemeine Tendenzwende (→ 4.1.). Sie wird ganz einfach der Wirklichkeit des Unterrichts gerecht. Ein guter, erfolgreicher Unterricht war immer schon auf die Pflege des Affektiven angewiesen, ohne daß es der Verbalisierung bedurft

[569] Krefeld (Nr. 116) S. 8.

hätte, um zur Wirkung zu kommen.[570] Denn – und das weiß jeder Lehrer – Unterricht lebt aus Affekten. Darin unterscheidet er sich grundlegend von Wissenschaft (→ 1.4.).[571] Im Unterricht hat vieles seinen Platz, das jenseits der Arbeitsweisen und Existenzformen der Wissenschaft liegt und gleichwohl von unersetzlichem Wert für die Entwicklung der Persönlichkeit des Heranwachsenden ist. Die künstliche, rationale Welt der Wissenschaft schafft nicht das Klima, das dieser Entwicklung zuträglich wäre.

Die Verknüpfung affektiver und kognitiver Unterrichtsziele, und d.h. also auch die Verbindung von Erziehung und Bildung, wird der Tatsache gerecht, daß sich weder die beiden Zielbereiche noch die beiden pädagogischen Grundverhaltensweisen Erziehung und Bildung isolieren lassen (→ 1.3.2.). Die Unmöglichkeit einer Trennung des kognitiven vom affektiven Lernen und Verhalten ist der eigentliche Grund dafür, daß Bildung und Erziehung in der Unterrichtspraxis aufeinander angewiesen sind. Ein bewußter Verzicht auf Erziehung machte Bildung unmöglich, und Erziehung könnte ohne eine Bildung nicht gelingen, die ihr sozusagen das Material liefert und den Rahmen ihrer Wirksamkeit absteckt.

Über diese Verknüpfung von Erziehung und Bildung im altsprachlichen Unterricht hat Erich Happ[572] Grundlegendes gesagt. Zu diesem Zweck hat er – ganz im Sinne einer historisch-hermeneutischen Didaktik, die ihre geschichtliche Erfahrung durch Interpretation didaktisch relevanter Texte gewinnt und in Verbindung mit dem Erfahrungswissen aus der Praxis in ihr wirkungsgeschichtliches Bewußtsein einbringt – auch Texte antiker Autoren herangezogen. Ein Unterricht – so Happ – ist dann in einem ursprünglichen Sinne erzieherisch, „wenn er sich auf die richtige Pflege von Lust und Unlust richtet", d.h. wenn er die Freude am richtigen, vortrefflichen Handeln und das Mißvergnügen am falschen, gemeinen Handeln fördert. Der Unterricht muß also so angelegt sein, daß die gelesenen Texte auf das Gemüt wirken können, indem sie den Schüler daran gewöhnen, „sich über das Gute zu freuen und über das Entgegengesetzte Schmerz zu empfinden" (Cicero, Laelius 13).

Der „moralische" Gehalt der Texte soll den Schüler ansprechen und treffen, sein affektives Interesse wecken, ihm Freude oder Verdruß bereiten. Auf diese Weise kann der Schüler die Sachverhalte der Texte in seine

---

[570] Die Verwirklichung affektiver Unterrichtsziele gehört zweifellos zum „heimlichen Lehrplan" der meisten Lehrer. Vgl. J. Zinnecker (Hrsg.): Der heimliche Lehrplan. Untersuchungen zum Schulunterricht, Weinheim 1975.
[571] Priesemann (Nr. 162) S. 35f.
[572] Happ (Nr. 70).

eigene Erfahrungs- und Erlebniswelt einbringen und zur eigenen Urteils-, Geschmacks- und Meinungsbildung nutzen.[573] Ein Unterricht, der das Erzieherische eines Textes sich entfalten lassen will, wird also die handelnden Figuren der Lektüre so anschaulich herauszuarbeiten versuchen, daß die Schüler, indem sie sich an ihre Stelle versetzen, zugleich ihre eigenen menschlichen Dimensionen erproben. (Happ, S. 14) Der Unterricht ist dann erzieherisch wirksam, wenn sich der Schüler so sehr mit einem Text identifiziert, daß er ihm Maximen für sein eigenes Handeln abgewinnt. Es ist also die Aufgabe einer Didaktik, die sich auch für die Erziehung des Heranwachsenden verantwortlich fühlt, Texte zu ermitteln und auszuwählen, die die innere Anteilnahme zu wecken geeignet sind.

Diese Argumentation für die Steuerung affektiven Verhaltens durch Erziehung kann sich ohne weiteres auf Mitscherlichs Bildungsbegriff stützen. Denn wenn es darum geht, die „richtige Pflege von Lust und Unlust" zu gewährleisten, dann ist hiermit ohne Zweifel ein kontrolliertes Affektverhalten gemeint. Damit erweist sich Erziehung erneut als kulturspezifische Formung von Affekten und Werturteilen. Unter dieser Voraussetzung ist Erziehung auch eine Hilfe bei der Begründung eines reflektierten Wert- und Normbewußtseins, wie es von Walter Vogt[574] für den altsprachlichen Unterricht vertreten und von Hanna-Renate Laurien[575] in einem aufrüttelnden Plädoyer für eine Erziehung zu allgemeinverbindlichen Grundtugenden gefordert wird. Der immer lauter werdende Ruf nach ethischer Erneuerung unserer Gesellschaft als Voraussetzung dafür, daß „unsere Jugend Zukunft nicht als Leere, sondern als gestaltbare Aufgabe erfährt" und daß wir „ihr nicht die Welt als Absurdität, sondern als Chance voll Gefahr und Hoffnung vermitteln" (H.-R. Laurien), verlangt auch von der Didaktik des altsprachlichen Unterrichts eine Besinnung auf ihre Mittel und Möglichkeiten für eine ethische Erziehung.[576] Carl Friedrich von Weizsäcker beschwört uns, zur Tugend der Selbstbeherrschung zu finden, und vielleicht ist die asketische Kultur[577] wirklich die einzige Alternative zu unserer Konsum- und Wohlstandsideologie ohne Zukunft.

[573] Diesen Vorgang kann man als Wertklärung, Klärung des Wertbewußtseins bezeichnen; vgl. L. Mauermann: Unterrichtsgestaltung und Unterrichtsplanung unter dem Aspekt des Erzieherischen, in: Pädagog. Welt 1978, Heft 1, 3–16.
[574] W. Vogt: Normen. Gesellschaftlicher Auftrag und erzieherische Freiheit im altsprachlichen Unterricht, in: Gymnasium 86, 1979, 395–406.
[575] In: Die Zeit, Nr. 36, 31.8.79, 42.
[576] Vgl. Mauermann, s. Anm. 573.
[577] Vgl. Fuhrmann (Nr. 46), der sich in diesem Zusammenhang auf H. Marcuse: Der eindimensionale Mensch, Neuwied/Berlin 1967, beruft.

LITERATURVERZEICHNIS

Abkürzungen: A = Anregung. Zeitschrift für Gymnasialpädagogik; AU = Der altsprachliche Unterricht; G = Gymnasium. Zeitschrift für Kultur der Antike und humanistische Bildung; MDAV = Mitteilungsblatt des Deutschen Altphilologenverbandes

1. Affemann, R.: Lernzeil Leben. Der Mensch als Maß der Schule, Stuttgart 1976.
2. Albrecht, M. von: Rezeptionsgeschichte im Unterricht, ausgehend von Ovids Briseis-Brief (epist. 3), in: H.-J. Glücklich (Hrsg.): Der altsprachliche Unterricht im heutigen Gymnasium, Mainz 1978, 121–142.
3. Ast, F.: Grundlinien der Grammatik, Hermeneutik und Kritik, Landshut 1808.
4. Ballauff, Th.: Skeptische Didaktik, Heidelberg 1970.
5. Bardt, H. P.: Vom Nutzen alter Sprachen. Die potentielle Progressivität einer humanistischen Schulbildung, in: Merkur 34, 1980, 783–790.
6. Barié, P.: Die „mores maiorum" in einer vaterlosen Gesellschaft. Ideologiekritische Aspekte literarischer Texte, aufgezeigt am Beispiel des altsprachlichen Unterrichts, Frankfurt 1973.
7. Barié, P.: Beobachtungen zum Selbstverständnis des Altphilologen, in: Arbeitsgemeinschaft Altsprachliches Gymnasium und Altsprachlicher Unterricht (Hrsg.): Impulse 1, 1978, 1–18.
8. Barié, P. (Hrsg.): Mythos, AU 23, 3, 1980.
9. Barié, P.: Aspekte des Mythos und unsere Zeit. Versuch einer thematischen Einführung, in: AU 23, 2, 1980, 5–25.
10. Barner, W.: Neuphilologische Rezeptionsforschung und die Möglichkeiten der klassischen Philologie, in: Poetica 9, 1977, 499–521.
11. Bayer, K.: Möglichkeiten moderner Methoden im Lateinunterricht, in: H. Färber (Hrsg.): Moderner Unterricht an der Höheren Schule, München 1959, 89–116.
12. Bayer, K.: Griechisch – Stellung des Faches und curriculare Gestaltung der Lehrpläne, in: E. Römisch (Hrsg.): Griechisch in der Schule. Didaktik, Plan und Deutung, Frankfurt 1972, 11–34.
13. Bayer, K. (Hrsg.): Lernziele und Fachleistungen. Ein empirischer Ansatz zum Latein-Curriculum, Stuttgart 1973.
14. Benedikt, E., u. a. (Hrsg.): Klassische Philologie, Wien 1973.
15. Blättner, F.: Der Humanismus im deutschen Bildungswesen, Leipzig 1937.
16. Blättner, F.: Das Problem des pädagogischen Humanismus, in: Zeitschrift für Pädagogik 1959, 105–122.

260 Literaturverzeichnis

17. Blättner, F.: Das Gymnasium. Aufgaben der höheren Schule in Geschichte und Gegenwart, Heidelberg 1960.
18. Blankertz, H.: Theorien und Modelle der Didaktik, München ⁹1975.
19. Boeckh, A.: Encyklopädie und Methodologie der philologischen Wissenschaften (1809–1865), hrsg. von E. Bratuscheck, Leipzig 1877.
20. Büchner, K.: Vom Bildungswert des Lateinischen, Wiesbaden 1965.
21. Büchner, K. (Hrsg.): Latein und Europa. Tradition und Renaissancen, Stuttgart 1978.
22. Burger, H. O. (Hrsg.): Begriffsbestimmung der Klassik und des Klassischen, Darmstadt 1972.
23. Bursian, C.: Geschichte der classischen Philologie in Deutschland von den Anfängen bis zur Gegenwart, München/Leipzig 1883.
24. Cancik, H.: Gräzistik und Latinistik im Fachbereich Kulturwissenschaft der Universität Tübingen, in: Loccumer Colloquien 1, 1970, 109–118.
25. Cancik, H.: Amphitheater. Zum Problem der ‚Gesamtinterpretation' am Beispiel von Statius, Silve II 5: Leo mansuetus, in: AU 14, 3, 1971, 66–81.
26. Classen, C. J.: Das Studium der lateinischen Literatur, in: AU 19, 1, 1976, 47–63.
27. Classen, C. J.: Alter Wein in neuen Schläuchen: Kritische Bemerkungen zu neuen Vorschlägen zur Anfangslektüre und zu einem Kursprogramm für die reformierte Oberstufe, in: G 86, 1979, 1–15.
28. Curtius, E. R.: Europäische Literatur und lateinisches Mittelalter, Bern ⁷1969.
29. Daniels, K.: Zum Verhältnis von allgemeiner Didaktik, Fachwissenschaft und Fachdidaktik. Überblick über den derzeitigen Diskussionsstand, in: Wirkendes Wort 24, 1974, 21–46.
30. Deutscher Bildungsrat (Hrsg.): Empfehlungen der Bildungskommission. Strukturplan für das Bildungswesen, Stuttgart ³1971.
31. Dörrie, H.: Ziel der Bildung – Wege der Bildung. Kritische Erörterungen von Cicero bis Augustinus. Innsbrucker Beiträge zur Kulturwissenschaft, Heft 1, Innsbruck 1972.
32. Dörwald, P.: Didaktik und Methodik des griechischen Unterrichts, München 1912.
33. Dolch, J.: Lehrplan des Abendlandes, Ratingen ³1971.
34. Eckstein, F. A.: Lateinischer und griechischer Unterricht, Leipzig 1887.
35. Eliot, T. S.: Was ist ein Klassiker? in: Antike und Abendland 3, 1948, 9 bis 25.
36. Englert, H.: Der „Eigengeist" der höheren Schule. Eduard Sprangers Gedanken zur höheren Schule unter besonderer Berücksichtigung des humanistischen Gymnasiums, in: G 72, 1965, 227–245.
37. Flashar, H.: Zur Situation der Klassischen Philologie, in: H. Flashar – N. Lobkowicz – O. Pöggeler (Hrsg.): Geisteswissenschaft als Aufgabe. Kulturpolitische Perspektiven und Aspekte, Berlin/New York 1978, 113–122.
38. Flashar, H. – K. Gründer – A. Horstmann (Hrsg.): Philologie und Hermeneutik im 19. Jahrhundert. Zur Geschichte und Methodologie der Geisteswissenschaften, Göttingen 1979.

39. Freund, W.: Wie legitimiert sich der griechische Lektüreunterricht heute? in: AU 9, 2, 1966, 79–96.
40. Freund, W.: Die Aufgabenstellung des Faches Griechisch als dritte Fremdsprache, in: Anlage zu den Unterrichtsempfehlungen Griechisch, Sekundarstufe I, Gymnasium, hrsg. vom Kultusministerium des Landes Nordrhein-Westfalen, o. J. (1973).
41. Frings, U. – H. Keulen – R. Nickel: Lexikon zum Lateinunterricht, Freiburg 1981.
42. Fritz, K. von: Ziele, Aufgaben und Methoden der klassischen Philologie und Altertumswissenschaft, in: Deutsche Vierteljahresschrift für Literaturwissenschaft und Geistesgeschichte 33, 1959, 507–528.
43. Fritz, K. von: Philologische und philosophische Interpretation philosophischer Texte, in: W. Schmid (Hrsg.): Die Interpretation in der Altertumswissenschaft, Bonn 1971, 55–74.
44. Fuhrmann, M.: Die Antike und ihre Vermittler. Bemerkungen zur gegenwärtigen Situation der Klassischen Philologie, Konstanz 1969.
45. Fuhrmann, M. – H. Tränkle: Wie klassisch ist die klassische Antike?, Zürich/Stuttgart 1970.
46. Fuhrmann, M.: Selbstbestimmung und Fremdbestimmung. Ein möglicher Bezugsrahmen für die Aufgaben der griechischen und lateinischen Philologie, in: M. Fuhrmann: Alte Sprachen in der Krise?, Stuttgart 1976, 18–36.
47. Fuhrmann, M.: Die Fremdbestimmtheit der Klassischen Philologie, in: M. Fuhrmann: Alte Sprachen in der Krise?, Stuttgart 1976, 37–49.
48. Fuhrmann, M.: Die Klassische Philologie und die moderne Literaturwissenschaft, in: M. Fuhrmann: Alte Sprachen in der Krise?, Stuttgart 1976, 50–67.
49. Fuhrmann, M.: Curriculum-Probleme der gymnasialen Oberstufe: Latein, in: G 84, 1977, 241–258.
50. Fuhrmann, M.: Allgemeinbildung – Staatsethos – Alte Sprachen, in: MDAV 23, 2, 1980, 1–12 und 3, 1980, 2–4.
51. Gadamer, H.-G.: Wahrheit und Methode. Grundzüge einer philosophischen Hermeneutik, Tübingen ³1972.
52. Gegenschatz, E.: Zur Zielsetzung der Lektüre im Lateinunterricht, in: R. Nikkel (Hrsg.): Didaktik des altsprachlichen Unterrichts, Darmstadt 1974, 312–340.
53. Gelzer, Th.: Klassik und Klassizismus, in: G 82, 1975, 147–173.
54. Glinz, H.: Der Anteil des Didaktischen an Forschung und Lehre der philologisch-historischen Wissenschaften, in: H. Glinz (Hrsg.): Sprachwissenschaft heute. Aufgaben und Möglichkeiten. Dichtung und Erkenntnis 4, Stuttgart 1967, 59–78.
55. Glücklich, H.-J.: Lernziele des Griechischunterrichts und griechischer Anfangsunterricht, in: A 24, 1978, 367–374.
56. Glücklich, H.-J.: Lateinunterricht. Didaktik und Methodik, Göttingen 1978.
57. Glücklich, H.-J. – R. Nickel – P. Petersen: Interpretatio. Neue lateinische Textgrammatik, Freiburg 1980.

262 Literaturverzeichnis

58. Grisart, A.: Wahre und mißverstandene humanistische Bildung, Frankfurt 1966.
59. Gruber, J. - F. Maier (Hrsg.): Zur Didaktik der Alten Sprachen in Universität und Schule, München 1973.
60. Gruber, J.: Altsprachlicher Unterricht, in: H. Hierdeis (Hrsg.): Taschenbuch der Pädagogik, Teil 1, Baltmannsweiler 1978, 1–11.
61. Gruber, J.: Didaktische Konzeptionen für den altsprachlichen Unterricht, in: J. Gruber – F. Maier (Hrsg.): Alte Sprachen 1, München 1979, 43–53.
62. Gundert, H.: Wozu Griechisch, in: Jahresbericht des Bismarck-Gymnasiums Karlsruhe 1969/70, 7–9.
63. Gundert, H.: Griechische Bildung in der heutigen Gesellschaft. Gefährdungen – Aufgaben – Chancen. Beilage zu AU 14, 5, 1971.
64. Gundert, H. u. a. (Hrsg.): Der Lebenswert des Griechischen. Veröffentlichungen der Kathol. Akad. der Erzdiözese Freiburg, Nr. 29, 1973.
65. Halbfas, H.: Didaktik als Aufklärung, in: G. Dohmen – F. Maurer – W. Popp (Hrsg.): Unterrichtsforschung und didaktische Theorie, München 1970, 263–286.
66. Hansen, J. G.: „TAB" – Eignungsbewährung des altsprachlichen Unterrichts, in: MDAV 20, 1, 1977, 13–14.
67. Hansen, J. G. (Hrsg.): Motivationshilfen im Lateinunterricht, AU 22, 5, 1979.
68. Happ, E. – K. Westphalen – K. Bayer – F. Maier: Entwürfe zu einer Fachdidaktik des altsprachlichen Unterrichts, in: A 18, 1972, 386–388.
69. Happ, E. – F. Maier (Hrsg.): Kollegstufenarbeit in den Alten Sprachen II, München 1976.
70. Happ, E.: Das Erzieherische bei der Lektüre der Adelphen des Terenz, in: H. Krefeld (Hrsg.): Impulse für die lateinische Lektüre, Frankfurt 1979, 11 bis 18.
71. Heil, H. G.: Prolegomena zu einem Griechisch-Curriculum der Sekundarstufe II, in: AU 16, 4, 1973, 45–60.
72. Heilmann, W.: Ziele des Lateinunterrichts, in: MDAV 18, 4, 1975, 11 bis 17.
73. Heilmann, W.: Zur didaktischen Differenzierung zwischen Griechischunterricht und Lateinunterricht, in: W. Höhn – N. Zink (Hrsg.): Handbuch für den Lateinunterricht, Sekundarstufe II, Frankfurt 1979, 58–69.
74. Heimann, P. – G. Otto – W. Schulz (Hrsg.): Unterricht. Analyse und Planung, Hannover ⁶1972.
75. Heitsch, E.: Klassische Philologie zwischen Anpassung und Widerspruch, in: G 81, 1974, 369–382.
76. Hentig, H. von: Platonisches Lehren. Probleme der Didaktik dargestellt am Modell des altsprachlichen Unterrichts, Stuttgart 1966.
77. Hentschke, A. – U. Muhlack: Einführung in die Geschichte der klassischen Philologie, Darmstadt 1972.
78. Hermes, E.: Latein in unserer Welt. Ein Beitrag zum Selbstverständnis des gegenwärtigen Lateinunterrichts, in: R. Nickel (Hrsg.): Didaktik des altsprachlichen Unterrichts, Darmstadt 1974, 105–126.

79. Heusinger, H.: Altsprachlicher Unterricht. Quellen zur Unterrichtslehre, Bd. 12, Weinheim 1967.
80. Heydorn, H.-J.: Über den Widerspruch von Bildung und Herrschaft, Frankfurt 1970.
81. Heydorn, H.-J.: Zur Aktualität der klassischen Bildung, in: H.-J. Heydorn – K. Ringshausen (Hrsg.): Jenseits von Resignation und Illusion. Beiträge anläßlich des 450jährigen Bestehens des Lessing-Gymnasiums, der alten Frankfurter Lateinschule von 1520, Frankfurt 1971, 180–193.
82. Hirsch, E. D.: Prinzipien der Interpretation (Validity in Interpretation, 1967), übers. von A. A. Späth, München 1972.
83. Hölscher, U.: Die Chance des Unbehagens. Zur Situation der klassischen Studien, Göttingen 1965.
84. Hoffmann, E.: Pädagogischer Humanismus, Zürich/Stuttgart 1955.
85. Hofmann, H.: Fachwissenschaft und Schulpraxis, in: AU 22, 2, 1979, 73–75.
86. Hohnen, P.: Die Interpretation lateinischer Autoren im Unterricht, in: G 64, 1957, 405–423.
87. Hohnen, P.: Einige kritische Anmerkungen zur Didaktikdiskussion des altsprachlichen Unterrichts, in: G 87, 1980, 327–344.
88. Horstmann, A.: Die Forschung in der Klassischen Philologie des 19. Jahrhunderts, in: Studien zur Wissenschaftstheorie 12, 1978, 27–57.
89. Humboldt, W. von: Ideen zu einem Versuch, die Grenzen der Wirksamkeit des Staats zu bestimmen (1792), in: Werke in fünf Bänden, Bd. 1, hrsg. von A. Flitner u. K. Giel, Darmstadt 1960, 56–233.
90. Humboldt, W. von: Über das Studium des Alterthums, und des griechischen insbesondere (1793), s. Nr. 89, Bd. 2, Darmstadt 1961, 1–24.
91. Humboldt, W. von: Über den Charakter der Griechen, die idealistische und historische Ansicht desselben, s. Nr. 90, 65–72.
92. Iser, W.: Der Akt des Lesens, München 1976.
93. Jachmann, G.: Humanismus im heutigen Deutschland, in: Der Bund 1, 1947, 28–55.
94. Jäger, G.: Einführung in die klassische Philologie, München ²1980.
95. Jaeger, W. (Hrsg.): Das Problem des Klassischen und die Antike. Acht Vorträge, gehalten auf der Fachtagung der klassischen Altertumswissenschaft zu Naumburg 1930, Leipzig 1931. Nachdruck Darmstadt 1972.
96. Jäkel, W.: Methodik des altsprachlichen Unterrichts, Heidelberg ²1966.
97. Jauß, H. R.: Literaturgeschichte als Provokation, Frankfurt ⁴1974, 144–207.
98. Jens, W.: Antiquierte Antike? Perspektiven eines neuen Humanismus, in: Republikanische Reden, Frankfurt 1979, 45–63.
99. Jungblut, G.: Fachdidaktik als Wissenschaft, in: Die Deutsche Schule 1972, 610–622.
100. Kannicht, R.: Philologia perennis?, in: R. Nickel (Hrsg.): Didaktik des altsprachlichen Unterrichts, Darmstadt 1974, 353–385.
101. Kannicht, R.: Curriculum-Probleme in der gymnasialen Oberstufe: Griechisch, in: G 84, 1977, 259–278.
102. Keulen, H.: Original oder Übersetzung?, in: A 20, 1974, 16–22.

103. Keulen, H.: Probleme des Griechischunterrichts. Sonderdruck des Landesverbandes Nordrhein-Westfalen im Deutschen Altphilologenverband, Münster 1978.
104. Keulen, H.: Kreativität und altsprachlicher Unterricht, hrsg. vom Pädag. Inst. d. Landeshauptstadt Düsseldorf, Schriftenreihe, Heft 40, 1978.
105. Keulen, H.: Lernziele und Lerninhalte des griechischen Sprachunterrichts, in: Deutscher Altphilologenverband (Hrsg.): Empfehlungen zum Griechischunterricht (1979), 21–30.
106. Keulen, H.: Formale Bildung – Transfer, in: J. Gruber – F. Maier (Hrsg.): Alte Sprachen 1, München 1979, 70–91.
107. Klafki, W.: Studien zur Bildungstheorie und Didaktik, Weinheim [10]1975.
108. Klafki, W.: Zum Verhältnis von Didaktik und Methodik, in: Zeitschrift für Pädagogik 22, 1976, 77–94.
109. Klafki, W.: Probleme einer Neukonzeption der didaktischen Analyse, hrsg. vom Pädag. Inst. d. Landeshauptstadt Düsseldorf, Schriftenreihe, Heft 34, 1977.
110. Klinz, A.: Griechisch-Ausbildung im Studienseminar, Frankfurt 1963.
111. Klowski, J.: Versuch einer Didaktik des Griechischen, in: AU 22, 1, 1979, 35–42.
112. Klowski, J.: Dialektik von Mythos und Logos. Vom Sinn der Beschäftigung mit dem Griechischen, Frankfurt 1980.
113. Klowski, J.: Griechisch, in: Handlexikon zur Didaktik der Schulfächer, hrsg. von L. Roth, München 1980, 231–243.
114. Krämer, H.: Grundsätzliches zur Kooperation zwischen historischen und systematischen Wissenschaften, in: Zeitschrift für philosophische Forschung 32, 1978, 321–344.
115. Krefeld, H.: Affektive Lernziele im Lateinunterricht, in: G 84, 1977, 291 bis 307.
116. Krefeld, H. (Hrsg.): Impulse für die lateinische Lektüre. Von Terenz bis Thomas Morus, Frankfurt 1979.
117. Krefeld, H.: Zur Problematik eines universalen Modellbegriffs, in: A 26, 1980, 283–290.
118. Kümmel, F.: Verständnis und Vorverständnis. Subjektive Voraussetzungen und objektiver Anspruch des Verstehens, Essen 1965.
119. Kußler, R.: Zur gemeinsamen Fundierung von Literaturwissenschaft und Literaturdidaktik, in: Acta Germanica 9, 1976, 15–23.
120. Landwehr, J.: Text und Fiktion. Zu einigen literaturwissenschaftlichen und kommunikationswissenschaftlichen Grundbegriffen, München 1975.
121. Lanig, K.: Lateinische Autoren als Vermittler griechischen Geistes an Schulen ohne Griechisch, in: G 71, 1964, 277–294.
122. Latacz, J.: Klassische Philologie und moderne Linguistik, in: G 81, 1974, 67–89.
123. Lefèvre, E.: Die Geschichte der humanistischen Bildung, in: Humanistische Bildung. Zeitschrift d. württ. Vereins d. Freunde d. humanist. Gymn. 2, 1979, 97–154.

124. Litt, Th.: Das Bildungsideal der deutschen Klassik und die moderne Arbeitswelt, Bonn ⁶1959.
125. Lohmann, D.: Dialektisches Lernen. Die Rolle des Vergleichs im Lernprozeß, Stuttgart 1973.
126. Luther, W.: Sprachphilosophie als Grundwissenschaft. Ihre Bedeutung für die wissenschaftliche Grundlagenbildung und die sozialpolitische Erziehung, Heidelberg 1970.
127. Luther, W.: Die neuhumanistische Theorie der „formalen Bildung" und ihre Bedeutung für den lateinischen Sprachunterricht der Gegenwart, in: R. Nickel (Hrsg.): Didaktik des altsprachlichen Unterrichts, Darmstadt 1974, 69–104.
128. Maier, F.: Interpretationsebenen im Lektüreunterricht. Grundlinien einer altsprachlichen Lektüredidaktik, in: A 20, 1974, 365–373.
129. Maier, F.: Zum Verhältnis von Fachdidaktik und Fachwissenschaft, in: AU 22, 2, 1979, 72–73.
130. Maier, F.: Lateinunterricht zwischen Tradition und Fortschritt, Bd. 1, Bamberg 1979.
131. Maier, F.: Antike Texte als „Denkmodelle". Zum Modellbegriff in der altsprachlichen Didaktik, in: A 25, 1979, 364–378.
132. Maier, F.: Die Herausforderung und Bewährung der Alten Sprachen in der Schule. Zum Selbstverständnis von Fachwissenschaft und Fachdidaktik (Referat-Manuskript 1980).
133. Marg, W.: Klassik unmenschlich?, in: G 79, 1972, 377–380.
134. Marg, W.: Nochmals „Inhumane Klassik" von Egidius Schmalzriedt, in: G 81, 1974, 297–303.
135. Marg, W.: Die Alten und das Neue, in: F. Hörmann (Hrsg.): Gegenwart der Antike, München 1974, 36–56.
136. Matthiessen, K.: Altsprachlicher Unterricht in Deutschland, in: J. Gruber – F. Maier (Hrsg.): Alte Sprachen 1, München 1979, 11–42.
137. Mayer, J. A.: Die Konzentration und das Exemplarische. Ein Überblick, in: AU 7, 3, 1964, 5–30.
138. Mayer, J. A.: Der Aufbau der einzelnen Lektürestunde im altsprachlichen Unterricht der Oberstufe, in: AU 7, 4, 1964, 5–45.
139. Mayer, J. A.: Die Maikäfer in den Lehrplänen oder das Prinzip der Lebensnähe, in: Vierteljahresschrift für wissenschaftliche Pädagogik 1980, 88–105.
140. Menze, C.: Überlegungen zur Kritik am humanistischen Bildungsverständnis in unserer Zeit, in: Pädagogische Rundschau 20, 1965, 417–434.
141. Menze, C.: Grundzüge der Bildungsphilosophie Wilhelm von Humboldts, in: H. Steffen (Hrsg.): Bildung und Gesellschaft. Zum Bildungsbegriff von Humboldt bis zur Gegenwart, Göttingen 1972, 5–27.
142. Mitscherlich, A.: Auf dem Weg zur vaterlosen Gesellschaft. Ideen zur Sozialpsychologie, München (Neuausgabe) 1973.
143. Molnar, Th.: Die Zukunft der Bildung, Düsseldorf 1971.
144. Müller, R.: Methode und Wirksamkeit der klassischen Philologie, in: Philologus 120, 1976, 267–270.

145. Nickel, R. (Hrsg.): Didaktik des altsprachlichen Unterrichts. Deutsche Beiträge 1961–1973, Darmstadt 1974.
146. Nickel, R.: „Lernziele und Fachleistungen" einer neuen Didaktik des „gelehrten Unterrichts?", in: MDAV 17, 3, 1974, 9–12.
147. Nickel, R.: Die Alten Sprachen in Konkurrenz bei der Wahl für die Mainzer Studienstufe (Referat, geh. am 10. 9. 1975 in Neustadt/Weinstraße).
148. Nickel, R.: Der moderne Lateinunterricht. Lernziele und Unterrichtsverfahren in der gymnasialen Oberstufe, Freiburg/Würzburg 1977.
149. Nickel, R.: Die Alten Sprachen in der Schule, Frankfurt ²1978.
150. Niethammer, F. I.: Der Streit des Philanthropinismus und Humanismus in der Theorie des Erziehungsunterrichts unserer Zeit (1808), in: Philanthropinismus – Humanismus. Texte zur Schulreform, bearb. von W. Hillebrecht, Weinheim/Berlin/Basel 1968.
151. Offermann, H.: Zauberwort Fachdidaktik? Überlegungen zu „Didaktik der Alten Sprachen in Universität und Schule", hrsg. von J. Gruber – F. Maier, in: Die Alten Sprachen im Unterricht 21, 3, 1974, 17–25.
152. Oppermann, H. (Hrsg.): Humanismus, Darmstadt 1970.
153. Patzer, H.: Die alten Sprachen im Gymnasium, in: F. Hörmann (Hrsg.): Die alten Sprachen im Gymnasium, München 1968, 7–28.
154. Patzer, H.: Der Humanismus als Methodenproblem der klassischen Philologie, in: H. Oppermann (Hrsg.): Humanismus, Darmstadt 1970, 259 bis 278.
155. Patzer, H.: Muttersprachliche Bildung und griechischer Sprachunterricht, in: H.-J. Heydorn – K. Ringshausen (Hrsg.): Jenseits von Resignation und Illusion, Frankfurt 1971, 116–128.
156. Paulsen, F.: Geschichte des gelehrten Unterrichts auf den deutschen Schulen und Universitäten vom Ausgang des Mittelalters bis zur Gegenwart. Mit besonderer Rücksicht auf den klassischen Unterricht, Bd. 1, Leipzig ³1919; Bd. 2, Berlin/Leipzig ³1921.
157. Pfeiffer, R.: Philologia Perennis, München 1961.
158. Pfeiffer, R.: Geschichte der klassischen Philologie. Von den Anfängen bis zum Ende des Hellenismus, Reinbek 1970.
159. Pfeiffer, R.: History of Classical Scholarship. From 1300 to 1850, Oxford 1976.
160. Pfligersdorffer, G.: Humanistische Besinnung, in: E. Benedikt u. a. (Hrsg.): Klassische Philologie, Wien 1973, 176–193.
161. Priesemann, G.: Die Funktion der Literatur für die Erziehung, in: Die höhere Schule 27, 1974. Problematik und Diskussion 1/1974, 1–6.
162. Priesemann, G.: Erziehung und Unterricht heute (II), Kiel 1979.
163. Reich, K.: Theorie der Allgemeinen Didaktik. Zu den Grundlinien didaktischer Wissenschaftsentwicklung in der Bundesrepublik Deutschland und in der Deutschen Demokratischen Republik, Stuttgart 1977.
164. Reinhardt, K.: Die klassische Philologie und das Klassische (1941), in: Die Krise des Helden und andere Beiträge zur Literatur und Geistesgeschichte, München 1962, 115–143.

165. Richert, H.: Richtlinien für die Lehrpläne der höheren Schulen Preußens (1925), Berlin ⁸1931.
166. Riedel, M.: Verstehen oder Erklären? Zur Theorie und Geschichte der hermeneutischen Wissenschaften, Stuttgart 1978.
167. Robinsohn, S. B.: Bildungsreform als Revision des Curriculum, Neuwied/Berlin ⁴1972.
168. Röhrs, H.: Forschungsmethoden in der Erziehungswissenschaft, Stuttgart ²1971.
169. Römisch, E. (Hrsg.): Griechisch in der Schule. Didaktik, Plan und Deutung, Frankfurt 1972.
170. Römisch, E. (Hrsg.): Lernziel und Lektüre. Unterrichtsprojekte im Fach Latein, Stuttgart 1974.
171. Rüegg, W.: Humanistische Bildung in der demokratischen Gesellschaft, in: G 76, 1969, 217–232.
172. Rüegg, W.: Die Humanismusdiskussion, in: H. Oppermann (Hrsg.): Humanismus, Darmstadt 1970, 310–321.
173. Rüegg, W.: Anstöße. Aufsätze und Vorträge zur dialogischen Lebensform, Frankfurt 1973.
174. Rutz, W.: „Griechische Literatur" als Arbeitsgemeinschaft – Ein Versuch an einem neusprachlichen Gymnasium, in: Zeitschrift für Pädagogik 1963, 414–421.
175. Schadewaldt, W.: Sinn und Wert der humanistischen Bildung im Leben unserer Zeit, Göttingen/Berlin/Frankfurt 1956.
176. Schadewaldt, W.: Das Welt-Modell der Griechen, in: Hellas und Hesperien, Zürich/Stuttgart 1960, 426–450.
177. Schadewaldt, W.: Heimweh nach Hellas heute?, in: Hellas und Hesperien, Stuttgart 1960, 929–933.
178. Schadewaldt, W.: Lebenswerte des Griechischen, in: H. Gundert u. a. (Hrsg.): Der Lebenswert des Griechischen, s. Nr. 64, 65–75.
179. Schleiermacher, F. D. E.: Hermeneutik. Nach den Handschriften neu hrsg. und eingel. von H. Kimmerle, Heidelberg ²1974.
180. Schleiermacher, F. D. E.: Hermeneutik und Kritik. Hrsg. und eingel. von M. Frank, Frankfurt 1977.
181. Schmalzriedt, E.: Inhumane Klassik. Vorlesung wider ein Bildungsklischee, München 1971.
182. Schmalzriedt, E.: Unmenschlich oder unklassisch?, in: G 80, 1973, 457–460.
183. Schmid, W.: Unhumanistisches Römertum, in: Romanische Forschungen 61, 1948, 461–489.
184. Schmid, W. (Hrsg.): Die Interpretation in der Altertumswissenschaft, Bonn 1971.
185. Schmidt, P. L. (Hrsg.): Rezeptionsgeschichte im Unterricht, AU 21, 1, 1978 und 23, 6, 1980.
186. Schönberger, O.: Anmerkungen zu einem Buch von Saul B. Robinsohn, in: MDAV 11, 3, 1968, 2–7.
187. Schönberger, O.: Lernzielmatrix für den Lateinunterricht, Lütjensee 1973.

188. Scholz, U. W.: Klassische Philologie – Bestandsaufnahme und Tendenzen, in: Zeitschrift für Literaturwissenschaft und Linguistik 7, 1977, 50–57.
189. Schulz, W.: Zur Didaktik der Berliner Schule, hrsg. vom Pädag. Inst. d. Landeshauptstadt Düsseldorf, Schriftenreihe, Heft 36, 1977.
190. Schulz-Vanheyden, E.: Fachspezifische und fächerübergreifende Curricula und Curriculumprojekte: Alte Sprachen, in: K. Frey (Hrsg.): Curriculum-Handbuch, Bd. 3, München/Zürich 1975, 381–392.
191. Seeck, G. A.: Die alten Griechen in der neuen Gesellschaft, in: Christiana Albertina. Kieler Universitäts-Zeitschrift, Heft 13, 1972, 39–45.
192. Seel, O.: Grammatik und Erlebnis, in: AU 6, 5, 1963, 7–20.
193. Sitta, H.: Didaktik und Linguistik, in: Diskussion Deutsch 19, 1974, 431–445.
194. Spitzer, L.: Das Eigene und das Fremde, in: Die Wandlung 1, 1945/46, 576–594.
195. Spranger, E.: Die Generationen und die Bedeutung des Klassischen in der Erziehung, in: Jugendführer und Jugendprobleme. Festschrift zu Georg Kerschensteiners 70. Geburtstag, hrsg. von A. Fischer u. E. Spranger, Leipzig/Berlin 1924, 307–332.
196. Spranger, E.: ... erwirb es um es zu besitzen!, in: Die Woche 1944, Heft 24, 10–11.
197. Steffen, H. (Hrsg.): Bildung und Gesellschaft. Zum Bildungsbegriff von Humboldt bis zur Gegenwart, Göttingen 1972.
198. Steinbuch, K.: Falsch programmiert. Über das Versagen unserer Gesellschaft in der Gegenwart und vor der Zukunft und was eigentlich geschehen müßte, Stuttgart 1968.
199. Steinthal, H.: Über Begründung und Bestimmung von Lernzielen, speziell im altsprachlichen Unterricht, in: E. Happ – F. Maier (Hrsg.): Kollegstufenarbeit in den Alten Sprachen II, München 1976, 25–30.
200. Steinthal, H.: Wozu Latein lernen? Ein Plädoyer für die Sprache des alten Rom, in: Die Zeit, Nr. 40, 26.9.1980.
201. Stierle, K.: Klassische Literatur, moderne Literaturwissenschaft und die Rolle der Klassischen Philologie, in: G 85, 1978, 289–311.
202. Suerbaum, W.: Vergils Aeneis. Zur Problematik der Rezeption eines klassischen Werkes in der Forschung und im Gymnasialunterricht, in: P. Neukam (Hrsg.): Erbe, das nicht veraltet, München 1979, 97–141.
203. Szondi, P.: Einführung in die literarische Hermeneutik, hrsg. von J. Bollack u. H. Stierlin, Frankfurt 1975.
204. Thiersch, H.: Hermeneutik und Erfahrungswissenschaft. Zum Methodenstreit in der Pädagogik, in: Die Deutsche Schule 58, 1966, 3–21.
205. Vester, H.: Zu dem Einfluß der allgemeinen Didaktik auf die Fachdidaktik der Alten Sprachen, in: A 25, 1979, 284–298.
206. Vogt, J.: Wandlungen des Humanismus, in: G 74, 1967, 393–404.
207. Voigt, G.: Die Wiederbelebung des classischen Alterthums oder das erste Jahrhundert des Humanismus, 2 Bde., Berlin ³1893.
208. Walsdorff, F.: Interpretation in der Schule und auf der Universität, in: G 63, 1956, 206–216.

Literaturverzeichnis 269

209. Weber, H.-D. (Hrsg.): Antike Literatur im Deutschunterricht, in: Der Deutschunterricht 31, 6, 1979.
210. Weniger, E.: Didaktik als Bildungslehre. Teil 1: Theorie der Bildungsinhalte und des Lehrplans, Weinheim ⁸1965.
211. Werder, L. von: Erziehung und gesellschaftlicher Fortschritt. Einführung in eine soziologische Erziehungswissenschaft, Frankfurt/Berlin/Wien 1976.
212. Westphalen, K.: Falsch motiviert? Überlegungen zum Motivationsproblem im Lateinunterricht als zweiter Fremdsprache, in: AU 14, 5, 1971, 5–20.
213. Westphalen, K.: Traditionelle Bildung und aktuelle Lernziele. Entstehungsgeschichte und Standort der Curriculumreform, in: AU 16, 4, 1973, 5–17.
214. Westphalen, K.: Prolegomena zum lateinischen Curriculum, in: R. Nickel (Hrsg.): Didaktik des altsprachlichen Unterrichts, Darmstadt 1974, 32–45.
215. Westphalen, K.: Latein ohne Richtschnur? Zum Problem des Lektürekanons, in: A 21, 1975, 18–28.
216. Westphalen, K.: Die Lernziel-Lerninhaltsproblematik, in: Informationen der Arbeitsstelle für Lehrplanentwicklung und -koordination des Landes Rheinland-Pfalz 1, 1976, 4–28.
217. Westphalen, K.: Praxisnahe Curriculumentwicklung, Donauwörth ⁷1979.
218. Westphalen, K.: Gymnasialbildung und Oberstufenreform, Donauwörth 1979.
219. Westphalen, K.: Schülerbeanspruchung im Lateinunterricht, in: A 26, 1980, 358–371.
220. Wilamowitz-Moellendorff, U. von: Geschichte der Philologie, Leipzig 1921.
221. Wilamowitz-Moellendorff, U. von: Der griechische Unterricht auf dem Gymnasium, in: Kleine Schriften 6, Berlin/Amsterdam 1972, 77–89.
222. Wilamowitz-Moellendorff, U. von: Der Unterricht im Griechischen, s. Nr. 221, 90–114.
223. Wimmer, H.: Griechisch – heute?, in: Festschrift des Kaiser-Karls-Gymnasiums zu Aachen zum 375jährigen Jubiläum 1976, 215–233.
224. Wittenberg, A.: Ist echte gymnasiale Bildung ohne Studium der alten Sprachen möglich?, in: Neue Sammlung 1961, 141–147.
225. Wojaczek, G.: Unterrichtswerke in den Alten Sprachen, in: J. Gruber – F. Maier (Hrsg.): Alte Sprachen 1, München 1979, 250–265.
226. Wolf, F. A.: Vorlesung über die Encyclopädie der Alterthumswissenschaft, in: F. A. Wolf: Vorlesungen über die Alterthumswissenschaft, hrsg. von J. D. Gürtler, Bd. 1, Leipzig 1831, 271–302.
227. Wolf, F. A.: Darstellung der Alterthums-Wissenschaft (1807), in: Kleine Schriften in lateinischer und deutscher Sprache, hrsg. von G. Bernhardy, Bd. 2, Halle 1869, 803–895.
228. Wolf, F. A.: Über Erziehung, Schule, Universität (Consilia Scholastica). Aus Wolfs literarischem Nachlasse zusgest. von W. Körte, Quedlinburg/Leipzig 1835.
229. Wollenweber, H.: Fürsprache für Wilhelm von Humboldt und die humanistische Bildung. Überlegungen zur Zielsetzung gegenwärtiger Bildungsplanung, in: Die Realschule 80, 1972, 267–272.

230. Wülfing, P.: Altertumskunde – Die Welt der Römer im Lateinunterricht, in: W. Höhn – N. Zink (Hrsg.): Handbuch für den Lateinunterricht, Sekundarstufe II, Frankfurt 1979, 300–333.
231. Wunderlich, W.: Überlegungen zu einer philologisch-historischen Literaturdidaktik, in: Wirkendes Wort 30, 1980, 122–132.
232. Zednik, G.: Theorie und Praxis des Lateinunterrichts im Wandel der Gymnasialpädagogik. Ein Beitrag zur Geschichte des altsprachlichen Unterrichts vom Neuhumanismus bis zur Reformpädagogik und zum Problem der Einwirkung pädagogischer Theorien auf die Schulwirklichkeit, Diss. Heidelberg 1960.

PERSONEN- UND SACHREGISTER

Abstraktionsebenen 44
Abstraktionsfähigkeit 245
Adaptationsstrategie 211
Affektkontrolle s. Triebkontrolle
Affemann, R. 210. 225
Ahrens, E. 178. 195
Aischylos 187. 193. 203
Albrecht, M. von 97. 100
Allgemeinbildung 14. 52 ff. 246 f.
Allgemeine Didaktik 16. 86 f. 158 ff.
Allomorphie 238
Altertumskunde 103. 107 f.
Altertumswissenschaft 31. 66. 72. 89. 95. 102 ff. 113. 116. 176
Ambivalenz 11
Anpassung 2. 20. 26. 163. 211. 220. 222. 238. 244 f. 247. 251 f. 254 f.
Anregungspotential 191. 232. 241
Anschaulichkeit 147
Anthropologie 16. 142. 251 ff.
Appellativität 193. 229
Applikation 140. 231
Arbeitsschule 38
Arbeitswelt 212. 215
archetypisch 204
Aristophanes 187
Aristoteles 91. 187. 206
artes liberales 15
Askese 257
Ast, F. 120 ff.
Aufklärung 2. 202. 235. 237 ff. 254
Auswahl 2 f. 8. 18. 22 ff. 35. 40. 55 ff. 79 ff. 95. 97. 109. 132. 146 ff. 153 ff. 161. 225. 227. 238
Auswahlkriterien 55 ff.
Auswendiglernen 37 f.

Ballauff, Th. 246
Barié, P. 204 f. 244
Barner, W. 98 ff.
Barthes, R. 203
Bayer, K. 178 f.
Bebel, H. 29
Bedeutung s. Textbedeutung
Bewahrung 232 ff.
Bewußtseinserweiterung 253
Bezugsdisziplinen 10. 16 f. 54. 58. 79 f. 86 ff. 136. 165. 190. 197. 226
Bildung 2. 8 f. 11. 15. 34 f. 52. 55. 64. 85. 88. 103 ff. 116. 148. 150. 162. 173 ff. 190 f. 207 ff. 216. 220. 225. 240 ff.
Bildungspolitik 1. 16. 35. 43. 86. 113 f. 165. 250
Bildungstradition 210. 249 f.
Bildungswert 59. 92
Binnendifferenzierung 168 ff.
Blättner, F. 139. 179 ff. 198 ff. 222 ff.
Boccaccio 28
Boeckh, A. 99. 104 ff. 125 ff. 140
Bollnow, O. F. 140
Büchermethode 37
Büchner, K. 25. 74 f. 226. 235
Burckhardt, J. 169. 200

Caesar 67. 141
Camus, A. 203
Caselius, J. 30
Chancengleichheit 215. 224
Cicero 14 f. 29. 40. 75. 183. 207. 256
Code 53 f. 202
Comenius, J. A. 30
condicio humana 226
Conrady, K. O. 118
Curriculum 11 f. 55. 68. 79 f. 163. 193

Curriculumforschung 54. 57. 153 f. 161 ff.
Curriculumtheorie 15 f. 44. 86 f. 115 f. 158 ff. 211
Curtius, E. R. 68. 92

Dahlmann, H. 169
Daniels, K. 49
Denkmodelle 192 ff. 228 ff.
Deutscher Altphilologenverband 154. 164
Deutschunterricht 36 f. 62. 174. 185. 188 f.
Dialog 230 f.
Didaktische Analyse 49. 61. 159 ff.
Dilthey, W. 121. 127
Distanz 238. 244
Dörrie, H. 11 ff.
Dörwald, P. 183
Dritter Humanismus 91
Dysfunktionalität 220 f.

Eckstein, F. A. 32 f. 81. 175
ἐγκύκλιος παιδεία 13 ff.
Eliot, T. S. 70. 75
Eloquenz 14 f. 28. 90. 208
Emanzipation 26. 237. 253
Empirie 21
empirische Methoden 3 ff. 16 ff. 151 ff.
Englisch 197
Ennius 96
Erasmus 29. 171
Erfahrung 3. 7. 9. 24. 239. 250. 253
Erfahrungsmodell 24
Erfahrungswissen 3. 7 ff. 17. 78. 84. 256
Erfolgspädagogik 14
Erinnerung 1. 210. 232 ff.
Erklären 135 f.
Erwartungshorizont 18 ff. 99
Erziehung 2. 8 f. 34 f. 55. 63 ff. 85. 88. 116. 162. 176. 190. 198. 208. 211. 225. 230. 240 ff. 254
Erziehungswissenschaft s. Pädagogik
Euripides 187

Exemplarische, das 55 ff. 65 f. 111. 138. 161. 163. 172. 237
existentielle Bedeutung 227
Existenzphilosophie 203

Fachdidaktik 23 f. 109 ff. 159 ff. 166 f.
Fachleistungen 110. 113. 164
Fachwissenschaft 66. 70. 87 ff. 109 ff. 167
Flashar, H. 113 f. 192
Formale Bildung 29. 31. 35. 148 ff.
Forschung 2 ff. 7 ff. 16 ff. 54. 77. 79. 87 ff. 103 f. 112. 117. 240
Fortwirkung s. Wirkung
Französisch 14. 171
Freizeitpädagogik 220
Fremdbestimmung 245. 247
Fremde, das 122 f. 157. 229 ff. 245 ff. 255
Fremdsprachen 38. 40. 175
Freund, W. 196
Friedländer, P. 195
Friedrich d. Gr. 31. 183
Fritz, K. von 89. 134 f.
Fuhrmann, M. 52 f. 93 ff. 99 f. 114. 197 f. 248 f.

Gadamer, H.-G. 10. 71. 127 ff. 140
Gattungstheorie 94
Gaudig, H. 37
Gegenbilder 177
Gegenmodell 192
Gegenschatz, E. 228
Gegenwart 1. 9. 35. 227 f. 233 ff. 250
Geist 121 f. 245
Geisteswissenschaften 226
Gellius 67
Germanistik 96. 118. 214
Gesamtinterpretation 107
Geschichte 235
geschichtliche Dimension 3. 9. 25 ff. 41. 70. 101. 197 f. 238
Geschichtlichkeit 226
Geschichtsbewußtsein 191. 200. 204. 226. 236

Personen- und Sachregister

Gesellschaft 1. 207 ff. 237
Gesellschaftspolitik 87. 250
Gewissen 239
Glinz, H. 117 ff.
Glücklich, H.-J. 81
Goethe 173. 183 f.
Gorgias 11
Gräzistik 92 ff. 113. 116. 197
Grammatik 29. 32. 40
Griechisch 24. 93. 113. 168 ff.
Gundert, H. 184
Gymnasialverein 33 f. 38. 40
Gymnasium s. Humanistisches Gymnasium

Halbfas, H. 237
Hamburger, K. 201
Happ, E. 256 f.
Harder, R. 199. 202
Harnack, A. 184
Heckhausen, H. 147
Hegel, G. W. F. 32. 245
Heidegger, M. 127
Heil, H. G. 178
Heilmann, W. 176 ff.
Hentig, H. von 24. 115. 150. 233
Herbart, J. F. 31. 149
Hermann, G. 106
Hermeneutik 16. 104. 120 ff. 173. 213. 231. 244
Hermeneutischer Zirkel 104. 122. 125 f.
Herodot 204. 206
Herrschaft 247
Hesse, H. 235
Heydorn, H. J. 245
Heyne, Ch. G. 102 f.
Hintergründigkeit 2 ff. 16
Hirsch, E. D. 127 ff.
Historische Dimension s. Geschichtliche Dimension
historisch-hermeneutische Methoden 3 ff. 16 ff.
Historismus 68. 90 f. 100. 103. 173. 195
Hochschulstudium s. Studium
Hölscher, U. 231

Hoffmann, E. 198. 248
Hohnen, P. 139. 236 f.
Homer 70. 91. 96. 187. 193. 195. 206. 219. 243
Horaz 29. 40. 91
Horizonterweiterung 191. 246
Horizontverschmelzung 129 f.
Hornig, G. 81
Horstmann, A. 103
Humanismus 70. 90 f. 103. 111. 116. 168 f. 180. 195 f. 198. 207 f. 216. 223. 230 ff. 239. 243. 248
Humanistische Bildung 27. 33 f. 39. 53. 90 f. 105. 164. 179. 208 ff. 222. 239. 241 ff.
Humanistisches Gymnasium 33 f. 37 ff. 42 f. 170. 172. 175. 213. 215. 222 ff. 230
Humanwissenschaft 111 f.
Humboldt, W. von 69. 103. 172. 208 f. 216 ff. 241 ff.
Hypothesen 3 f. 7 f. 152 f. 157

Idealisierung 91 f.
Identifikation 257
Individualhumanismus 165
Inhaltsanalyse 48 ff. 54 ff.
Intellektualismus 37. 215
Interaktion 154
Interesse 243
Interpretation 2. 5. 49. 58 ff. 70 ff. 96. 99. 103 f. 107 f. 111. 120 ff. 192. 229 ff. 244. 249. 256
Interpretationsebenen 147
Interpretationsfähigkeit 37
Isokrates 12 f.
Isomorphie 9

Jachmann, G. 195
Jäger, O. 33
Jaeger, W. 169
Jäkel, W. 81. 137 f. 178
Jauß, H. R. 99 f.
Jens, W. 53
Jesuiten 30

Kannicht, R. 185f. 192. 197f. 228
Kanon 61f.
Kant, I. 237
Karl d. Gr. 28
Kayser, W. 140
Kerényi, K. 200f.
Kerschensteiner, G. 38
Keulen, H. 149
Kimmerle, H. 125
Klafki, W. 61. 81f. 159f.
Klassifikation 5. 12. 14. 44ff. 84. 149. 160
Klassische, das 9f. 63ff. 90f. 105. 116. 176. 224. 233. 244
Klassizismus 195. 216
Klinz, A. 178. 195
Klopstock, F. G. 172f.
Klowski, J. 205f. 221
Köchly, H. 32
Kommunikation 154. 172. 229
Kommunikationsfähigkeit 53
Kontextualität 126
Konzentration 161
Kreativität 74. 233
Krefeld, H. 46. 194
Kritik 134. 140
Krüger, M. 81
Kulturgeschichte 101
Kulturkunde 108
Kulturpessimismus 171. 223f.

Latein 24f. 168ff.
Latinistik 92ff. 113. 116. 197
Latinum 114
Laurien, H.-R. 257
Leben 37. 64f. 210. 223ff. 245. 249
Lebenssituationen 26. 162f. 208. 220. 224. 238
Legitimation 1f. 25. 28ff. 41f. 44. 57. 65. 67. 71. 77. 86. 92. 100. 104. 112. 115f. 141. 148. 161. 165. 173. 181. 193. 208. 214. 217. 227
Lehrbuch 19f. 79ff.
Lehrbuchrevision 20
Lehrerausbildung 62. 115. 152. 155. 213

Lehrerverhalten 146. 155
Lehrplan 36. 62. 79. 95. 109. 112. 152. 158. 164. 188. 196
Leibniz 148. 216. 241
Leistungsanforderungen 37
Leistungsmessung 12
Leitbilder 111. 208
Leitideen 43. 239
Leitziele 13ff. 164
Lektüre 30. 144f. 161
Lektürefähigkeit 181f.
Lektüreunterricht 40. 100. 186
Lernerfolgsüberprüfung 164
Lernhilfen 145
Lernpsychologie 221
Lerntheorie 144ff.
Lernziele 11ff. 22ff. 110. 144f. 152. 154. 177
Lernzielformulierungen 47ff.
Lernzielhierarchie 12f.
Lernzielmatrix 48ff.
Lernzielstufen 45. 154
Lessing, G. E. 40
Lietz, H. 38
Linguistik 118
Literatur 117. 142. 173f.
Literaturdidaktik 142. 190
Literaturgeschichte 104
Literaturunterricht 182. 184. 190ff. 203ff.
Literaturwissenschaft 92ff. 118. 190. 201. 236
Livius 49. 97. 217
Logos 202. 205f.
Luther, M. 29

Maier, F. 81. 147. 192ff. 226. 228
Marg, W. 91f. 113
Marquard, P. 32
Matthiessen, K. 173
Mayer, J. A. 65f. 68. 138. 140f. 224f.
Melanchthon 29. 171
Menander 187
Menze, C. 69. 215ff. 241f.
Metadidaktik 22

Personen- und Sachregister 275

Methoden 16 ff.
Methodik 6. 23. 80 ff. 155. 160
Meusel, H. 49
mikroskopisches Lesen 205
Mitscherlich, A. 251 ff.
Modell 190 ff. 228 ff.
Modelltheorie 192 ff. 224
Modernitätsdefizit 43. 146
Motivation 3. 57 f. 102. 144 ff. 160.
   165. 221. 231. 233 f. 255
Multiperspektivität 55
Multivalenz 25. 221
Muttersprache 39 f. 59. 189
Mythendidaktik 204
Mythos 199 ff.
Mythos-Logos-Dialektik 205

Nationalbewußtsein 34
Nationalsozialismus 41. 222 ff.
Neuhumanismus 31 f. 90. 148 f. 172.
   174. 208
Niethammer, F. I. 248
Nietzsche, F. 198. 209
Normbewußtsein 257

Ökonomisierung 181 f.
Originalität 196
Originallektüre 36. 58. 137. 182 ff.
   206. 217 ff.
Otto, W. F. 200
Ovid 96

Pädagogik 4. 12. 16. 37. 78. 84. 86 f.
   118. 120. 137 ff. 144 ff. 163. 208. 221.
   250
Passung 147 f.
Patzer, H. 91 f. 179. 243. 248
Paulsen, F. 180 f.
Persönlichkeitsbildung 32. 212 f.
Petrarca 28. 243
Pfeiffer, R. 232
Pfligersdorffer, G. 111
Phaedrus 141
Philologie 31. 66 f. 75 f. 89 ff. 105 f.
   116. 125. 176. 232. 243

Philon 15
Philosophie 14. 196. 199. 202 f. 205.
   216. 227 f.
Pilotfach 244
Platon 11 ff. 91. 193. 195. 206
Plinius 197
Poseidonios 15
Praxis 2 ff. 16 ff. 22. 77 ff. 110. 146. 152.
   220. 255
Priesemann, G. 77
Protestantismus 30
Psychologie 251 ff.

Qualifikationen 26. 44. 49 ff. 154. 162.
   171. 178. 208. 220. 238. 254
Quintilian 15. 28. 207

Ratke, W. 30
Realien 106 ff. 177
Reformation 29
Reformpädagogik 33 f. 36 ff. 43. 211.
   215
Regenbogen, O. 169
Relativitätshypothese 217 ff.
Relevanz 226 ff.
Renaissance 27 ff. 90. 102. 173. 208
Rezeption 69 ff. 93. 96 ff. 117. 197. 203.
   231. 233
Rezeptionsästhetik s. Rezeptions-
   geschichte
Rezeptionsgeschichte 71 ff. 92 ff. 118 f.
   186
Rezeptionssituation 231
Rhetorik 207 f.
Richertsche Reform 39 f.
Robinsohn, S. B. 162 ff. 210. 221.
   223 f.
Römisch, E. 49. 178 f. 201
Romanische Sprachen 174. 197
Romanistik 96. 214
Rosenberg, A. 224
Roth, H. 45. 149
Rousseau, J. J. 172
Rüegg, W. 231. 246
Rutz, W. 186

Sachanalyse s. Inhaltsanalyse
Sallust 29. 91
Sapir, E. 218
Sartre, J. P. 187. 203
Schadewaldt, W. 190 ff.
Schiller, F. 173
Schlegel, F. 69
Schleiermacher, F. 121. 123 ff.
Schmid, W. 169
Schönberger, O. 48. 196
Scholz, U. W. 99
Schüler 38 f. 49. 56 ff. 62. 68. 78. 81. 102. 113. 136 ff. 144 ff. 154. 160. 205. 214. 228 ff. 236. 256 ff.
Schwierigkeitsgrad 45. 58. 147 f. 219
Selbstaufklärung 254
Selbstbestimmung 2. 247
Selbstbewußtsein 245
Selbstbildung 241 ff. 255
Selbstfindung 247
Selbstverantwortung 254
Selbstvergewisserung 253
Selbstverteidigung 245
Seel, O. 24
Seneca 15
Sicherheitsbedürfnis 212
Sinn s. Textsinn
Sinnorientierung 253
Skeptizismus 20. 123
Snell, B. 197
Sokrates 11. 150. 193. 202. 205. 230
Sophokles 187. 193. 243
Sozialformen 154
Sozialhumanismus 165
Soziallernen 157
Spitzer, L. 230
Sprachdidaktik 118
Sprachreflexion 185
Sprachtheorie 118 f.
Sprachunterricht 40. 182 ff.
Sprachvergleich 40. 149
Spranger, E. 63 ff. 244 f.
statarische Lektüre 205
Steinbuch, K. 222
Strauss, L. 135

Strukturplan 109. 156
Studierfähigkeit 213
Studium 35. 213 f.
Stundenkürzung 42
Sturm, J. 29
Subsidiaritätsprinzip 179
Suerbaum, W. 111
Szondi, P. 121 ff. 127

Tacitus 15. 91
Taxonomie 44 ff.
Terenz 29
Text 73. 75 f. 108. 121. 124. 126. 243 f. 246
Textbedeutung 129 ff.
Textprogramm 108
Textsinn 123. 125. 127 ff.
Thaulow, G. 174
Theorie 2. 8. 17 ff. 78. 83 f. 110. 146. 153
Thiersch, H. 18
Thorndike, E. L. 149
Thukydides 91. 195. 202 f.
Toleranz 230. 253
Tradition 55. 59. 62. 69 ff. 91. 93. 103. 128 f. 173 f. 197 f. 212. 226. 234 ff. 249 f.
Transfer 45. 52. 60. 148 ff. 154. 221. 229. 246
Triebkontrolle 254 ff.

Übersetzen 36. 38. 150 f. 157 f. 213. 244
Übersetzung 40. 59. 181 ff. 210
Übersetzungslektüre 182 ff. 206
Übersetzungspsychologie 151
Übersetzungswissenschaft 151
Unterricht 151 ff.
Unterrichtsforschung 151 ff. 237
Unterrichtsinhalte 15 f. 20. 22 f. 54 ff. 144 f.
Unterrichtssprache 155
Unterrichtsversuche 153
Unterrichtswirklichkeit s. Praxis
Unterrichtsziele s. Lernziele

Personen- und Sachregister 277

Urphänomen 195
Ursprungskriterium 195 ff.
Utopie 21. 211. 243

Verantwortung 27. 207 ff.
Verfremdung 253
Vergangenheitsbewältigung 203
Vergerio 207 f.
Vergil 29. 56. 70. 75. 91. 96. 110 f.
Vergleichen 18 ff. 40
Verhalten 46 ff.
Vermittlung 1. 93. 225 ff.
Verstehen 16 ff. 104. 117. 120 ff. 135 f.
  145. 147. 157 f. 229 ff. 244. 246. 255
Vester, H. 161
Vogt, W. 257
Voigt, G. 248
Vorbehaltsverhältnis 238
Vorbildlichkeit 37. 66 f. 69. 89. 103.
  105. 111. 172. 174. 190. 195. 208. 210.
  248
Vorurteil 130
Vorverständnis 7. 10. 130. 132. 145.
  231

Walsdorff, F. 138. 236
Wapnewski, P. 235
Weizsäcker, C. F. von 257
Weltoffenheit 255
Weniger, E. 2. 81. 162
Werbung 231
Wertbegriff 69. 74

Wertbewußtsein 64. 257
Wertentscheidungen 20
Wertung 140 ff.
Westphalen, K. 48
Whorf, B. L. 218
Wilamowitz-Moellendorff, U. von 86.
  90. 105
Wilsing, N. 189
Winckelmann, J. J. 172 f.
Wirkung 96 ff. 191. 197. 202. 226 f.
Wirkungsgeschichte 40. 76. 95 ff.
  226 f.
wirkungsgeschichtliches Bewußtsein
  3 f. 10. 15 ff. 27. 34. 36. 43. 61. 65 f.
  71. 78. 222. 232. 240. 249 ff.
Wirkungskriterium 197
Wissenschaft 21. 77 f. 88. 105. 116. 256
Wissenschaftsdidaktik 115
Wissenschaftsgeschichte 169
Wissenschaftspropädeutik 117. 182.
  212
Wissenschaftstheorie 115
Wochenstundenzahlen 36. 43. 181 f.
Wohlstandsgesellschaft 211. 220. 257
Wolf, F. A. 31. 86. 103 ff. 120 f. 125.
  148. 180
Wülfing, P. 107 f.

Xenophon 135

Zednik, G. 33
Zeitenabstand 122 ff.